마음이 편해지는 말

책이

사물의 통치 : 푸코와 신유물론들
The Government of Things : Foucault and the New Materialisms

지은이	토마스 렘케
옮긴이	김효진
펴낸이	조정환
책임운영	신은주
편집	김정연
디자인	조문영
홍보	김하은
프리뷰	권두현·김상민·오태석
초판 인쇄	2024년 9월 4일
초판 발행	2024년 9월 6일
종이	타라유통
인쇄	예원프린팅
라미네이팅	금성산업
제본	바다제책
ISBN	978-89-6195-358-0 93300
도서분류	1. 철학 2. 정치철학 3. 철학과 교육 4. 신유물론
값	25,000원
펴낸곳	도서출판 갈무리
등록일	1994. 3. 3.
등록번호	제17-0161호
주소	서울 마포구 동교로18길 9-13 2층
전화	02-325-1485
팩스	070-4275-0674
웹사이트	www.galmuri.co.kr
이메일	galmuri94@gmail.com

일러두기

1. 이 책은 Thomas Lemke, *The Government of Things : Foucault and the New Materialisms* (New York : New York University Press, 2021)을 완역한 것이다.
2. 외국 인명과 지명은 원어 발음에 가깝게 표기하려고 하였으며, 널리 쓰이는 인명과 지명은 그에 따라 표기하였다.
3. 인명, 지명, 책 제목, 논문 제목 등 고유명사의 원어는 맥락을 이해하는 데 꼭 필요하다고 생각되는 경우를 제외하고는 본문에서 병기하지 않았으며 찾아보기에 수록하였다.
4. 영어판에서 이탤릭체로 강조된 것은 고딕체로 표기하였다. 단, 영어판에서 영어가 아니라서 이탤릭으로 강조한 것은 한국어판에서 강조하지 않았다.
5. 단행본과 정기간행물에는 겹낫표(『 』)를, 논문에는 홑낫표(「 」)를 사용하였다.
6. 지은이 주석과 옮긴이 주석은 같은 일련번호를 가지며, 옮긴이 주석에는 *라고 표시했다.
7. 원서의 대괄호는 〔 〕를 사용하였고, 옮긴이가 덧붙인 내용은 [ ] 속에 넣었다.
8. 각 텍스트의 본문 속 인용문 중 기존 번역이 있는 경우 가능한 한 기존 번역을 참고하였으나 전후 맥락에 따라 번역을 수정했다.
9. 한국어판 지은이 서문으로 옮긴이의 서문을 갈음한다는 옮긴이의 뜻에 따라 별도의 옮긴이 후기는 싣지 않는다.
10. 6쪽 제사의 출처는 아래와 같다. 위 : Raymond Williams, *Problems of Materialism*, 103. 아래 : Michel Foucault, *Society Must Be Defended*, 2~4. [미셸 푸코, 『사회를 보호해야 한다』.]

차례

모든 유물론은, 그 역사상 어떤 시점에서도, 그 자체의 최신 일반화를 떨쳐 버릴 수가 없고, 따라서 이런 일반화를 옹호하기 위해 그 자체의 특질을 오해하는 경향이 있다. 그것이 여타의 것처럼 하나의 체계, 추정상의 설명적 종류의 체계라고 가정하거나, 혹은 절차의 층위가 아니라 그 자체의 과거 '발견 사실들' 혹은 '법칙들'의 층위에서 다른 (정언적) 체계들과 대조하는 것이 합당하다고 가정하는 경향이 있다. 그렇다면 일어나는 일은 명백하다. 새로운 물질적 탐구의 결과는 '유물론'을 구식으로 만들어버린 것으로 해석된다.

레이먼드 윌리엄스

제가 말하고 있는 것으로 여러분이 하고 싶은 것을 하는 것은 완전히 여러분의 자유라고 저는 생각합니다. 이것들은 연구 방향의 암시, 몇몇 착상, 도식, 개요, 도구입니다. 그것들을 어떻게 사용할 것인지는 여러분 마음대로 하십시오. … 저는 여러분께 이렇게 말할 수 있을 것입니다. 이것들은 어디까지나 연구의 실마리이지 이것들이 어디로 나아갈지는 전혀 중요하지 않다고, 혹은 어디로 가는지는 모르지만 아무튼 미리 정해진 방향으로 가지 않는다는 점이야말로 중요하다고 말입니다. 저는 그것들이 연구의 점묘화 같은 것이라고 말할 수 있을 것입니다. 그것들과 함께 나아갈지 아니면 다른 길로 나아갈지는 여러분의 선택에 달려 있습니다 ….

미셸 푸코

이 책은 정치에 관한 전통적인 개념을 개정하고 확대해야 한다는 주장을 제기한다. 이 책은 미셸 푸코의 작업으로부터는 개념적 착상을, 과학기술학으로부터는 경험적 통찰을, 그리고 신유물론적 사유로부터는 영감을 취함으로써 '사물의 통치'라는 분석틀을 제시한다. 『사물의 통치: 푸코와 신유물론들』은 통치 실천을 특징짓는 기술적 하부구조와 필수 환경으로 주의를 전환하기 위해 인간의 지도 행위에 대한 몰입을 몰아낸다. 이 책은 인간중심적 사유양식들의 한계를 노출함으로써 정치의 우발적 경계와 물질적 회로를 드러낸다. 이런 인간-너머의 통치분석학은 인간 주체를 공共-창발과 공共-생성의 실천 바깥에 있거나 이런 실천에 선행하는 것으로 간주하기보다는 오히려 그런 실천의 결과로 간주한다. 이 책은 포괄적인 새로운 이론적 및 경험적 의문들 ― 정치 집단은 어떻게 구성되는가, 그리고 누가 (혹은 무엇이) 정치적 행위자로 인식되는가(동물, 산, 알고리즘, 드론 등) ― 을 제기한다.

『사물의 통치』는 사회과학과 인문학에서 이루어진 물질적 전회의 가능성 있는 혁신적인 설명적 시각뿐만 아니라 그것의 정치적 전망도 광범위하게 논의한다. 이 책은 신유물론의 매우 영향력 있는 세 가지 사조 ― 객체지향 존재론이라는 그레이엄 하먼의 기획, 사물의 활기에 관한 제인 베넷의 견해, 그리고 캐런 버라드가 제안한 행위적 실재론 ― 를 비판적으로 검토한다. 『사물의 통치』는 신유물론적 의제를 일축하기보다는 오히려 그것을 정치적 변화에 대한 중대한 관심 및 경험적 탐구에 의해 특징지어지는 통치분석학과 더 밀접히 연계시킬 것을 제안한다. 이 책은 푸코가 수행한 연구의 중요한 분석적 차원들을 후속적으로 전개하고 확대함으로써 푸코의 저작에 관여하는 새로운 방법을 제시한다. 장치, 기술, 그리고 환경이라는 개념들은 1970년대에 콜레주드프랑스Collège de France에서 이루어진 강연에서 푸코가 제시한 사물의 통치와 관계적 유물론에 관한 관념에 실질을 부여한다. 마지막으로, 이 책은 현시대 통치양식들의 한 가지 중요한 전환을 진단한다. 이 양식들은 개인이나 인구를 직접 겨냥하는 대신에 사회적·생태적·기술적 생활 조건을 조정하고 통제하고자 한다.『사물의 통치』는 푸코의 환경성 개념을 이 새로운 권력의 성좌를 다루는 한 가지 방법으로 제안한다.

나는 이 책을 한국 독자들에게 소개할 기회를 갖게 되어서 대단히 신이 나고 기쁘다. 이 한국어판은 비非-인간중심적이고 관계적-유물론적인 통치분석학을 위한 개념적 도구를 제공함으로써 한국 및 그 밖의 지역에서 정치적·이론적 논쟁을 강화할 것이다. 이 책은 사회적-기술적-생태적 환경을 설계하고 조정하고자 하는 현시대의 통치 형태들을 분석하는 데 유용하고 중대한 수단이 될 것이다. 게다가, 이 책은 신유물론적 학술 행위와 미셸 푸코의 작업이 미치는 영향에 관한 논의에 이바지할 수 있을 뿐만 아니라, 또한 기술 혁신의 사회적·정치적 함의에 관한 논쟁에 관여할 사람들에게 유용할 수 있을 것이다. 한국인들이 영위하는 생생한 지적 생활과 그들이 당면하고 있는 다양한 정치적 쟁점을 참작하면, 나는 학자들, 학생들, 그리고 더 많은 대중 사이에서 이 한국어판에 대한 흥미로운 독자층이 나타날 것이라고 확신한다.

2023년 8월 11일
프랑크푸르트 암 마인에서
토마스 렘케

:: 서론

    유물론은 고대까지 거슬러 올라가는 풍요로운 철학적 전통이다. 유물론은 데모크리토스와 루크레티우스의 저작으로 시작되었고, 근대 철학에서는 홉스, 스피노자, 그리고 그 밖의 많은 철학자의 서석에서 다시 명확히 표명되었으며, 19세기와 20세기에는 특히 자연과학의 성취와 맑스주의의 발흥으로 인해 번성했다.[1] 유물론적 사유는 언제나 다양한 판본의 관념론과 유심론에 이의를 제기하는 데 대단히 중요한 역할을 수행해 왔으며, 그 영향은 학술적 논쟁과 지적 논의를 훌쩍 넘어섰다. 그것은 철학적 논전에서 취해지는 하나의 입장을 의미할 뿐만 아니라 대중 담론에서도 두드러지게 나타난다. 흥미롭게도, '유물론자들'은 이론의 세계에서뿐만 아니라 상식의 차원에서도 나쁜 평판을 얻었다. 여러 세기 동안 그들은 신의 존재를 믿지 않고 수상한 도덕을 고수하며 위험한 사상을 표현하는, 기질이 의심스러운 사람들로 여겨졌는데, 이를테면 18세기에 독일의 어느 중요한 백과사전에 서술되었듯이 "사악한 분파"schlimme Sekte [2]로 여겨졌다.[3]

    하지만 오늘날에는 상황이 바뀌었다. 적어도 강단에서는 유물론이 존중할 만하고 진지하며 심지어 멋있는 것이 되었다. 그리고 '사물은 이

---

1. 예를 들면 Hermann Braun, "Materialismus-Idealimus"; Friedrich Albert Lange, *History of Materialism and Criticism of Its Present Importance*를 참조.
2. Johann Heinrich Zedler, "Materialismus." 또한 Werner Post and Alfred Schmidt, *Was ist Materialismus? Zur Einleitung in die Philosophie*를 참조.
3. 철학사에서 나타난 유물론적 사유는 Charles T. Wolfe, *Materialism*; Charles T. Wolfe, "Materialism Old and New"도 참조.

런 전환 국면에서 결정적인 역할을 수행했다. 재료, 인공물, 그리고 객체는 과학적 관심을 점점 더 끌어들이고 있고 새롭게 개념화되고 있다. 지난 이십 년 동안 사회과학과 인문학에서 두드러진 발전이 이루어졌는데, 요컨대 신유물론들[4]이 발흥하였다.[5] 복수의 다양한 형태의 물질성에 집중하는 이론적 관점들과 경험적 연구들은 사회적 구성물, 문화 실천, 그리고 담론 과정에 관한 연구를 보완하거나 대체하고 있다. 신유물론 학자들은 '언어적 전회' 또는 주로 텍스트에 의거한 설명이 의미와 물질의 복잡하고 역동적인 상호작용을 제대로 이해하는 데 충분치 않다는 확신을 공유한다. 그들은 "문화적·담론적·텍스트적 방법론들의 헤게모니"[6]로 인해 빈곤한 이론적 설명과 개념적 결함이 산출되는 것만이 아니라고 주장한다. 또한 그 헤게모니에서 비롯된 "물질을 무시하거나 축소하는 인식적"[7] 태도는 심각한 윤리적 곤경과 정치적 문제를 야기하는데, 왜냐하면 그런 태도는 현시대의 사회들이 직면하는 중요한 난제들, 특히 경제적 변화와 환경 위기에 대처하지 못하기 때문이다.[8]

---

4. '신유물론'이라는 칭호 아래 회집된 연구 주제와 분과학문적 관점의 이론적 다양성과 복수성을 참작하여 나는 단수형 대신에 복수형을 사용할 것이다.

5. 예를 들면 Myra J. Hird, "Feminist Matters"; Diana Coole and Samantha Frost, *New Materialisms* [다이애나 쿨·사만타 프로스트, 『신유물론 패러다임』]; Rick Dolphijn and Iris van der Tuin, *New Materialism* [릭 돌피언·이리스 반 데어 튠, 『신유물론』]을 참조.

6. Vicki Kirby, "Matter out of Place," 9.

7. Christopher N. Gamble, Joshua S. Hanan, and Thomas Nail, "What is New Materialism?", 111.

8. 종종 인용되는 캐런 버라드의 다음과 같은 진술을 참조하라. "지금까지 언어는 너무 많은 권력을 부여받았다. 언어적 전회, 기호적 전회, 해석적 전회, 문화적 전회. 최근에 이루어진 모든 전회에서 모든 '사물' — 심지어 물질성 — 은 언어의 문제 또는 어떤 다른 형태의 문화적 표상으로 전환된다. … 중요하게도, 이는 물질이 더는 물의를 빚지 않는 것처럼 보이는 유일한 것이라는 점을 뜻한다"(Karen Barad, "Posthumanist Performativity," 801).

사회 이론에서 물질적인 것이 개념화된 방식에 대한 간략한 개관은 Andreas Reckwitz, "The Status of the 'Material' in Theories of Culture"를 참조.

신유물론들은 역사적·이론적 이중 교착국면의 결과이다. 1970년대와 1980년대는 한때 인기 있던 유물론적 접근법들의 쇠퇴, 특히 맑스주의의 쇠퇴와 포스트구조주의적 문화 이론들의 발흥으로 특징지어졌다. 후자의 이론들은 물질에 대한 어떤 직접적인 준거도 소박하게 표상주의적이거나 자연주의적인 것으로서 문제가 있는 것으로 만든 반면에 신유물론자들은 물질에 관한 참신한 개념을 지지했다. 전통적인 형태의 유물론과 대조적으로 그 새로운 "이론적 패러다임"[9]은 물질 자체가 수동적이고 활성이 없으며 일의적이라기보다는 오히려 능동적이고 역동적이며 다원적인 것으로 구상될 수 있다는 관념을 가리킨다.[10] 신유물론 학자들은 자연적 세계와 기술적 인공물을 기술적 진보, 경제적 생산, 혹은 사회적 구성을 위한 자원이나 원료에 불과한 것으로 간주하는 관념을 비판한다. "물질적 전회"[11]의 목표는 인간중심주의와 담론적 관념론을 극복하기 위해 존재론, 인식론, 윤리학, 그리고 정치를 새롭게 이해하는 것이다. 그것은 자연과 문화, 물질과 마음, 인간과 비인간 사이의 분열을 비롯한 근대 사상의 중추적인 이원론들을 재구상할 것을 제안한다.[12]

신유물론들은 아직도 생생하고 역동적인 분야이기에 그 지형을 추적해서 보여주기도 어렵고, 그 경계와 토대를 규정하기도 어려우며, 그 특징을 확립하기도 어렵다. 이어지는 글에서 나는 이 책의 주장과 구조를 설명하기 전에 신유물론들의 예비적 지도를 간략히 제시할 것이다.

---

9. Paul Rekret, "The Head, the Hand, and Matter," 49~50.
10. Jane Bennett, "The Force of Things," 348~9 ; Stacy Alaimo and Susan J. Hekman, *Material Feminisms* ; Claire Colebrook, "On Not Becoming Man" ; Diana Coole and Samantha Frost, "Introducing the New Materialisms," 3~4 [다이애나 쿨·사만타 프로스트, 「서론」].
11. Tony Bennett and Patrick Joyce, *Material Powers*.
12. Dolphijn and van der Tuin, *New Materialism* [돌피언·반 데어 튠, 『신유물론』] ; William E. Connolly, "The 'New Materialism' and the Fragility of Things" ; Elizabeth A. Wilson, *Gut Feminism*.

신유물론들의 위치 정하기

신유물론들은 물질에 관한 세 가지 대안적 구상과 구별되어야 한다. 첫째, 인류학의 물질문화 연구는 "사물의 사회적 삶"을 탐구한다.[13] 이 연구들은 인간 주체들이 사회적 관계들을 생성하거나 유지하기 위해 물질적 객체들에 관여하는 방식에 집중한다.[14] 이런 접근법과는 대조적으로 신유물론자들은 물질적 세계와 비물질적 세계 사이의 (위계적인) 개념적 구분을 문제화한다. 물질성에 대한 더 포괄적인 이해에서 출발하는 그들은 인간과 비인간 사이의 차별이 그 자체로 불안정하고 유동적이라고 주장한다.[15] 둘째, 신유물론들은 명백한 도덕적 입장들을 낳는 고정되고 안정적인 존재론적 면모들을 사물에 귀속시키는 "유물론적 본질주의"[16]와도 다르다. 오히려 대다수 신유물론자는 "조형적 물질성"[17]을 구상함으로써 물질을 견고하고 단단하기보다는 오히려 유연하고 역동적인 것으로 이해한다 — 그리하여 주요한 일반적인 도덕적 판단들의 기반을 약화한다. 셋째, 신유물론들은 오랫동안 과학을 지배한 '환원주의적 유물론'에 맞서는 쪽으로 정향되어 있다. 환원주의적 유물론은 물질이 이산적이고 단순하며 수동적인 요소들로 구성되어 있다는 개념을 조장한다. 예를 들면 생물학에서 그것은 "유기체의 명백히 독특한 속성들이 그것의 구성 부분들 — 세포적 부분들과 궁극적으로 분자적 부분들 — 의 특성

---

13. Arjun Appadurai, *The Social Life of Things*. 또한 Amiria J. M. Henare, Martin Holbraad, and Sari Wastell, *Thinking Through Things*를 참조.

14. Daniel Miller, *Materiality*; Daniel Miller, *The Comfort of Things*를 참조.

15. Ben Anderson, "Review of *Vibrant Matter*," 393; Babette Bärbel Tischleder, *The Literary Life of Things*, 23~7.

16. Noel Castree, "A Post-Environmental Ethics?," 8.

17. Gay Hawkins, "Plastic Materialities"; Kirby, "Matter out of Place," 11. 또한 Brenna Bhandar and Jonathan Goldberg-Hiller, *Plastic Materialities*를 참조.

들에서 생겨난다"라고 주장하는 경향에 의해 특징지어진다.[18]

신유물론적 학문 분야는 어떤 균질한 사유 양식을 나타내지 않고 오히려 다양한 접근법과 이론적 경향의 불균질한 집단을 포괄한다.[19] 자신의 영감을 현상학적 전통에서 취하는 학자들이 있는 한편[20], 근대적 생기론에 의지하는 학자들도 있다.[21] 신유물론자들에는 데리다주의자들[22]뿐만 아니라 들뢰즈주의자들[23]도 포함되어 있는데, 양자역학의 정리들[24], 복잡성 이론의 관점들[25], 진화론의 원리들[26], 그리고 신경과학 연구의 통찰들[27]에 의존하는 작업들이 있다. 신유물론자들은 전통적인 학술적 윤곽과 확립된 지적 경계를 가로지르는 "횡단적으로 새로운 지적 지향"[28]을 지지한다. 그 분과학문적 스펙트럼은 페미니즘 이론[29]에서 예술론[30], 정치 이론[31], 국제관계론[32], 그리고 철학[33]을 거쳐

18. Ted Benton, "Biology and Social Science," 14 ; Gamble, Hanan, and Nail, "What is New Materialism?," 116. 또한 Isabelle Stengers, "Wondering about Materialism"을 보라.

19. Diana Coole, "Agentic Capacities and Capacious Historical Materialism," 452.

20. Graham Harman, *Guerrilla Metaphysics* ; Ian Bogost, *Alien Phenomenology* [이언 보고스트, 『에일리언 현상학』].

21. Jane Bennett, *Vibrant Matter*. [제인 베넷, 『생동하는 물질』.]

22. Vicki Kirby, *Quantum Anthropologies*.

23. Rosi Braidotti, *Metamorphoses*. [로지 브라이도티, 『변신』.]

24. Karen Barad, *Meeting the Universe Halfway*.

25. Manuel DeLanda, *A Thousand Years of Nonlinear History*.

26. Elisabeth Grosz, "Darwin and Feminism."

27. Wilson, *Gut Feminism*.

28. Dolphijn and van der Tuin, *New Materialism*, 86. [돌피언·반 데어 튠, 『신유물론』.]

29. Braidotti, *Metamorphoses* [브라이도티, 『변신』] ; Alaimo and Hekman, *Material Feminisms* ; Iris van der Tuin, "New Feminist Materialisms"

30. Barbara Bolt and Estelle Barrett, *Carnal Knowledge*.

31. Bennett, *Vibrant Matter*. [베넷, 『생동하는 물질』.]

32. Tom Lundvorg and Nick Vaughan-Williams, "New Materialisms, Discourse Analysis, and International Relations."

33. Quentin Meillassoux, *After Finitude* [퀑탱 메이야수, 『유한성 이후』] ; Levi R, Bry-

매체 연구[34], 지리학[35], 사회학[36], 법학[37], 고고학[38], 그리고 문학[39]에까지 이른다.

　물질을 더 진지하게 고려하려는 신념이 모든 신유물론의 공통점인 한편, 그것들은 물질을 구상하는 방식과 더불어 존재론과 인식론 사이의 관계를 이해하는 방식이 실질적으로 다르다. 사실상 신유물론들의 지형은 "부분적으로 양립 불가능한 궤적들"[40]을 포함하고 심지어 "모순되는" 정체성들도 포함한다.[41] 그러므로 "포함과 배제의 규준"[42]을 확립하려고 시도하는 것은 시기상조이거나 잘못된 겨냥일 것이다. 왜냐하면 어떤 명쾌한 정의도 논란과 논쟁의 여지가 있기 때문이다. 그런데도 우리는 널리 공유되는 다수의 관심사와 우려 사항을 식별할 수 있다. 나는 각기 다르지만 서로 연계된 네 가지 주제 혹은 논제 ─ 존재론, 인식론, 정치, 그리고 윤리 ─ 를 발의함으로써 신유물론들의 지형을 추적해서 구현하고자 한다.[43]

---

ant, Nick Srnicek, and Graham Harman, *The Speculative Turn*; Graham Harman, *The Quadruple Object* [그레이엄 하먼, 『쿼드러플 오브젝트』].

34. Matthew Fuller, *Media Ecologies*.

35. Stephen Wiley, "Spatial Materialism."

36. Nick J. Fox and Pam Alldred, *Sociology and the New Materialism*.

37. Hyo Yoon Kang and Sara Kendall, "Legal Materiality."

38. Christopher Witmore, "Archaeology and the New Materialisms."

39. Tischleder, *The Literary Life of Things*.

40. Gamble, Hanan, and Nail, "What is New Materialism?," 111.

41. Kirby, "Matter out of Place," 8.

42. Charles Devellennes and Benoit Dillet, "Questioning New Materialisms," 6.

43. 신유물론적 풍경에 대한 대안적 지도제작은 Coole and Frost, "Introducing the New Materialisms"; Dolphijn and van der Tuin, *New Materialism* [돌피언·반 데어 튠, 『신유물론』]; Connolly, "The 'New Materialism' and the Fragility of Things"; Coole, "Agentic Capacities and Capacious Historical Materialism"; Devellennes and Dillet, "Questioning New Materialisms"; Alexander Wilson, "Beyond the Neomaterialist Divide"; Gamble, Hanan, and Nail, "What is New Materialism?"을 참조.

신유물론자들은 우선 물질의 생산성과 역동성을 고려함으로써 존재론적 의문들을 재고할 필요가 있다고 강조한다. 그들은 존재론에 관한 데카르트-뉴턴주의적 이해로부터 비판적 거리를 둘 것과 행위성을 인간 주체를 넘어 재고할 것을 제안한다. 이와 같은 "존재론적 재정향"[44]은 자연과 문화의 근대주의적 이원론을 초월할 것이라고 기약하며, 그리하여 물질의 창조력과 비결정성을 확인한다. 신유물론적 학술 활동의 두 번째 독특한 측면은 인식론과 관련되어 있다. 왜냐하면 그것은 자연과학의 발전을 수용하거나, 또는 심지어 그 발전에 기반을 두고 있기 때문이다. 신유물론자들은 사회과학과 인문학이 자연과학의 지식 생산 과정에 더 강력히 관여하라고 요구한다.[45] 그들은 우리에게 생명 과정과 자연을 영원하고 결정론적인 법칙들의 지배를 받기보다는 오히려 역사적이고 우연적인 것으로 이해하기 위해 기성의 분과학문적 경계를 의문시하라고 요청한다.[46] 신유물론적 학술 활동의 세 번째 측면은 물질성의 재고를 정치의 문제와 연계시키며, 그리하여 인간의 권역을 넘어서는 권력관계들을 분석하는 새로운 형식을 전개하려고 시도한다는 것이다.[47] 신유물론 학자들은 정치경제학에 대한 관심을 환경적 쟁점 및 사회적 정의에 관한 물음과 결합하는 작업을 구상한다.[48] 그들은 "생명과 인간의 지위에 관한 다수의 생명정치적 쟁점과 생명윤리적 쟁점에 대한 고려"와 "정치경제학에 대한 비판적이고 비독단적인 재개입"을 제안한

44. Coole and Frost, "Introducing the New Materialisms," 6~7.
45. Myra J. Hird, "Feminist Engagements with Matter." 또한 Alaimo and Hekman, *Material Feminisms*; Wilson, *Gut Feminism*; Devellennes and Dillet, "Questioning New Materialisms"를 참조.
46. Grosz, "Darwin and Feminism"; Kirby, *Quantum Anthropologies*; Wilson, *Gut Feminism*.
47. Barad, *Meeting the Universe Halfway*, 35.
48. Bennett, *Vibrant Matter* [베넷, 『생동하는 물질』]; Connolly, "The 'New Materialism' and the Fragility of Things."

다.[49] "생동하는 물질"[50] 또는 "활기찬 물질"[51] 같은 개념적 제안들은 주체성과 행위성이라는 기존 개념들에 이의를 제기하고 정치적인 것의 범위와 지형을 다시 추적하여 보여준다.[52] 신유물론적 작업에서 정치적 문제에 대한 관심은 종종 윤리적 관심사에 대한 재고에 의해 보완된다. 이런 윤리 개념은 자율적인 개인이나 도덕적 주체를 준거점으로 삼는 대신에 인간 존재자와 비인간 존재자 사이의 복잡한 마주침과 더불어 이 존재자들의 상호 의존성 및 교환의 구성적 관계들에 기반하고 있다.[53]

종합하면, 이런 존재론적·인식론적·정치적·윤리적 제안들은 경험적 탐구와 비판적 사유를 확대하고 심화할 것이라고 약속한다. 물질의 역동성과 활력에 대한 새로운 강조는 성차별주의적·인종주의적·자본주의적 실천들과 밀접히 연관된 불변의 영원한 본성 개념에 이의를 제기하며, 그리하여 페미니즘적·포스트식민주의적·맑스주의적 비판을 수정하고 확대한다. 이런 취지에서 신유물론적 학술 활동은 현 상황에 대한 검토와 혁신에 중요한 도구를 만들어 내고자 한다. 그것은 '사물화' 또는 '자연화' 같은 개념들을 문제화하는 데 도움을 준다. 왜냐하면 그런 개념들을 사용하는 것은 물질을 수동적이고 활성이 없으며 단단한 것으로 간주하는, 자연에 관한 단순하고 부적절한 이해와 함께 작용하기에 그것들이 비판적으로 다루는 과정들을 강화하는 데 이바지할 것이기 때문이다.

몇 년 전에 신유물론에서 맨 먼저 나의 관심을 사로잡은 것은 이처럼 신유물론이 그 위에서 정치와 정치적 논쟁이 생겨나는 지형에 대한 지도

---

49. Coole and Frost, "Introducing the New Materialisms," 7. [쿨·프로스트, 「서론」.]

50. Bennett, *Vibrant Matter*. [베넷, 『생동하는 물질』.]

51. Rosi Braidotti, "A Theoretical Framework for the Critical Posthumanities."

52. Rekret, "The Head, the Hand, and Matter," 50~1 ; Lundvorg and Vaughan-Williams, "New Materialisms, Discourse Analysis, and International Relations," 4.

53. Rosi Braidotti, *Transpositions* [로지 브라이도티, 『트랜스포지션』] ; Donna Haraway, *When Species Meet* [도나 해러웨이, 『종과 종이 만날 때』].

를 다시 제작하고 정치적인 것을 근본적으로 재고할 것이라는 밝은 전망이었다. 그렇지만 나는 많은 관심사와 신념을 신유물론 학자들과 공유하는 한편으로 어떤 불편함을 감지하지 않기가 어려웠다. 이에 대한 주요한 이유는 두 가지이다. 첫째, 신유물론들의 대표자들은 종종 그것들 자체를 이제는 "구유물론들"로 불리게 되어 버린 것[54], 특히 맑스주의의 풍요로운 전통 및 유물론적 페미니즘의 중요한 갈래들과 명확히 구분하려고 한다.[55] 신유물론자로 자처하는 많은 사람은 참신성, 돌파구, 그리고 독창성의 수사적 표현들을 과도하게 사용하면서 중요한 유물론적 사유 노선들을 간과하고 가능한 친화성과 동맹을 무시한다.[56] 그들은 종종 동일한 메시지를 거듭해서 반복하는 판촉용 팸플릿의 인상을 준다. 우리는 신유물론들이 "사상의 혁명"[57]이라고 장담하는 말을 듣거나 혹은 우리가 "새로운 사유의 환희"[58]를 목격하고 있다고 장담하는 말을 듣는다. 그렇지만 신유물론들이 얼마나 '혁명적'이고 '급진적'인지 영구적으로 되풀이하여 말하는 것은 유물론이 자신의 상대 ― 그것이 관념론이든 유심론이든 혹은 다른 무엇이든 간에 ― 에 맞섰을 때 자신의 의제를 재조정하고 갱신하는 데 언제나 관여했다는 사실을 은폐하는 경향이 있다. 이런 관점에서 '사상의 혁명'으로서의 유물론은 긴급한 뉴스거리가 아니라 일상적인 것이다.[59]

---

54. Erika Cudworth and Stephen Hobden, "Liberation for Straw Dogs? Old Materialism, New Materialism, and the Challenge of an Emancipatory Posthumanism"; Jane Bennett, "Systems and Things," 237, 주 10; Kirby, "Matter out of Place," 15.

55. 예를 들면 Rosemary Hennessy and Chrys Ingraham, *Materialist Feminism*을 참조.

56. Devellennes and Dillet, "Questioning New Materialisms."

57. Dolphijn and van der Tuin, *New Materialism*, 85. [돌피언·반 데어 튠, 『신유물론』.]

58. Timothy Morton, "Here Comes Everything," 163. [티머시 모턴, 「모든 것이 온다」.]

59. 대략 50년 전에 『신유물론』이라는 제목의 책이 출판되었다는 사실은 전혀 놀라운 일이 아니다. 게다가 친숙한 듯 들리는 것은 그 제목만이 아니라 그 책이 전달하는 메시지도 그러하다. 이 저서에서 미국의 철학자 제임스 K. 파이블먼은 20세기의 첫 번째 사

내가 느낀 불편함의 두 번째 원인은 첫 번째 원인과 밀접히 관련되어 있을뿐더러 비판의 문제와도 관계가 있다. 신유물론 학자들은 비판을 현재에 관여하는 다소 낡은 방식 또는 특별히 잘못 구상된 방식으로 이해한다. 그들은 비판적 탐구를 고무하거나 확대하는 대신에 비판의 한계를 강조하고 비판을 본질적으로 파괴적이고 부정적이며 무시하는 기획으로 간주한다. 이런 관점에서 비판이 "분석의 만족스러운 종결점"을 더는 제공하지 못하는 이유는 그것이 "분리성과 외부성"의 서사에 의존하기 때문이다.[60] 비판은 헛되고 무익한 노력처럼 보이는데, 왜냐하면 "비판적 입장은 비판받는 것을 재-긍정하"기 때문이다.[61] 신유물론자들은 종종 "비판이 소진되어 버렸다"[62]라는 브뤼노 라투르의 영향력 있는 진단을 암묵적으로 혹은 명시적으로 언급한다.[63] 주지하다시피 라투르는, 비

반세기에 상대성 이론과 양자역학이 물질에 대한 우리의 이해를 혁명적으로 바꿔 버렸다는 논점을 제시했다. 그는 철학이 이런 과학적 통찰들을 어떤 "물질적 존재론"을 구상하는 방식으로서 참작해야 한다고 주장했다(James K. Feibleman, *The New Materialism*, 36). 전통적인 유물론은 물질을 "궁극적으로 단순하고 견고한 질료의 단단하고 둥글며 관통할 수 없는 조각들"로 구상한 반면에(같은 책, 41), 파이블먼은 물질이 "가장 복잡한 활동을 지속할 수 있는 대단히 역동적인 행위자로 인식되"는 '신유물론'이 출현하고 있음을 인지했다(같은 책, 42).

그 책을 신유물론들에 관한 더 최근의 이해와 비교하는 서평은 Thomas Lemke, "Varieties of Materialism"을 참조.

60. Karen Barad, "Intra-active Entanglements," 14. 또한 Karen Barad, "Interview with Karen Barad," 49 [카렌 바라드, 「카렌 바라드와의 인터뷰」]를 참조.

61. Dolphijn and van der Tuin, *New Materialism*, 138. [돌피언·반 데어 튠, 『신유물론』.]

62. Bruno Latour, "Why Has Critique Run Out of Steam? From Matters of Fact to Matters of Concern."

63. 예를 들면 비판에 관한 버러드의 이해를 보라. "저는 비판에 관심이 없습니다. 제 생각에 비판은 과대평가되고 과도하게 강조되며 남용되고 있습니다. 페미니즘이 손상될 지경에 이르도록 말입니다. 「왜 비판은 소진되어 버렸을까? 사실의 문제에서 관심의 문제로」라는 제목의 논문에서 브뤼노 라투르가 알려주는 대로(Latour, "Why Has Critique Run Out of Steam?"), 비판은 어쩌면 습관적으로 계속해서 사용되는 도구이지만 우리가 현재 직면하는 그런 종류들의 상황에 필요한 도구가 더는 아닙니다"(Dolphijn and van der Tuin, *New Materialism*, 49 [돌피언·반 데어 튠, 『신유물론』]).

판이 "외양의 베일 배후에 자리하고 있는 실재들의 진짜 세계의 발견"과 (인간의) 허위의식을 폭로하는 일에 너무나 많이 집중되었기에 동시대의 정치적 현실과 무관해져 버렸다고 주장한다.[64] 이런 추정에 따르면 비판은 탈신비화라는 실천 — 대단히 문제적인 과업 — 과 밀접히 관련되어 있는데, 왜냐하면 비판은 주의를 물질의 역동성에서 벗어나게 함으로써 "정치적 행위성을 인간 행위성으로 축소하"는 경향이 있기 때문이다.[65] 비판은 인간의 지식 생산의 인식론적 조건에 집중하므로 휴머니즘적 오만의 기반을 약화하기보다는 오히려 그 오만을 재확인한다. 그렇다면 필요한 것은 실재계에 관여하여 인간중심주의의 한계 너머의 세계를 경험할 수 있게 하는 "비판에 대한 대안"[66]이다.

"비판적 태도를 … 중지하"[67]라는 이런 요구는 비판적 이론과 실천의 풍요로움과 역동성을 제대로 평가하지 못하고 비판적 충동과 궤적을 수정하고 변환할 가능성도 배제하는, 비판에 관한 놀랍도록 빈곤하고 정적인 이해에 의존한다. '이데올로기 비판'에의 집중은 비판에 관한 매우 선택적인 개념을 뒷받침한다. 그것은 비판적 탐구 일반의 필요성을 무화시키지도 않고 비판에 관한 더 복잡한 관념을 전개할 필요성을 배제하지도 않는다.[68] 신유물론적 서사는 양자택일의 이원론적 논리로 작동한다. 왜냐하면 비판의 부정성은 "실증적인, 심지어 유토피아적인 대안들"을 고

이런 부정적인 평가에도 불구하고 버러드의 작업은 때로로 페미니즘 이론의 다가오는 패러다임과 비판적 사유 일반의 새로운 토대로서 환영받는다(예를 들어 Susan Hekman, "Constructing the Ballast," 106; Peta Hinton, "The Qunatum Dance and the World's 'Extraordinary Liveliness,'" 186을 보라).

64. Bruno Latour, "An Attempt at a Compositionist Manlfesto," 474~5; Latour, "Why Has Critique Run Out of Steam? From Matters of Fact to Matters of Concern."

65. Bennett, *Vibrant Matter*, xv. [베넷, 『생동하는 물질』.]

66. Latour, "An Attempt at a Compositionist Manifesto," 474.

67. 같은 글, 476.

68. 예를 들면 Thomas Lemke, "Critique and Experience in Foucault"를 참조.

안하려고 하는, 현재에 대한 긍정적이고 창의적인 개입과 명료하게 구분되기 때문이다.[69] 역설적이게도 비판을 본질적으로 인식론적이고 인간 중심적인 기획으로 이해하는 것은 신유물론들에서 유동성과 유연성이 더 일반적으로 강조되는 것과 뚜렷한 대조를 이룬다. 게다가 그것은 유물론적 구상을 넘어서는 잠재적 동맹과 공동의 관심사들을 무시한다.[70] 비판과 결별하고자 하는 신유물론적 노력에서 관찰될 수 있는 어떤 역설이 있다. 신유물론자들이 비판적 실천이 비인간 행위성을 간과하거나 도외시하면서 사용하는 메커니즘의 다양성을 지적할 때, 그들은 종종 자신들이 대체했다고 주장하는 비판적 계시의 바로 그 문법을 동원한다. 그들은 "탈신비화에 대한 집착"[71]에 저항하는 대신, 오히려 실재계에 대하여 휴머니즘적 왜곡을 넘어선 참된 그림을 제시한다고 주장함으로써 비판이라는 기획에 적극적으로 관여한다.[72]

---

69. Bennett, *Vibrant Matter*, xv [베넷, 『생동하는 물질』]. 또한 Latour, "An Attempt at a Compositionist Manifesto," 474~7을 참조.

70. 이런 점에서 포스트구조주의와 사회구성주의에 대한 몇몇 신유물론자의 상당히 반론적인 태도는 중요한 핵심을 놓친다. 그들은 이 이론들의 관점이 지닌 그 다양성과 복잡성을 축소함으로써 간략히 묘사할 뿐만 아니라(또한 Sarah Ahmed, "Open Forum Imaginary Prohibitions"; Reiner Keller, "New Materialism? A View from Sociology of Knowledge"를 참조), 그것들의 역사적 출현 조건과 그것들이 대응하는 정치적 및 이론적 문제들에 대한 무지도 나타낸다. 신유물론의 우산 아래서 글을 쓰는 작가들은 때때로 관계성과 물질성에 대한 지속적인 강조를 진지하게 여기지 못하는데, 그들이 포스트구조주의와 사회구성주의를 "상황적 지식"(Donna Haraway, *Simians, Cyborgs, and Women*, 183~201 [도나 해러웨이, 『영장류, 사이보그 그리고 여자』])으로 제시하지 않고 오히려 "실패한 유물론"(Gamble, Hanan, and Nail, "What is New Materialism?," 116~8; Dolphijn and van der Tuin, *New Materialism*, 48 [돌피언·반 데어 튠, 『신유물론』])이나 "한낱 반동적인 것"(같은 책, 138 [같은 책])으로 제시할 때 그러하다. 요컨대 그들은 포스트구조주의와 사회구성주의를 실제적이고 참된 것인 신유물론으로 대체되어야 하는 충분히 복합적이지 않거나 전적으로 잘못된 지식으로 간주하는 경향이 있다.

71. Bennett, *Vibrant Matter*, xv. [베넷, 『생동하는 물질』.]

72. 애슐리 반웰은 신유물론자의 "비판으로 인한 피로"에 관한 매우 교훈적 ─ 비판적 ─ 인 설명을 제공한다(Ashley Barnwell, "Method Matters," 30).

비판의 거부와 이미지 구축 수사법은 신유물론들에 대한 나의 열의를 억눌렀다. 그렇지만 나는 신유물론자들이 중요한 물음들을 제기하고 있다고 여전히 확신했다. 그런데 그들이 제시하는 답변들은 어떠한가? 그들은 물질에 관하여 정확히 어떻게 구상하며, 그리고 재형성된 물질 개념은 어떻게 해서 정치에 관한 상이한 이해로 전환될 수 있는가? 나의 관여 활동의 두 번째 단계는 애초의 불편한 감각과 양가감정을 극복하여 신유물론들의 영역 내에서 나타난 다양한 궤적을 더 자세히 추적하는 것이었다. 이 책에서 나는 그 분야의 불균질성을 참작하여 신유물론적 학술 활동의 주요 갈래들이나 방향들을 대표하는 세 가지 전형적인 입장 – 객체지향 존재론이라는 그레이엄 하먼의 기획, 사물의 활기에 관한 제인 베넷의 견해, 그리고 캐런 버라드가 제안한 행위적 실재론 – 을 검토하기로 결정했다. 객체지향 존재론은 인간 주체로부터 격리되고 분리된, 이산적이고 한정된 '객체'에 중점을 두는 반면에, 생기적 유물론과 행위적 실재론은 각각 '사물'과 '현상'을 중요시한다. 하먼과 대조적으로 베넷과 버라드는 둘 다 '존재'의 상태보다 '생성'의 과정에 관심이 있다. 그들은 주체가 "이미 세계의 실체, 체계, 그리고 생성의 일부"인 혼종 회집체와 관계적으로 얽혀 있음에 주목한다.[73] 그렇지만 우리가 알 수 있듯이 생기적 유물론과 행위적 실재론은 이런 상호작용적 패턴들과 집단적 실천들을 개념화하는 방식이 상당히 다르다.

객체, 사물, 그리고 현상 – 이 세 가지 중요한 표지는 신유물론들의 풍경을 특징지으며, 비非관계적 입장에서 근본적으로 관계적인 입장에까지 이르는 스펙트럼을 포괄한다. 이 유물론들의 범위는 객체지향 존재론의 명시적인 본질주의에서 생기적 유물론이 관계주의와 토대주의 사이

---

73. Stacy Alaimo, "Thinking as the Stuff of the World," 14; Carol A. Taylor, "Close Encounters of a Critical Kind," 202.

해소되지 않은 이론적 긴장 관계를 거쳐 행위적 실재론의 수행적 존재론에까지 이른다.[74] 이 책의 1부에서 나는 그 세 가지 입장을 차례로 깊이 검토함으로써 포스트휴머니즘적 해석과 물질의 재평가를 진전시키는 그것들의 주요 관념들과 독특한 개념들을 제시할 것이다. 또한 그 논의가 몇 가지 분석적으로 비정합적인 점과 개념적으로 모호한 점을 드러낼 것이다. 나는 이런 이론적 문제들로 인해 검토되는 신유물론들의 정치적 견인 작용이 종종 제한적이거나 심지어 모호하다 ― 때때로 "민주주의에 관한 더 급진적인 이론"[75]을 제공한다거나, 또는 "권력에 관한 신유물론적 이해"[76]를 제공한다고 자처하는 꽤 대담한 주장과 극명한 대조를 이룬다 ― 고 주장한다.[77] 사실상 신유물론들은 정치적 물음을 윤리적 및 미학적 관심사로 대체하는 경향과 현시대의 통치 실천에서 물질과 비인간 자연이 억압되기보다는 오히려 종종 동원되는 방식을 무시하는 경향이 있기에 존재론적 물음을 후속적으로 정치화하는 대신에 역설적으로 정치적 문제를 탈정치화하는 데 이바지하기 마련일 것이다.

---

74. '부정적' 유물론, '생기론적' 유물론, 그리고 '수행적' 유물론 사이의 꽤 유사한 구분에 대해서는 Gamble, Hanan, and Nail, "What is New Materialism?"을 보라. 이 저자들은 수행적 유물론을 전적으로 지지하고 객체지향 존재론과 베넷의 작업을 "어떤 객관주의적이고 비관계적인, 그리하여 관념론적인 가정이나 잔류물을 함축한다"라는 이유로 비판하지만(같은 글, 112), 나는 약간 다른 평가를 제시할 것이다. 사실상 행위적 실재론은 하먼의 작업과 베넷의 작업에 비해서 물질에 대한 더 설득력 있는 해석을 제시하지만, 그것 역시 그것이 제안하는 관계적 존재론의 기반을 약화하는 미해결의 이론적 문제들과 맹점들로 인한 어려움을 겪는다.

75. Jane Bennett, "In Parliament with Things," 142.

76. Barad, *Meeting the Universe Halfway*, 35, 224.

77. 또한 신유물론의 견지에서 "공격적인 회집체"를 요구하는 윌리엄 E. 코놀리의 진술을 보라. "당면 목표는 국제적 조직들, 지방정부들, 국가들, 기업들, 은행들, 노동조합들, 그리고 대학들을 압박하여 신자유주의를 패퇴시키고, 기후변화를 억제하고, 지역적 불평등과 국가적 불평등을 축소하며, 그리고 활력을 너무 많이 상실한 민주주의 기계들에 생동하는 다원주의적 영성을 주입하는 것이다"(Connolly, "The 'New Materialism' and the Fragility of Things," 412).

이처럼 신유물론들의 잠정적인 대차대조표를 제시하는 나의 의도는 그것들의 관심사와 신념 들을 일축하고자 하는 것에 있지 않다. 정반대로 나는 물질과 물질성에 관한 비판적인 재고에 대한 신유물론적 요구를 명확히 지지한다. 그렇지만 유물론적 전통을 일축하고 비판과 결별하는 대신 '물질적 전회'를 이전의 유물론적 사유의 관심사들과 관련시키고 비판 이론을 재고하고 확대하기 위한 사유의 잠재력을 탐구하는 것이 더 적실한 것처럼 보인다. 이런 견지에서 신유물론적 존재론은 비판 이론의 전통에 의지하고 변화를 위한 정치적 의제로 특징지어지는 권력 분석학과 더 강하게 연결되어야 한다.[78] 이 책은 그런 "도구 상자"[79]가 미셸 푸코의 작업을 재검토하고 수정하는 과정에서, 특히 "사물의 통치"[80]라는 개념을 탐구하는 과정에서 발견될 수 있다고 주장한다.

푸코의 도구 상자를 재검토하기

신유물론적 학문 분야에서 푸코의 작업은 양가적 역할을 수행한다. 푸코의 계보학은 종종 '인간' 또는 '주체'에 관한 모든 안정된 개념을 문제화하기 위한 영향력 있는 원천과 영감으로 언급되는 한편, 또한 푸코는 물질의 관련성을 논박하거나 부정하는 것처럼 보이는 '문화적 전회'와 담론 이론의 중요한 옹호자로 인식된다. 특히 푸코의 신체 개념과 권력관계

---

78. Coole, "Agentic Capacities and Capacious Historical Materialism"; Cudworth and Hobden, "Liberation for Straw Dogs?"

79. 다음과 같은 푸코의 유명한 인용문을 보라. "나는 내 저서들이 다른 사람들에 샅샅이 뒤져서 그들이 자신의 영역에서 사용할 도구를 찾아낼 수 있으리라 기대하는 일종의 도구 상자이면 좋겠다. … 나는 청중을 위해 글을 쓰지 않는데, 나는 독자가 아니라 사용자를 위해 글을 쓴다"(Michel Foucault, "Prisons et asiles dans le mécanisme du pouvoir," 523~4).

80. Michel Foucault, *Security, Territory, Population*, 97. [미셸 푸코, 『안전, 영토, 인구』.]

의 생산성에 대한 강조는 신유물론들에서 긍정적인 준거로 활용된다.[81] 푸코의 작업은 물리적 신체의 물질성을 강조하고 훈육된 유순한 주체를 구성하는 권력 기술에 중점을 둔다. 그러므로 푸코는 신체가 자기동일적이고 닫힌 불변의 존재자임을 당연하게 여기는 '육체 페티시즘'의 기반을 약화하는 데 도움이 된다. 그는 신체의 물질성이 권력관계에 의해 영향을 받고 수정되는 방식을 예증함으로써 역사와 생물학의 상호작용을 분석한다.[82]

많은 신유물론자들은 푸코의 저작이 중요한 통찰을 제공한다고 칭찬하는 한편, 신체와 권력에 관한 그의 설명이 단지 부분적으로 설득력이 있고 급기야 불만족스럽다고 간주한다. 이 학자들이 푸코의 작업을 명시적으로 거론하는 경우는 드물지만, 푸코가 사회구성주의와 인간중심주의의 범주 아래 포섭되어야 한다는 일반적인 합의는 이루어진 것처럼 보인다. 가장 전형적인 비판은 신유물론적 사유의 가장 중요한 대표자 중 한 사람인 버라드에 의해 제기되었다. 이 해석에 따르면 푸코의 작

---

81. 예를 들면 Coole and Frost, "Introducing the New Materialisms," 32~3 [쿨·프로스트, 「서론」]; Barad, "Posthumanist Performativity," 809를 참조.

82. 예를 들면 『성의 역사』의 제1권에서 다음과 같이 서술된 푸코의 프로그램적 진술을 보라. "이 연구의 목적은 사실상 권력의 전개가 신체 — 육체들, 기능들, 생리학적 과정들, 감각들, 그리고 쾌락들 — 와 직접 연관된 방식을 보여주는 것이다. 신체가 지워져야 하기는커녕, 필요한 것은 생물학적인 것과 역사적인 것이 서로 연속되는 것이 아니라…생명을 자신의 목표로 삼는 근대적 권력 기술이 발전함에 따라 점점 더 복잡해지는 형태로 함께 엮이는 분석을 통해서 신체가 가시적이게 하는 것이다. 그러므로 나는 신체가 지각되었고 의미와 가치를 부여받았던 방식을 통해서만 신체를 고려할 '심성구조의 역사'를 염두에 두지 않고, 오히려 '신체의 역사'와 신체에서 가장 물질적이고 가장 활기찬 것이 쓰인 방식을 염두에 두고 있다"(Michel Foucault, *The History of Sexuality, Vol. 1*, 151~2 [미셸 푸코, 『성의 역사 1』).
1970년대와 1980년대에 저술된 그의 '계보학적' 저작 이전에도, 지식의 고고학과 담론 개념에 관한 그의 저작에서 푸코는 자신을 유물론적 전통 안에 위치시키고서 "비육체적인 것의 유물론이라는 일견 역설적인 방향"을 추구했다(Michel Foucault, "The Order of Discourse," 69 [미셸 푸코, 『담론의 질서』]; Stuart Elden, *Foucault's Last Decade*, 21을 보라).

업은 여전히 "전통적인 휴머니즘적 궤도" 안에 머무르며[83], 그리하여 비인간 힘의 행위적 특성을 고려하지 않은 채로 행위성을 인간 주체에 한정시킨다.

버라드는 여러 가지 문제를 물질에 대한 푸코의 해석과 연결한다. 첫째, 버라드는 푸코가 권력의 생산성을 사회적인 것들의 영역에 한정시킨다고 주장한다.[84] 따라서 푸코는 "'자연-문화' 이진 대립쌍을 존중하고…, 그리하여 그 이진 대립쌍의 생산에 관한 철저한 계보학을 단념한다."[85] 버라드가 보기에 푸코는 '사회적인' 것에 특권을 부여했는데, 이것으로는 인간 행위자와 비인간 행위자 사이의 복잡한 동학을 이해할 수 없다. 두 번째 비판은 첫 번째 비판과 밀접히 연관되어 있다. 버라드는 푸코의 분석이 "[푸코가 그 구성을 당연시하는 비인간 신체를 배제할 정도로 인간 신체의 생산에 집중하]기 때문에 일방적이고 제한적인 채로 남아 있다고 주장한다.[86] 세 번째 문제는 버라드가 "담론적 실천과 물질적 현상 사이 관계의 정확한 본성"에 관한 푸코의 잘못된 설명이라고 간주하는 것과 관련이 있다.[87] 버라드의 견해에 따르면 푸코는 자연과 문화, 인간과 비인간 사이의 경계를 자명하고 주어진 것으로 간주함으로써 의미와 물질 사이의 복잡하고 역동적인 관계도 적절히 설명하지 못한다. 푸코의 작업에서는 물질이 사회적 권력관계에 대한 수동적 배경이나 도구로 쓰인다고 버라드는 주장한다.

이 책에서 나는 버라드가 푸코에 대하여 제기한 세 가지 비판적 혐의 ─ (1) 사회적인 것에 특권을 부여하기, (2) 영속적인 인간중심주의, 그리고

---

83. Barad, *Meeting the Universe Halfway*, 235.
84. 같은 책, 145 ; Barad, "Posthumanist Performativity," 820, 주 25.
85. Barad, *Meeting the Universe Halfway*, 146.
86. 같은 책, 169.
87. 같은 책, 200, 146 ; Barad, "Posthumanist Performativity," 809~10.

(3) 담론적 실천과 물질적 현상 사이의 과소이론화된 관계 ― 를 재고한다. 널리 수용된 꽤 부정적인 이런 평가와 대조적으로 나는 푸코의 작업에서 "인간-너머의"more-than-human 88 접근법의 요소들을 찾아볼 수 있음을 보여줄 것이다. 그것은 푸코가 1977~78년에 콜레주드프랑스에서 행한 강의에서 도입한 '사물의 통치'라는 관념에서 표현된다. 이 이론적 기획은 "인간과 사물의 착종"89을 강조함으로써 푸코의 작업을 명확히 인간중심주의적인 것으로 해석하기 어렵게 만든다. 일부만 영어로 번역되어 있는 자료를 사용하여 나는 통치에 관한 푸코의 설명이 윤리와 주체화 형식들에 대한 관심을 넘어 인간과 비인간의 얽힘을 다룬다고 주장한다. 나의 이론적 주장은, '사물의 통치'라는 개념을 제안함으로써 신유물론자들이 제기하는 쟁점 중 일부에 생산적으로 관여하는, 행위성과 존재론에 관한 관계적이고 전략적인 이해에 도달할 수 있게 된다는 것이다. 이런 해석은 푸코의 저작에서 그 자신이 결코 정합적으로 논의하지도 않았고 후속적으로 전개하지도 않았던 요소들에 기반한다. 나는 버라드의 비판적 논점들에 대응하는 세 가지 개념에 집중할 것이다.

첫째, 담론적 실천과 물질적 현상 사이의 관계에 관한 푸코의 서술이 불만스러운 채로 남아 있다는 버라드의 비난에 맞서서 나는 푸코의 장치 dispositif 개념이 '사물들을 배열하기'로서의 통치에 관한 물질-담론적 이해로 특징지어짐을 보여준다. 나는 담론적 요소들과 비담론적 요소들을 회집하고 그것의 분석적·비판적 가치뿐만 아니라 존재론적·기술적·전략적 차원들을 분명히 설명하는 푸코 특유의 '장치' 용법을 부각한다. 둘

---

88. "인간-너머의" 것이라는 개념은 사라 왓모어에 의해 고안되었다(Sarah Whatmore, *Hybrid Geographies*, 159 ; 또한 Sarah Whatmore, "Hybrid Geographies," 33과 Mike Michael, *Act-Network Theory*, 112~4를 참조). 또한 "인간-이외의"(other-than-human) 것이라는 어빙 A. 핼러웰의 관념도 참작하라(Irving A. Hallowell, "Ojibwa Ontology, Behavior and World View").

89. Foucault, *Security, Territory, Population*, 97. [푸코, 『안전, 영토, 인구』.]

째, 버라드는 푸코의 분석이 권력의 생산성을 사회적인 것의 권역에 한정시킨다고 주장하는 반면에, 나는 정반대로 그 분석이 기술technology의 의미를 확대한다고 주장한다. 푸코의 어휘 용법은 그 용어를 문자 그대로 사물들을 조작하고 동원하는 것을 나타내는 데 한정하는 대신에 '인간사'에도 적용한다 — 더 정확히 말하자면 그것은 사회적인 것과 사회-너머의more-than-society 것 사이의 분열을 넘어선다. 셋째, 푸코의 작업은 오로지 인간 신체의 생산에만 주목한다는 버라드의 비난에 맞서서 나는 푸코의 환경milieu 개념의 결정적인 중요성을 강조한다. 이 개념은 인간과 비인간 사이의 경계면을 관리하고 생명정치의 틀을 더 확실히 잡기 위한 무대를 설정하고자 하는 자유주의적 통치성의 전략적 요소를 구성한다.

　푸코가 결코 직접적으로 물질의 본성을 조사하지도 않았고 인간-비인간 관계의 구체적인 면모를 탐구하지도 않았음은 확실하다. 그렇지만 크리티카 스리니바산이 지적한 대로 푸코는 자신의 저작을 "온전히 채택되거나 거부되어야 할 이론적 틀"[90]이라기보다 오히려 "좇아야 할 실마리"[91]로 간주했음이 명백하다. 이런 "푸코의 개념적 관대함"[92] 덕분에 학자들은 푸코 자신이 다루지 않았거나 혹은 그의 역사적 및 철학적 의제에 중요하지 않은 채로 남아 있었던 쟁점들과 의문들을 접할 때 그의 관념들과 개념들을 선택적으로 취하고 조정하며 변형할 수 있게 되었다. 두서너 가지 예만 들면 젠더 연구[93]에서 포스트식민주의 이론[94]과 환경과

---

91. Foucault, *Society Must Be Defended*, 4. [푸코, 『사회를 보호해야 한다』.]

92. Srinivasan, "Caring for the Collective," 505.

93. Jana Sawicki, *Disciplining Foucault* ; Judith Butler, *Gender Trouble* [주디스 버틀러, 『젠더 트러블』].

94. Ann Laura Stoler, *Race and the Education of Desire* ; Achille Mbembe, "Necropolitics."

학[95]에 이르기까지 푸코주의적 개념들은 이론적 및 경험적 작업에 사용하기 위해 채택되었다 — 이런 연구 분야들에 대한 푸코 자신의 무지나 관심의 결여에도 불구하고 말이다. 그러므로 이어지는 실험의 목적은 브라이언 마수미가 예전에 "푸코를 따라 작업하기"[96]라고 일컬은 것으로, 요컨대 현시대의 문제들을 처리하기 위해 푸코의 '도구 상자'를 변경하고 갱신하는 것이다.

나의 테제는 장치에 관한 개념, 기술에 관한 포괄적 이해, 그리고 환경에 대한 복합적 해석을 제시하는 실천이 철저히 관계적인 유물론을 위한 요소들을 제공한다는 것이다. 그것은 신유물론들에서 나타나는 몇몇 이론적 비정합성 및 맹점과 상당히 다를 뿐만 아니라 정치에 관한 보다 물질적인 설명을 위한 방법도 개척한다. 사물의 통치라는 분석망은 다양한 신유물론적 관심사와 신념을 존재론의 정치적 차원과 역사적 차원을 탐구하는 푸코주의적인 개념적 틀 내에서 다시 명확히 보여준다.[97] 푸코의 구상에 따르면 사물의 통치는 "실재의 구성요소들이 서로 관련지어 작동하게 함으로써 실재의 내부에서 작동하려고 시도한다."[98] 이런 "관계적 유물론"[99]을 후속적으로 전개하기 위해 나는 푸코의 통치분석학을 과

---

95. Rafi Youatt, "Counting Speices"; Lewis Holloway and Carol Morris, "Contesting Genetic Knowledge-Practices in Livestock Breeding."

96. Brian Massumi, "National Enterprise Emergency," 158.

97. '사물의 통치'라는 개념의 제안은 생산적인 모호성을 수반하는데, 왜냐하면 그 용어는 목적격 속격(genitivus objectivus)이자 주격 속격(genitivus subjectivus)으로 동시에 해석될 수 있기 때문이다. 한편으로 '사물'(이 책에서 나중에 알게 되듯이 그 자체가 경험적으로 열려 있고 논란의 소지가 있는 범주이다)은 통치하는 행위주체로서 여겨지고, 다른 한편으로 사물은 통치 실천에서 다루어지고 겨냥되는 것을 나타낸다. 그러므로 통치의 주체와 대상은 사전에 미리 주어지지도 않고 통치 실천에 외재적이지도 않으며 오히려 통치 실천 내에서 공(共)−출현한다.

98. Foucault, *Security, Territory, Population*, 47. [푸코, 『안전, 영토, 인구』.]

99. John Law, "Notes on the Theory of the Actor-Network," 389; Annemarie Mol, "Mind Your Plate! The Ontonorms of Dutch Dieting," 381.

학기술학(이하 STS)에서, 특히 행위자-네트워크 이론(이하 ANT)과 포스트식민주의 페미니즘 기술과학에서 비롯된 통찰들과 조율할 것을 제안한다. 나의 논증은 STS 작업과 푸코의 현재의 역사 사이의 중요한 "유사점들"에 관한 존 로의 주장을 기반으로 삼는데, 왜냐하면 그 두 연구 노선은 모두 "물질적 이질성과 언어적 이질성, 그리고 이것들이 비대칭성과 이원론을 비롯한 결과를 생성하는 방식에 주목하"기 때문이다.[100] STS와 푸코의 통치분석학은 둘 다 필연성, 결정론, 그리고 안정성에 의거하기보다는 오히려 우연성, 개방성, 그리고 가변성에 의거하여 존재론적 물음들에 접근한다. 그렇지만 그것들은 탐구 양식과 연구 관심사가 상이하다. 그것들을 조율함으로써 우리는 STS의 통시적 감성을 공시적인 것에 대한 푸코의 관심과 결합할 수 있게 되며[101], 그리하여 그 두 가지 견해의 분석적 강점과 비판적 강점을 조합하여 "존재론적 정치"[102]의 유동적인 궤적들을 탐구할 수 있게 된다.[103]

여기서 두 가지 가능한 오해를 해소하자. 푸코의 저작에서는 사물의 통치라는 관념이 여전히 전개되지 않은 주제로 남아 있다. 그의 저작은 이런 개념적 조치를 체계적으로 추구하기보다는 오히려 그것을 위한 유망한 요소들을 제시한다. 나는 푸코의 저작에서 통치에 관하여 충분히 진전된 '인간-너머'의 설명을 찾아볼 수 있다고 주장하지는 않을 것이다. 오히려 나는 그의 원래 개념 중 일부를 저버림으로써 푸코에게 여전히 충실할 것이다. 나는 푸코가 제시한 분석 도구들과 방법론적 제안들을 현시대의 지적 논쟁과 정치적 투쟁을 벌이는 데 유용하게 하기 위해 그

---

100. John Law, "STS as Method." 또한 John Law, *Organizing Modernity*; John Law and Vicky Singleton, "ANT and Politics," 494, 주 20을 참조.

101. Law, *Organizing Modernity*를 참조.

102. Annemarie Mol, "Ontological Politics."

103. 자신의 중요한 논문에서 아네마리 몰은 푸코에게 "존재론적 정치의 지적 부각"에서 수행된 "결정적" 역할의 영예를 귀속시킨다(Mol, "Ontological Politics," 87, 주 2).

것들에 의지하여 그것들을 후속적으로 전개하면서 때때로 왜곡할 것이다. 그리하여 나는 푸코의 분석을 그가 그 자신의 저작에서 다루지 않은 연구 영역으로 확대하는 데 주된 관심을 두지 않을 것이다. 나는 부재하는 것과 결함에 주목하지도 않을 것이다. 오히려 나는 푸코의 저작에 이미 존재하는 개념들이 통치 실천에 대하여 탐구되지 않았거나 예상치 못한 새로운 통찰을 제시할 방식들을 규명하려고 노력할 것이다.

　게다가 나는 '사물의 통치에 관한 이론'을 표명할 생각이 없다. 오히려 나는 그 용어를 그 잠재력 – 또한 그 한계 – 을 탐구하기 위한 생산적인 개념적 제안으로 사용할 것이다. 그것은 새로운 사유 공간을 개방하고, 비개연적인 마주침을 가능하게 하고, 대안적인 개념적 결속을 확립하며, 그리고 경험 연구를 위한 방법을 구상하기 위해 고안된 "인식적 사물"[104]이다. 사물의 통치라는 분석틀은 협소한 정의와 기존의 규준을 삼가는 하나의 실험 기구이다. 그것은 도발과 약속으로서의 역할을 수행하며, 그리고 정합성과 개념적 엄밀성의 결여는 그것의 약점이라기보다는 오히려 강점이다. 이처럼 아직 알려지지 않은 "무언가에 대한 점묘화"[105]는 연구 관심의 방향을 저런 양태들이 아니라 이런 양태들에 집중하게 하는 방법으로 유용할 것이지만, 또한 그것은 뜻밖의 전회와 놀라움이 생겨날 만큼 충분히 열려 있는 채로 있다. 나는 미래의 작업에서 이 개념의 문제점뿐만 아니라 그 전망도 구체화하리라 희망한다.[106]

---

104. Hans-Jörg Rheinberger, *Toward a History of Epistemic Things*.

105. Foucault, *Society Must Be Defended*, 4. [푸코, 『사회를 보호해야 한다』.]

106. 이런 잠정적이고 임시적인 접근법은 [아네마리] 몰이 '존재규범'(ontonorm)이라는 개념을 도입한 점과 그것의 방법론적 전망과 한계에 관한 그의 성찰에 대단히 자극받았다. 몰은 그 용어의 의미를 유동적이고 유연하게 유지하는 것의 중요성을 강조한다. "존재규범이라는 용어가 당신으로 하여금 당신이 연구하는 사례들에서 무엇을 보게 하는가? 당신은 어디에서 그 한계를 떠올리는가? 우리를 어떻게 그것을 각색하고 이용할 수 있을까? 존재규범이라는 용어가 더는 기묘하고 간결하며 생산적인 모순어법이 아니기에 우리가 조만간에 그 용어를 또다시 폐기하게 되더라도 나는 괜찮다. 오히려 이런

이 책의 구조

『사물의 통치: 푸코와 신유물론들』에서 나는 세 가지 목적을 추구한다. 첫째, 나는 신유물론들의 모습을 다소 명료하게 묘사하고자 한다. 왜냐하면 벌어지는 논쟁은 종종 혼란스럽고 그 분야 내부에서의 입장들은 때때로 상충하기 때문이다. 이 책에서는 물질적 전회의 정치적 전망뿐만 아니라 혁신적 잠재력과 설명적 관점도 체계적으로 논의되고 비판적으로 평가될 것이나. 여기서 나는 신유물론의 다양한 경향 ― 객체지향 존재론이라는 그레이엄 하먼의 기획, 사물의 활기에 관한 제인 베넷의 견해, 그리고 캐런 버라드가 제안한 행위적 실재론 ― 을 비판적으로 검토한다.

둘째, 나는 신유물론자들이 제기하는 관심사와 쟁점 중 일부를 다룰 수 있게 하는 푸코의 저작 속 요소들을 식별한다. 장치 개념, 기술 개념, 그리고 환경 개념은 푸코가 콜레주드프랑스에 행한 강의에서 제시한 사물의 통치라는 관념을 실체화한다. 이 책에서 나는 푸코 작업의 중요한 분석적 차원과 비판적 차원을 후속적으로 전개하고 확대하는, 통치에 관한 인간-너머의 이해를 제시함으로써 그의 작업에 관여하는 새로운 방식들을 제안한다.

셋째, 사물의 통치라는 푸코의 개념에 근거하여 관계적 유물론의 이론적인 잠재적 전망과 경험적 전망이 탐구된다. 나는 통치분석학과 STS 작업을 조합함으로써 물질적 실천을 다루기 위한 더 설득력 있는 개념적 장치와 정치적 문제에 관한 더 나은 이해에 도달할 수 있게 된다고 주장한다. 또한 이런 이론적 종합은 사회-기술-생태적 환경을 고안하고 조

일이 내가 요구하는 것이다. 제발 이 용어를 규정하지 말아달라. 그것을 명확히 하려는 모든 시도를 자제하라. 존재규범에 의지하지 말고 오히려 그것을 계속해서 유동적이고 양가적이고 춤을 추며 제멋대로 개편되는 것으로 유지하라"(Mol, "Mind Your Plate!", 390).

정하려는 현시대의 통치 형식들을 분석하기 위해 푸코의 '환경성'environ-mentality 개념을 분명히 설명하는 방식을 제공한다.

1부 '유물론의 다양성'에서는 신유물론적 학술 활동의 세 가지 주요한 흐름이 논의된다. 1장에서 나는 '객체지향 존재론'object-oriented ontology(이하 OOO)의 가장 중요한 발의자인 그레이엄 하먼의 작업에 집중한다. OOO는 객체의 진정한 현존을 해명하고자 하는데, 객체의 예측 불가능성, 기이함, 은밀성, 그리고 구상 불가능성을 강조한다. OOO가 인간 객체와 비인간 객체 사이의 구분을 거부하는 점은 '주관적' 범주 혹은 '인간중심적' 범주를 넘어설 수 있게 하는 특정한 개념적 강점으로 여겨질 수 있을 것이다. 그렇지만 OOO는 객체들 사이의 차이가 어떻게 확립되고 그것이 어떻게 유의미해지는지에 관한 어떤 이론적 지향도 제시하지 않는다. 그것은 일부 인간 객체들과 그 권력이 어떻게 해서 인간과 비인간에 일방적으로 영향을 미치는지 설명하지도 않는다. 내가 보여주듯이, OOO에서 개별적 객체들과 그 내부의 불가해성에 주목하는 것은 마침내 어떤 극단적인 형태의 주관주의와 개념적 명료성의 심각한 결여로 전환된다.

2장에서 분석되는 제인 베넷의 생기적 유물론은 객체에 관한 OOO의 이해와 두드러지게 다르다. 그것은 전통적인 존재론적 분열과 규범적 분열의 기반을 약화하고 인간 물질과 비인간 물질을 모두 관통하는 포괄적인 활력에 관한 관념을 제시한다. "사물-권력"[107]에 관한 베넷의 설명은 포스트휴머니즘적 정치 이론을 고안하기 위한 중요한 요소들을 제공하고 OOO의 많은 개념적 한계를 넘어선다. 그렇지만 베넷의 "실증적 존재론"[108]은 그가 구상하는 진보 정치를 가로막고 방해하는 부정적 과

---

107. Bennett, *Vibrant Matter*, xvii. [베넷, 『생동하는 물질』.]
108. 같은 책, x. [같은 책.]

정들과 파괴적 패턴들을 설명하지 못한다. 이런 생기적 유물론의 주요 과업이 "기계의 해악을 최소화하고 그 비용과 편익을 더 균등하게 분배하도록 기계를 변경하거나 중단시키"는 것이라면[109], 베넷은 이 목적을 달성하는 데 필요한 분석적 도구와 개념적 도구를 제공할 수 없는 것으로 판명된다. 베넷은 정치적 문제를 어떤 새로운 윤리적 감성에의 호소로 대체하는 경향이 있다. 불행하게도 베넷은 "윤리의 에너지학"[110]이 정치적 동학과 연관되는 방식이나 그가 옹호하는 생기적 정치가 생산과 소비의 현시대적 구조들의 근본적 변화를 가능하게 하는 방식에 대하여 설득력 있는 논증을 전혀 제시하지 못한다.

3장에서 나는 캐런 버라드의 행위적 실재론에 집중한다. 그 용어는 일견 모순적인 것처럼 보이지만, 안정하고 견고한 기초로서의 물질이라는 관념을 지지하지 않은 채로 물질성을 구상하는 작업에 대한 버라드의 관심을 집약적으로 나타낸다. 우선 나는 행위적 실재론의 다양한 부분(인식론, 방법론, 존재론, 윤리학)을 차례로 제시한다 — 이 부분들이 서로 독립적으로 분리되거나 이해될 수 없다는 버라드의 주장에 동의한다. 내 의도는 서로 누적되거나 보완하는 밀폐된 개념적 벽돌이나 블록들을 식별하는 것이 아니라 오히려 버라드가 수행하는 독특한 이론적 월경과 움직임에 주의 깊게 주목하는 것이다. 이 장의 두 번째 절에서는 행위적 실재론이 "권력에 관한 신유물론적 이해"[111]에 이바지한다는 주장이 논의된다. 그 논의는 구체화 과정이 배제 형식들과 얽히게 되는 방식을 탐구하고, 시간성, 공간성, 그리고 물질성이 상호 구성되는 방식을 분석할 수 있게 하는 '기구'에 관한 버라드의 생산적인 설명에 집중된다. 나는 (특히 OOO와 생기적 유물론에 비해) 행위적 실재론이 갖춘 특유

---

109. Jane Bennet, "Ontology, Sensibility, and Action," 85.

110. Jane Bennet, *The Enchantment of Modern Life*, 132.

111. Barad, *Meeting the Universe Halfway*, 35, 224.

의 이론적 및 분석적 강점들을 부각할 것이다. 그렇지만 또한 그 분석은 버라드의 설명에서 양자역학이 수행하는 기초적인 역할 및 그가 지지하는 포괄적인 윤리 개념과 관련된 몇 가지 비정합적인 점과 문제점을 부각할 것이다.

이 책의 2부 '인간-너머의 통치분석학 요론'은 푸코의 작업에 중점을 둔다. 여기서는 비-인간중심적이고 관계적-유물론적인 통치분석학에 중요한 개념적 도구들이 탐구된다. 4장에서 나는 1978년 이후에 콜레주드프랑스에서 푸코가 행한 강의에서 사물의 통치라는 개념이 출현한 과정을 밝힌다. 나는 통치에 관한 이러한 인간-너머의 이해가 행위적 힘들을 조종하고 조절하는 데 주안점을 둔 푸코의 디스포지티프/장치dispositif/dispositive 개념을 특징짓는다고 주장한다. 이 장에서 나는 'dispositif'라는 프랑스어 개념의 다양한 의미를 논의하며, 그리고 이 의미들을 한편으로는 '아파레유/기구'appareil/apparatus의 현행 용법들과 대조하고 다른 한편으로는 신유물론적 학문 분야와 그 밖의 다른 분야에서 활용되는 '아장스망/회집체'agencement/assemblage의 용법들과 대조한다. 이 장에서는 우리가 장치 개념의 존재론적·기술적·전략적 차원들뿐만 아니라 존재론들의 정치적 차원에 주목하는 경우에 그 개념이 지닌 분석적 및 비판적 가치도 자세히 설명된다.

5장은 기술적 고안물로서의 통치에 관한 푸코의 이해를 제시함으로써 시작된다. 나는 그의 기술 개념을 한편으로는 사회구성주의와 구분하고 다른 한편으로는 기술결정론과 구분할 것이다(게다가 맑스주의적 견해 및 휴머니즘적 견해와도 구분할 것이다). 그다음 절은 독특한 통치 합리성을 보여주는 정치적 구조와 과정 들을 구상하기 위한 두 가지 기술적 비유와 모델 ― 시계와 증기기관 조속기調速機 ― 을 분석한다. 이 장의 마지막 절들은 자유주의 특유의 한 면모로서의 안전 기술에 관한 푸코의 개념을 다루며, 그리고 그 기술이 되먹임 기기로서 수행하는 역할의 중요한 차원들을 드러낸다. 다양한 실천 영역과 지식 분야에서 이런 기술들이 개선되고 점점 더 많이 활용됨으로써 20세기에 소통, 명령, 그리고 통제의 사이버네틱스적 형태들이 발흥하게 되었다.

6장은 이와 같은 통치에 관한 '사회-너머'의 설명에 기반을 두고서 더 이상 인간적 개체와 인구만을 다루는 것이 아니라 인간과 비인간의 복합적인 연합체에 주목하는 생명정치에 관한 이해를 제시한다. 이 장은 유전학과 유전에 관한 푸코의 글을 검토함으로써 시작하는데, 요컨대 그 글은 생명에 관한 물질-기호론적 이해를 개진하고 현대 유전학과 분자생물학에서 비롯되는 통찰들을 포함한다. 그다음 절들은 푸코의 작업에서 환경이라는 개념에 집중한다. 콜레주드프랑스에서 푸코가 행한 통치성에 관한 강의에서 제시된 그 용어의 간략한 계보학을 재검토한 후에 나는 환경이 인간-비인간 분열을 가로질러 '자유로운' 순환을 통제하고 인도하기에 자유주의적 통치성에서 핵심적인 역할을 차지한다고 주장한다. 환경은 인간과 비인간을 공-구성하는 일을 처리하기에 생명정치에 대한 비-인간중심적인 틀의 구성도 허용한다.

이 책의 3부 '관계적 유물론을 향하여'는 현시대의 지형들과 정치적 궤적들을 더 잘 설명하도록 푸코의 통치분석학을 STS의 작업과 조율하는 실천을 옹호하는 논변을 전개한다. 나는 이런 이론적 종합이 이 책의 1부에서 개괄된 신유물론적 학술 활동의 중요한 경향들의 단점과 한계를 넘어서는 관계적 유물론을 가능하게 한다고 주장한다. 7장은 정치의 존재론적 차원을 파악하는 더 좋은 방법을 제공하는 통치과정들에 관한 물질-기호론적 이해를 제시함으로써 시작한다. STS 연구와 푸코의 통치분석학은 둘 다 강조점을 인식론적 또는 이론적 의문에서 실천적 쟁점으로 옮기며, 그리하여 '존재론'이라는 용어를 증식시킨다. 더 정확히 말하자면, 그 두 연구 노선은 독특한 존재양식들이 출현하는 방식을 탐구하기 위해 '비존재론'nontology에서 시작한다. 그다음에 나는 우리가 신유물론적 학술 활동에서 상당히 두드러지는 행위성 개념을 특성과 역량 대신에 수행적 측면과 행동학적 측면에 주목하는 "행함"doing 112의 양식들로 대체해야 한다고 주장한다. 다음 절에서는 이와 같은 통치에 관한 '인간-너머'의 설명이 어떻게 해서 신유물론의 다양한 갈래와 여타 견해에서 표명된 포스트휴머니즘에 대한 지지와 실질적으로 다른지 밝혀진다. 그 절에서는 (일부) 인간들의 비대칭적으로 파괴적이고 억압적인 권력을 여전히 인식하는 한편, 인간의 특권과 권력을 의문시하고 탈중심화하는 이중적 난제를 해결하기 위해 참신한 접근법들, 어휘들, 그리고 개념들을 만들어 내자고 제안된다. 이 장의 마지막 절은 우리에게 장치의 불균질하고 역동적이며 유동적인 특질에 신뢰성을 부여하는 분석과 비판의 어떤 상이한 양식 - 실험적 양식 - 을 구상하도록 요청한다. 그것은 대안적인 정치적 구상과 기획을 요청하며, 그리하여 어쩌면 "대항품행"counter-conduct 113의 형태들을 낳을 것이다.

8장은 현시대의 통치양식들에서 생겨난 중요한 변환을 진단한다. 이 양식들은 개인이나 인구를 직접 겨냥하는 대신에 사회적·생태학적·기술적 생활 조건들을 조절하고 통제하고자 한다. 나는 푸코의 통치성 개념을 이런 새로운 권력의 성좌를 다루는 방식으로 제시함으로써 시작할 것이다. 이 장의 나머지 부분에서는 환경적 통치양식들의 독특한 요소들이 논의된다. 우선 나는 차이와 편차를 활용하고 강화하기 위해 안정성에 관한 통상적인 개념들을 문제화하는 회복력 담론과 신新사이버네틱스적 통제 체제의 발흥을 분석할 것이다. 그다음 절에서 나는 자연에 맞서기보다는 오히려 자연을 통해서 통치하려고 하는 새로운 - "친생적"pro-

---

112. Annemarie Mol, *The Body Multiple*. [아네마리 몰, 『바디 멀티플』.]
113. Foucault, *Security, Territory, Population*, 201. [푸코, 『안전, 영토, 인구』.]

biotic 114 — 개입양식들과 "필수 체계 안전"[115]의 출현을 논의하는 데 집중한다. 고전적 생명정치와 마찬가지로 후자 개념은 인구의 복지와 건강을 강화하고자 하지만, 새로운 객체 — 현대 사회의 집단생활에 필수불가결한 것으로 여겨지는 물질적 하부구조들, 기능들, 그리고 서비스들 — 를 다룸으로써 그렇게 한다. 이 장의 마지막 절에서 나는 사목 권력이라는 푸코의 개념을 재검토하고 확대함으로써 "파나키"panarchy 116라는 관념과 씨름한다. 파나키 개념은 복잡계의 적응 사이클에서 창조와 파괴의 동역학을 포착하고자 하는데, 요컨대 회복력의 논리에 의해 특징지어지고 윤리적 책임을 미래의 파국적 사건에 대한 기술적 반응성으로 전환하는 규범적 문법을 발제한다.

「결론」에서는 이 책의 핵심적인 발견 결과가 요약된다. 요컨대 사물의 통치라는 개념적 기획은 신유물론적 학술 활동의 중요한 통찰과 이론적 성취를 수용한다. 그 기획은 물질을 재구상하는 것에 대한 관심과 인식론적·존재론적·정치적·윤리적 쟁점들에 주목하는 태도를 공유하며, 그리고 인간중심적인 사유양식들의 한계를 강조한다. 그렇지만 푸코의 통치분석학을 STS에 의해 고무된 작업과 종합할 때 사물의 통치라는 개념은 또한 신유물론적 학술 활동을 넘어서게 된다. 그것은 존재생성ontogenesis의 역사적 차원과 정치적 차원을 더 상세히 살피는 물질성에 관한 관계적이고 수행적인 설명을 제시한다.

---

114. Jamie Lorimer, "Probiotic Environmentalities."

115. Stephen Collier and Andrew Lakoff, "Vital Systems Security."

116. Crawford S. Holling, Lance H. Gunderson, and Garry D. Peterson, "Sustainability and Panarchies."

1부 유물론의 다양성

1장

비유물론

그레이엄 하먼과 객체의 기이함

우주에서 실재적인 것은 여타의 것을 파생적 지위로 격하하는 물질의 오래가는 알갱이들이 아니라 형태들 속에 감싸여진 형태들이다. 이것이 '유물론'이라면 그것은 물질의 현존을 부정하는 역사상 최초의 유물론이다.[1]

근본적인 오류는… 세계가 아무튼 이미 이산적 객체들로 자연스럽게 구성되어 있다는 가정이다.[2]

객체지향 존재론(이하 OOO)이라는 용어는 그레이엄 하먼에 의해 고안되었으며[3], 그리고 그것은 인간 경험 너머의 실재적인 것을 사유하기에 대한 이론적 헌신을 규정한다. OOO는 사물의 참된 존재를 드러내고자 하는데, 요컨대 유동, 관계성, 과정, 그리고 우연성이라는 개념들보다 안정성, 본질, 견고성, 그리고 영속성이라는 개념들을 선호한다. 『도구-존재』(2002), 『게릴라 형이상학』(2005), 『네트워크의 군주』(2009[2019]), 『쿼드러플 오브젝트』(2011[2019]), 그리고 『비유물론』(2016[2020])을 비롯한 하먼의 저서들에 덧붙여 레비 브라이언트의 『객체들의 민주주의』(2011[2021]), 이언 보고스트의 『에일리언 현상학』(2012[2022]), 그리고 티

---

1. Graham Harman, *Tool-Being*, 293.
2. Joseph Rouse, *How Scientific Practices Matter*, 313.
3. * 사실상 '객체지향 존재론'이라는 용어는 레비 브라이언트가 처음 고안하였다.

머시 모턴의 『하이퍼객체』(2013[2024])가 OOO에 이바지한 저서들이다. 이 저작들은 인문학과 사회과학의 최근 경향들을, 특히 구조주의적 판본과 포스트구조주의적 판본의 언어적 전회를 비판하는 한편으로 실재론을 수정하려고 하며, 게다가 물질에 관한 생기론적 개념과 수행적 개념을 지지하는 신유물론의 몇몇 변양태도 비판한다. OOO의 관념들은 다양한 비非학술적 형태의 출판과 블로그 작업으로 증식하면서 젊은 학자들 사이에서 많은 관심을 불러일으켰다. 지금까지 OOO는 대체로 철학, 고고학, 건축, 그리고 예술에서 반향을 일으킨 한편, 하먼과 그 동료들은 그 밖의 다양한 분과학문에서, 예를 들면 교육학[4], 지리학[5], 그리고 사회학[6]에서 벌어진 논쟁에도 영향을 미쳤다.

이 장에서는 "사물들 자체의 핵심"[7]을 탐구하려는 OOO의 야망이 비판적으로 평가된다. 그 논증은 하먼의 작업에 중점을 두지만, 추가로 OOO의 다른 주창자들을 참조할 것이다. 먼저 나는 OOO를 사변적 실재론으로 알려진 더 포괄적인 철학적 관점 안에 위치시켜 고려할 것이다.[8] 두 번째 절에서 나는, OOO가 객체의 불가해성과 자율성에 주목한다고 주장하면서 제시하는 객체에 관한 독특한 이해를 분석한다. 또한 OOO의 옹호자들은 철학적 강조점을 인식론에서 존재론으로 이행한다. 그들은 인식론의 물질적 차원들이나 수행적 효과들을 탐구하지 않고 오히려 그것들을 사물의 내부 중핵을 설명할 수 없는 부수현상과 표상양

4. Sevket Benhur Oral, "Liberating Facts"; Sevket Benhur Oral, "Weird Reality, Aesthetics, and Vitality in Education."

5. Katharine Meehan, Ian Shaw, Graham Ronald, and Sallie A. Marston, "Political Geographies of the Object."

6. Dean Pierides and Dan Woodman, "Object-oriented Sociology and Organizing in the Face of Emergency."

7. Graham Harman, *Towards Speculative Realism*, 95.

8. 하먼은 OOO를 "그 운동의 '객체지향' 진영"으로 서술했다(같은 책, 1).

식으로 간주한다. 그다음에 나는 OOO의 지지자들이 펼치는 관계적 견해들에 대한 비판과 더불어 과정철학들과 행동학적 견해들에 대한 그들의 격렬한 거부 행위를 논의할 것이다. 네 번째 절에서는 OOO의 미학에의 호소와 그것이 초래하는 윤리적 및 정치적 관심사의 회피 행위가 다루어진다. 마지막 절에서는 주체-객체 이원론을 단박에 깨뜨릴 것이라는 OOO의 약속이 갱신된 형태의 주관주의로 귀결된다는 점이 예증된다. 그 내부 심층을 탐구하기 위해 객체로 '되돌아' 가자고 주장할 때 OOO의 주창자들은 가장 주관적인 가치들과 자의적인 규준을 다시 도입하는 객체와의 소박한 마주침을 소중히 여긴다.

사변적 실재론과 상관주의 비판

'사변적 실재론'이라는 칭호는 원래 2007년 런던대학교 골드스미스 칼리지에서 개최된 하루 동안의 워크숍의 제목에서 유래하는데, 이 워크숍에 참가한 철학자들은 레이 브라시에, 이에인 해밀턴 그랜트, 그레이엄 하먼, 그리고 퀑탱 메이야수였다.[9] 그 칭호는 곧 하나의 "느슨한 철학 운동"[10]의 명칭이 되었다. 그것의 이론적 준거들은 상당히 불균질하고 화이트헤드, 라투르, 하이데거, 니체, 레비나스, 바디우, 그리고 셸링 같은 다양한 인물을 포함하지만, 사변적 실재론자들은 상관주의라는 공동의 적을 가지고 있다.

상관주의라는 용어는 퀑탱 메이야수가 『유한성 이후 : 우연성의 필연성에 관한 시론』이라는 책에서 처음 도입하였다. 그 용어는 "우리가 언제나 사유와 존재 사이의 상관관계에만 접근할 수 있을 뿐이며, 그리고 서

---

9. Ray Brassier, Iain Hamilton Grant, Graham Harman, and Quentin Meillassoux, "Speculative Realism."
10. Graham Harman, "The Well-Wrought Broken Hammer," 184.

로 별개로 고려되는 어느 하나의 항에는 결코 접근할 수 없다"[11]라는 것을 뜻한다. 메이야수에 따르면, 맑스주의와 현상학에서 포스트구조주의와 해체에 이르기까지 칸트 이후의 모든 철학은 어떤 유형의 상관주의에 시달린다. 그런 "칸트적 '재앙'"[12]은 인간 지식에 대한 초험적 조건에 집중하는 동시에 실재적인 것에 대한 모든 진정한 접근권을 부인하는 것으로 이루어진다. 메이야수는 외부 세계를 하나의 절대적 실재로, 그가 "거대한 야외"라고 일컫는 것, 즉 "우리에 대해 상대적이지 않으며, … 우리가 그것에 관해 생각하고 있는지 여부와 무관하게 그 자체로 현존하는 그런 외부"로 간주한다.[13] 메이야수와 사변적 실재론 일반의 경우에 상관주의의 결과는 이론적 사변의 범위를 인간의 지식 체계들에 속하는 사물들에 극적으로 한정하는 것이었다.[14]

상관주의라는 "숙적"[15]에 맞서 사변적 실재론자들은 세계 자체가 그것에 대한 인간의 접근 문제로 환원될 수 없다고 단언한다. 그들은 근대 철학이 모든 것을 인간의 지식으로 되돌려 관련시키는 매개에의 인지된 강박을 치료할 수 있고, 그리하여 그 대신에 사유의 외부에 있는 사물의 진정한 존재를 발견할 수 있다고 주장한다. 칸트는 우리에게 "사변적 이성으로는 결코 경험의 경계를 감히 넘을 수 없다"[16]라고 타이르는 반면

---

11. Meillassoux, *After Finitude*, 5. [메이야수, 『유한성 이후』.]

12. 같은 책, 124. [같은 책.]

13. 같은 책, 7. [같은 책.]

14. 메이야수와 그 밖의 사변적 실재론자들은 상관주의 쟁점을 해결하기 위해 흄에게 의지한다. 그들은 흄의 기회원인론이 자연법칙 또는 물리적 원리를 우연적이고 가변적이며 변형 가능한 것으로 간주할 수 있게 한다고 주장한다(Christopher Norris, "Speculative Realism," 186 91).

『유한성 이후』에서 제시된 메이야수의 분석에 대한 다양한 비판은 Alberto Toscano, "Against Speculation, or, A Critique of the Critique of Critique," Martin Hägglund, "Radical Atheist Materialism," Nathan Brown, "The Speculative and the Specific," 그리고 Jon Roffe, "Time and Ground"를 참조.

15. Harman, "The Well-Wrought Broken Hammer," 184.

에, 사변적 실재론자들은 사물의 직접적이고 환원 불가능한 사물성에 닿으려고 노력할 것을 권한다. 그들은 인간의 접근과 독립적으로 현존하는 어떤 세계가 있다는 실재론적 확신을 공유하지만, 현존하는 것에 관한 사변을, 존재를 (인간의) 사유와 지식의 범주들에 한정하지 않은 채로 실행할 것을 권함으로써 전통적인 실재론의 경계를 넘어서고자 한다. 그들은 "인간 마음의 외부에 자리하는 객관적인 원자와 당구공 들의 다소 따분한 상식적 실재론을 확증하기를 바라지 않는다. 오히려 사변적 실재론자들은 모두 실재론자들이 항상 추측했던 것보다 훨씬 더 기이한 것으로서의 실재에 관한 모형을 추구했다."[17]

사변적 실재론자들은 객체의 실재적 본성에 관여하기 위해 인간의 지식에 부여된 인식론적 특권과 결별하고자 한다. 그렇지만 상관주의를 (인간) 주체에 집중한다는 이유로 비판하는 것은 과학적 객관주의를 받아들임을 뜻하지는 않는다. 하먼에 따르면, 객체를 진지하게 고려하는 것은 과학적 탐구와 인식론적 주장의 야망을 제한한다. "과학적 자연주의"[18]는 상관주의에 대한 대안을 제공하기보다는 오히려 그 형태 중 한 가지로 인식된다. 왜냐하면 그것은 객체들의 구체적인 풍요성을 추상적인 범주들과 인간 의식의 협소한 격자로 환원하기 때문이다. "자연과학에 의해 소묘되는 대로의 사물은 우리 지식에 의존하게 만들어진 사물이지 자신의 길들지 않고 감춰진 실재 속 사물이 아니다."[19] 이런 관점에서 사물 자체는 인간의 지식이 접근할 수 없다. 왜냐하면 인간의 지식은 사물의 참된 존재를 파악하는 것이 아니라 단지 현상을 파악할 뿐이기

---

16. Immanuel Kant, *Critique of Pure Reason*, B xxiv. [임마누엘 칸트, 『순수이성비판』.]

17. Harman, "The Well-Wrought Broken Hammer," 184. 또한 Harman, *Towards Speculative Realism*, 2 ; Dan Zahavi, "The End of What? Phenomenology vs. Speculative Realism," 293~7을 참조.

18. Harman, *The Quadruple Object*, 30. [하먼, 『쿼드러플 오브젝트』.]

19. 같은 책, 54. [같은 책.]

때문이다.

몇몇 사변적 실재론자는 훨씬 더 긍정적인 과학관을 갖추고 있고, 따라서 모든 사변적 실재론자가 하먼의 회의주의를 지지하지는 않을 것이다. 사실상 OOO의 지지자들은 바로 상관주의의 결과와 관련하여 의견을 달리하는 경향이 있다. 예를 들면 메이야수는 일종의 데카르트주의적 합리론을 여전히 지지하며, 그리하여 과학적 언표의 중요성을 강조하면서 상관주의적 설명을 거부한다. 메이야수의 경우에는 수학이 비-인간중심적인 세계에서의 지식을 제공하고 사변적 실재론의 인식적 미덕을 공유하는 반면에, 하먼은 실증적 지식이 하여간 가능하다는 점을 부인한다.[20]

현상, 객체, 그리고 하이퍼객체

하먼은 불가사의한 심층과 "엄청나게 다양한 구체적 객체"[21]를 확언하기 위해 의식, 주체성, 합리성, 그리고 외부 세계에의 인간 접근에 관한 물음들을 떨쳐버린다. 이런 견해는 에드문트 후설과 마르틴 하이데거에 대한 독창적인 해석에 의해 특징지어진다. 하먼은 "다시 '사물들

---

20. 자신의 철학적 입장과 메이야수의 철학적 입장 사이의 차이에 관한 다음과 같은 하먼의 설명을 보라. "다소 지나치게 단순화하면, 우리는 철학에서 일어난 칸트주의 혁명의 근저에 두 가지 기본적인 원리가 자리하고 있다고 말할 수 있다. (1) 칸트는 현상과 본체를 구분한다. … (2) 칸트의 경우에 인간-세계 관계는 철학적 특권을 부여받은 것이다. … 그런데 메이야수는 원리 1을 부정하고 원리 2를 긍정하는 반면에, 나 자신의 입장은 원리 1을 긍정하고 원리 2를 부정한다. 말하자면, 메이야수는 절대적인 인간 지식을 지지하여 칸트주의적 유한성을 부정하는 반면에 나는 절대적인 지식을 부정하고 칸트주의적 유한성을 간직하는데, 이 유한성을 우주의 모든 관계 ― 활기 없는 관계들을 비롯하여 ― 를 포함하도록 인간의 영역 너머로 확대하지만 말이다"(Harman, "The Well-Wrought Broken Hammer," 184~5). 그 차이점들에 대한 자세한 설명은 Graham Harman, *Quentin Meillassoux*를 참조.

21. Graham Harman, *Prince of Networks*, 156. [그레이엄 하먼, 『네트워크의 군주』.]

자체'로"[22] 돌아가자는 현상학적 요구에 생산적으로 관여함으로써 그가 "새로운 종류의 철학"[23]이라고 간주하는 것을 해명한다. 후설은 실재적 세계가 의식에 나타나는 방식에 대한 정확한 서술을 지지하여 실재적 세계를 분석하기를 자제하면서 본체 대신에 현상에 집중하였음에도 하먼은 후설에게 한 가지 중대한 발견의 영예를 귀속시킨다. 어쩌면 후설은 자신의 관심을 지향적 영역에 한정시킨다는 이유로 관념론자라고 여겨질 수 있을 것이지만, 하먼은 여전히 그를 "객체지향적 관념론자"[24]라고 간주한다. 왜냐하면 후설은 감각적 객체를 설명할 뿐만 아니라 이 객체들과 그 성질들 사이의 본질적인 차이도 설명하기 때문이다.[25] 하먼의 해석에 따르면, 사물의 부재 또는 불가해성에 주목하는 하이데거의 견해는 인간 의식에 대한 사물의 현전을 강조하는 후설의 견해를 보완하고 후속적으로 발전시킨다. 하먼은 "모든 현상의 배후에 자리하는 것"[26]에 주목한다는 이유로, 그리하여 후설의 '감각적 객체'에 '실재적 객체'를 추가한다는 이유로 하이데거를 높이 평가한다. 하이데거에 따르면 객체들은 두 가지 기본적인 존재양식이 있다. 어느 객체는 의식 속의 '눈-앞에-있는'vorhanden 것이거나 아니면 우리가 그것을 사용하는 경우에 '손-안에-있는'zuhanden 것이다. 그렇지만 하이데거가 강조하는 대로 우리가 마주치는 대부분의 사물은 결코 마음에 완전히 현전하지는 않으며, 오히려 그것들은 "우리의 의식적 활동을 뒷받침하는 흐릿한 지하 세계로 물러서서 좀처럼 시야에 나타나지 않는다."[27] 객체들의 이런 어둡고 은밀한 차원을 탐구하기 위해 하먼은 『존재와 시

22. Edmund Husserl, *Logical Investigations*, 168. [에드문트 후설, 『논리 연구』.]
23. Harman, *The Quadruple Object*, 50. [하먼, 『쿼드러플 오브젝트』.]
24. 같은 책, 20. [같은 책.]
25. 같은 책, 20~34. [같은 책.]
26. 같은 책, 36. [같은 책.]
27. 같은 책, 37, 35~50. [같은 책.]

간』[28]에서 제시된 유명한 부러진 도구 일화를 고찰한다.[29]

하이데거는 어느 망치의 단순한 고장이 우리가 사용하는 사물의 당연함을 갑자기 교란할 수 있음을 보여준다. 하먼은 부러지는 도구와 파괴되는 '용구'보다 훨씬 더 많은 것이 걸려 있다고 단언한다.

> 예를 들면 어떤 망치를 사용할 때 나는 현재 진행 중인 건축 공사에 집중하게 되고, 따라서 나는 필시 그 망치를 당연시할 것이다. 그 망치가 너무 무겁지도 않고 너무 미끈거리지도 않는다면, 또는 그것이 부러지지 않는다면 나는 그것을 결코 인식하지 못하기 십상이다. 그 망치가 부러질 수 있다는 사실은 그것이 그것에 관한 나의 이해보다 더 깊다는 것을 입증한다. … 객체지향 철학은 객체들이 순전한 인과적 상호작용의 경우에도 서로 왜곡한다고 진술함으로써 이런 사태를 한 걸음 더 진전시킨다.[30]

OOO의 "한 걸음 더"는 그 분석을 주체-객체 관계에 대한 하이데거의 인간중심적인 접근법을 넘어 객체들 사이의 관계를 포함하도록 확대한다. 왜냐하면 인간은 그저 또 다른 종류의 객체에 불과한 것으로 여겨지기 때문이다. OOO의 지지자들은 사물이 언제나 사물에 대한 지각, 사물에 관한 이론, 또는 사물의 용도보다 더 근본적이라고 단언한다. 사물은 인간(혹은 그 밖의 객체들)이 결코 완전히 접근할 수는 없는, 현상 아래의 층위에 의해 특징지어지는 존재론적 불가해성으로 물러선다.[31] 객체

---

28. Martin Heidegger, *Being and Time* [마르틴 하이데거, 『존재와 시간』.]
29. 하이데거의 작업에 관한 더 일반적인 논의는 Graham Harman, *Heidegger Explained*를 참조.
30. Harman, "The Well-Wrought Broken Hammer," 186~7.
31. "지질학은 암석에 관한 우리의 가장 완전한 지식보다 더 깊은 실재의 잉여를 언제나 갖추고 있는 암석의 존재를 망라하지 못한다 ─ 그런데 우리가 건설 현장과 길거리 싸움

지향 존재론자들은 객체가 인간 의식에 나타나는 방식과 객체가 알려질 수 있는 방식을 탐구하기보다는 오히려 객체의 내부 진실과 본질을 환기시킨다. 하먼에 따르면, "숫자, 새, 화학물질, 혹은 석기 시대 사회에 관한 어떤 이론도 이 주제들의 실재를 결코 망라하지 못할 것이다."[32] 이런 견지에서 OOO는 상이한 존재론적 층위들이나 위계적으로 정렬된 권역들을 구분하지 않는 "평평한 존재론"flat ontology[33]을 제시한다. '객체'라는 용어는 실재적 존재자든 비실재적 존재자든 간에, 자연적 존재자든 인공적 존재자든 간에, 생물이든 무생물이든 간에, 인간이든 비인간이든 간에 모든 존재자에 적용된다. 따라서 인간은 더는 객체들의 영역을 관찰하거나 객체들의 영역과 대립하는 주체로서 나타나지 않고 오히려 그 영역의 중추적인 부분이다. 하먼은 '객체'를 "가능한 가장 광범위한 의미에서 어떤 종류의 일의적 실재를 갖춘 것이라면 무엇이든 지칭하는 데"[34] 사용할 것을 제안한다.[35] "'객체'는 나무, 원자, 노래를 가리킬 수 있으며, 그리고 군대, 은행, 스포츠 프랜차이즈, 허구적 캐릭터도 가리킬 수 있다."[36] 그러므로 기술적 인공물, 예술 작품, 동물, 또는 환상은 동등하게 객체

에서 암석을 실제로 사용하는 것 역시 그것을 망라하지 못한다. 그렇지만 이것은 인간 또는 동물 의식에 가해진 어떤 서글픈 제약의 결과가 아니다. 오히려 암석 자체는 자신의 작용이나 관계 중 어느 것에 의해서도 완전히 전개되는 것도 아니고 완전히 망라되는 것도 아니다"(Graham Harman, *Bells and Whistles*, 32).

32. Harman, *Heidegger Explained*, 23.

33. Morton, "Here Comes Everything," 165. [모턴, 「모든 것이 온다」.]

34. Harman, *Towards Speculative Realism*, 147, 강조가 첨가됨.

35. 하먼에 따르면, 객체는 "명확한 일단의 인식 가능한 특성들"을 갖추고 있지 않고, 오히려 객체는 "불분명하고 격렬한 사건으로, 다른 그런 사건들과 함께 하나의 네트워크에 갇힌 사건이다"(Harman, *Heidegger Explained*, 24). 이런 명료성의 결여가 하먼이 제안하는 정의에 영향을 미치는 것처럼 보인다. 왜냐하면 그것은 '어떤 종류의'라는 어구가 무엇을 뜻하는지 또 무엇이 '일의적'으로 여겨지는지에 관한 물음을 불러일으키기 때문이다. 무언가가 하나의 객체로서의 자격을 갖출 만큼 충분히 일의적이라고 결정하게 되는 이는 누구인가?

36. Harman, *Towards Speculative Realism*, 147.

들이다 — 동일한 종류의 객체들은 아닐지라도 말이다.37 하먼의 경우에
세계에는 물러서 있는 동시에 현시적이고, 격리된 동시에 서로 접근하는
무수한 객체가 거주하고 있다.

하먼은 하이데거와 후설에 대한 이런 급진적인 해석을 행위자-네트
워크 이론(이하 ANT)에서 발견되는 객체들에 대한 관심과 조합한다. 하
먼은 ANT를 20세기 초 현상학의 출현 이래로 "가장 중요한 철학적 방
법"38으로 간주하며, 그리고 그 이론은 사물의 행위성을 인정하기에 그
이론에, 특히 라투르의 작업에 객체에 관한 포괄적인 설명이 있다고 믿는
다.39 그렇지만 하먼에 따르면 ANT는 충분히 멀리 나아가지 못하는데,
왜냐하면 그 이론이 객체를 그것의 행위들로 환원하기 때문이다. 이 이
론적 관점은 비인간의 행위성을 진지하게 여김으로써 인간중심적인 한
계를 성공적으로 극복하는 반면에 "행위를 취하고 있지 않을 때의 객체
가 무엇인지에 관한 물음을 간과하는"40 경향이 있다. 궁극적으로 하먼
은, ANT가 "사물은 행위를 실행하기에 존재하기보다는 오히려 존재하기
에 행위를 실행한다"41라는 점을 무시함으로써 행위와 관계성을 지나치
게 강조하는 잘못을 저지른다고 깨닫는다.

하먼은 OOO를 사물의 자율성을 무시하거나 부정하는 세 가지 "기
본적인 지식 형식"42 — 아래로 환원하기, 위로 환원하기, 그리고 이중 환원하

---

37. 레비 브라이언트의 표현에 따르면, "객체들의 민주주의는, 이언 보고스트가 대단히 멋
지게 서술한 대로, 모든 객체가 존재한다는 점에서 동등하지만 동등하게 존재하지는
않는다는 존재론적 테제이다"(Levi R. Bryant, *The Democracy of Objects*, 19 [레비 R.
브라이언트, 『객체들의 민주주의』]).

38. Graham Harman, *Immaterialism*, 1. [그레이엄 하먼, 『비유물론』]

39. 라투르에 관한 하먼의 해설은 두 권의 책 — 『네트워크의 군주』(2009[2019])와 『브뤼
노 라투르』(2014[2021]) - 에 제시되어 있다.

40. Harman, *Immaterialism*, 7. [하먼, 『비유물론』.]

41. 같은 곳.

42. 같은 책, 12. [같은 책.]

기 — 에 맞서 현상학적 전통과 현대 ANT를 종합하는 하나의 이론적 혼종 hybrid으로 자리매김한다. 첫 번째 전략('아래로 환원하기')은 객체를 그것의 더 작은 구성요소들에 의거하여 설명하고자 하며, 자연과학에서 일반화되어 있다. 하먼은 모든 객체가 어떤 근저의 기체基體로 환원될 수도 없고, 그 기체로의 "하향 전환"43에 의거하여 완전히 해명될 수도 없다고 단언한다. 왜냐하면 객체의 존재는 언제나 그것을 구성하는 부분들을 넘어서기 때문이다. 두 번째 전략('위로 환원하기')은 특히 인문학과 사회과학에서 유력하며, ANT와 라투르가 그 전략의 가장 중요한 옹호자들이다. 그것은 객체를 그것이 행하고 있는 것으로 환원하는데, 왜냐하면 객체는 "그 관계들이나 식별 가능한 행위들"44에 지나지 않기 때문이다. 하먼은 이런 이해에 대하여 주의를 준다. 그 이유는 그런 이해로 인해 "객체에게는 자신이 수정하거나 변형하거나 교란하거나 생성하는 것들을 넘어서는 어떠한 잉여 실재도 허용되지 않기"45 때문이다. 세 번째 접근법('이중 환원하기')은 앞의 두 전략을 조합함으로써 이루어지며, 그리하여 이중의 환원주의적 조치를 부추긴다. 하먼은 '이중 환원하기'를 사물성과 물질성에 대한 대안적 접근법들의 일반적인 경향으로, 특히 물질적 페미니즘과 물질적 기호론에서 만연하는 경향으로 간주한다.46

이런 독특한 (결함 있는) 지식 형식들에 맞서서 OOO의 지지자들은 사물의 내적 불가해성, 자율성, 입수 불가능성, 그리고 접근 불가능성을 인정하는 실재론을 옹호하는 논변을 전개한다. 그들은 "환원 불가능성

---

43. 같은 책, 8 [같은 책]. 또한 Graham Harman, "Realism without Materialism"; Graham Harman, "On the Undermining of Objects"를 참조.

44. Harman, *Immaterialism*, 10. [하먼, 『비유물론』.]

45. 같은 곳. 또한 Harman, "Realism without Materialism"을 참조.

46. Harman, *Immaterialism*, 26 [하먼, 『비유물론』]; Graham Harman, "Agential and Speculative Realism."

의 원리"[47]를 좇으면서 '물자체'를 재차 확언하거나 회복시킨다. "요점은 이 세계 속 각각의 객체가 물자체라는 것인데, 그 이유는 객체가 에너지를 손실하지 않은 채로는 그 어떤 종류의 지식이나 실천, 인과적 관계로도 번역될 수 없기 때문이다."[48] OOO에 따르면, 객체의 본질은 물러서 있고 객체들은 인간 지식이 접근할 수 없는 자신의 고유한 견지에서 서로 영향을 미치고 마주친다. 그러므로 버터의 "본질적인 버터임"은 여전히 우리가 "근본적으로 입수할 수 없는" 채로 남아 있다.[49] 그런데 이런 물러섬의 원리에는 더 이상의 무언가가 있다. 하먼과 그 동료들은 객체가 "불가사의한 본질"[50]로 특징지어진다고 확신한다. 그들은, 끊임없이 놀라게 하고 그것을 알려고 하거나 사용하려고 하는 모든 시도를 영구적으로 벗어나는 사물의 "환원 불가능한 어두운 측면"[51]을 지속적으로 강조한다.

티머시 모턴은 객체들의 한 가지 특별한 범주, 즉 '하이퍼객체'를 식별함으로써 이 견해를 더한층 진전시킨다. 모턴은 이 용어를 인간 지식으로 그것을 이해하거나 포획하려는 어떤 착상에도 도전하는 그런 시간적 및 공간적 규모로 현존하는 객체를 가리키기 위해 따로 마련한다. 하이퍼객체는 "객체에 관해 사유하는 새로운 방식들"을 필요로 하며, "그리고 객체에 관해 사유하는 주체에 관한 우리의 관념을 수정한다."[52] 모턴은 하이퍼객체가 결코 완전히 접근 가능한 것도 아니고 온전히 구상 가능한 것도 아니라고 주장한다. 인류세 시대에 이 존재자들과 인간의 공존

47. Morton, "Here Comes Everything," 177. [모턴, 「모든 것이 온다」.]
48. Harman, *Immaterialism*, 32~3 [하먼, 『비유물론』]. 모턴의 보다 체계 이론적인 성향의 언어로 표현하면, "객체들은 서로 (오)번역할 수밖에 없는 조작적으로 닫힌 체계들로서 마주친다"(Morton, "Here Comes Everything," 165 [모턴, 「모든 것이 온다」]).
49. Morton, "Here Comes Everything," 177. [모턴, 「모든 것이 온다」.]
50. 같은 글, 165.
51. 같은 곳.
52. 같은 글, 167.

이 품은 의미를 숙고하기 위해 모턴은 다양한 인공적 하이퍼객체와 자연적으로 생겨나는 하이퍼객체 ― 핵 방사선, 원유 유출, 지각판, 허리케인 카타리나 등 ― 를 나열한다. 지구온난화는 모턴이 종종 언급하는 일례이다. 이 하이퍼객체는 우리가 그것을 직접 볼 수도 없고 만질 수도 없기에 "물러서 있는" 한편으로 지구의 모든 날씨에 영향을 미친다 ― 그것의 특정한 표현들, 예컨대 비 또는 가뭄으로 환원될 수 없는 채로 말이다.[53]

모턴에 따르면 이런 하이퍼객체들의 바로 그 현존으로 인해 '세계'나 '자연' 또는 '환경' 같은 개념들이 적합성을 잃게 되는데, 왜냐하면 그런 개념들은 단일하고 안정된 근거 지음이라는 관념에 기반을 두고 있기 때문이다. 모턴은 현대의 맑스주의 사상, 포스트모더니즘 사상, 그리고 환경 사상이 우리 주위를 선회하고 우리에게 달라붙은 하이퍼객체들의 정동적 현전과 벗어날 수 없는 효력을 설명하지 못했다고 주장한다. 하이퍼객체의 "기묘한 낯섦"[54]을 강조함으로써 모턴은 조화로운 자연이나 환경 낭만주의에 대한 어떤 준거도 배제하고자 한다.[55] 하이퍼객체는 여전히 인간의 이해를 넘어서며, 그리고 객체들에 관한 지식의 축적은 단지 그것들의 지속적인 물러섬에 관한 통찰을 증진할 뿐일 것이다. "우리가 하이퍼객체들에 관한 자료를 더 많이 갖출수록 우리는 그것들에 관해 더욱더 알지 못하게 된다 ― 우리는 자신이 그것들을 결코 참으로 알 수 없음

---

53. 같은 곳 ; Timothy Morton, *Hyperobjects* [티머시 모턴, 『하이퍼객체』] ; Timothy Morton, "Poisoned Ground"를 보라. 『하이퍼객체 : 세계의 끝 이후의 철학과 생태학』에서 표명된 모턴의 입장은 상당히 혼란스럽다. 하이퍼객체의 독특함을 옹호하는 논변을 펼치고 다섯 가지의 공동 특성 ― 점성, 비국소성, 시간적 기복, 동조화, 그리고 상호객체성 ― 을 규정하는 데 많은 시간과 에너지를 쏟은 이후에(Morton, *Hyperobjects*, 27~95 [모턴, 『하이퍼객체』]를 보라) 그 책은 "모든 객체가 하이퍼객체이다"(같은 책, 201 ; Ursula Heise, "Review of *Hyperobjects*," 461)라는 기묘한 주장으로 마무리된다.

54. Morton, *Hyperobjects*, 91. [모턴, 『하이퍼객체』.]

55. 같은 책, 129~30. [같은 책.]

을 더욱더 깨닫게 된다."[56] 오히려 모턴은 심미적인 것에 의지하면서 오직 회화, 음악, 예술 설치물, 시, 그리고 영화만이 "하이퍼객체를 그 형상대로"[57] 포착할 수 있다고 주장한다.

본질주의로의 전회

객체가 자신의 개성을 나타내고 스스로 다른 객체들과 상호작용할 수 있게 하는 고유한 성질들을 지니고 있다는 OOO의 기본적인 관념은 새로운 판본의 "본질주의"[58]를 특징짓는다. OOO는 우리로 하여금 "('나쁜') 본질과 ('좋은') 호혜적 상호작용 같은 용어들과 연관된 정치적 반사작용"[59]을 재조정하도록 권고함으로써 이론적 상상과 규범적 상상을 재평가하고자 한다. 그러므로 OOO는 그것이 인문학과 사회과학에서 여전히 지배적이라고 주장하고 실체와 본질보다 수행과 사건에, 안정성보다 가변성에, 그리고 객체보다 네트워크에 특권을 부여하는 "편견들"[60]에 맞서 싸운다. OOO는 사물이 실천 속에서 생성된다는 관념뿐만 아니라 변화와 우연성이 중요한 설명적 준거라는 관념에도 반대함으로써 '본질' 혹은 '실재적인 것' 같은 용어들에 긍정적인 의미를 부여하려고 시도한다.[61]

그리하여 OOO의 지지자들은 '관계주의' – "사물은 본질이라는 외로운 내적 핵심보다 오히려 자신의 효과와 동맹으로만 정의된다"[62]라는 관념 – 에

---

56. 같은 책, 180. [같은 책.]

57. 같은 곳.

58. Harman, *Immaterialism*, 17. [하먼, 『비유물론』.]

59. Graham Harman, "Aesthetics as First Philosophy," 22.

60. Harman, "The Well-Wrought Broken Hammer," 188.

61. Harman, *Immaterialism*, 14~6. [하먼, 『비유물론』.]

62. Harman, *Prince of Networks*, 75 [하먼, 『네트워크의 군주』]. 또한 Morton, "Here

반대하는 논변을 강하게 펼치는 "비관계적 형이상학"[63]을 승인한다. 하면과 그 동료들에 따르면 '관계주의'는 객체를 그것이 관여하는 관계들로 환원하고, 그리하여 "정확히 무엇이 무엇과 서로 연결되어 있는지"[64]에 관한 물음을 무시함으로써 '사물 자체'의 현존을 부정하는 잘못을 저지른다. 관계성의 쟁점 역시 라투르 판본의 ANT에 대한 하먼의 분석에서 중추적인 자리를 차지한다. 하먼은 행위자들이 "모든 관계성을 넘어서는 실재"를 부여받아야 한다고 주장하는데, 각각의 행위자(또는 객체)는 "어떤 관계와도 별개로 … 자체적으로" 존재해야 한다.[65] 이런 견지에서 라투르의 작업은 객체들의 구체적 개별성과 객체들이 시간이 흐름에 따라 변화하는 방식을 설명할 수 없다. "사물이 전적으로 관계적이라면 그것이 변화할 이유가 없을 것이다. 한 사물은 지금 그리고 여기서 자신의 실재성이 완전히 전개되거나 규정될 것이고, 그것이 관계를 맺고 있는 모든 사물도 마찬가지일 것이다. 그렇다면 우주는 도대체 왜 변할 것인가? … 사물이 자신이 현재 맺고 있는 관계들 외에 무언가를 비축하고 있지 않다면 아무것도 절대 변하지 않을 것이다."[66]

그러므로 OOO의 옹호자들은 객체와 관계의 개념적 대립과 위계를 다룬다. "내가 사용하는 대로의 '객체'라는 용어는 무엇이든 현존하는 것을 뜻한다. '관계'라는 용어는 무엇이든 이 객체들 사이의 상호작용을 뜻한다. 나는 그런 상호작용이 언제나 일종의 번역 또는 왜곡이라고 생각하는데, 심지어 활기 없는 사물들의 층위에서도 말이다."[67] 이런 이해는 관계들이 객체들의 내적 복합성과 불가해한 깊이를 놓치거나 또는 심지

Comes Everything," 184 [모턴, 「모든 것이 온다」]를 참조.

63. Harman, *Immaterialism*, 17. [하먼, 『비유물론』.]

64. Morton, "Here Comes Everything," 185. [모턴, 「모든 것이 온다」.]

65. Harman, *Prince of Networks*, 187. [하먼, 『네트워크의 군주』.]

66. 같은 곳.

67. Graham Harman, "Time, Space, Essence, and Eidos," 2.

어 희화화하기에 언제나 존재론적으로 부차적이라고 시사하는 반면에, 하먼은 자신의 저작에서 다소 '약한' 관계주의를 허용한다. 관계들이 객체들보다 열등하거나 객체들에 부가적인 것들이라기보다는 오히려 하먼은 새로운 객체들이 이미 현존하는 객체들 사이의 관계들에서 형성된다고 넌지시 주장한다.[68] 그러므로 관계 자체는 객체들이 서로 마주칠 때 창발하는 "새로운 복합 객체"[69]로 여겨진다.

하먼은 "그 관계항 중 하나의 실재를 변화시키는 어떤 특정한 유형의 관계"에 집중하기 위해 관계성에 관한 포괄적이고 광범위한 이해를 "좁힐" 것을 제안한다.[70] 그는 존재론적 안정성에 대한 OOO의 선호와 시간적 변화를 설명하는 것에 대한 이론적 관심 사이를 매개하기 위해 공생이라는 생물학적 개념을 도입한다.[71] 하먼에 따르면 모든 관계를 그 관계항들에 중요한 것으로 간주하는 것은 결국 "매 순간이 그저 여타의 순간만큼 중요한 '점진론'적 존재론"[72]으로 빠져들게 될 위험이 있다. 하먼은, 한편으로는 변환의 영향을 받지 않는 영원한 객체를 상정하고 다른 한편으로는 "시간 자체의 흐름에 따라 변화하고 점멸하는 '수행적' 정체성의 유명론적 유동"[73]을 상정하는 문제적 대안들을 회피한다. 오히려 하먼은 "동일한 객체의 생에서 전개되는 유한한 수의 각기 다른 국면을 밝히는 열쇠로서의 공생"[74]에 관한 새로운 이해를 제안한다.[75]

---

68. Harman, *The Quadruple Object*. [하먼, 『쿼드러플 오브젝트』.]
69. Harman, *Immaterialism*, 17. [하먼, 『비유물론』.]
70. 같은 책, 49. [같은 책.]
71. 같은 책, 42~51. [같은 책.]
72. 같은 책, 45. [같은 책.]
73. 같은 책, 47. [같은 책.]
74. 같은 책, 49~50. [같은 책.]
75. 하먼은, 한편으로는 공생에 관한 이런 관념과 다른 한편으로는 진화생물학과 들뢰즈의 철학에서 비롯된 개념들 사이의 유사성과 차이를 지적한다(Harman, *Immaterialism*, 42~51 [하먼, 『비유물론』]을 참조).

이런 정식화들은 관계성을 설명할 방법과 관련하여 하먼의 작업에 내장된 이론적 긴장을 암시하는 한편, 그 작업은 어쨌든 과정철학과 수행적 견해 또는 실천적 견해에 대한 깊은 적대감에 의해 규정된다.[76] 하먼은 OOO의 본질주의가 과거에 지배 형식들을 은폐하는 데 도움을 준 이데올로기적 구성물들과 아무 관계도 없다고 주장한다. 정반대로 그것은 해방과 논쟁을 위한 도구로서 작동하는데, 왜냐하면 그것은 "실재적 개별 객체들이 모든 형태의 인과적 또는 인지적 지배에 저항하는 기이한 실재론"[77]을 조장하기 때문이다.

사물의 실재에 관한 대단히 비관계적인 이런 구상이 객체지향 철학의 핵심이다. 몇몇 독자에게 그것은 즉시 대단히 반동적인 것처럼 들릴 것이다. 왜냐하면 최근에 인문학에서 이루어진 대부분의 진전은 네트워크, 협상, 관계, 상호작용, 그리고 역동적인 변동을 지지하여 진부한 자율적인 실체 또는 개인 주체라는 관념을 폐기해 버린 점에 대해 자부심을 느끼기 때문이다. 이것이 지금까지 우리 시대를 이끈 주제였다. 그런데 객체지향 철학은 전체론적 상호작용을 향한 이런 프로그램적 운동이 한때는 해방적이었지만 더는 그렇지 않은 관념이라는 것, 그리고 이제 진정한 발견물은 운동장의 반대편에 자리하고 있다는 것을 확신한다.[78]

---

76. 예를 들면 존 로와 아네마리 몰—ANT와 물질적 기호론에서 중요한 두 인물—의 작업을 "극단적인 형태의 반실재론"으로 평가하는 하먼의 비판을 보라(Harman, *Immaterialism*, 26 ; 22~6 [하먼, 『비유물론』]).

77. Harman, "The Well-Wrought Broken Hammer," 188.

78. 같은 글, 187~8. 그런데 OOO의 다른 지지자들은 관계적 견해에 덜 적대적이다. 이에인 해밀턴 그랜트는 어느 주어진 객체의 현존이 의존하는 '조건'이 그 객체에 "속하지 않는다—그 조건은 '그것의' 조건이 아니라 오히려 그것을 '가능하게 하는' 조건이다"(Iain Hamilton Grant, "Mining Conditions," 43)—라고 단언한다. 또한 "존재에 대한 최소의 규준"으로서의 '차이'에 주안점을 두는 레비 R. 브라이언트의 태도를 보라. 브라이언트는 단지 "차이가 만들어진다면 그 존재자는 존재한다"(Levi R. Bryant, "The Ontic Principle," 269)라고 강조한다. 제프 파이퍼가 지적하는 대로, 이런 "원(原)구조

'관계주의'에의 비판적 개입을 넘어서 OOO의 두 번째 "특별한 적"79은 유물론이다. 하먼은 OOO가 "단호히 반유물론적인 이론"80이라고 단언한다.81 객체보다 더 근본적인 것은 전혀 없기에 OOO는 객체가 "어떤 고유한 본질적인 소재로 구성되어"82 있다는 관념을 거부한다. 그러므로 하먼과 그 동료들은, 물질적 기초나 배경이 이산적인 원자들로 개념화되는지 또는 유동적인 실체로 개념화되는지와 무관하게, 객체의 아래에 자리하든 위에 자리하든 간에 "모든 종류의 기체"83에 관한 관념을 논박한다. "유물론은, 한편으로는 뉴턴-데카르트주의적인 원자론적 유물론의 방해를 받고 다른 한편으로는 스피노자의 형태 없는 점성체의 방해를 받으면서 천천히 달려간다."84 OOO 철학자들의 경우에 물질과 관련된 문제는, 물질이 객체의 존재를 설명할 수 없다는 것이다. 왜냐하면 물질은 그것을 담지하는 것으로 추정되는 어떤 기체로 환원하거나 또는 객체를 그것의 역사적 맥락이나 인식론적 출현 조건으로 소산시키기 때문이다.

오히려 OOO는, 한편으로는 물질성을 거론하는 자연과학의 다양한 접근법에 대하여, 그리고 다른 한편으로는 물질에 대한 비판적 재평가에 관여하는 사회과학과 인문학의 다양한 접근법에 대하여 하나의 프로그

주의적 형태"로 "브라이언트의 경우에 객체의 존재를 규정하는 것은 − 사유라기보다는 − 관계성이다"(Geoff Pfeifer, "Review of *The Speculative Turn*," 469; 또한 Rebekah Sheldon, "Form / Matter / Chora," 221을 참조).

79. Harman, *The Quadruple Object*, 13. [하먼, 『쿼드러플 오브젝트』.]

80. Harman, *Immaterialism*, 95~6 [하먼, 『비유물론』]. 또한 Graham Harman, "I Am Also of the Opinion that Materialism Must Be Destroyed"를 참조.

81. 또한 다음과 같이 자신의 입장을 규정하는 하먼의 진술을 보라. "유물론은 일종의 관념론이다 … 나는 반유물론자이다"(Brassier, Grant, Harman, and Meillassoux, "Speculative Realism," 398).

82. Morton, "Here Comes Everything," 177. [모턴, 「모든 것이 온다」.]

83. 같은 글, 179. [같은 글.]

84. 같은 곳.

램적 교정 수단으로서 작동하는 "비유물론"[85]을 지지한다. 흥미롭게도 유물론을 거부하는 사태로 인해 많은 객체지향 존재론자가 "새로운 종류의 '형식주의'"[86]를 긍정하게 된다. 하먼은 대관람차 — 놀이공원에서 승객을 태우는 다중의 공간을 갖추고서 회전하는 직립형의 기구 — 의 사례로 이런 움직임을 예시한다. 그는 우리로 하여금 대관람차가 "그 기계를 구성하는 수많은 볼트, 빔, 그리고 기어"[87]로 분해된다고 상상할 것을 권유한다. 이 조각과 부분 들은 한때 대관람차를 구성했지만, 이제 그것들은 무언가 다른 것이고 다양한 목적과 새로운 설비를 위해 사용될 수 있다. 그렇지만 이것은 우리가 어떤 불특정한 물질을 다루고 있음을 뜻하지는 않는다고 하먼은 단언한다.

> 절대 그렇지 않다! 무엇보다도 여기서 해당 '부분들'은 형태이지 물질이 아니다. 내 마음속 대관람차를 분해할 때 나는 대관람차의 모든 조각을 형성하는 일단의 활기 없는 철 알갱이를 즉시 상정하지는 않는다. 나는 더 직접적으로 엔진 기계와 윤곽이 뚜렷한 기계로 시작한다. 그리하여 이 조각들은 각각 형태적 부분들로 이루어져 있다. 볼트와 나사는 결코 실재의 최종 지점들이 아니라 오히려 언제나 복합적인 관계적 체계들이다.[88]

그렇지만 관계성에 관한 모든 실체적 개념에 대한 OOO의 일반적인 적대감을 참작하면, 그것이 옹호하는 물질 없는 형식주의는 형태(형상)와 물질(질료)을 서로 대립시키는 오래된 철학적 논쟁을 재활성화할

---

85. Harman, *Immaterialism*. [하먼, 『비유물론』.]
86. Harman, *Tool-Being*, 293.
87. 같은 곳.
88. 같은 곳.

위험이 있다.[89] 형태의 영속성을 강조함으로써 OOO는 '물자체'의 어떤 진정한 변환에도 아무 영향을 받지 않는 안정된 객체를 가정하는데, 요컨대 변화는 객체의 내부 심층에 침투하지 않고 객체의 표면에 한정된다.[90]

제일철학으로서의 미학

하먼은 에마뉘엘 레비나스의 철학과 그의 윤리 개념에 관해 논평하면서 윤리학보다 미학이 "제일철학"으로 여겨져야 한다는 결론을 내린다.[91] 하먼은 윤리학을 인간의 상호주체성의 권역을 초월하는 한 가지 특정한 형태의 미학으로 간주한다. 왜냐하면 객체들이 서로 물러서 있음을 참작할 때 미학은 객체들의 상호작용을 설명하기 때문이다.

형이상학의 진짜 문제는 존재자들이 한 체계 속에서 상호작용하는 방식

---

89. * 여기서 '형태', '형상', 그리고 '형식'이라는 한국어 용어들이 'form'이라는 동일한 영어 용어에 대응하고, '물질'과 '질료'라는 한국어 용어들이 'matter'라는 동일한 영어 용어에 대응함을 떠올리자. 여기서 옮긴이는 신유물론들이 물질을 죽어 있거나 수동적인 질료로 간주하는 관념을 거부한다는 점을 참작하여, 형상과 질료라는 고전적인 이원론적 개념쌍을 나타내는 경우를 제외하고, 'form'과 'matter'를 각각 '형태'와 '물질'이라는 한국어로 옮겼다.

90. 레베카 셸든은 올바르게도 다음과 같이 지적한다. "객체지향 존재론의 분할된 객체는 형상에 관한 플라톤의 견해와 더불어 플라톤이 '언제나 존재하고 아무 생성도 없는' 것과 '생성되고 절대 존재하지 않는' 것 사이에 제기한 근본적인 구분(『티마이오스』, 58C)을 떠올리게 한다. 『티마이오스』의 플라톤의 경우에 또 하먼의 경우에 객체의 실체는 절대 변화하지 않고, … 한편으로 그것의 우유적 감각질과 익생저 관게는 생성되고 또다시 사라질 수 있을 따름이다"(Sheldon, "Form / Matter / Chora," 207). 셸던은 영속성과 역동성을 설명하면서 형태와 물질 사이 — 그리고 한편으로 OOO의 형식주의와 다른 한편으로 물질에의 페미니즘적 관여 사이 — 를 매개하기 위해 코라(chora)라는 개념을 제안한다(같은 글, 211~4).

91. Harman, "Aesthetics as First Philosophy."

이 아니다. 오히려 그 문제는 그것들이 그 체계로부터 독립적인 실재로서 물러서 있는 한편으로 암시 또는 매혹으로 일컬어진 인접성을 통해서, 접촉 없는 접촉을 통해서 아무튼 소통하는 방식이다. 우리가 이 사건을 가장 넓은 의미에서의 '미학'과 동일시한다면 제일철학이 윤리학이 아니라 미학인 이유가 분명해진다. 타인과의 윤리적 관계는 접촉 없이 소통하는 실체들의 특수한 일례에 불과하다. 미학이 제일철학인 이유는 형이상학의 핵심 문제들이 다음과 같은 것이라고 판명되었기 때문이다. 개별 실체들이 서로 인접한 상태에서 어떻게 상호작용하는가?[92]

OOO가 미학에 호소하는 동기의 넓이는 윤리학적 관심사들을 더 근본적인 미학적 의문들의 부분집합으로 단순히 재규정하는 것보다 훨씬 더 넓다. 오히려 그 동기는 미학에 대한 진정한 관심에 의해 특징지어지는데, 요컨대 미학을 "사물들은 무한한 심층에 자리하고 있으며, 그리고 모든 사물은 세계의 가장 협소한 표면을 따라 기쁨을 터뜨린다"[93]라는 통찰에 더 민감한 것으로 간주한다. 앞서 이해된 대로 하면은 현존하는 지식 형식들이 객체의 복합성과 심층을 파악할 수 없다는 이유로 이런 형식들의 지식에 대하여 주의를 시킨다. 그렇지만 OOO는 더 나은 또는 더 포괄적인 지식을 제공함으로써 현대 인식론의 한계나 단점을 문제화하지 않고 오히려 "사물의 궁극적 불가지성과 자율성"[94]을 긍정한다. 그러므로 객체의 어두컴컴한 심층을 밝히고자 하는 지식 생산의 야망은 언제나 이미 객체의 "환원 불가능한 어두운 측면"[95]을 진지하게 여기지 못

---

92. 같은 글, 30.
93. 같은 글, 21. 또한 Timothy Morton, "An Object-Oriented Defense of Poetry"를 참조.
94. Harman, *Immaterialism*, 12~3. [하먼, 『비유물론』.]
95. Morton, "Here Comes Everything," 165. [모턴, 「모든 것이 온다」.]

한다. OOO와 사변적 실재론이 "지식론의 견지에서 사실상 그다지 많이 제시하지 않기에 자신들의 형이상학적 주장들을 정당화할 수 없을 것이다"[96]라고 진술하는 것은 확실히 옳지만, 이 비판은 본질적인 논점을 간과한다. OOO의 지지자들은 올바르거나 적절한 지식을 제공하려고 시도하지 않고 오히려 객체를 그것의 복합 부분들로 분해하거나 또는 객체를 그것이 관여하는 관계들에 처하게 하려는 모든 노력에 저항하는 "대항방법"[97]을 확립하고자 한다. OOO는 지식의 한계를 예시하고 사물들을 통제하고 지배하려는 지식의 야망을 비판하기 위해 지식을 동원한다.

그러므로 미학은 윤리학적 관심사를 대체할 뿐만 아니라 인식론적 물음 — 이것이 객체의 구상 불가능한 풍요로움과 파악할 수 없는 깊이를 무시하거나 부정하는 한에서 — 의 자격도 박탈한다. 또한 미학에의 집중은 하먼이 활용하는 수사법적 전략을 특징짓는다. 그의 논증은, 객체들의 일반적인 출현 조건을 검토하거나 객체들의 동역학과 객체들이 진화하고 변화하는 패턴들을 결정하는 특정한 맥락을 검토하는 것에 대한 어떤 이론적 관심도 나타내지 않은 채, 대체로 단칭 사례들을 논의함으로써 객체의 극단적 다양성이나 실재적 본질을 예시한다. 객체들의 구조와 궤적 들에 관한 인과적 설명과 개념적 탐구를 자제하는 이런 태도는 하이데거의 철학으로부터 받은 영향에서 기인할 것이다. 하이데거의 철학은 과학 주도의 관심사를, 총체화하는 기술적 합리성을 개시한 낡은 서양 전통의 결과라고 간주하여 거부하고 객체에 대한 권력에의 의지를 조장한다. "하먼의 사유는 다음과 같은 점을 진眞-하이데거주의적 양식의 심층-존재론과 대체로 공유共有한다. 그것이, 과학자

---

96. Zahavi, "The End of What?," 304.
97. Harman, "The Well-Wrought Broken Hammer," 200.

(또는 과학을 추종하는 과학철학자)가 지식에의 기여로 간주하거나 또는 진리-내용이나 타당성의 논점에서 진지하게 평가할 가치가 있는 주장으로 간주할 것과 같은 무언가에 대한 여지를 전혀 찾아내지 못한다는 점을 말이다."[98]

미학적 명령을 수용하는 OOO는 객체의 특성들과 동역학을 분석하거나 설명하려고 노력하는 대신에 오히려 그 놀라운 풍요로움, 폐기할 수 없는 개별성, 그리고 내부 심층의 견지에서 객체를 소중히 여기는 경향이 있다. 더 정확히 말하자면, 조사 중인 객체를 알려고 하는 어떤 시도도 규칙성과 반복에 관한 일반 관념들에 자리하고 있는 인과적 설명 형태들로 되돌아감으로써 그 객체의 특이성을 차단할 위험이 있을 것이다. 하먼과 그의 동료가 끊임없이 강조하는 대로 객체는 "기묘한"strange [99] 것이거나, "에일리언"alien [100]이거나, 혹은 "기이한"weird [101] 것이다. 객체는 불가지적인 것이며, 이런 까닭에 객체는 어김없이 (인간을 비롯한) 다른 객체들을 놀라게 할 것이다. 그러므로 OOO 옹호자들의 경우에 최선의 철학적 선택지는 '지식에의 의지'를 자제하는 것이고 사물의 독특함과 잠재성을 음미함으로써 사물이 어떠한지에 주의를 기울이는 것이다.

OOO는, 그리고 더 일반적으로 사변적 실재론도 미학적 의문들에 대한 강한 전념으로 특징지어진다. 심미적인 것의 의미는 재규정되고 확대되는데, 왜냐하면 그것은 객체들이 상호작용하는 근본적인 양식을 규

---

98. Norris, "Speculative Realism," 195. 또한 모턴이 자신의 초기 비판을 수정한 하이데거에 대한 다음과 같은 재평가를 보라. "공존의 불가사의한 기묘함에 대한 생생한 감각을 우리에게 제공하는 사람이 있다면, 그는 바로 하이데거이다"(Morton, *Hyperobjects*, 22 [모턴, 『하이퍼객체』]).

99. Morton, "Here Comes Everything," 165. [모턴, 「모든 것이 온다」.]

100. Bogost, *Alien Phenomenology*. [보고스트, 『에일리언 현상학』.]

101. Harman, "The Well-Wrought Broken Hammer," 188.

정하고 인식론적 및 윤리학적 관심사들의 범위를 제한하기 때문이다.

사변철학의 힘은 그것의 명확히 심미적인 호소에 자리하고 있다. 다른 식으로 서술하면, 내가 하먼의 OOO나 브라시에의 상쾌한 허무주의를, 혹은 SR〔사변적 실재론〕의 여타 변양태들을 마주치기를 바랄 이유는 그것들의 명랑한 심미적 작업이다. 그것들은 아름답거나 숭고한 절대적인 것 ─ 아니면 SR의 다양한 선택지가 생성하는 관능적이거나 생산적이거나 무섭거나 끔찍하거나 격렬하거나 또는 그 밖의 모든 심미적 효과 ─ 과의 마주침을 허용하거나 발생시킨다. … SR 논쟁이 벌어지는 도처에서 과학적 지식 주장들이 등장하는 것은 확실하지만, 나는 이 주장들의 옳고 그름이, 그것들이 우리가 알고 있다고 시사하는 것이 … 사실상 누구의 마음도 바꾸지 못할 것이라는 느낌을 갖게 된다.[102]

여기서 사변은 지식과 합리성에 대한 대항력으로서 가동된다. 그것은 초역사적 안정성과 영속성을 드러내는 수단으로 활용되며, 그리고 '물자체'의 구체적인 짜임새를 파악한다고 주장한다. 캐롤 A. 테일러가 지적하는 대로 OOO에서 사변은 "기이한 상태로 만들기의 실천, 즉 우리가 기이한

---

102. Scott Richmond, "Speculative Realism is Speculative Aesthetics," 400. 세브켓 벤 후르 오랄은 OOO에서 비롯된 논변을 사용하여 교육 실천의 방향 조정을 요구하면서 "실재의 기이함"을 설명할 필요성을 강조한다(Oral, "Weird Reality, Aesthetics, and Vitality in Education," 460). 오랄은 미학적 쟁점들의 중요성을 강조하는데, 왜냐하면 이 쟁점들은 합리성과 인지의 총체화 경향에 저항할 수단을 제공하기 때문이다. 오랄의 경우에 교육은 "사물의 환원 불가능한 자율적인 내부 실재를 철저히 자각한 상태에서 이루어지는 사물과의 인접한 마주침"을 제공해야만 한다(같은 글, 462). 이런 목적에 따라 오랄은 "미학 ─ 인지가 아니라 ─ 이 교육의 출발점이자 주요한 초점이 되어야 한다"라고 주장한다(같은 글, 460). 게다가 어딘가 다른 곳에서 이렇게 진술한다. "교육은 사실을 아는 것과 관련이 없다. 교육은 놀라게 하는 역능을 갖추고서 짜임새 있게 층을 이룬 사건들로서의 사실들과 상호작용하는 것과 관련이 있다"(Oral, "Liberating Facts," 119).

타자에 접근하고 그것을 명명하고 이야기로 꾸미고 허구화하며 말(또는 '다른' 사물)로 전환하지만, 그것이 여전히 그 자체로 자율적인 실재적인 것이기에 그것을 결코 알 수는 없게 되는 실천"[103]을 의미한다. "달리 말해서 우리가 사물에 관해 '아는' 이유 ─ 혹은 안다고 생각하는 이유 ─ 는 우리(인간들)가 그것에 관한 이야기, 허구, 그리고 서사를 구성하기 때문이다."[104]

"사물들의 우주"에 관한 이런 심미적이고 본질주의적인 이해는 객체들에 대한 경험적 분석에 엄청난 영향을 미친다.[105] 객체의 풍요로움을 음미하라는 OOO의 요구는 대단히 주관적이고 빈곤한 설명을 낳는다. 그 문제점은 우리가 하먼이 제시하는 사례 중 하나 ─ 17세기와 18세기에 현존한 네덜란드 동인도회사Vereenigde Oostindische Compagnie(이하 VOC) ─ 를 더 자세히 살펴보면 명백하다. 놀랍게도 하먼은 "VOC의 역사에서 눈에 띄는 개인들을 살펴봄으로써"[106] 이 객체에 접근한다. 하먼은 역사적 전개와 사건들을 설명할 때 '위인'에게 초점을 맞춘 역사서술의 낡은 구식의 전통을 되살릴 뿐만 아니라 무엇이 한 특정한 인간(혹은 객체)에게 '눈에 띄는' 것의 자격을 부여하는지에 관한 설명도 제시하지 못한다. 그 접근법은 결국에 자의적인 것으로 남아 있게 된다 ─ 특히 그것이 하나의 새로운 "연구 프로그램"[107]으로 제시된다는 사실을 참작하면 말이다. 이처럼 분석적 명료성의 결여를 보이는 또 하나의 사례는 캐서린 미한과

---

103. Taylor, "Close Encounters of a Critical Kind," 210.
104. 같은 곳. 사변의 역사적 차원과 전망적 차원을 강조하고 페미니즘적인 비판적 사유, 예술, 그리고 활동주의에서 필수적인 역할을 수행하는 사변에 관한 또 다른 이해는 Cecilia Åsberg, Kathrin Thiele, and Iris van der Tuin, "Speculative before the Turn" 을 참조.
105. Steven Shaviro, *The Universe of Things* [스티븐 샤비로, 『사물들의 우주』]를 참조.
106. Harman, *Immaterialism*, 55. [하먼, 『비유물론』]
107. Harman, "Aesthetics as First Philosophy," 22.

그 동료들이 제안한 국가의 정치지리학인데, 이것은 도청기, 카메라, 그리고 표준화된 시험 같은 객체들이 국가권력에 영향을 미치는 방식을 이해하고자 한다.[108] 이 저자들은 하나의 객체로서의 국가에 관한 분석에 대하여 OOO가 품은 의미를 탐구하지만, 그들의 설명은 결국 아무런 설득력이 없다. 왜냐하면 그 설명은 물러섬에도 균일한 행위자로서의 국가에 관한 사물화된 개념과 더 관계적인 이해 사이에서 왔다 갔다 하는 경향이 있기 때문이다.[109]

재장전된 주관주의

인간 주체성에 부여된 인식론적·존재론적 특권을 의문시하기 위해 OOO는 경계 지어지고 절대적이며 이산적인 객체들이라는 관념에서 시작한다 ─ 인간은 단지 객체의 일종으로 간주된다. 그렇지만 이런 평등주의적 또는 "민주주의적"[110] 충동은 미학에 대한 강조와 모든 분석적 야망의 직접적인 거부와 더불어 몇 가지 심각한 부작용을 낳는다. 그것은 목욕물과 함께 아이를 버리는 경향이 있다. 왜냐하면 이런 탈중심화 조치는 "인간 객체('주체'는 언급조차 하지 말자)가 다른 객체들에 미치는 영향에 대한 심문을 회피하기"[111] 때문이다. "그것은 인간 행위성과 존재론에 관한 고찰을 상관주의라는 주체성에 대한 구식의 낡은 투자로 쉽게 오인한다."[112] 상당히 불행하게도 OOO는, 하이퍼객체라는 개념을 개

---

108. Meehan, Shaw, Ronald, and Marston, "Political Geographies of the Object." 미한 등은 자신들의 분석을 볼티모어라는 도시의 마약 거래와 치안을 다루는 〈더 와이어〉라는 텔레비전 드라마에 기반을 둔다.

109. Jeremy J. Schmidt, "The Retreating State"를 보라.

110. Bryant, *The Democracy of Objects*를 참조. [브라이언트, 『객체들의 민주주의』.]

111. Adelin Johns-Putra, "Environmental Care Ethics," 128.

112. 같은 곳.

진함에도 불구하고, 환경 위기를 설명하거나 혹은 사실상 객체들 사이 어떤 형태의 비대칭적 "소통"[113]도 설명할 방법으로서 제시할 것이 아무것도 없다. 인간 지배에 관한 일반적인 주제와 인간중심주의에 대한 비판 이외에 OOO는 객체들(인간과 비인간)이 서로 다르게 영향을 미치는 방식에 관하여 침묵한 채로 남아 있다. OOO의 주요 관심은 객체들의 환원 불가능한 기묘함과 놀라운 기이함에 관한 사변에 있다.

그런데 객체의 기묘함을 소중히 여기는 것이 결국에는 상당히 익숙한 인간 주관주의의 서사를 다시 긍정하는 것이라는 점은 기이하다. OOO의 옹호자들은 비주체적인 자연에 관한 관념을 조잡한 주관주의적 태도와 역설적으로 조합하는 "주체성에 관한 놀라운 이론"[114]을 지지한다.[115] 그것이 아무리 기묘한 듯 들릴지라도 "객체로의 이행은 … 주체로부터 멀어지는 움직임이 아니라 오히려 (대문자) 주체를 향한 갱신된 움직임이다."[116] 캐롤 테일러가 보여주는 대로[117] 객체에 대한 OOO의 평가는 결국 휴머니즘적 틀 안에 남아 있을 뿐만 아니라 또한 두드러지게 젠더화되어 있는 직설적인 형태의 주관주의를 부활시킨다. 테일러는 "에일리언 현상학자의 공작"이 "인공물의 조작자가 이질적인 사물의 경험에 대한 어떤 통찰을 얻을 수 있게 할 만큼 충분히 만족스러운 묘사를 제공한다"라는 보고스트의 주장[118]에 관해 논평하면서 그 논점을 논의한다. 테일러는 궁금해한다.

---

113. Harman, "Aesthetics as First Philosophy," 30.
114. Morton, "Here Comes Everything," 168. [모턴, 「모든 것이 온다」.]
115. "심미적인 것이 … OOO가 '주체'라고 일컬어지는 것에 관한 이론을 찾아내기 위해 통과하는 은밀한 문이다"라는 모턴의 진술을 보라(같은 글, 173 [같은 글]).
116. Åsberg, Thiele, and van der Tuin, "Speculative before the Turn," 164.
117. Taylor, "Close Encounters of a Critical Kind."
118. Bogost, *Alien Phenomenology*, 100. [보고스트, 『에일리언 현상학』.]

누가… 그 "묘사"를 하고 있을까? 누구의 규준에 의해 이 묘사는 "만족스러운" 것으로 여겨지는가? 그리고 또다시 누가 "사변하기"를 행하고 있는가? 홀로 혹은 다른 ― 남성? ― 철학자 장인들과 공모하는 보고스트 자신임이 틀림없다. … 보고스트는 포스트휴머니즘이 충분히 탈-인간적이지 않다고 불평한다.[119] 만약 그렇다면 객체지향 존재론의 경우에도 사정은 마찬가지이지만, 이 경우에는 흔적의 기록자로 복귀되는 인간이 불명료한 일단의 가치를 신체화하고 멀리서 판단하는 남성임이 확실하다.[120]

놀랍게도 객체의 진정한 입수 불가능성과 물러섬으로 인해 OOO 철학자들이 객체의 내적 진실과 본질적 특성들에 관한 다양한 주장을 제기

---

119. 같은 책. [같은 책.]

120. Taylor, "Close Encounters of a Critical Kind," 216. 스테이시 앨러이모 역시 포스트휴먼적 경험에 관한 보고스트의 탐구가 결국 "탈신체화된 주체에 대한 휴머니즘적이고 남성우월주의적인 감각"(Alaimo, "Thinking as the Stuff of the World," 15)을 복귀시키게 된다고 간주한다. 앨러이모는 보고스트의 추리 노선과 그가 객체지향 존재론으로 처리하기를 바라는 물음들을 인용한다. "컴퓨터의 경험 혹은 마이크로프로세스의 경험 혹은 리본 케이블의 경험은 어떠한 것인가? … 조작자 혹은 공학자로서 우리는 그런 객체와 회집체가 작동하는 방식을 서술할 수 있을 것이다. 그런데 그것들은 무엇을 경험하는가? 그것들의 고유한 현상학은 무엇인가? 요컨대 사물의 경험은 어떠한 것인가?"(Bogost, *Alien Phenomenology*, 9~10 [보고스트, 『에일리언 현상학』], Alaimo, "Thinking as the Stuff of the World," 15에서 인용됨). 앨러이모는 케이블의 '경험'이 어떠한지 상상하는 것이 어쨌든 유의미하거나 유용하다는 주장을 논박한다. 오히려 부각되는 것은 철학적 입장 정위와 추리 자체이다. "그런데 나는, 상당히 인간중심주의적일지라도, 사물의 경험이 어떠한지에 관한 인간 상상의 경험이 어떠한지 궁금하다. 이 경우에 한 특정한 객체'임'이 무엇을 뜻하는지에 관한 보고스트의 사변은 자주적인, 밀폐된, 합리적인, 시변적인 마음에서 비롯된다. 여기서는 신체화된 지식, 상호작용적 지식, 내부-작용적 지식, 상황적 지식, 또는 과학적으로-매개된 지식에 대한 감각이 전혀 없다"(Alaimo, "Thinking as the Stuff of the World," 15).
사유의 비상황성에 관한 메이야수의 명제에 대하여 제기된 유사한 주장은 Åsberg, Thiele, and van der Tuin, "Speculative before the Turn," 160~1을 참조.

하지 못하는 것은 아니다. 사실상 이른바 "새로운 사유"[121]는 주체와 객체가 대립되는 매우 오래된 철학적 행위의 재활성화 또는 재실행에 지나지 않는 것으로 판명된다.[122] OOO의 주창자들은 상관주의 문제와 모든 주관주의를 논박하고 싶은 희망을 표현하는 반면에, 독자는 인간 주체와 독립적이고 또 인간 주체를 넘어서는 객체를 설명하려는 욕망이 아이러니하게도 의인화된 견지에서 표현되는 경향이 있음을 알아채고는 어리둥절해한다. "인간뿐만 아니라 바위와 전자의 원초적 영혼에도 적용될 수 있는"[123] 이론적 어휘를 고안하려는 야망이 이런 사유 노선에 따르면 (비인간) 객체를 특징짓는 바로 그 타자성과 '기묘함'을 진지하게 여기는지 여부에 대한 논란이 꽤 많이 제기되고 있다. 우리는, 이전에 인간에게 유보된 성질들(예를 들면 소통, 사유, 또는 경험)을 비인간 객체로 단순히 확대하는 것처럼 보이는 작업을 객체는 '기이하'고 '물러서 있다'는 본질적인 통찰과 어떻게 화해시킬 수 있을까? 여태까지 OOO 이론가들은 이런 상당한 긴장을 해소할 방법과 의인화의 혐의를 벗어날 방법에 관한 설득력 있는 논변을 전혀 제시하지 못했다.[124]

OOO 주창자들은 객체들 사이에 종류가 아니라 정도가 다른 존재론적 차이가 있다고 단언하기에 이런 이론적 입장은 원칙적으로 인간 존

---

121. Morton, "Here Comes Everything," 163. [모턴, 「모든 것이 온다」.]

122. Åsberg, Thiele, and van der Tuin, "Speculative before the Turn," 162.

123. Harman, *The Quadruple Object*, 103. [하먼, 『쿼드러플 오브젝트』.]

124. Rob Booth, "Review of *The Nonhuman Turn* edited by Richard Grusin." 또한 하이퍼객체에 관한 모턴의 설명에 대한 브렛 브리커의 다음과 같은 논평을 보라. "인간 객체는 비인간 객체에 인간의 언어를 기입함으로써 그것을 의인화한다. 우리는 산이 생각하고, 돌이 말하고, 망치가 원하고, 그리고 담배가 요구함을 깨달으며, 그리고 우리는 활기 없는 객체의 욕망을 이해할 수 있는 것처럼 행동한다. 불행하게도, OOO에 노력을 쏟은 사람들의 경우에, 인간 특질을 비인간에게 귀속시키는 이런 행위는 인간다움의 수위성을 강화하고 모턴이 이론화하는 민주주의적 공존을 약화하는 것처럼 보인다"(Brett Bricker, "Hyperobjects," 365; 예를 들면 Morton, *Hyperobjects*, 141, 161 [모턴, 『하이퍼객체』]을 참조).

재자 및 비인간 존재자와 그 관계들에 대한 경험적 분석을 가능하게 한다. 그렇지만 OOO 문헌에서 그런 탐구의 실례는 전혀 찾아볼 수 없다. 이처럼 마음을 심란하게 하는 경험적 탐구의 부족은 두드러진 개념적 엄밀성의 부재가 수반될 때 더욱더 짜증 나게 한다. 객체에 대한 주의 집중이 살아 있는 존재자와 살아 있지 않은 존재자 사이의 모든 전前분석적 구분을 비판적 조사에 노출하기 위해 그것을 우회하는 유용한 방법일 터이지만, 하먼은 객체의 삶과 죽음, 그리고 그 "일생"을 논의함으로써 이런 이분법을 재도입한다.[125] 그리하여 하먼은 생명을 결정할 때 개념적으로 모호한 것들을 반복할 뿐만 아니라[126] 생명과 비-생명 사이의 존재론적이고 (생명)정치적인 구분도 재확인한다.[127]

OOO와 사변적 실재론은 둘 다 철학적 전통을 선택적으로 해석하고 포스트휴머니즘적 사유의 대안적 판본들을 무시함으로써 자신들의 독창성을 과장하는 경향이 있다. 첫 번째 논점과 관련하여 논평가들은 하먼과 그 동료들이 현상학적 전통의 풍요로움과 다양성을 고려하지 않는다고 진술했다. 단 자하비는 그들이 고전 텍스트를 잘못 해석할 뿐만 아니라 현상학적 사유 내에서 나타나는 중요한 차이점들도 다루지 못한다고 주장한다.[128] 마찬가지의 주장이 물질과 유물론 전통에 관한 매우 제한적이고 피상적인 이해를 나타내는 OOO에서 환기되는 물질 개념에도 적용된다. 제인 베넷이 올바르게 지적한 대로, OOO는 물질을 오로지 "평평하거나 고정되어 있거나 또는 법칙과 유사한 기체"로서 인식할 뿐이다.[129] 이어지는 장들에서 이해하게 되듯이, 하먼과 그 밖의 OOO 이론

---

125. Harman, *Immaterialism*, 47. [하먼, 『비유물론』.]
126. Stefan Helmreich, "What Was Life? Answers from Three Limit Biologies"를 보라.
127. Elizabeth A. Povinelli, *Geontologies*를 보라.
128. Zahavi, "The End of What?"
129. Bennett, "Systems and Things," 233.

가들이 '이중 환원하기'를 구실로 비판하는 신유물론자 중 누구도 하면이 그들에게 귀속시키는 이런 '관념론적' 물질 개념을 공유하지 않는다(그리고 대다수 '구'유물론자도 마찬가지이다). 지금까지 OOO가 물질 개념에 진지하게 관여하려는 어떤 노력도 하지 않았음 – "비유물론"[130]이라는 칭호 아래 하나의 이론적 이점으로 홍보되는 단점 – 은 상당히 명백하다.

특히 OOO가 페미니즘 유물론을 간과하는 행위는 문제가 된다. [OOO의] "창시자들"[131] – 그레이엄 하먼, 이언 보고스트, 레비 브라이언트, 그리고 티머시 모턴 – 은 모두 남성일 뿐만 아니라, 또한 그들은 칸트, 후설, 그리고 하이데거가 가장 두드러진 인물들인 배타적으로 남성적인 철학적 계보에 속한다. 페미니즘 유물론자들이 매우 오랫동안 포스트휴머니즘적 해석들과 평평한 존재론들을 전개하였지만[132] 이런 문헌은 아주 조금 고려될 뿐이다.[133] 레베카 셀던이 진술하는 대로, "지금까지 OOO는 페미니즘적 사유의 에너지를 철저히 무의식적으로 강탈하고 그 사유의 역사를 자신의 자서전 속 각주로 밀어놓았기에 페미니즘 이론가들에게 매우 도발적이었다."[134]

이런 의도적인 이론적 무지는 심각한 결과를 낳는다. 관계성과 물질에 관한 현행의 견해들과 관련된 문제점들을 지적하는 것은 사실상 유익할 것이지만, OOO가 제시하는 개념적 제안들은 궁극적으로 설득력이 없다. '관계주의'의 거부는 타자를 "어떤 왜곡하는 관계도 텍스트적 매

---

130. Harman, *Immaterialism*. [하먼, 『비유물론』.]
131. Taylor, "Close Encounters of a Critical Kind," 205.
132. 예를 들면 Haraway, *Simians, Cyborgs, and Women* [해러웨이, 『영장류, 사이보그 그리고 여자』 ; Lucy Suchman, *Human-Machine Reconfigurations*를 참조.
133. 예를 들면 Harman, *Immaterialism*, 14를 참조. [하먼, 『비유물론』.]
134. Seldon, "Form / Matter / Chora," 204 ; Alaimo, "Thinking as the Stuff of the World" ; Iris van der Tuin, "Diffraction as a Methodology for Feminist Onto-Epistemology," 231.

개도 부재하는 격리 상태에서만 투명한" 것으로 구상하는 "환상적 투명
성"이라는 관념에 의존한다.[135] 그런데 어쩌면 OOO(그리고 사변적 실재
론)의 가장 문제적 측면은 객체와의 소박한 마주침이 아니라 오히려 철
학과 사회 이론의 비판적 전통에 대한 공격이다. OOO는 비판을 칸트주
의적인 상관주의 전통에 한정함으로써[136] 실재적인 것에 관한 모든 비판
적 견해를 사실상 배제한다.[137] 사변적 전회는 암묵적으로 비판적 전통
을 거부하는데, 그 이유는 그것이 안정성과 접근 불가능성에 이론적 특
권을 부여하기 때문이다. 사변적 전회는 개별적 객체들에 초점을 맞춤으
로써 구조적 위계와 비대칭성을 무시하는 경향이 있고, 따라서 그것은
이것들을 인간 객체들과 그것들이 인간 및 비인간 객체들에 영향을 미
치는 차별적 권력에 연계시키려는 시도를 전혀 하지 않는다. 아이러니하
게도 "인간들이 지구 생물권의 상태 변화를 초래하여 대량 멸종 사태를
주재하고 있는 바로 이 순간에 우리는 행위성을 비인간에 대규모로 재

---

135. Zahi Zalloua, "On Meillassoux's 'Transparent Cage,'" 406. 사실상 고립된 객체에의
주목은 결국 그것의 환원 불가능한 관계성에 대한 통찰을 제공할 것이다. 예를 들면
모턴은 지구온난화 같은 하이퍼객체들이 언제나 이미 우리 안에 있다고 주장하는데,
왜냐하면 그것들은 경계가 없기에 '세계' 혹은 '자연'으로 명명된 공간에 분리될 수도 없
고 포함될 수도 없기 때문이다. 그것들은 "우리 피부와 폐에 들어오고, 우리 건강과 생
존을 위협하며, 그리고 여러모로 바로 우리"(Jada L. Ach, "Review of *Hyperobjects*,"
132)이기에 "그것들이 우리와 접촉했다"(Morton, *Hyperobjects*, 201 [모턴, 『하이퍼객
체』])라고 단순히 진술하는 것은 충분하지 않다.
136. 앤드루 콜은 하먼과 그 밖의 OOO 주창자들이 그들 자신이 더 독창적인 것처럼 들
리게 하는 한 가지 방법으로서 칸트에 대한 선택적이고 단순한 독법을 지지한다고 설
득력 있게 주장한다. 그렇지만 OOO를 "자본주의의 형이상학"(Andrew Cole, "Those
Obscure Objects of Desire," 323)으로 이해해야 한다는 콜의 추가적인 이론적 주장은
그 자체로 환원주의적이다. 왜냐하면 그것은 인문학과 사회과학에서 표명되는 객체와
물질성에 대한 지적 관심을 "학술적 형태의 상품 페티시즘"(같은 곳)으로 축소하는 경
향이 있기 때문이다 ─ ANT, 생기적 유물론, 그리고 OOO 사이의 중요한 이론적(그리
고 정치적) 차이점들을 무시한다(또한 Andrew Cole, "The Call of Things"; Alexander
R. Galloway, "The Poverty of Philosophy"를 참조).
137. Åsberg, Thiele, and van der Tuin, "Speculative before the Turn," 162~3.

분배하고 물러섬을 근본적인 존재양식으로 조장하는 사회 이론의 지배력을 목격하고 있다."[138] 그러므로 OOO가 지지하는 존재론적 평등과 인간중심주의에 대한 비판은 객체들 사이의 차별점들을 (탐구하는 대신에) 평탄화하고 인간의 실질적인 특권적 역할과 행성적 권력을 은폐하는 경향이 있다. 이것은 참으로 기이한 실재론이다.

---

138. Norah Campbell, Stephen Dunne, and Paul Ennis, "Graham Harman, Immaterialism," 129~30.

2장

생기적 유물론
제인 베넷과 사물의 생동성

이것은 대단히 많은 이미지를 유포시키고 대단히 많은 신화를 영속시킨 생기론이 참임을 뜻하지 않는다. … 그런데 그것은 생기론이 생물학의 역사에서 하나의 '지표'로서의 필수적 역할을 수행했고 지금도 틀림없이 그러함을 뜻한다. 그것도 두 가지 방식으로 그러하다. 해결되어야 할 문제들의 이론적 지표로서 … 그리고 회피되어야 할 환원들의 비판적 지표로서 말이다.[1]

객체지향 존재론은 경계 지어지고 고정된 객체와 그 물러섬에 중점을 둠으로써 자신의 "냉철함"[2]을 자화자찬하는 한편, 또 하나의 중요한 신유물론 갈래는 사물의 '생기' 혹은 '활기'를 강조한다. 이 갈래는 추상적 개념들, 냉철한 사변, 그리고 고립된 객체의 내부 심층에 대한 끊임없는 탐사에의 주의 집중을 인간 신체와 비인간 신체 사이의 언제나 불안정한 상호연결과 우연적인 연합에 대한 관심으로 대체한다.

이런 "생기적 유물론"[3]의 이론적 개요와 정치적 관점들은 필시 제인 베넷의 저작에서 가장 잘 설명되어 있을 것인데, 베넷은 광범위하게 또 오랫동안 정치와 정치 이론에 대한 물질적 전회의 함의를 공들여 진술했다. 『근대적 삶의 주술화 : 애착, 교차, 그리고 윤리학』(2001), 『생동하

---

1. Michel Foucault, "Life : Experience and Science," 474.
2. 예를 들면 Morton, "Here Comes Everything," 163[모턴, 「모든 것이 온다」]을 참조.
3. Bennett, *Vibrant Matter*, x. [베넷, 『생동하는 물질』.]

는 물질: 사물에 대한 정치생태학』(2010[2020]), 그리고 자신의 저작 일반에서 베넷은 물질이 여태까지 인간 주체성에 의해 주도되는 것으로 여겨진 정치적 과정들의 적극적인 일부로서 다루어져야 한다는 가정에서 시작한다. 베넷은 활기 없는 존재자가 다른 물질적 신체들과 연계하여 작동함으로써 효과를 산출할 수 있는 능력을 설명하기 위해 "사물-권력"thing-power이라는 용어를 고안한다.[4] 베넷의 작업은 행위성이 인간의 배타적 특성이 아니라는 점을 확립하기 위해 물질과 생명, 무기적인 것과 유기적인 것, 수동적 객체와 능동적 주체 사이의 전통적인 분열을 재고하고자 한다.

이 장에서 나는 이런 "주술적 유물론"[5]의 기본 주장들과 중요한 성취뿐만 아니라 이런 이론적 관점의 몇 가지 문제점과 한계도 논의한다. 우선 나는 베넷의 생기론적 견해의 존재론적 기초를 분석하고 '사물-권력' 개념을 검토한다. 두 번째 절에서는 베넷이 "사물의 힘"[6]을 예시하는 데 사용하는 두 가지 실례 ─ 2003년에 북아메리카에서 발생한 정전 사태와 한 특정한 종류의 지방산 오메가-3의 영양 효과 ─ 가 제시된다. 그다음 절에서는 정치에 관한 인간중심적 구상과 행위성에 대한 자유주의적 견해를 제대로 문제화하는 베넷의 포스트휴머니즘적 정치 이론이 다루어진다. 그다음에 나는 베넷 판본의 유물론이 지닌 주요한 개념적 문제점들을 다룰 것인데, 요컨대 어떤 포괄적인 '물질의 생기'와 원초적인 '사물의 힘'에 관한 관념은 사물을 구성하는 "관계들의 촘촘한 네트워크"[7]와 독립적인, 본연의 물질에 관한 본질주의적 설명을 여전히 지지한다고 주장할 것이다. '사물성'이라는 개념 역시 경험적으로 한정되는데, 왜냐하면

---

4. 같은 책, xvii. [같은 책.]
5. Bennett, *The Enchantment of Modern Life*, 156~8; "In Parliament with Things," 135.
6. Bennett, "The Force of Things."
7. Bennett, *Vibrant Matter*, 13. [베넷, 『생동하는 물질』.]

이 개념은 물질적 행위성에 관한 선택적 이해를 제공할 따름이기 때문이다. 이런 개념적 단점들과 분석적 문제점들은 이 장의 마지막 절에서 논의되는, 베넷의 생기적 유물론의 정치적 관점에 영향에 미친다. 나는 베넷의 작업에서 나타나는 경향, 즉 새로운 윤리적 감성을 불러일으킴으로써 정치적 고찰을 회피하려는 경향을 규명한다. 그러므로 사물의 활기에 주목하는 것은 생기적 구체화 과정에서 실행되는 불평등, 비대칭, 그리고 위계를 무시하는 경향이 있다.

어떤 다른 존재-이야기를 구상하기 : 사물-권력을 탐구하기

베넷의 작업은 서양의 정치적 전통에서 매우 지배적인 관념, 즉 자연은 결정론적 법칙들의 지배를 받는 반면에 인간 사회는 자유의지의 지배를 받는다는 관념과 결별한다. 그 작업은 우리로 하여금 "물질의 생기"[8] ― 비인간 존재자의 힘을 인정하기에 행위성에 관한 통상적인 이해를 교란하는 개념 ― 를 부각하는 어떤 다른 "존재-이야기"[9]를 구상하라고 권유한다. "내가 '생기'라는 용어로 뜻하는 바는 인간의 의지와 설계를 흩뜨리거나 차단할 뿐만 아니라 자신만의 궤적, 성향, 혹은 경향을 지닌 유사 행위자 혹은 힘으로서 작용할 수 있는 사물들 ― 식용물, 상품, 폭풍, 금속 ― 의 역량이다."[10]

이런 "신新물활론적 존재론"[11]은 루크레티우스, 스피노자, 아도르노, 라투르, 소로, 베르그손, 듀이, 그리고 들뢰즈와 과타리에게서 비롯된 일단의 이질적인 이론적 개념과 관념을 종합하여 행위성에 관한 또 다른

---

8. 같은 책, vii. [같은 책.]
9. Bennett, *The Enchantment of Modern Life*, 15 ; "In Parliament with Things," 136.
10. Bennett, *Vibrant Matter*, viii. [베넷, 『생동하는 물질』.]
11. Jane Bennett, "Response to Thomas Princen's Review of *Vibrant Matter*," 120.

개념에 이른다. 베넷은, 식품과 광물 같은 사물들이 효과를 산출할 수 있는 능력을 갖추고 있는 것으로 재개념화될 수 있도록 행위성이 인간/비인간 분열을 넘어서는 "다양한 존재론적 유형을 가로질러 분배되"어 있어야 한다고 주장한다.[12] 더욱이 베넷은 개별적 신체들과 그 경계들에 대한 집중을 넘어선 다음에 스스로 들뢰즈와 과타리를 좇아서 회집체assemblage라고 일컫는 인간 및 비인간 힘들의 어떤 배치체configuration에 기반을 두는 행위 개념을 제안한다. 베넷의 독해에 따르면 회집체는 "다양한 요소, 온갖 종류의 생동하는 물질을 일시적으로 묶은 것"[13]이다. 사물에 관한 이런 유동적이고 열린 개념은 바로 앞 장에서 내가 논의한 객체지향 존재론의 지지자들과 의견이 일치하지 않는 주요한 논점이다. 하먼에 따르면, 생동하는 물질에 관한 베넷의 단언은 결국 우리로 하여금 "완전히 형성된 개체들"을 거부하고 그것들을 "애지중지하는 근본 입자들의 층위"로 대체하게 한다.[14]

베넷의 야망은 '사물의 힘'을 포괄하는 새로운 존재론적 서사를 표현하는 데 한정되어 있지 않다. 베넷의 기획은 철학적 실천일 뿐만 아니라 정치적 노력이기도 하다. 그 철학적 목표는 물질을 죽어 있거나 수동적인 질료로 간주하는 관념을 재고하고 논박하는 것으로, 그리하여 전통적으로 철학적 사유에서 소외되었지만 스피노자에서 니체까지 이르는 유물론적 전통에서 중심 역할을 수행한 '생동하는 물질' 개념을 재해석하고 수정한다. 베넷은 "생동하고, 생기적이고, 역동적이고, 활기 넘치고, 떨리고, 진동하고, 홀연히 나타났다가 사라지고, 융성하는"[15] 것으로서의

---

12. Bennett, *Vibrant Matter*, 9. [베넷, 『생동하는 물질』.]
13. 같은 책, 23 [같은 책]; Gulshan Khan, "Agency, Nature and Emergent Properties," 92.
14. Harman, *Immaterialism*, 20, 96 [하먼, 『비유물론』]; Graham Harman, "Autonomous Objects."
15. Bennett, *Vibrant Matter*, 112. [베넷, 『생동하는 물질』.]

물질에 주목하는 것이 "더 생태적이고 물질적으로 더 지속 가능한 생산과 소비 양식들의 출현"을 고무함으로써 "더 녹색인 형태들의 인간 문화"를 촉진할 것이라고 주장한다.[16] 베넷에 따르면 "만물이 공유하는 물질성"[17]이라는 관념은 근본적인 정치적 전환을 가능하게 하는 "실증적 존재론"[18]을 낳을 것인데, 왜냐하면 그것은 새로운 환경적 감성을 조장하고 경제적 관계들의 근본적인 재구성에 영향을 미치기 때문이다. 그러므로 베넷의 작업을 견인하는 "하나의 지침으로서의 질문"[19]은 다음과 같다. "만약 우리가 (비인간) 신체들의 생기를 진지하게 여긴다면 공적인 문제들에 대한 정치적 반응은 어떻게 변화할 것인가?"[20]

베넷의 생기적 유물론은, 한편으로는 더 낡은 판본들의 생기론과 구분되고 다른 한편으로는 더 전통적인 형태들의 유물론과 구분되어야 한다. 그것이 전자와 다른 이유는 그것이 어떤 보편적이거나 격리된 생명력, 유기체들이 공유하고 유기체에 생명을 불어넣는 "생의 약동"élan vital[21]이나 "엔텔레키"entelechy[22]를 제시하지 않기 때문이다. 한스 드리슈와 앙리 베르그손은 반유물론자였고 그들이 자연 속에서 판별한 생기적 과정들

16. 같은 책, ix~x. [같은 책.]
17. 같은 책, 13. [같은 책.]
18. 같은 책, x. [같은 책.]
19. 같은 책, viii. [같은 책.]
20. 같은 곳. 또한 Jane Bennett and Klaus Loenhart, "Vibrant Matter, Zero Landscape"를 보라. 한 인터뷰에서 베넷은 자신으로 하여금 유물론에 관한 생기론적 구상을 승인하도록 이끈 당대의 두 가지 정치적 문제를 거명한다. "첫 번째 문제는 미국의 대중문화에서 우려스러운 경향이 심화하는 현상이었습니다. 이 경우에 정치인들이 내세적 권력('악의 세력'과 싸우는 유대-그리스도교적 '전능한 신')을 호출하는 사태의 발흥이 폭력과 고문의 지위를 국가의 합법적 도구들로 위치시키는 사태와 결합하였습니다. … 두 번째 문제는 생태 파괴였습니다"(Bennett and Loenhart, "Vibrant Matter, Zero Landscape," 3~4).
21. Henri Bergson, *Creative Evolution*. [앙리 베르그손, 『창조적 진화』.]
22. Hans Driesch, *The Science and Philosophy of the Organism*.

을 특징짓는 물질성을 상상할 수 없었던 반면에, 베넷은 물질을 구성하는 데 정동성이 수행하는 창조적이고 역동적인 역할을 강조함으로써 스피노자의 선례를 따른다.[23] 또한 베넷의 '주술적 유물론'은 현존하는 형태들의 유물론과 비판적 탐구를 넘어선다고 주장한다. 베넷은 유물론적 전통에서 두드러진 '탈신비화' 전략들 – 인간 행위성이 "사물로 부당하게 투사된"[24] 인간중심적 상상을 종종 수용하는 전략들 – 의 한계를 지적한다. 베넷의 경우에 역사유물론자들이 실행한 대로 "사회적 헤게모니를 폭로하는"[25] 것만으로는 충분하지 않은데, 왜냐하면 우리는 "비인간의 사물적 권력"[26]도 고려해야 하기 때문이다. 그러므로 현존하는 제도에 대한 부정적인 비판은 "긍정적인, 심지어 이상적인 대안들"[27]을 고안함으로써 교정되고 보완되어야 한다.[28]

사물의 힘 : 두 가지 실례

---

23. Bennett, *Vibrant Matter*, xiii, 62~81 [베넷, 『생동하는 물질』]; Khan, "Agency, Nature and Emergent Properties," 93~5. 또한 Gamble, Hanan, and Nail, "What is New Materialism?," 119~20을 참조. 하나의 개념으로서 생기론의 동시대적 적실성에 관한 유익한 설명은 Monica Greco, "Vitalism Now"를 참조.
24. Bennett, *Vibrant Matter*, xiv [베넷, 『생동하는 물질』]; *The Enchantment of Modern Life*, 111~30; Khan, "Agency, Nature and Emergent Properties," 93~5.
25. Bennett, *Vibrant Matter*, xiii. [베넷, 『생동하는 물질』]
26. 같은 곳.
27. 같은 책, xv. [같은 책.]
28. 베넷은 주술화의 환희를 사회 정의를 추구하는 성공적인 정치를 위한 기초로 강조함으로써 세계의 탈주술화로 특징지어지는 시대로서의 모더니티에 관한 '비판적' 설명에 반대하는 동시에 전통적인 형태들의 정치적 동원이 처한 교착상태를 피한다. 베넷은 "탈주술화 이야기의 수용이, 좌파에 의해 상황의 부당함에 대한 감각과 결합될 때, 너무나 흔히 소모적인 냉소주의를 산출하지"(Bennett, *The Enchantment of Modern Life*, 13, 34) 않을까 염려한다. 베넷에 따르면 정치적 비판과 활동주의에 동기를 부여하는 정동적 필요조건을 제공하는 것은 주술화에 대한 경험이다.

하먼과 마찬가지로 베넷은 행위자-네트워크 이론 내에서 처음 정식화된 이론적 명제들을 받아들이는데, 특히 (인간) 행위자를 인간일 수도 있고 비인간일 수도 있는 행위소라는 표상으로 대체하자는 제안을 받아들인다. 행위소는 행위 역량에 의해 규정되기보다는 오히려 효과를 산출하고 상황을 바꿀 수 있는 능력에 의해 규정된다.[29] 베넷은 인간과 비인간 사이에 부인할 수 없는 "유사점들"[30]이 존재한다고 진술하는 한편으로 그것들이 "동일한 종류의 행위성"[31]을 나타내지는 않는다고 미리 말해 둔다. 그렇지만 베넷은 여전히 인간뿐만 아니라 지렁이 같은 비교적 단순한 유기체들도 변화하는 맥락과 상황에 반응한다고 주장한다. 그들의 행위들은 그것들을 신의 계획으로 기입하거나 기계적 본능으로 환원함으로써 파악될 수 없는 "어떤 '선택의 자유'"[32]를 나타낸다. 베넷은 '객체'와 '주체' 사이의 전통적인 대립을 넘어서기 위해 '사물'이라는 개념을 도입한다. 객체지향 존재론의 지지자들에 맞서 베넷은 우리가 한편으로는 '사물'(혹은 신체)이라는 용어와 다른 한편으로는 '객체'라는 용어를 변별해야 한다고 주장하는데, 왜냐하면 오직 '사물'만이 "능동적인 (미국인 남성) 주체들과 수동적인 객체들을 산출하기만 하는 정치적 해석을 중단시킬"[33] 수 있기 때문이다. 베넷은 고립된 객체들을 상상하는 대신에 "물질은 연결 관계들을 형성하여 그 안정성의 정도가 다양한 관계들의 네트워크를 구성하는 성향을 갖추고 있다"라고 주장한다.[34]

베넷의 생기적 유물론은 비인간 동물도 식물도 넘어선다. 베넷은 심지어 쓰레기 또는 광물 같은 무기적 물질도 "생명력, 저항력, 그리고 심지

29. Bennett, "The Force of Things," 355 ; "In Parliament with Things," 133~5.
30. Bennett, *Vibrant Matter*, 98. [베넷, 『생동하는 물질』.]
31. 같은 곳.
32. 같은 책, 97. [같은 책.]
33. Bennett, "Systems and Things," 234 ; Janell Watson, "Eco-sensibilities," 156~7.
34. Bennett, "The Force of Things," 354.

어 일종의 의지력"를 나타낸다고 주장한다.[35] 이어지는 글에서 나는 우리로 하여금 정치적 분석을 위해 행위성 개념을 재고하도록 촉구하는 베넷의 두 가지 사례를 논의한다. 베넷이 "분산된 행위성"[36]이라는 자신의 개념을 예시하기 위해 환기시키는 첫 번째 사례는 2003년에 북아메리카에서 발생한 그 유명한 정전 사태이다. 그 사태로 인해 미합중국과 캐나다의 오천만 명의 인민이 거의 스물네 시간 동안 영향을 받았고, 스물두 기의 원자로를 비롯하여 일백 기 이상의 발전기의 가동이 중단되었다. 베넷은 우리가 전력망을 이런저런 방식으로 정전 사태에 이바지한 일단의 다양한 행위소로 이루어진 하나의 "행위적 회집체"[37]로 간주할 것을 제안한다. 전력망 회집체는 발전소를 세워서 관리하고, 네트워크를 유지하고, 운영을 감독하고, 전기를 소비하며, 규제 법률을 통과시킬 뿐만 아니라 다른 종류의 행위소들 – 전자電子, 나무, 바람, 불, 석탄, 땀, 컴퓨터 프로그램, 플라스틱, 전선, 목재, 그리고 전자기장 – 도 포함한다.[38] 베넷은 미합중국과 캐나다에서 발생한 2003년 8월의 사건들을 다음과 같이 재구성한다.

[미합중국] 오하이오Ohio주와 미시간Michigan주에서 일어난, 처음에는 관련이 없었던 여러 발전기 정지 사태로 인해 송전선의 전류 패턴이 변화하게 되었고, 그리하여 한 송전선을 태운 하나의 소규모 화재와 이후 여러 번의 전선-나무 접촉 사태를 비롯하여 일련의 사건이 발생한 뒤에 과부하가 다른 전송선들에 연속적으로 걸리게 되었으며 그 결과 송전선들이 연쇄적으로 단절되었다. 전력망에서 발전기가 연쇄적으로 분리됨에

---

35. 같은 글, 360.
36. Bennett, *Vibrant Matter*, 21. [베넷, 『생동하는 물질』.]
37. 같은 곳.
38. 같은 책, 24~5. [같은 책.]

따라 나머지 발전기는 더욱더 큰 압력을 받게 되었다. 불과 일 분 사이에 "이리호Lake Erie 주변의 (2174MW의 부하가 걸린) 스무 개의 발전기가 작동을 멈추었다."[39]

베넷에 따르면 그 정전 사태는 인간 및 비인간 행위소들의 역동적인 상호작용인 "캐스케이드 현상의 마지막 지점"[40]이었다. 그 참여자들에는 이윤 추구와 불충분한 정비 프로그램 같은 인간의 태만과 결정, 동기가 포함될 뿐만 아니라 에너지 시장의 신자유주의적 조직과 견고한 하부구조적 네트워크 같은 조절 환경, 나무, 컴퓨터 프로그램, 그리고 화재 같은 자발적 사건들과 특이한 사고들도 포함된다. 베넷은 인간 행위성과 비인간 행위성의 혼종성을 지적함으로써 인과성에 관한 선형적 개념들을 성공적으로 교란한다. 베넷은 행위의 동역학을 예측하고 통제하려는 시도에 대한 주의를 촉구할 뿐만 아니라 도덕적 "비난 게임"[41]에 관여하는 것을 더 어렵게 만든다. 베넷은 그 사건과 다중의 관련 행위소들의 복합성을 참작함으로써 책임과 책무에 관한 물음들에 대한 단순한 답변이 전혀 없다고 주장한다.

「식용 물질」이라는 제목의 한 논문[42]과 또다시 『생동하는 물질』의 한 장[43]에서 베넷이 고찰하는 두 번째 실례는 일부 야생 물고기에 만연하는 한 특정한 종류의 지방산, 즉 오메가-3의 행위성과 관련되어 있다. 베넷은, 그의 주장에 따르면, 오메가-3가 인간 신체에 미치는 긍정적 효과를 입증했다는 다양한 과학적 연구를 지적한다.[44] 이 연구들은 오메

---

39. 같은 책, 25. [같은 책.]
40. 같은 곳.
41. 같은 책, 37. [같은 책.]
42. Jane Bennett, "Edible Matter."
43. Bennett, *Vibrant Matter*, 39~51. [베넷, 『생동하는 물질』.]
44. 같은 책, 39~40. [같은 책.]

가-3가 인간의 행동, 정서 상태, 그리고 인지 능력을 두드러지게 조절하고 향상함을 시사하는 것처럼 보이는데, 왜냐하면 그것이 "죄수들이 폭력적인 행동을 덜 하게 만들고, 부주의한 초등학생들이 더 잘 집중할 수 있게 하며, 그리고 양극성 장애가 있는 사람들이 덜 우울해지게 할 수 있기" 때문이다.[45] 베넷은 오메가-3가 인간 행위성을 위한 자원 또는 환경을 넘어서는 영양소의 행위성에 관한 유력한 일례로 간주한다. 베넷은 음식의 신체가 인간의 신체와 상호작용하여 그가 "미국식 소비" 혹은 "비만의 위기"라고 일컫자고 제안하는 회집체를 형성한다고 여긴다.[46]

베넷의 경우에 오메가-3의 행위적 역량은 식단 문제가 과학적 및 정치적 기관들에 의해 다루어지는 방식을 수정할 것과 제안된 해법들을 재평가할 것을 요구한다. 첫째, 이것은 초점을 개인들의 자유의지에 관한 자유주의적 개념으로부터 개인들이 일부를 이루는 더 불균질하고 복합적인 행위적 회집체로 이행할 필요성을 시사한다. 둘째, 그 분석은 식사 관행과 영양 체제를 형성하고 관장하는 사회적 인자나 문화적 인자 또는 경제적 인자를 포함할 뿐만 아니라, 인간의 정서 상태나 복지를 조절하는 지방산과 그 밖의 영양소들의 행위적 역량들도 포함한다. 그러므로 생기적 유물론적인 설명은 비만에 관한 어떤 다른 관점을 제공한다. "따라서 비만 문제는 과체중의 인간들과 그들의 경제-문화적 보철물들(기업식 농업, 과자 자동판매기, 인슐린 주사, 비만 수술, 식단, 음식 마케팅과 유통 체계, 전자레인지)과 연동될 뿐만 아니라, 지방이 인간의 의지, 습관, 그리고 생각의 역능을 약화하거나 향상할 때의 그 작용 및 궤적과도 연동되어야 한다."[47]

---

45. 같은 책, 41. [같은 책.]
46. 같은 책, 39. [같은 책.]
47. 같은 책, 42~43 [같은 책]. 사실상 베넷 자신의 설명을 참작하면 '약화하다' 또는 '향상하다'라는 선택된 어휘는 오해의 소지가 있을 수 있는데(또는 분석적으로 '허약할' 수

라투르와 랑시에르를 결합하기 : 포스트휴머니즘 정치 이론을 고안하기

'사물의 힘'에 대한 존재론적 인정은 규범적 기획과 밀접히 연계되어 있다. 베넷의 목표는 정치 이론의 인간중심주의적 기반을 의문시함으로써(그리고 궁극적으로 대체함으로써) 정치 이론을 다시 고안하는 것이다. 현시대의 민주주의 이론은 여전히 인간 주체라는 표상의 지배를 받고 있는 반면에, 베넷은 단지 인간들로만 구성되어 있지는 않은 "인민"demos에 관한 더 복합적인 개념을 제시한다.[48] 베넷에 따르면, 이런 이론적 조치 덕분에 모든 물질적인 것이 공유하는 역동적인 생기력에 주목하는 "민주주의에 관한 더 급진적인 이론"[49]의 밑그림을 그릴 수 있게 된다.

베넷의 주장은 "자연 속 구성체와 문화적 구성체 사이의 구조적 유사성"[50]에 관한 가정에 의거한다. 이런 판본의 복잡성 이론의 민주주의적 잠재력을 탐구하기 위해 베넷은 자크 랑시에르의 정치 이론에 대한 포스트휴머니즘적 해석을 제시한다. 베넷은 민주주의가 정치로부터의 배제에 대하여 항의하는 사람들의 분출로 규정된다는 랑시에르의 주장을 받아들인다.[51] 이런 정치 개념은 합의 추구로 특징지어지기보다는 오히려 정치적 주체로 여겨지는 인민의 구성에 관한 동의의 결여로 특징지어진다. 그렇다면 민주주의는, 어떤 집단들과 행동들은 가시적이게 하는

있는데), 왜냐하면 그런 어휘는 '많고 적음'의 정량적 모형을 암시하기 때문이다. 오히려 문제는 영상소의 '행위성'이 인간의 의지, 의도, 그리고 동기에 상이한 영향을 미치고 그 것들을 형성하는 방식이다.
48. 같은 책, 30. [같은 책.]
49. Bennett, "In Parliament with Things," 142.
50. 같은 글, 137.
51. Jacques Rancière, Dis-agreement. [자크 랑시에르, 『불화』.]

반면에 그 밖의 것들은 "시야에서 사라진"[52] 상태에 남겨 두는 존재론적 틀을 제공하는 지배적인 "감각적인 것의 분할"[53]의 우연성을 폭로한다.

그런데 베넷이 지적하는 대로, 랑시에르의 정치 이론은 여전히 인간과 비인간 사이의 근본적인 분열에 의존하는 인간중심적 상상에 의해 형성된다. 베넷은 회집체가 나타내는 자기조직화 역능을 참조함으로써 민주주의에 관한 이런 한정된 구상을 확장하고자 한다. 베넷은, 결국에 "사물의 의회"를 생성할 수 있을, 인간과 비인간 사이의 교류와 소통의 새로운 형태들을 상상하라는 라투르의 제안을 받아들인다.[54]

베넷이 제안하는 포스트휴머니즘 정치 이론은 이 분과학문에서 오랫동안 지속된 휴머니즘과 인간중심주의의 전통에서 성공적으로 벗어난다. 그 이론은 인간을 꼭대기에 위치시키는 존재론적 위계에 관한 관념을 문제화하며, 그 대신에 인간을 "물질들의 **특별히 풍부하고 복잡한 집합체**"에 "불과한" 것으로 간주하는 평탄화된 구상을 제시한다.[55] 더욱이 회집체와 연합체를 선호함으로써 베넷의 생기적 유물론은, 한편으로는 개인적 자기결정에 대한 자유주의적 견해를 떨쳐버리고 다른 한편으로는 고립된 객체의 자율성에 대한 OOO의 집중을 떨쳐버리는 데 유익하다.

이런 포스트휴머니즘적 견해는 전통적인 존재론적 분열과 규범적 분열을 가로지르는 '생명'에 관한 혁신적인 개념과 결합한다. 사실상 물질의 생기라는 바로 그 개념은, 지금까지 종종 대립적이거나 또는 심지어 모순적인 것들로 여겨진 두 요소, 즉 물질과 생명을 결합한다. 이런 의미론적

---

52. Bennett, "In Parliament with Things," 138을 보라.

53. Rancière, *Dis-agreement*. [랑시에르, 『불화』.]

54. Bennett, *Vibrant Matter*, 103~4 [베넷, 『생동하는 물질』]; Bruno Latour, *We Have Never Been Modern*, 142~5 [브뤼노 라투르, 『우리는 결코 근대인이었던 적이 없다』].

55. Bennett, *Vibrant Matter*, 11. [베넷, 『생동하는 물질』.]

혼종화 덕분에 우리는 유기적인 것과 무기적인 것, 유기체와 기계 사이의 엄격한 분열에 의존하는 근대적 생명 개념을 의문시할 수 있게 된다. 베넷은 생명 개념을 유기체를 위해 따로 간직하지 않고 오히려 근대적 생명 개념을 규정하는 어떤 성질과 특성 들(예를 들면 자기조직화, 재생산)을 무기적 물질로 확대하며, 그리하여 예컨대 광물 역시 재생산하고 스스로 조직한다고 주장한다.[56] 또한 베넷은 우리에게 특정한 역사적 시대들과 문화적 맥락들에서 비인간이 합법적이고 도덕적인 존재자로 여겨졌다는 사실을 주지시킨다.[57] 베넷은 비인간의 '행함'을 인정하는 전근대적(그리고 비근대적) 방식들에 관한 이런 역사적 환기가 우리로 하여금 행위성을 더는 인간에게만 한정시키지 않는, 행위성에 관한 대안적 개념들을 구상하는 데 도움을 줄 것이라고 주장한다.

마지막으로, 베넷의 생기적 유물론은 두 가지 중요한 방식으로 통상적인 (환경) 정치도 넘어선다.[58] 첫째, '환경'에서 '생동하는 물질'로의 이행은 인간과 환경적 생활 조건 사이의 외재적 관계 또는 인간의 관리에 관한 관념들과 결별한다. 오히려 물질성은 인간과 비인간이 함께 공유하고, 따라서 인간 행위성은 언제나 이미 인간 및 비인간 힘들을 융합하고 뒤섞는 더 복합적인 회집체의 일부이다. 둘째, 사물의 생기에 관한 베넷의 개념은 신체화에 관한 전통적인 개념들을 확장한다. 베넷은 도나 해러웨

---

56. 같은 곳.

57. 베넷은 13세기에서 19세기 중엽까지 영국의 법에 명시되어 있었고 비인간 존재자의 행위성을 인정한 '봉납물'이라는 개념을 다음과 같이 언급한다. "인간에게 우연히 죽음을 야기하거나 상해를 입힌 비인간 행위소, 예를 들면 인간의 살을 파고든 조각칼이나 보행자의 다리를 뭉갠 마차는 봉납물(문자 그대로 '신에게 바쳐져야 하는 것')이 되었다. ⌐것의 녹특한 효능을 인정하여 … 봉납물은 … 왕에게 넘겨져 그것이 끼친 피해를 상쇄하도록 사용되었다(혹은 판매되었다)"(같은 책, 9 [같은 책]; 또한 Gesa Lindemann, "Die reflexive Anthropologie des Zivilisationsprozesses"와 Guenther Teubner, "Rights of Non-Humans?"를 참조.)

58. Katherine Chandler, "Political Environments," 303.

이를 좇아서 다음과 같이 지적한다. "그러므로 생동하는 물질의 세계에서는 우리가 '신체화되어' 있다고 말하는 것만으로는 충분하지 않다. 오히려 우리는 신체들의 집합체, 일단의 중첩된 생물군계 속 매우 다양한 종류의 신체들의 집합체이다."[59] 이런 관점에서 인간 행위성은 비인간들의 현존에 의거한다.

행위성에 관한 관계-너머의 견해

베넷의 작업은 정치를 더 복합적으로 이해하는 데 상당히 이바지했는데, 요컨대 정치가 사회적인 것의 영역과 인간에 한정된다는 관념을 문제화하였다. 그렇지만 또한 지금까지 생동하는 물질이라는 관념은 비판과 경고를 초래했다. 불행하게도 베넷의 생기적 유물론과 관련하여 "민주주의에 대한 대안적 접근법"[60]을 제공한다는 그 주장의 기반을 궁극적으로 약화하는 몇 가지 개념적·분석적 문제점이 존재한다.

특히 사물의 생기라는 베넷의 핵심 개념은 광범위한 비판을 불러일으켰다. 비판적 논평들은 그 개념의 두 가지 요소, 즉 '생기' 및 '사물성'과 관련되어 있다. 전자의 경우에 일부 논평자들은 현시대의 정치적 사유와 실천에서 물질이 죽어 있는 수동적 실체로 환원된다는 진단을 일축하였는데, 그런 진단으로 인해 물질은 "그것이 자동론 또는 기계론과 결부된 오랜 역사로부터"[61] 해방되어야 한다는 주장을 개진하게 된다. 벤 앤더슨은 디지털화와 분자화 과정들의 여파로 복원력과 대비태세에 관한 현시대의 담론들 내에서 물질이 더욱더 정보적이고 가변적인 것으로 여겨질 뿐만 아니라 또한 "유통, 연결성, 그리고 복잡성의

---

59. Bennett, *Vibrant Matter*, 112~3. [베넷, 『생동하는 물질』.]
60. Bennett, "In Parliament with Things," 136.
61. Bennett, *Vibrant Matter*, 3. [베넷, 『생동하는 물질』.]

견지에서" 구상되고 있다고 강조했다.[62] 마찬가지로 앤드루 배리는 바쿠-트빌리시-세이한[BTC] 송유관의 건설과 그 계획을 둘러싼 논란 및 논쟁에 관한 자신의 경험적 연구에서 재료와 인공물들의 특성과 성능들을 평가하는 작업이 점점 더 정보의 생성 및 유통과 중첩된다는 사실을 보여주었다.[63]

둘째, 베넷은 '사물의 활기'에 관한 낭만화된 일방적인 구상을 승인하는 경향이 있다. 베넷의 유물론적 견해는 생기와 주술화를 "긍정적인 자원"[64]으로 소중히 여기는 한편으로 파괴적인 측면들은 간과하거나 무시하는 경향이 있다. 물질적 놀라움은 언제나 환희와 쾌락의 원천인 것은 아니고 오히려 자연재해, 기후변화, 또는 석면 같은 재료에서 나타나는 결과처럼 위험하고 필시 치명적인 결과를 포함할 수 있다.[65] 훨씬 더 중요하게도, "너그러움"과 "기쁨"에 대한 베넷의 찬양[66]은 적대감, 지루함, 실망감, 또는 거부감 같은 더 부정적인 정서들을 간과하거나 물리치는 경향이 있다. 그렇지만 이런 정동 에너지들은 (정치적) 변화를 일으키는 데 근본적인 역할을 수행할 것이다.[67]

세 번째 문제는 생명에 관한 베넷의 포괄적인 이해와 관련이 있다. 앞서 이해된 대로, 베넷은 생명에 관한 유기적 개념들을 넘어서면서 "모든

62. Anderson, "Review of *Vibrant Matter*," 395. 또한 Bruce Braun, "Review of *Vibrant Matter*"를 보라.

63. Andrew Barry, *Material Politics*. 또한 "인문지리학자들은 자신들이 사람뿐만 아니라 물질의 생동성, 행위성, 그리고 역능들로 다양하게 이해된 것에 주목해야 한다고 점점 더 주장하게 되었다. 그렇지만 이 주장은 중요한 주장이지만 물질적 인공물의 현존과 활성이 점진적으로 관찰, 평가, 규제, 그리고 관리의 대상이 되어 버린 방식들을 다루지 않는다고 나는 단언한다"(같은 책, 6)라는 배리의 주장을 보라.

64. Bennett, *The Enchantment of Modern Life*, 15.

65. Nicky Gregson, Helen Watkins, and Melania Calestani, "Indistinguishable Fibres," 1080~2 ; Casper Bruun Jensen, "Experimenting with Political Materials," 19.

66. Bennett, *The Enchantment of Modern Life*, 174, 12~3.

67. Ben Anderson, "Time-Stilled Space-Slowed" ; Wilson, *Gut Feminism*을 보라.

것은 어떤 의미에서 살아 있다"라고 주장한다.[68] 그렇지만 그런 일반적인 주장은 단지 부분적으로 설득력이 있을 뿐이다. 생명을 특정한 신체들과 관련된 하나의 특성으로 간주하지 않고 오히려 하나의 과정, 또는 더 정확히 말해서 어떤 구체화 과정의 결과로 간주하는 것은 확실히 옳지만, 달리 구성된 물질적인 것들과 신체들 사이 연접들의 다양한 복합체를 구분하는 것이 더 적절할 것이다 — 여기서 활기 있는 신체와 활기 없는 신체 사이의 구분이 중요한 역할을 수행할 것이다. 브루스 브라운과 사라 왓모어가 서술하는 대로, "형이상학으로 서술될 수 있을 '생명'에 대한 유적 비유와는 반대로 가까이 있는 물질의 특정성에 더 자세히 주목함으로써 더 많은 것이 얻어지는가?"[69]

우리는 '사물'에 관한 개념에 대해서도 유사한 의구심을 품을 수 있다. 베넷이 사물을 "우리가 소유하고 사용하며 그리고 우리를 소유하고 사용하는 우리 주변의 일상적인 물건"으로 간주할 때[70], 이 정의는 사물성에 관한 매우 제한적이고 피상적인 이해를 포착할 따름이다. 베넷이 자신의 작업에서 활용하는, 쓰레기에서 벌레에까지 이르는 다양한 실례가 가리키는 대로 물질을 다루는 방식은 시각적 접촉과 신체적 현전에

---

68. Bennett, *Vibrant Matter*, 117. [베넷, 『생동하는 물질』.]

69. Bruce Braun and Sarah J. Whatmore, "The Stuff of Politics," xxix~xxx ; Bruce Braun, "Environmental Issues," 675~7. 『생동하는 물질』에 대한 서평에서 브라이언 E. 배넌이 논평하는 대로, "모든 현존하는 신체가 정동적이고 정동 작용에 민감하다고 주장하는 것은 문제의 소지가 있으며, 그리고 우리는 이런 양면의 역량을 생명과 동일시할 필요가 없고 심지어 베넷이 서술하는 금속의 비주체적 생명과도 동일시할 필요가 없다. 그런데 생명이 결코 하나의 특성이 아니라 베넷이 서술하는 식으로 강도들의 장이라면 그것은 한 회집체를 둘러싸는 정동들과 관계하는 독특한 방식이다. 그러므로 베넷 자신의 설명에 따르면, 물질 자체는 그야말로 살아 있지 않지만 생명은 더 작은 구성 회집체들 사이의 복합적인 동맹들 내에서 생겨나는 반응성의 독특한 복잡성을 의미한다고 주장할 수 있다"(Bryan Bannon, "Book Review : *Vibrant Matter*," 3 ; 또한 Katharina Hoppe, "Eine neue Ontologie des Materiellen?"을 참조).

70. Bennet and Loenhart, "Vibrant Matter, Zero Landscape," 6.

특권을 부여한다.[71] 베넷이 제시하는 사물의 존재론적 스펙트럼은 자연적 존재자들과 기술적 객체들에 한정된다[72] — 그리하여 이런 범주들을 넘어서거나 또는 가시성과 물리성의 문턱 아래에 있는 매우 다양한 다른 '사물'이 배제된다. 우리는 "가까이 있음과 멀리 있음, 현전과 부재 사이의 구분을 불안정하게 하며, 그리고 액체 또는 기체, 물 또는 공기에 더 가까운 특성과 역량을 갖추고서 생겨날 수 있을 생동하는 물질을 마주칠 방법에 관하여 궁금해할" 수밖에 없다.[73] "우리는 베넷의 사례 중 일부의 친숙한 신체적 현전을 넘어서는 기후 같은 체계들 또는 자금의 흐름 같은 힘들과의 마주침을 어떻게 이해할 수 있을까?"[74]

불행하게도 베넷의 사물 개념은 경험적으로 한정되어 있는 것만이 아니다. 또한 생기적 유물론은 근본적인 개념적 문제점들에 의해 특징지어지는데, '사물성'의 범주는 연장되고 확대될 수 있겠지만 말이다. 스티브 힌칠리프는 베넷의 '사물' 개념 속에서 한 가지 두드러지게 불명료한 점을 지적한다.[75] 베넷은 사물이 안정적이고 단단한 존재자가 아니라 역동적이고 과정적인 회집체에 속해 있기에 관계적인 것으로 이해되어야 한다고 주장하는 동시에, 사물을 자신의 관계성을 넘어서고 그것에 선행하는 지속성과 활동성을 지닌 '사물 자체'로 간주한다. 사실상 '사물의 힘'이라는 바로 그 관념은 사물이 "관계-너머의 특질"[76]을 지닐 수 있게 하는 '소박한 실재론'에 해당한다. 베넷은 이런 개념적 문제점들을 부분적으로 자각하고 있지만, 단지 그것들을 '결점'으로 지칭할 뿐이다. 베넷

71. Nicky Gregson, "Book Review *Vibrant Matter*"; Thomas Princen, "Book Review *Vibrant Matter*."
72. Bennett, "In Parliament with Things," 134~5.
73. Anderson, "Review of *Vibrant Matter*," 394.
74. 같은 곳.
75. Steve Hinchliffe, "Review of *Vibrant Matter*."
76. 같은 글, 398. 또한 Cudworth and Hobden, "Liberation for Straw Dogs?"를 참조.

은 "사물-권력이 사물성, 즉 물질성의 고정된 안정성을 과장하는 경향이 있다"라는 점을 인정한다.[77] 두 번째 자인하는 문제점은 "잠재적 개체주의"가 함축되어 있다는 것인데, 왜냐하면 기실 "행위소는 결코 홀로 작용할 수 없기" 때문이다.[78] 그런데도 베넷은 자신의 작업에서 실행되는 회집체에 대한 일반적인 집중과 어긋나는 원초적인 사물-권력에 관한 관념을 여전히 고수한다.

사실상, 관계적 개념과 '관계-너머의' 개념 사이를 왔다 갔다 하는, 행위성에 관한 베넷의 양가적 견해는 회집체와 그 구성에 관한 그의 이해를 특징짓는다. 베넷은 한 회집체가 하나의 연합체로 진입하기 전에 "어떤 생기력"을 갖추고 있는 "구성요소〔들〕과 원原-구성요소〔들〕"로 이루어져 있다고 주장한다.[79] 달리 말해서, 그 구성적 관계들과 무관하게, 그 회집된 개별적 존재자에 속하는 어떤 생기력이 존재한다. 베넷은 세계에서 '차이를 만들기'를 설명하기 위해 더 복합적이고 다양한 존재자와 과정을 인정하는 분산된 행위성 개념을 제안하는 점에서 옳음이 확실하다. 행위소와 '그것의' 역량들에 관한 추상적 개념들과 분석적 전제들을 거부하고 행위자가 특정한 힘들의 장에서 창발하는 방식을 탐구하려는 이론적 헌신은 올바른 방향으로의 움직임이다.

그렇지만 행위자의 범주를 인간을 넘어서 이전에 배제된 존재자들을 포함하도록 단순히 확장함으로써 사물의 행위적 역량을 긍정하는 것은 설득력이 없다. 이런 이론적 제안은 행위성을 개별적 존재자들의 속성으로 간주하는 자유주의적 행위자 개념에 여전히 기초하고 있는데, 요컨대 의지, 자유, 그리고 선택에 중점을 둔다. 이런 확장은 (정치적) 행위소들의 집합체에 포함되는 것들의 범위를 확대하는 한편으로 인과성과 행위성

---

77. Bennett, *Vibrant Matter*, 20. [베넷, 『생동하는 물질』.]

78. 같은 책, 20~1. [같은 책.]

79. 같은 책, 24. [같은 책.]

사이, 외부적 힘과 내부적 의지 사이의 개념적 분열과 자유주의적 상상은 그대로 내버려둔다. 행위성이라는 개념을 전적으로 폐기하고서 물질적인 것들이 함께 작동하는 방식을 더 잘 끌어내는 "행함의 양식들"[80]을 강조하는 것이 더 적절할 것이다.

베넷은 행위성이 역량도 아니고 특성도 아니라 오히려 어떤 회집의 결과라고 거듭해서 진술하지만, 행위성이 물질적 존재자들의 속성이라는 생기론적 관념에 여전히 의지한다. 이런 양가성은 생동하는 물질을 "독자적인 궤적, 성향 또는 경향을 갖춘 힘이나 유사-행위자로서 작용할" 수 있는 "사물의 역량"으로 규정하는 베넷의 정의에도 존재한다.[81] 여기서 또다시 관계의 수행적 본성에 대한 집중은 사전에 확립된 정체성에 관한 관념으로 대체된다.[82]

정치에서 윤리로

사물의 생기라는 관념과 연관된 분석적 문제점과 개념적으로 모호한 점으로 인해 베넷의 작업이 지닌 정치적 강점은 심각히 제한된다. 사실상 베넷의 분석은 중간에서 멈춘다. 인간-너머의 마주침을 위해 인민을 개방하고 집단의 구성을 다루어야 한다는 것은 확실하지만, 이런 이론적 태도는 당면한 정치적 쟁점들을 설명하는 데에는 충분하지 않다.

---

80. Sebastian Abrahamsson, Filippo Bertoni, Anemarie Mol, and Rebeca Ibánez Martin, "Living with Omega-3," 13~5.

81. Bennett, *Vibrant Matter*, viii. [베넷, 『생동하는 물질』.]

82. 또다시 베넷은 그 문세를 사각하는 것처럼 보인다. 한 인터뷰에서 베넷은 자신이 행위성에 관한 "매우 도발적인" 개념을 재고하고 있음을 알린다. 베넷은 사물의 "행위적 결과"를 강조하는 대신에 "더 좋은 형용사 — 어쩌면 '유효성' 결과"를 찾고 있다(Janell Watson, "Eco-sensibilities," 149). 신유물론적 학문 분야에서 이루어진 행위성의 문제에 관한 더 광범위한 논의는 이 책의 7장을 보라.

우리는 힘들이 정확히 어떻게 해서 저런 식이 아니라 오히려 이런 식으로 결정되는지를 여전히 이해해야 한다. 사물의 생기를 집단이 회집되는 방식에 주의를 집중하는 방식으로 수용하는 것만으로는 충분하지 않다. 우리는 생기력이 동원되고 실행되는 방식에 주목해야 하며, 그리고 무엇이 물의를 빚게 되는지 (또 무엇이 그렇지 않게 되는지) 분석해야 한다. "어쩌면 정치는 공중公衆 자체의 구성을 가리키지 않고 오히려 발단 사건들의 결정, 우연성을 필연성으로 전환하는 진행 중이면서 언제나 갱신되는 작업을 가리킬 것이다. … 그렇다면 정치는 물질의 생기에 해당하지 않고 오히려 이런 생기와 재회하는 것에, 그것의 진행 중이면서 언제나 갱신되는 결정에 이바지하는 것에 자리하고 있다."[83]

이 논점을 분명히 하기 위해서는 베넷이 생기적 유물론이라는 자신의 관념을 예시하는 데 사용하는 두 가지 사례를 다시 살펴보는 것이 유익하다. 미합중국에서 일어난 전력망 파괴 사태에 대한 베넷의 분석은 그 사건에 연루된 다양한 행위자와 그 복잡한 관계들에 주목한다. 그렇지만 결국 베넷은, 인간과 사물 사이의 복잡한 상호연결 관계들이 "강한 책임"에 관한 모든 관념을 쓸모없게 만든다고 주장하면서 그 사건에 대하여 아무도 비난받지 말아야 한다고 선언하는 퍼스트에너지First-Energy 기업 책임자들의 의견에 동의한다.[84] 그 인과적 쟁점은 사실상 해결하기가 어렵지만, 그 최종 결론은 확실히 불만스럽고 우리로 하여금 책임에 관한 이런 '약한' 이해의 전망이 정확히 무엇일지 의구심을 갖게 한다. 한 논평가가 간결하게 서술한 대로, "전반적으로 나는 베넷의 훌륭한 윤리적 태도가 정치의 회피가 되지 않을까 우려한다. 주권의 기반이 약화하여 온, 규제받지 않은, 이윤 주도의, 지구화된 현실에 의해 촉발된 불

---

83. Braun, "Review of *Vibrant Matter*," 392.
84. Bennett, *Vibrant Matter*, 37. [베넷, 『생동하는 물질』.]

안거리 중 하나임이 확실한 이 재난에 대한 베넷의 반응은 정치적인 것
이라기보다는 오히려 개인적이다."[85] "개인들은 자신들이 초래한 결과에
대하여 전적인 책임을 단적으로 질 수 없다"[86]라고 간주하는 것만으로는
충분하지 않다. 오히려 '전적인' 책임 혹은 '부분적인' 책임에 관한 자유주
의적 관념을 철저히 배제하는 책임에 관한 다른 이해를 발달시킬 필요가
있다.

베넷은 '비난 게임'으로부터 벗어나기 위해 정치적 과정을 도덕적 문
제로 휜원하기를 피하고자 한다. 베넷은 도덕적 책망에 관여하는 정치
가 "행위적 역량들의 그물의 정교한 식별"[87]을 해낼 수 없을 것이라고 우
려한다. 개인과 집단을 희생양의 대상으로 삼는 행위를 문제화하는 것
은 확실히 옳지만, 베넷의 대안적 경로는 막다른 골목에 이르게 된다. 도
덕화된 정치를 극복하기 위해 제안된 방식은 개인적 선택에 근거를 둔 윤
리를 낳게 된다. "어쩌면 이제 한 개인의 윤리적 책임은 자신이 속해 있음
을 깨닫는 회집체에 대한 그의 반응에 자리하고 있을 것이다. 나는 그 궤
적이 위해를 가할 가능성이 있는 회집체로부터 벗어나려고 하는가? 나
는 복합적 효능이 더 숭고한 목적의 실행에 이바지하는 회집체에 다가가
고 있는가?"[88]

베넷에 따르면 행위성은 '우리'가 누구이고 무엇인지를 구성하는 회
집체에 기반을 두고 있기에 '유해한 회집체'에서 '벗어나는' 것이 심지어 어
떻게 가능하다고 여겨질 수 있을지 상상하기가 어렵다. 도덕적 비난의 정
치에서 벗어나자는 베넷의 요구는 우리에게 주의주의적 윤리에 지나지

---

85. Lori J. Marso, "Freaks of Nature," 426.

86. Bennett, *Vibrant Matter*, 37. [베넷, 『생동하는 물질』.]

87. Khan, "Agency, Nature and Emergent Properties," 93 ; Bennett, *Vibrant Matter*, 38
    [베넷, 『생동하는 물질』].

88. Bennett, *Vibrant Matter*, 37~8. [베넷, 『생동하는 물질』.]

않은 것을 남겨 둔다. 유일하게 남아 있는 선택지는 자기 자신에게 초점을 맞추는 것인 듯 보이는데, 왜냐하면 책임을 져야 할 타자가 전혀 없기 때문이다. 보니 워식과 엘리자베스 윈그로브가 주장하는 대로,

> 우리의 회집된 행위성이 우리를 그 결과에 대하여 결코 '전적인 책임'을 지지 않은 채로 남겨두는 한에서 스스로 책임을 지는 것은 윤리적 지형을 자신이 일방적으로 벗어날 수 있거나 자신이 일방적으로 편입할 수 있을 얽힘으로 압축하는 것처럼 보인다. 그런 윤리적 요구는, 문제의 소지가 있게도 주의주의적인 것처럼 보이는 자기와 세계(그것의 인간 및 비인간 구성요소들) 사이의 관계를 상기시킬 뿐만 아니라 추가적으로 '조율-행위'의 가능성을 개인들의 윤리적 조정에 한정시킨다. 그리하여 해악과 '숭고한 목적'에 관한 관념들은 집단적 논쟁과 세계-형성 실천 내에서 또 그것들을 통해서 형성된 관심사와 가치라기보다는 오히려 우리가 집단적 과정으로의 진입 또는 그것으로부터의 탈출을 평가할 때 적용하는 것임이 명백하다.[89]

이제 두 번째 사례를 살펴보자. 오메가-3의 행위적 역능에 관한 베넷의 주장은 세바스티안 아브라함손과 그 동료들의 한 논문에서 자세히 검토되었으며[90], 이어지는 글에서 나는 그들의 논증에 의거한다. 이 저자들은, 베넷이 경험적 연구들이 "지질脂質이 인간의 살을 찌울 뿐만 아니라 인간의 기분, 사회성의 양식, 그리고 마음의 상태도 유발할 수 있는 역능을 갖추고 있다는 관념을 뒷받침한다"[91]라는 자신의 주장을 강화하기 위해 참조하는 과학 논문 중 하나에서 전개된 논증을 자세히 분석한다.

---

89. Bonnie Washick and Elizabeth Wingrove, "Politics that matter," 75.

90. Abrahamsson, Bertoni, Mol, and Martin, "Living with Omega-3."

91. Bennett, "Edible Matter," 137.

아브라함손 등은 문제의 논문[92]이 인체에 긍정적 영향을 미칠 수 있는 오메가-3의 효능에 대한 어떤 결정적 증거도 제시하지 않음을 보여준다. 그 연구는 단지 어떤 개선 현상을 진단할 뿐이며, 그 현상을 초래한 인과적 사슬을 규명했다고 주장하지는 않는다. 그러므로 관찰된 기분 및 행동 변화는 오메가-3에서 비롯되었을 가능성도 있지만, 그 연구의 참가자들에게 주어진 그 밖의 지방산 또는 비타민과 미네랄에서 비롯되었을 가능성도 있다. 마찬가지로 그것은 몇 가지 물질의 어떤 특정한 조합의 결과일 수도 있다. 사실이 무엇이든 간에, 아브라함손 등이 그 연구에 대한 주의 깊은 독해에 의거하여 보여주는 대로, 오메가-3의 고립된 행위성을 옹호하는 주장을 제기하는 것은 불가능하다. 오히려 그 증거는 "오메가-3가 철저히 단독으로 물질 자체가 아니라 오히려 맥락 속 물질이다"라는 점을 시사한다.[93] "그것은 많은 관계에 연루되어 있다."[94]

베넷은 오메가-3가 단지 "인간의 기분과 인지적 성향"[95]을 변화시키는 데 '작용하'는지 여부를 논의할 뿐인 반면에, 아브라함손 등은 식용 오메가-3의 출처도 조사한다. 그들은 건강 관련 의문들에 집중하지 않고 오히려 이 지방산의 생산이 식품의 전 지구적 정치경제의 일부임을 보여준다. 이 저자들은 "주의를 오메가-3의 영향을 받는 인간의 기분에서 벗어나서 오메가-3가 조달되는 세계로 이행할 것"을 제안한다.[96] 아브라함손 등은 어느 역학疫學 저널에 실린 한 논문[97]을 참조하면서 베넷의 분석

92. C. Bernard Gesch, Sean M. Hammond, Sarah E. Hampson, Anita Eves, and Martin J. Crowder, "Influence of Supplementary Vitamins, Minerals and Essential Fatty Acids on the Antisocial Behaviour of Young Adult Prisoners."

93. Abrahamsson, Bertoni, Mol, and Martin, "Living with Omega-3," 5.

94. 같은 곳.

95. Bennett, *Vibrant Matter*, 40. [베넷, 『생동하는 물질』.]

96. Abrahamsson, Bertoni, Mol, and Martin, "Living with Omega-3," 11.

97. Eric J. Brunner, Peter J. S. Jones, Sharon Friel, and Mel Bartley, "Fish, Human Health and Marine Ecosystem Health."

에서 빠져 있는, 오메가-3의 물질성이 발휘하는 중요한 사회적·생태적 효과를 지적한다. 글로벌 노스Global North에서 건강에 예민한 개인들에게 팔리는 오메가-3 지방산의 대부분은 글로벌 사우스Global South에서 잡힌 생선에서 비롯되는데, 그 결과 이 지역들에서 해양자원 고갈과 식량 부족을 초래하는 데 일조한다. 그러므로 부유한 국가들에 거주하는 인간들의 복지는 세계의 더 가난한 지역들의 해변에 거주하는 인간들의 생활 조건의 악화와 얽혀 있다. 아브라함손과 그 동료들은 베넷의 정치관에 명백히 빠져 있는 것을 지적함으로써 오메가-3에 대한 그들의 분석을 마무리한다. "'물질 자체'의 생동성에 열중하게 되기보다는 오히려 '관계 속 물질'의 복잡성, 마찰, 다루기 힘듦, 수수께끼를 직면하는 것이 더 적절할 것이다. 왜냐하면 물질이 정치적인 것이 되는 것은 그 관계들 속에서이기 때문인데, 그런 정치가 요란하게 논쟁적이든 아니면 조용히 지속하든 간에 말이다."[98]

베넷이 주술적 유물론이라는 자신의 관념을 예증하기 위해 제시하는 그 두 사례를 검토함으로써 우리는 베넷의 작업이 단순하거나 불충분하거나 또는 "설익은"[99] 정치관에 시달리고 있음을 알게 된다.[100] 아이러니하게도 '사물-권력'을 인정하라는 일반적인 요구는 권력관계에 대한 어떤 구체적인 분석도 없는 정치 이론으로 귀결된다. 사물의 생기 자체를 소중히 여기기보다는 오히려 물질적인 인간 및 비인간 힘들이 이런저런 방식으로 결정지어지게 되는 방식을 탐구하는 것이 필요하다. 죽어

---

98. Abrahamsson, Bertoni, Mol, and Martin, "Living with Omega-3," 13.

99. Gregson, "Book Review *Vibrant Matter*," 403.

100. 또한 Susanne Lettow, "Turing the Turn," 109~10 ; Gamble, Hanan, and Nail, "What is New Materialism?," 120을 참조. 베넷이 제시한 또 다른 사례 — 줄기세포 연구의 연방 기금을 둘러싸고 미합중국에서 벌어진 새천년 이후의 논쟁(Bennett, *Vibrant Matter*, 84~93 [베넷, 『생동하는 물질』] — 에 관한 비판적 논의는 Paul Rekret, "A Critique of New Materialism," 237~8을 참조.

있고 수동적인 물질에서 생기 있고 적극적인 물질로의 이행을 찬양하는 대신에 우리는 물질이 어떻게 또 무슨 목적을 위해 차별적으로 가동되는지 분석해야 한다.[101] 그러므로 우리는 "물질의 활력, 생명력을 설명할 뿐만 아니라 부정적인 것들의 힘도 설명하고, 생성의 장을 가능한 것과 불가능한 것으로 구획 지음으로써 어떤 물질이 물의를 빚게 될 수 있는지 결정하는 힘들도 설명해야" 한다.[102]

베넷은 생기적 유물론이 바로 정치적 분석 및 비판의 전통적인 양식들을 의문시하고 극복하는 것에 자리하고 있다고 주상함으로써 이런 비판에 대응했다. "나는 나의 특정한 정치적 문제(나는 그것을 이렇게 특징지을 것인데, '우리의 지속 불가능하고 불공정하며 지구를 파괴하는 소비와 생산의 양식들을 어떻게 정반대의 양식들로 변환할 수 있을까?')가 본연의 정치적인 것의 범주에 선행하는 것이 더 유익하다고 깨달았다…."[103] 베넷은 자신의 기획(그리고 더 일반적으로 신유물론)을, 정치를 제도적 집합체로 간주하거나 또는 뚜렷한 경계와 규범으로 특징지어지는 별개의 권역으로 간주하는 관념에서 멀리 떨어지게 한다.[104] 이것은 중요한 명료화 작업에 해당하지만, 정치와 윤리가 정확히 어떻게 교차하고 "윤리적 관계를 조건 짓는 경제적 및 사회적 요인들"[105]에 어떻게 주목

---

101. 베넷의 생기적 유물론은 다음과 같은 본질적인 의문을 불러일으킨다. "일단 우리가 사물과 사물-권력에, 사물의 제조됨 및 사물의 존재에 정말로 아낌없이 주의를 기울이기 시작한다면 우리는 회집체들 속에 또 회집체들과 나란히 현존하는 권력들의 비대칭성을 부각하기 시작할 수 있을까?"(Hinchliffe, "Review of *Vibrant Matter*," 398; 또한 Braun, "Review of *Vibrant Matter*"를 참조). 또한 베넷의 작업과 '사물의 힘'이라는 개념에 크게 의지하는, '조형적 물질성'에 대한 게이 호킨스의 분석을 보라. 그렇지만 물질적 본질주의(예를 들면 "비닐봉지는 나쁘다")에 의거하는 당혹스러운 환경 윤리의 정치의 일반적인 목적 이외에, "비닐봉지의 확장된 정치"에 대한 베넷의 제안은 여전히 불분명하다(Hawkins, "Plastic Materialities," 136).

102. Alan R. van Wyk, "What Matters Now?," 135.

103. Bennett, "Ontology, Sensibility, and Action," 84.

104. 같은 글, 83~4.

해야 할지에 관한 물음에는 대답하지 못한다.

그리하여 베넷의 생기적 유물론의 정치적 전망은 제한적임이 분명하다. "정치적인 것을 더 시적인 것으로 만들어라"[106]라는 베넷의 요구는 정치적 변화를 위해 필요한 물질적 전제조건과 맥락을 고려하지 않는다. 그것은 어떤 다른 정치를 승인하기보다는 오히려 어떤 새로운 "윤리적 감성"을 구상한다.[107] 이것은 그 자체로 나쁜 것은 아니지만, 베넷이 요구하는 더 민주적인 정치와 지속 가능한 경제로의 물질적 변화에 저항하거나 그 변화를 억제하는 정치적 조건과 사회적 조건에 대한 비판적 분석의 결여에서 심각한 문제들이 생겨난다.[108]

---

105. Bennett, *The Enchantment of Modern Life*, 132.

106. Watson, "Eco-sensibilities," 158.

107. Bennett, *The Enchantment of Modern Life*, 12 ; Watson, "Eco-sensibilities," 151. 또한 Coole, "Agentic Capacities and Capacious Historical Materialism," 462를 참조.

108. 이 문제는 월트 휘트먼의 글에서 나타난 공감 개념에 대한 독창적인 해석을 제시하는 베넷의 최근 저작에서도 지속된다(Jane Bennett, "Whitman's Sympathies" ; 또한 Jane Bennett, *Influx & Efflux*를 보라). 이 해석에 따르면 공감은 도덕적 정서에 한정되지 않고 오히려 신체들을 함께 묶는 물질적 힘을 나타낸다. 이런 유익한 설명은 정치 이론과 사회 이론에서 제시된 공감에 관한 다양한 (너무) 협소한 개념의 한계를 확실히 노출하는 반면에, 그것은 여전히 일방적이고 베넷이 그것에 귀속시키는 높은 (정치적) 기대를 충족시킬 수 없다. 왜냐하면 그것은 오로지 공감의 친화적이고 수용적인 차원들에 관여할 뿐이기 때문이다. 휘트먼의 산문과 시에 대한 베넷의 독해에 관한 논평에서 로맨드 콜스는 공감에 관한 매우 상이하고 더 강력한 관념을 제시한다(Romand Coles, "Walt Whitman, Jane Bennett, and the Paradox of Antagonistic Sympathy"). 공감의 느낌과 실천을 분명히 표현하는 것은 필연적으로 그것들을 과소평가하거나 손상하고자 하는 사람들을 공격하는 것을 포함한다고 콜스는 강조한다. 그러므로 휘트먼의 작업에 대한 콜스의 해석은, 결국 현시대의 정치적 및 환경적 난제들을 해결할 수 없는, 공감의 더 생산적이고 긍정적인 측면들에 대한 베넷의 선택적 집중에 대항하기 위해 "적대적 공감"의 필요성을 옹호하는 주장을 펼친다. "베넷의 공감의 생태학은 긴급히 강경한 투쟁 형태들의 포기, 왜곡, 그리고 거부에 ― 어쩌면 무의식적으로 ― 이바지할 위험이 있다"(같은 글, 624). 불평등과 부정의를 해결할 정치적 기획들을 위해 동원될 수 있을 "하나의 미결정된 생기력"(Bennett, "Whitman's Sympathies," 616)으로서의 공감을 탐구하려는 베넷의 야망과는 정반대로(같은 글, 615를 참조), 그 적대적 보완물이 부재하는 경우에 그것은 "정치적 전망과 역량을 무기력하게 만들"(Coles, "Walt Whitman, Jane Bennett, and the Paradox of Antagonistic Sympathy," 624) 것

베넷은 정치적 집단을 더 포괄적으로 회집하기 위해 (인간) 권력에의 집중을 넘어서는 정치 이론을 진작시키고자 한다. 그렇지만 베넷이 제안하는 생기적 유물론은 그 두 가지가 연계되는 방식에 대한 분석의 토대를 약화시킨다. 베넷이 옹호하는 확장된 인민 개념은, 생기적 권력들의 긍정적 이미지를 제시하는 한편으로 이 권력들이 물의를 빚게 되는 것을 통제하고 전달하는 방법을 무시하거나 또는 적어도 경시하는, 정치에 관한 매우 제한적이고 선택적인 견해와 결합되어 있다. 포스트휴머니즘 정치로의 이행의 필요성이 어느 때보다도 더 시급할 것이지만, 생동하는 물질이라는 베넷의 개념은 결국 중대한 존재론적이고 정치적인 문제들을 해결하지 못한다. 그것은 새로운 윤리적 감성에 집중하기 위해 권력에 대한 어떤 실체적 분석과 비판도 회피한다. 요컨대 그것은 "물질과 그 역능들에 새롭게 주목하는 접근법이 인간 착취나 억압의 문제를 해결하지는 못하겠지만 모든 신체가 친족인 정도에 대한 더 큰 인식을 촉발할 수 있다"[109]라고 선언한다. 정치에 관한 휴머니즘적 견해를 공격할 때 베넷은 휴머니즘의 한계를 폭로할 뿐만 아니라 정치도 제거한다. 그러므로 생기적 유물론은 "대안적 정치 모델"[110]을 제공하기보다는 오히려 상당히 놀랍게도 정치에 대한 대안을 낳게 된다.

이다.

109. Bennett, *Vibrant Matter*, 13. [베넷, 『생동하는 물질』.]
110. Jane Bennett, "Author Response," 406.

3장

회절적 유물론

캐런 버라드와 현상의 수행성

이 책에서 논의되는 신유물론의 세 번째 갈래는 캐런 버라드의 행위적 실재론이다. 이것은, 한편으로는 객체의 내부 심층에 대한 OOO의 집중과 상당히 다르고 다른 한편으로는 사물의 활기에 대한 생기적 유물론의 매혹과 상당히 다르다. OOO와는 대조적으로 행위적 실재론은 고립된 객체라는 관념을 거부하고 오히려 상이한 종류들의 신체들과의 복잡한 얽힘에 관심을 둔다. 그렇지만 세계의 "특별한 생동성"[1]을 설명하기 위해 행위적 실재론은 원초적인 '사물의 힘'에 관한 생기론적 구상을 좇지 않는데, 그 대신에 철저히 관계적인 존재론을 제공하겠다고 약속한다.

행위적 실재론에 관한 버라드의 이해는 『우주와 중간에서 만나기 : 양자물리학, 그리고 물질과 의미의 얽힘』(2007)이라는 책에서 체계적으로 제시되며, 그리고 그 책이 출판된 이후에 많은 논문과 인터뷰에서 후속적으로 전개되었다. 버라드는 원래 이론물리학의 훈련을 받았고, 따라서 양자물리학, 과학학, 페미니즘 이론, 비판적 인종 이론, 포스트식민주의 이론, 그리고 (포스트-)맑스주의 이론을 비롯하여 사회 이론뿐만 아니라 물리 이론도 포괄하는 다양한 이론적 원천에 의지한다.[2] 더 중요

---

1. Barad, *Meeting the Universe Halfway*, 91.
2. 같은 책, 25~8.

하게도 버라드는 양자역학에서 가장 저명한 인물 중 한 사람인 물리학자 닐스 보어의 통찰을 포스트구조주의 이론과 페미니즘적 기술과학 연구의 요소들과 결합한다. 버라드는 물질을 인식적 실천과 독립적으로 현존하는 수동적 실체로 간주하는 개념과 결별하고자 하며, "물질이 자신의 반복적 구체화 과정에서 행위자적 역할을 수행한다"[3]라는 관념을 제시한다. 버라드는 이런 명제에서 출발하여 인간과 비인간 사이의 상호관계를 다시 개념화하고 주체성, 행위성, 그리고 인과성의 범주들을 재고한다. 요컨대 버라드는 "과학과 그 밖의 사회-물질적 실천들에서 인간 및 비인간, 물질적 요인 및 담론적 요인, 그리고 자연적 요인 및 문화적 요인이 수행하는 역할에 관한 이해를 제공하는 인식론-존재론-윤리학적 틀을 고안했으며, 그리하여 그런 고찰이 구성주의를 실재론에 대립시키고, 행위성을 구조에 대립시키고, 그리고 관념론을 유물론에 대립시키는 진부한 논쟁들을 넘어서게 했다"라고 주장한다.[4]

　행위적 실재론에 관한 다음의 논의는 보어의 양자역학에 관한 버라드의 이해에 의해 제기되는 인식론적 쟁점들로 시작한다. 나는 방법에 관한 물음들도 다루는데, 버라드가 도나 해러웨이의 회절 개념을 확장하는 방식에 집중한다. 두 번째 절에서 나는 존재론적 및 윤리학적 관심사들을 고찰하면서 버라드가 양자역학의 교훈들을 존재론적 고려 사항들과 연계하기 위해 그 교훈들을 부분적으로 수정하는 방식을 분석한다. 그 과정에서 버라드는 특히 주디스 버틀러의 작업과 젠더 수행성이라는 개념뿐만 아니라 푸코의 권력분석학도 집중해서 살펴본다. 또한 버라드는 윤리에 관한 레비나스의 이해를 참조함으로써 레비나스가 제안하는 책임 개념을 윤리가 품은 인간중심적 의미를 극복하는 방법으로

---

3. 같은 책, 177.
4. 같은 책, 26.

재규정한다. 세 번째 절에서는 [푸코적 의미의 '장치'와 구별되는] '기구'에 관한 버라드의 개념이 제시되는데, 그 개념은 기구라는 용어에 관한 기술적 이해와도 다르고 사회적 이해와도 다르다. 그 절에서 나는 행위적 실재론이 권력관계를 새롭게 이해하는 데 이바지한다고 주장한다. 그다음 두 절의 목표는 행위적 실재론을 전반적으로 평가하는 것으로, 그 강점들뿐만 아니라 몇 가지 한계점도 보여준다. 나는 버라드의 부풀려진 윤리 개념뿐만 아니라 그의 견해에서 양자역학이 수행하는 기초적 역할을 비판적으로 논의하는데, 요컨대 이런 상황은 존재론적 문제의 정치적 차원을 도외시할 위험이 있다.

반사에서 회절로 : 인식론적 수정과 방법론적 수정

페미니즘 이론의 오랫동안 지속된 한 가지 관심사는 인식론적 주장을 포기하지도 않고 그 기반을 약화하지도 않은 채로 지식의 근본적인 역사성과 상황성을 진지하게 고려하는 것이었다.[5] 버라드는 자신의 작업을 이런 전통 속에 기입하면서 보어의 양자역학에 대한 근본적인 재해석을 제시한다. 버라드는 보어에게서 배워야 하는 주요 교훈이 "우리는 자신이 이해하고자 하는 자연의 일부이다"[6]라는 것이라고 주장한다. 버라드는 보어의 "철학-물리학"[7]이 존재론적 관심사들을 포함하는 인식론적 물음들을 개시했다고 주장한다. 버라드는 20세기 전반기에 전자 위치의 측정에 관하여 하이젠베르크와 보어 사이에서 벌어진 그 유명한 과학적 논쟁을 참조한다.[8] '불확정성 원리'에 대한 하이젠베르크의 최초 정식화

5. Haraway, *Simians, Cyborgs, and Women*, 183~201 [해러웨이, 『영장류, 사이보그 그리고 여자』; Sandra Harding, *The Feminist Standpoint Theory Reader*.

6. Barad, *Meeting the Universe Halfway*, 26.

7. 같은 책, 121.

는 한 입자의 운동량과 위치를 둘 다 동시에 아는 것은 불가능하다고 시사한다. 측정 과정이 그 입자의 특성들을 불가피하게 왜곡하기에 (인간) 관찰자는 '실재적' 특성들을 입수할 수 없다. 하이젠베르크는 인식론적 불확정성에 중점을 두는 반면에 보어는 존재론적 주장을 개진한다. 보어가 이해하기에 입자들은 특성들을 측정하고 평가할 수 있게 하는 관찰 기구의 '배후에서' 또는 그보다 '앞서서' 어떤 확정적 특성도 갖지 않는다. 보어에 따르면, 입자들의 독특한 존재론적 성질들은 그것들을 관찰하도록 고안된 특정한 실험적 배치에 부수적이다. 그러므로 하이젠베르크와는 대조적으로 "보어는 한낱 실재에 관한 우리의 지식에 불과한 것에 관련된 주장이 아니라 실재의 본성에 관련된 주장을 개진하고 있다."[9]

보어의 "원原-수행적"[10] 견해는 '표상주의'에 대한 버라드의 비판적 접근의 기초인데, 버라드가 표상주의로 이해하는 바는 "존재자가 자신의 표상에 앞서 고유한 속성들을 갖춘 개체로서 현존한다"[11]라는 관념이다. 버라드에 따르면 표상주의의 서사는 (서양) 철학과 사유에 확고히 뿌리박고 있으며 다른 모습들로, 예를 들면 말과 사물 사이, 자연과 사회 사이, 표상 대상과 표상 사이의 대립을 상정함으로써 나타난다. 특히 버라드는 사실상 둘 다 표상주의적 틀을 공유하는 한편으로 대립적인 패러다임들을 명백히 승인하는 현시대의 두 가지 인식론적 입장, 즉 한편으로는 사회구성주의와 다른 한편으로는 과학적 실증주의 — 버라드가 이해하기에는 "전통적 실재론"[12] — 을 거론한다. 전자는 사회를 자명하고 주어

---

8 같은 책, 3~25, 115~8.

9. 같은 책, 19, 402~3. 또한 Karen Barad, "Quantum Entanglement and Hauntological Relations of Inheritance," 258~9를 참조.

10. Barad, *Meeting the Universe Halfway*, 31.

11. 같은 책, 46 ; Barad, "Posthumanist Performitivity," 804.

12. Barad, *Meeting the Universe Halfway*, 225. 또한 같은 책, 41을 참조.

진 존재자로 간주하는 한편, 후자는 고정되고 안정적인 자연에 대한 믿음에 기반을 두고 있다. 버라드가 보기에는 둘 다 지지할 수 없는 인식론적 선택지인데, 왜냐하면 그것들은 공통의 "형이상학적 기체基體" — "선재하는 현상을 반영할 수 있는 말의 역능에 대한 믿음" — 를 공유하기 때문이다.[13] 버라드는 표상주의가 진리 대응설을 받아들임으로써 이미 현존하는 '사물'을 올바르게 반사하는 방법에 대한 환상을 승인한다고 주장한다.[14] 버라드는 관찰자를 세계의 외부에 또는 위에 위치시키는 표상주의의 지배적인 서사에 대항하고자 한다. 버라드는 하나의 이론적 대안으로서 수행적 견해를 제안하면서 "앎과 있음의 실천은 분리 불가능하며, 그것들은 서로 뒤얽혀 있다"[15]라고 단언한다.[16]

버라드의 표상주의 비판은 "회절적 독해"[17]라는 방법과 분리될 수 없다. 회절이라는 개념은 물리학에서 중요한 역할을 수행하지만, 또한 그

---

13. 같은 책, 133.
14. 같은 책, 56을 보라. 표상주의에 관한 더 자세한 설명은 Richard Rorty, *Philosophy and the Mirror of Nature* [리처드 로티, 『철학 그리고 자연의 거울』]을 참조.
15. Barad, *Meeting the Universe Halfway*, 185.
16. 버라드는 "개입하기"와 "표상하기" 사이의 관계에 대한 해킹의 분석(Ian Hacking, *Representing and Intervening* [이언 해킹, 『표상하기와 개입하기』])을 비판적으로 해석하면서 이런 "새로운 형태의 실재론"(Barad, *Meeting the Universe Halfway*, 44, 207)을 전개한다. 버라드에 따르면 해킹은 표상주의적 설명의 중요한 한계를 성공적으로 폭로한다. 그렇지만 버라드는 해킹의 (표상하기 대신) 개입하기에의 집중이 궁극적으로 표상주의적 틀 내에 여전히 남아 있게 된다고 주장한다. 버라드의 독해에 따르면, 해킹은 여전히 "세계가 별개로 확정적인 특성들을 갖춘 개별적 존재자들로 이루어져 있다"라는 신념을, 버라드가 "존재자 실재론"이라고 지칭하는 관념을 받아들인다(같은 책, 55). 해킹을 넘어서는 버라드의 목적은 '전통적 실재론'을 넘어설 뿐만 아니라 '존재자 실재론'도 추월하는 "과학 실천에 관한 비표상주의적인 실재론적 설명"(같은 책, 56)을 펼치는 것이다.
17. Karen Barad, "On Touching," 218 ; Barad, "Intra-active Entanglement," 13 ; Karen Barad, "Diffracting Diffraction" ; Iris van der Tuin, "A Different Starting Point, a Different Metaphysics" ; van der Tuin, "Diffraction as a Methodology for Feminist Onto-Epistemology."

것은 1990년대에 출간된 해러웨이의 저작에서 등장한다.[18] 하나의 물리적 현상으로서의 회절 — 또는 간섭[19] — 은 파동들(빛, 물, 소리)이 방해물을 마주칠 때 일어난다.[20] 이 과정은 파동들이 중첩할 때 관찰될 수 있는 특정한 패턴을 낳으며, 그리하여 파동들의 동역학을 설명할 수 있게 된다. 해러웨이는 회절이라는 용어를 강한 비유로 사용하면서 '회절'을 '반사'와 대립시키는 관계성의 광학을 제시한다. 버라드는 그 관념을 수용하지만, 그 용어에 관한 해러웨이의 이해를 일부 수정할 것을 제안한다. 버라드와 해러웨이의 경우에 모두 반사는 "반영하기와 동일성이라는 주제들"[21]에 구속되어 있는 반면에 회절은 편차와 차이를 확립한다. 그런데 버라드는 해러웨이가 그 용어를 주로 비유와 "기호학적 범주"[22]로 활용한다고 간주하면서 회절을 물리적 현상이자 방법론적 시각으로 제시한다.

그런데 버라드는 연구 대상이라기보다는 오히려 특정한 탐구 양식으로서의 회절에 더 관심이 있다.[23] 버라드에게 회절은 "비표상주의적인 방법론적 접근법에 관해 생각하기 위한 생산적인 모델"로서의 역할을 수행한다.[24] 이런 방법론을 탐구하기 위해 버라드는 광학적 비유가 서양 전통에서 지식과 시각 사이의 밀접한 연계와 더불어 인식론의 문제들을 다루는 데 수행하는 중요한 역할을 지적한다. 반사성이라는 비유는 과학적 탐구의 '올바름'에 대한 규준을 규정하고 표상과 표상 대상 사이의 거

---

18. Donna Haraway, "The Promises of Monsters," 300 ; Donna Haraway, *Modest_Witness@Second_Millennium*, 16, 272~7 [도나 해러웨이, 『겸손한_목격자@제2의_천년』].

19. 버라드는 '회절'과 '간섭'이라는 용어들을 "호환적으로" 사용한다(Barad, *Meeting the Universe Halfway*, 81).

20. Barad, *Meeting the Universe Halfway*, 74~85를 보라.

21. 같은 책, 71.

22. 같은 책, 416, 주 2.

23. 같은 책, 73.

24. 같은 책, 88.

울상이라는 관념을 특징짓는다. 더욱이 반사성은 과학적 지식의 객관성에 대한 중대한 척도도 제공한다. 그것은 지식의 생산 과정에서 탐구하는 주체가 수행하는 역할에 대한 자기반성의 행위, 즉 "자신을 자기준거적으로 되돌아보는 행위"[25]를 가능하게 함으로써 주권적이고 자기동일적인 주체라는 관념을 전제로 한다. 버라드에 따르면 이런 인식론적 견해는 결함이 있다. 왜냐하면 반사성의 원리는 지식의 주체와 과학적 탐구의 대상 사이에 설정된 어떤 고정된 비대칭적 대립에 의거하기 때문이다. 이와는 대조적으로 회절은 '주체'와 '객체'의 사전 식별을 전제하지 않는다. 오히려 회절은 그것들과 그것들 사이의 경계가 탐구 중인 과정의 일부로서 생산되는 방식을 탐구한다.[26]

이런 방법론적 신념에는 두 가지 중요한 차원이 있다. 첫째, 회절은 상호 얽힘과 차이의 패턴에 집중하면서 매개에서 관계주의로의 전략적 이행을 실행한다. 버라드가 보기에는 주체와 객체 사이, 지식과 세계 사이, 문화와 자연 사이, 물질적인 것과 담론적인 것 사이에 중개자가 있을 필요가 없다. 통상적으로 추정되는 것들 – 의식, 이론, 말 – 가운데 어느 것도 표상과 표상 대상 사이의 간극을 잇거나 소통 수단을 제공하는 데 필요하지 않다.[27] 버라드는 공-구성과 상호 창발의 과정들로 규정되는 관계적 동역학을 포착하기 위해 '내부-작용'intra-action이라는 신조어를 도입한다. '상호작용'interaction은 이미 주어진 두 주체가 서로 마주침을 뜻

25. 같은 책, 88.
26. 같은 책, 93 ; 418, 주 17 ; 89~90. 또한 회절에 대해서는 Corinna Bath, Hannah Meißner, Stephan Trinkhaus, and Susanne Völker, *Geschlechter Interferenzen* ; Birgit Mara Kaiser and Kathrin Thiele, "Diffraction" ; Kathrin Thiele, "Ethos of Diffraction"을 참조. 게다가 회절이라는 용어 덕분에 교차성 개념에 비판적으로 접근할 수 있게 된다. 에벨리엔 기어츠와 이리스 반 데어 튠은 교차성에 관한 논쟁이 종종 대표의 정치에 의해 규정된다고 주장했다(Evelien Geerts and Iris van der Tuin, "From Intersectionality to Interference").
27. Barad, *Meeting the Universe Halfway*, 409, 주 9.

하는 반면에, 내부-작용은 선재하는 존재자들을 가정함으로써 시작하지 않는다. 정반대로 내부-작용은, '사물'이 역동적이고 진행 중인 행위적 과정에서 구체화될 따름이기에 본연의 '사물'은 현존하지 않는다고 강조한다.[28]

둘째, 버라드의 경우에 회절은 "윤리학-존재론-인식론적 문제"이기도 하다.[29] 그것은 다양한 모습의 표상주의와 결별할 도구일 뿐만 아니라, 또한 이론을 책임감 있게 수행하는 버라드의 실천을 특징짓는다. 회절은 반사에 중점을 둔 표상주의적 인식론의 한계와 문제점들을 이론적으로 폭로하는 한편, 또한 "차이의 관계적 본성에 주목한다"[30]라는 윤리적 신념을 부각한다. 행위적 실재론은 상이한 이론적 관점과 입장 들을 서로 대조하기 위해 고정되고 닫힌 것들로 간주하기보다는 오히려 원칙적으로 열려 있고 "서로 역동적인 관계성 속에"[31] 있는 것들

---

28. 같은 책, 33, 140, 178을 참조. 또한 Astrida Neimanis, "Alongside the Right to Water, a Posthumanist Feminist Imaginary," 16~8을 참조.
　　내부-작용이라는 개념은, 한편으로는 생기적 유물론과 베넷의 견해 사이의 주요한 차이점과 다른 한편으로는 OOO와 베넷의 견해 사이의 주요한 차이점을 확립한다. 전자의 경우에 그 덕분에 버라드는 베넷의 견해와 다른 역동적인 관계성에 관한 관념을 제시할 수 있게 된다. "내부-작용성에는 새로운 형태의 생기론의 의미에서 생동성이 있기보다는 오히려 생동성에 관한 새로운 의미의 견지에서 생동성이 있다"(Barad, *Meeting the Universe Halfway*, 234~5). OOO와 대조적으로 그 개념은 개별적 '객체'의 견고성과 지속성을 의문시하면서 "개체들이 그것들이 얽힌 내부-관계-맺기를 통해서 또 그 일부로서 창발한다"라는 이유로 객체들의 끊임없는 생성을 지지한다(같은 책, ix ; 더 실질적인 비교에 대해서는 Taylor, "Close Encounters of a Critical Kind"를 보라).
　　또한 '내부-작용'에 대한 하먼의 비판을 보라(Harman, "Agential and Speculative Realism"). 흥미롭게도 모턴은 버라드의 관계적 견해와 상당히 다른 사물성과 물질성을 탐구하기 위해 양자물리학을 동원하는 방법을 제시한다. 무턴의 견해에 따르면, 양자 이론은 실재적인 것이 별개의 단위체들, 즉 양자들로 이루어져 있음을 보여준다(Morton, "Here Comes Everything," 179~84 [모턴, 「모든 것이 온다」]).
29. Barad, *Meeting the Universe Halfway*, 381.
30. 같은 책, 72.
31. 같은 책, 93.

로 간주한다. 이런 윤리적 태도는 우리가 이론과 텍스트를 다루는 방식에 한정되지 않는다. 또한 회절은 언제나 이미 '우리의 세계'인 세계에 관계하는 방식을 가리키는데, 요컨대 우리에게 '우리'가 "변별적 '물의 빛기'mattering 과정에서 진행 중인 세계의 내부-작용적 분절의 일부"[32]라는 점을 주지시킨다.

사물에서 현상으로 : 존재론적 의문과 윤리학적 관심사

지식의 철학에 맞서서, 그런데 또한 페미니즘 이론의 대다수 경향과는 반대로 버라드는 "과학 실천의 존재론적 차원"[33]에 주목하는 것이 필요하다고 단언한다. 존재론적인 것에 대한 이런 관심은 인식론적 의문을 간과하거나 고려 대상에서 제외함을 뜻하지는 않는다. 오히려 버라드는 인식론과 존재론을 독립적인 개별적 영역들로 간주하는 어떤 특정한 인식론(그리고 존재론)을 의문시한다. 행위적 실재론은, 고유한 특성들과 경계를 갖춘 개별적 존재자들에 집중하는 통상적인 형태들의 실재론의 한계를 "행위자들은 단지 그것들의 상호 얽힘과 관련하여 구별될 뿐이다"[34]라고 강조하는 수행적 견해로 극복하고자 하는 하나의 "새로운 '존재인식론적' 틀"[35]로서의 역할을 수행한다.

이런 "관계적 존재론"[36]은 젠더 수행성에 관한 버틀러의 관념과 담론적 실천에 관한 푸코의 이해에 대한 비판적 독해에 의해 특징지어진다. 버라드는 생산성과 수행성에 중점을 두는 권력관계에 관한 설명을 전개

---

32. 같은 책, 381.
33. 같은 책, 42.
34. 같은 책, 33.
35. 같은 책, 43.
36. 같은 책, 93.

한 공로를 그 두 이론가 모두에게 귀속시킨다. 이런 관점에서 "권력은 주체에 작용하는 외력이 아니다. 단지 그 안정화 효과와 누적 효과 속에서 반복되는 작용으로서의 권력이 있을 뿐이다."[37] 그렇지만 이 책의 서론에서 내가 지적한 대로 버라드는, 이런 접근법 덕분에 신체들의 구체화 과정을 탐구하는 것이 원칙적으로 가능하지만 푸코는 권력의 생산성을 "'사회적인' 것의 제한된 영역"[38]에 한정시킨다고 주장한다. 푸코가 사회적인 것에 귀속시키는 개념적 특권은 물질에 실질적 방법으로 접근하는 것을 가로막는다. 왜냐하면 푸코는 "물질을 후속 구체화 과정의 능동적 요인이라기보다는 오히려 한낱 최종 생산물에 불과한 것으로"[39] 간주하기 때문이다. 버라드는 이런 접근법이 물질의 수동성을 다시 도입함으로써 구체화 과정에서 비사회적 요인들이 이바지하는 역할을 인식할 수 없다고 주장한다.

비슷한 취지에서 버라드는 버틀러의 저작에 대한 회절적 독해를 수행한다. 버라드는 주체의 형성을 신체의 물질성 생산과 철저히 연계하는 버틀러의 작업의 중요성을 강조함으로써 페미니즘 이론의 내부 및 외부에서 유포되는 사회구성주의의 협소한 구상을 비판한다. 따라서 물질은 "시간이 흐름에 따라 안정화하여 경계, 고정성, 그리고 표면의 효과를 산출하는 구체화의 과정"[40]으로 이해되어야 한다. 버라드는 자신이 "물질 개념으로 되돌아가자"[41]라고 제안함으로써 "젠더를 자연적으로 성별화된 신체에의 문화적 기입으로 간주하는"[42] 그릇된 관념을 노출하는 공로의 영예를 버틀러에게 귀속시킨다. 그렇지만 또한 버라드는 버틀러가 인간 신체의

<hr />

37. 같은 책, 235.

38. Barad, "Posthumanist Performativity," 810.

39. 같은 곳. 또한 Barad, *Meeting the Universe Halfway*, 235를 참조.

40. Judith Butler, *Bodies that Matter*, 9.

41. Barad, *Meeting the Universe Halfway*, 61.

42. 같은 책, 60.

구체화에만 주목할 뿐이기에 구체화에 관한 이런 견해가 여러 중요한 면에서 제한적이라고 주장한다.[43] 버라드는 "버틀러와 푸코의 경우에 모두 행위성은 오로지 인간 영역에 속하고, 따라서 기술과학 실천의 본성도 그것이 인체에 미치는 대단히 생산적인 효과도 다루지 못할 뿐만 아니라 이들 실천이 인간을 구성하는 것에 깊이 연루된 방식도 다루지 못한다"라고 주장한다.[44] 버라드가 보기에 필요한 것은 모든 신체의 구체화를 설명하며 마침내 인간 범주와 비인간 범주 사이의 경계를 생성하고 안정화하는 실천에 관한 탐구를 가능하게 하는 수행성 개념이다. 이런 비판들의 견지에서 버라드는 "버틀러의 수행성 개념을 반복적 인용성에서 반복적 내부-작용성으로 개편할 것"[45]을 제안한다.[46]

버라드에 따르면, "포스트휴머니즘적 수행성"[47]으로의 이런 이론적 이행 덕분에 버틀러의 (그리고 푸코의) 구체화 개념의 인간중심적 편견을 제거할 수 있게 된다. 버라드의 경우에 휴머니즘과 반[反]-휴머니즘은 모두 "'인간'과 그 타자들을 변별적으로 묘사하고 규정하게 하는 경계-형성 실천"[48]을 설명하지 못한다. 휴머니즘은 인간 예외주의를 뒷받침하는 한편, 포스트구조주의자들이 휴머니즘적 신념을 의문시하고 전

---

43. 같은 책, 209를 참조. 버틀러의 행위성 개념이 재의미화의 실천에 한정되어 있다는 유사한 비판은 Jacinta Kerin, "The Matter at Hand"와 Vicki Kirby, *Judith Butler* [비키 커비, 『주디스 버틀러』]를 참조.

44. Barad, *Meeting the Universe Halfway*, 145~6.

45. 같은 책, 208.

46. 버틀러는 비키 벨과 가진 인터뷰에서 신유물론에 대한 자신의 입장을 분명히 하는데, 자신이 행위성을 오로지 인간의 역량으로 간주한다는 혐의를 명시적으로 거부한다. "행위성에 관해 이야기할 때 우리는 사실상 그것을 주체라는 관념에서 분리하여 그것이 다양한 종류의 요소들 — 사회적·물질적·인간적 요소들 — 이 작동하는 복잡한 안무적 장면일 수 있게 해야 합니다"(Vikki Bell, "New Scenes of Vulnerability, Agency and Plurality," 151).

47. Barad, "Posthumanist Performativity."

48. Barad, *Meeting the Universe Halfway*, 136.

복하기 위해 채택한 반-휴머니즘은 그런데도 "자연과 문화, 인간과 비인간 사이의 경계를 주어진 것"[49]으로 여긴다.[50] 반면에 버라드가 구상하는 대로의 포스트휴머니즘은 "(생물이든 무생물이든 간에) 다른 피조물들 사이에서 인간을 변별적으로 구성하고 그 지위를 변별적으로 위치시키는 데 우리가 수행하는 역할을 해명할 책임이 있는 한편으로 인간 예외주의에 이의를 제기하는 것과 관련되어 있다."[51]

이와 같은 포스트휴머니즘적 수행성이라는 관념에 의해 특징지어지는 행위적 실재론은 자연과 문화, 주체와 객체, 물질적인 것과 담론적인 것 사이의 존재론적 이원론들과 실재론에 관한 전통적인 이해에 근본적으로 이의를 제기한다.[52] 그것은 우리에게 개별적이고 독립적인 사물들에 관한 표상주의적 관념에서 벗어나서 세계를 '현상'이 거주하는 곳으로 구상하도록 요청한다. 여기서 버라드는 현상에 관한 보어의 이해를 받아들이는데, 그 이해는 현상과 본체 사이의 고전적인 철학적 구분과 아무 관계도 없고 오히려 준거성에 관한 물음과 실재계에 관한 개념을 수정한다. "지시 대상은 관찰-독립적인 객체가 아니라 현상이다."[53] 그러므로 현상은 "관찰자와 관찰 대상의 인식론적 불가분성"[54]을 보증한다. 이런 관점에서 현상은 고유한 경계와 고립된 특성들을 갖춘 별개의 존재자가 아니라 오히려 "존재론적으로 원초적인 관계들 ― 선재하는 관계항들이 없는

---

49. 같은 책, 428, 주 6.
50. 버라드의 경우에 '트랜스휴머니즘'이라는 개념 역시 위태로운 이유는 그것이 "이미 무반성적인 기술친화적 목적에 전유되었고 어떤 초월적 입장을 제시하기" 때문이다(같은 곳).
51. 같은 책, 136.
52. 놀랍게도 버라드는, 각주에서 간략히 언급하는 경우들을 제외하고, STS에서 표명된 수행적 견해들을, 예를 들면 앤드루 피커링, 아네마리 몰, 존 로, 그리고 루시 스치면의 작업을 집중해서 다루지 않는다(Trevor Pinch, "Review Essay," 433). STS 작업에 관한 더 포괄적인 논의는 이 책의 7장을 보라.
53. Barad, *Meeting the Universe Halfway*, 198.
54. 같은 책, 33, 139, 308.

관계들"[55]이다. 행위적 실재론은, 한편으로는 생기적 유물론의 사물의 활기라는 관념과 거리를 두고 다른 한편으로는 OOO의 안정적인 객체라는 개념과 거리를 둔다. "실재는 사물들-자체로도 현상-배후의-사물들로도 구성되어 있지 않고 오히려 현상-속-사물들로 구성되어 있다."[56]

'사물'에서 '현상'으로의 존재론적 이행은 기구에 관한 혁신적인 이해에 의해 특징지어진다. 버라드는 담론적 실천에 관한 푸코의 견해와 더불어 보어의 기구 개념을 회절적으로 독해함으로써 이런 관념을 다시 개념화하고 전유한다. 버라드는 기구에 관한 보어의 이해가 실험실 설비에 한정됨으로써 실험적 배치체들이 작동할 수 있게 하는 온갖 종류의 "물질-담론적 실천"[57]을 무시한다고 주장한다. 기구에 관한 이런 견해는 관찰하는 주체라는 휴머니즘적 개념에 여전히 의거하는 반면에 행위적 실재론은 "기구와 인간의 역할과 그들 사이의 관계에 관한 포스트휴머니즘적 이해"[58]를 제공하고자 한다. 그것은 세 가지 주요 원리에 의해 특징지어진다.

첫째, 기구에 대한 버라드의 독해는 우리에게 존재론적 경계를 재고하도록 요청한다. 그것은 기구에 관한 정적이고 안정적인 개념에서 그것의 경계-형성 실천을 설명하는 수행적이고 역동적인 개념으로의 이행을 제안하는데, 여기서 내부에 있는 것과 외부에 있는 것은 본질적으로 비결정적이고 기구 자체의 작동에 의해서만 이해될 수밖에 없다.[59] 그러므

55. 같은 책, 139.
56. 같은 책, 140. 버라드는 '객체'라는 용어와 '사물'이라는 용어를 체계적으로 구별하지 않은 채로 호환하여 사용한다. 그 두 용어는 모두 안정적이고 고정된 존재론적 존재자들에 관한 관념에 준거를 두고 있다.
57. '물질-담론적 실천'이라는 개념은 담론적인 것과 물질적인 것의 불가분성을 강조한다. 이들 실천은 서로 외재적으로 관련되어 있을 뿐만 아니라 내부-작용성의 동학 안에서 서로 뒤얽혀 있다.
58. Barad, *Meeting the Universe Halfway*, 145.
59. 같은 책, 170을 참조.

로 행위적 실재론은 기구 개념의 더 통상적인 용법과 결별한다. 버라드의 경우에 기구는 기술적 도구도 아니고 과학적 기기도 아니며, 또한 문화적 구조도 아니고 사회적 체계도 아니다. 그것은 STS에서 서술되는 "기입 기기"[60], "정렬 기기"[61], 또는 "시장 기기"[62]와 유사하지 않지만, 그렇다고 그것은 "억압적 기구" 또는 "이데올로기적 국가기구"[63]로도 "문화 기구"[64]로도 환원될 수 없다.[65]

둘째, 기구에 관한 버라드의 개념은 과학적 객관성의 수정을 수반한다. 기구는 그것이 결정하고 형성하는 영역과 위계적으로 별개인 하나의 고유한 존재론적 영역(예컨대 사회적인 것 또는 기술적인 것)에서 작동하지 않는다. 또한 기구는 자신과 독립적으로 현존하는 현상을 수동적으로 기록하는 중립적 기기도 아니다. 행위적 실재론의 틀 내에서 우리는 외부성과 분리성에 관한 기성의 어떤 관념도 수용하기를 체계적으로 거부함을 깨닫게 되는데, 이는 처음에 놀라운 결론인 듯 보일 것 − "기구

---

60. Bruno Latour and Steve Woolgar, *Laboratory Life*. [브뤼노 라투르·스티브 울거, 『실험실 생활』.]

61. Suchman, *Human-Machine Reconfigurations*.

62. Michel Callon, Yuval Millo, and Fabian Muniesa, *Market Devices*.

63. Louis Althusser, "Ideology and Ideological State Apparatuses" [루이 알튀세르, 「이데올로기와 이데올로기적 국가 기구」]; Louis Althusser, *On the Reproduction of Capitalism* [루이 알튀세르, 『재생산에 대하여』].

64. C. Wright Mills, "The Cultural Apparatus." 또한 Kim Sawchuk, "The Cultural Apparatus"를 참조.

65. 또한 기구는 인간과 비인간 사이의 변별적 경계를 고려하지 않은 채로 인간뿐만 아니라 비인간도 무차별적으로 포함하는 회집체와 구분되어야 한다(Barad, *Meeting the Universe Halfway*, 171). 이 책의 2장에서 이해된 대로 들뢰즈와 과타리가 고안한 '배치/히집(체)'(agencement)라는 개념은 베넷의 생기적 유물론에서 중심적 지위를 차지한다. 버라드는 그 기원이 (과타리와 더불어) 들뢰즈의 작업까지 거슬러 올라갈 수 있는 '생성(되기)', '접힘/펼침' 같은 개념들과 그 밖의 용어들을 빈번하게 또 중핵적으로 사용하지만 좀처럼 들뢰즈를 언급하지도 참조하지도 않는다는 사실은 주목할 만하다. 나는 이 책의 4장에서 '회집체'와 '기구'라는 용어들을 장치에 관한 푸코의 이해와 대조할 때 그 두 용어 사이의 개념적 구분을 다시 고찰할 것이다.

는 그 자체로 현상이다"[66], 즉 기구는 현상을 산출하고 (더 포괄적인) 현상의 일부이다[67] – 을 산출하는 얽힘과 내부-작용을 승인하기 위함이다. 명백히 역설적인 이런 정식은 어떻게 이해되어야 하는가? 버라드에 따르면 핵심은 기구를 확정된 객체 또는 고정된 구조물로 간주하지 않고 오히려 그것이 실행하는 행위적 결정에 따라 변화하는 "미확정의 실천"[68]으로 간주하는 것이다. "다른 행위적 절단은 다른 현상을 산출한다. 그렇다면 중요한 점은 기구가 (국소적인 인과적 구조를 구성하기 위한 조건을 제공하는) 인과적으로 유의미한 것인 동시에 물질적 현상에 관한 객관적 서술의 가능성을 위한 조건이기도 하다는 것이다."[69]

행위적 실재론에서 제시되는 기구의 세 번째 면모는 인과율에 관한 통상적인 이해를 문제화하는 것과 관련되어 있다. 중요한 것은 강조점을 일단의 원인에서 또 다른 일단의 원인으로 (예를 들면, 사회적인 것에서 자연적인 것으로, 또는 그 반대로) 대체하거나 이행하는 어떤 다른 인과성이 아니라 인과성에 관한 대안적 개념이다. 버라드는 보어의 발자취를 좇음으로써 자유와 결정론을 대립시키는 "인과성에 관한 일반적인 이원론적 사유"을 넘어서 "제3의 가능성"을 구상하고자 한다.[70] 이것은 행위적 실재론이 결정론적 견해로부터 떨어져 있는 채로 있을 뿐만 아니라 자유의지 또는 완전한 임의성이라는 정반대의 (거울상) 관념에 대해서도 비판적임을 뜻한다.[71] 이 두 가지 구상 모두에서 인과성은 별개의 독립적인 존재자들 사이의 관계로 여겨지는 반면에 행위적 실재론은 그 내부-작용에 선재하는 원초적 힘들이 전혀 없다고 주장한다. 그러므로 이

---

66. Barad, *Meeting the Universe Halfway*, 146, 170.
67. 같은 책, 148을 보라.
68. 같은 책, 170.
69. 같은 책, 175.
70. 같은 책, 198.
71. 같은 책, 170~1.

런 인과성 관념은 "절대적 외부성과 절대적 내부성, 그리고 결정론과 자유의지 사이의 일반적인 선택"[72]과 다르다. 기구는 '원인' 또는 '결과'로 여겨지는 것을 결정하는 세계-형성 실천이다.

요컨대 행위적 실재론은 고정된 인과적 도식과 시간, 공간, 그리고 물질의 기성 패턴들에 의해 특징지어지는 기존 세계라는 관념을 거부한다. 이런 독해에 따르면 기구는 시간이 흐름에 따라 진화하는 것만이 아니다. 기구는 공간에 처해 있지도 않고 물질을 동원하지도 않고 오히려 "시간공간물질을 진행 중인 생성의 역동성의 일부로서 반복적으로 재배치하는… 세계의 특정한 물질적 재배치 작업"[73]으로 이해되어야 한다. 기구는 선재하는 불변의 구조물이나 설비가 아니라 오히려 "영속적으로 재배열되고, 다시 분절되며, 개편될 수 있"[74]는 역동적인 물질-담론적 실천이다. 그렇지만 이것은 모든 것이 가능함을 뜻하지도 않고 그 궤적이 임의적인 것임을 뜻하지도 않는다. 정반대로 "기구는 물의 빚기의 가능성과 불가능성의 물질적 조건이다. 기구는 물의를 빚는 것과 물의 빚기에서 배제되는 것을 구성한다."[75] 누군가에게 또는 무언가에 외력을 행사하는 결정적 행위자나 힘은 전혀 존재하지 않음에도 현상 내의 의미적 및 존재자적 비결정성은 물의를 빚는 것 – 그리고 물의를 빚지 않는 것 – 을 구성하는 기구들의 특정한 배열과 독특한 특성들에 의해 해결된다.

버라드는 존재론적 의문이 윤리학적 관심사와 깊이 얽혀 있다고 본다. 왜냐하면 우리는 현존하는 특정한 구체화 과정들 – 바로 그 현존에 의해 그 밖의 과정들을 배제하고 물질의 미래 재배치를 위한 새로운 가능성을 창출하는 과정들 – 의 일부이기 때문이다. 이런 물질적 윤리는 우리

---

72. 같은 책, 176.
73. 같은 책, 142.
74. 같은 책, 170.
75. 같은 책, 148.

가 실행하는 규범적 선호와 지식 형성에 대하여 책임을 지는 것과 관련되어 있다.[76] 그것은 배제가 물의 빛기에 불가피함을 인정하는 것에 한정되지 않는다. 이런 윤리성 개념에서 중요한 점은 특정한 물질적 내부-작용들에 대한 책임을 받아들여서 그것들의 경계를 영구적으로 검토하고 개편하는 것이다.[77] 버라드가 우리는 자신이 이해하고자 하는 현상의 형성에 관여한다고 주장할 때 그는 "윤리, 앎, 그리고 존재의 뒤엉킴에 대한 올바른 평가" ― 버라드가 "윤리-존재-인식-론"이라고 명명하는 노력 ― 를 요구한다.[78]

윤리에 관한 이런 포괄적인 이해를 위해 버라드는 에마뉘엘 레비나스의 작업과 책임 개념에 의지한다. 레비나스는 윤리에 대한 통상적인 접근법들의 토대를 제공하는 자기self의 형이상학을 거부한다. 레비나스가 보기에는 (인간의 경험이 윤리를 근거 짓지 않고) 윤리가 인간의 경험을 근거 짓는다. 레비나스에 따르면 윤리는 "타자의 얼굴"과의 마주침에 의해 규정된다.[79] 책임은 한 주체가 선택하는 의무 또는 두 주체 사이의 관계가 아니라 오히려 대치타자에 반응할 수 있는 능력에 기반을 두고 있다. 책임은 주체의 지향성에 선행하는 하나의 신체화된 관계이다.[80] 그렇지만 버라드는, 그것이 "타자성의 모든 가능성을 무시한다 ― '자신의-피부-속에-타자를-갖기'에는 '인간'뿐만 아니라 '인간 이외의 것'도 포함하는 광범위한 가능성이 포함되어 있다"[81] ― 라는 의미에서 책임에 관한 레비나스

---

76. 같은 책, 382를 참조.

77. 같은 책, 205를 참조.

78. 같은 책, 185.

79. Emmanuel Levinas, *Totality and Infinity*, 279를 참조. [에마뉘엘 레비나스, 『전체성과 무한』.]

80. Barad, *Meeting the Universe Halfway*, 391을 참조. 또한 Simon Critchley, *Unendlich fordernd*, 69~76을 참조.

81. Barad, *Meeting the Universe Halfway*, 392.

의 이해가 제한적이라고 주장한다. 레비나스는 자신의 책임 개념을 인간의 마주침에 한정시키는 반면에, 버라드는 윤리의 장을 개방하기 위해 인간중심적 관심사를 넘어서는 "포스트휴머니즘적 윤리, 세계-형성의 윤리"[82]를 요구한다.[83]

그리하여 윤리의 의미(그리고 사안)는 변환된다. 그것은 우리가 구체화 과정을 생성할 때 (바로 그 과정에서 '우리'를 생산하면서) 우리가 그 일부를 이루는 구체화 과정을 차지한다. 이런 포스트휴머니즘적 윤리는 변화하는 배치와 성좌에 대한 상이한 반응을 제공하기를 넘어서는 책임에 관한 물질적 개념과 관련이 있다.[84] 이런 "얽힘의 윤리"[85]에서 중요한 것은 사실이 확립된 이후에 나타나서 그것을 평가하고 필시 수정할 추가적이거나 부수적인 것이 아니다. 행위적 실재론에서는 사실과 가치를 구분하는 매끈한 선이 전혀 없다. 오히려 사실은 이미 가치적재적이기에 저런 물질적 배치보다 이런 물질적 배치를 낳는 수행적 선호를 구현한다.[86] 그러므로 버라드는 "가치가 물의를 빚고 구체화〔되는〕 방식"[87]에 관심이 있다. 이처럼 윤리를 "세계의 얼개의 일부"[88]로 간주하는 종합적이고 포괄적인 이해는 상당히 제한적인 두 가지 윤리적 개입과 구분되어야 한다. 첫째, 당면의 윤리적 문제를 올바르게 반영하고 처리하는 옳은 규범적 해결책에 관한 도덕화 담론과 구분되어야

---

82. 같은 곳.
83. 버라드는 " '인간'의 바로 그 경계와 구성이 끊임없이 재설정되고 이들 설정과 그 밖의 설정에서 수행되는 '우리의' 역할이 바로 '우리'가 직면해야 하는 것일 때 타자에 반응할 수 있는 능력이 ⋯ 인간-인간 마주침에 한정될 수는 없다"(같은 곳)라고 주장한다.
84. 같은 책, 393.
85 Karen Barad, "Nature's Queer Performativity," 47 ; Cecilia Åsberg, "The Timely Ethics of Posthumanist Gender Studies."
86. Barad, "Intra-active Entanglements," 15를 참조.
87. 같은 곳.
88. Barad, *Meeting the Universe Halfway*, 182.

한다. 둘째, 과학적 사실이 산출된 이후에 그것을 평가하여 불법적 용법을 제한하거나 금지하기 위한 규제와 규범적 지침을 고안하고자 하는 생명윤리적 접근법과 구분되어야 한다.[89]

버라드는 이런 "물의 빚기의 윤리"[90]가 과학적 객관성과 모순되지도 않고 상충하지도 않음을 분명히 한다. 오히려 윤리 없는 객관성은 전혀 없으며, 그 둘은 별개의 것들로 여겨질 수 없다. 앎은 수동적으로 관찰하는 실천이 아니라 오히려 물의를 빚는 것과 물의를 빚지 않는 것을 고려하는 실재계에의 물질적 개입이다. "다른 물질적 내부-작용은 세계의 다른 구체화를 산출하"고 사실상 다른 세계를 산출하면서 세계-형성의 바로 그 실천에 의해 대안들을 배제하기에 버라드는 "세계가 물의를 빚게 되는 방식이 세계에 중요하다"라고 진술한다.[91]

권력에 관한 신유물론적 이해

행위적 실재론은 내부-작용을 "임의적이지 않은, 비결정론적인 인과적 실행"[92]으로 개념화함으로써 권력에 관한 다른 개념을 제시한다. 그

---

89. Barad, "Intra-active Entanglements," 15.
90. Barad, *Meeting the Universe Halfway*, 36.
91. 같은 책, 380. 조지프 라우스가 강조한 대로(Joseph Rouse, "Barad's Feminist Naturalism"), 행위적 책임에 관한 버라드의 구상은 페미니즘적 과학학의 더 오래된 전통을 받아들여서 지속시킨다. 책임에 대한 이런 해석은 그 개념을 과학적 객관성에 관한 이해와 조율하여 "그런 책임의 소재를 물질-담론적 실천에 대한 보철적으로 신체화된 개입으로"(같은 글, 154) 간주하고자 한다. 그러므로 이런 윤리적 조사에서 행위적 힘은 의식도 아니고 인성도 아니다. 오히려 인간 및 비인간 신체들이 그것들이 실행하는 행위적 단절에 대하여 책임져야 한다. 이것은 행위성이 오직 인간에게만 한정되지도 않고 행위성이 일부 신체들에 속하면서 그 밖의 신체들은 그것으로부터 배제되는 특성도 아님을 뜻한다. 오히려 '우리'는 열려 있는 포스트휴먼 집합체로 여겨지고(예를 들면 Barad, "Posthumanist Performativity," 828) 행위성은 비인간 신체들뿐만 아니라 인간 신체들에 의해서도 수행되는 '행함'으로 여겨진다.
나는 이 장의 마지막 절에서 윤리에 관한 버라드의 견해를 다시 고찰할 것이다.

것은 권력관계가 한낱 시간 속에서, 공간 속에서, 또는 물질 위에서 생겨나는 것이 아니라는 관념을 제시한다. 행위적 실재론은 시간을 선형적인 것으로, 공간을 하나의 용기로, 그리고 물질을 안정적인 것으로 구상하기보다는 오히려 "현상의 구체화 과정에서 시간성과 공간성을 산출하고 반복적으로 재설정하는"[93] 내부-작용적 동역학에 주의를 기울인다. 명백하게도, 그 주장은 시간, 공간, 그리고 물질이 그것들을 형성하고 구성하는 권력의 동역학에 의해 결정되는 절대적 매개변수들이라기보다는 오히려 상대적 매개변수들임을 뜻하지는 않는다. 이런 견해는 물질적 실천에 외재적인 별도의 시간성과 공간성에 관한 관념을 여전히 조장하는 반면에, 버라드는 더 야심만만한 주장을 개진한다. 시간성, 공간성, 그리고 물질은 그 자체로 내부-작용들에 의해[94], 즉 "시간공간물질"[95]이라는 용어로 포착되는 상호 구성과 재배치의 동역학에 의해 구성되고/특징지어진다.

버라드는 두 가지 사례 연구를 논의함으로써 이런 "권력에 관한 신유물론적 이해"[96]를 정교히 다듬는다. 먼저 버라드는 맑스주의 이론과 후기구조주의 사유를 결합하는, 콜카타 황마공장에서의 생산관계에 관한 페르난데스의 연구[97]에 대하여 논평한다.[98] 버라드는 『노동자들을 생산하기 : 콜카타 황마공장에서의 젠더, 계급, 그리고 문화의 정치』가 작업 현장에서 구조적 권력관계를 둘러싸고 영구적으로 다툼이 벌어지는 방식을 무시하지 않은 채로 자본주의의 공간성이 젠더, 카스트, 그리

92. Barad, *Meeting the Universe Halfway*, 179.
93. 같은 곳.
94. 같은 곳을 보라.
95. 같은 책, 142.
96. 같은 책, 35.
97. Leela Fernandes, *Producing Workers*.
98. Barad, *Meeting the Universe Halfway*, 226~46.

고 계급의 정치를 통해서 반복적으로 (재)생산되는 방식에 대한 구체적이고 철저한 분석을 제공하는 책이라고 생각한다. 버라드는 그 책이 '전근대적', '근대적', 그리고 '포스트모던적' 생산양식들이 어떻게 해서 상충하기보다는 오히려 서로를 통해서 구체화하는지를 보여줌으로써 시간성의 재구성에 주목하는 방식에 그것의 또 다른 중요한 장점이 있다고 여긴다. 버라드에 따르면, 페르난데스는 자신의 연구를 "권력의 단일한 결정론적 궤적"에 관한 개념으로부터 성공적으로 분리하고 "권력의 동역학에서 다수의 내부-작용, 배제, 그리고 행위성이 수행하는 중요한 역할"을 고려한다.[99]

버라드는 페르난데스의 책이 정치경제학의 쟁점과 문화적 정체성의 쟁점이 불가분하게 뒤얽혀 있는 방식을 설득력 있게 보여준다고 주장하는 한편, 자신이 『노동자들을 생산하기』라는 책의 중요한 단점으로 인지하는 것들도 지적한다. 버라드가 보기에 페르난데스의 연구는 여전히 공장의 경계에 한정되어 있고, 그리하여 '전 지구적인' 것과 '지역적인' 것의 위상학적 내부-작용과 재구성을 무시한다. 버라드는 페르난데스가 자신의 분석에서 물의를 빚게 되는 다수의 물질-담론적 실천에 관한 불완전하고 선택적인 설명을 제시한다고 주장한다. 게다가 버라드는 『노동자들을 생산하기』가 의미, 신체, 그리고 경계가 반복적인 구체화 과정에서 공-구성되는 방식을 인식하지 못한다고 주장한다. 버라드는 "동역학 자체의 변화하는 본성"을 설명하려면 책임에 관한 쟁점들을 도입해야 한다고 강조한다.[100] 버라드는 자신이 인지하는 두 가지 문제점을 바로잡기 위해 행위적 실재론에서 비롯되는 통찰을 받아들이자고 제안한다. "그러므로 행위적 실재론의 틀을 사용함으로써 그 황마공장은 신체 생산의

---

99. 같은 책, 236.
100. 같은 책, 242를 참조.

물질-담론적 기구들 – 그것들 자체가 노동자들, 경영, 기계들, 그리고 이런 기구들로 접히는 그 밖의 재료와 존재자들 사이의 반복적인 내부-작용들을 통해서 구체화하는 현상이다 – 의 내부-작용적 다양체로 이해될 수 있다."101

두 번째 사례 연구는 과학학 내에서 벌어지는 비인간 행위성에 관한 논쟁을 비판적으로 다루는 태아 수술에 관한 모니카 캐스퍼의 한 논문에 의거한다.102 캐스퍼는, 지금까지 많은 이론가가 이 논쟁에서 비인간 행위성이라는 바로 그 개념이 "〔비인간〕을 인간에게 대립시키는 이분법적인 존재론적 입장"에 전제를 두고 있는 방식을 무시했다고 지적한다.103 이 논점을 예시하기 위해 캐스퍼는 태아 진단에 의거하여 "능동적인 태아 행위성의 구성이 임산부를 인간 행위자로서 비가시적이게 만들고 태아 환자에 대한 기술모태적 환경으로 환원시킬 수 있다"라고 경고한다.104

버라드는 우리가 행위성의 비인간에의 일반적인 귀속을 재고하고 비판적 탐구를 위해 인간과 비인간 사이의 경계를 개방해야 한다는 캐스퍼의 신념을 공유한다. 그렇지만 버라드는 임산부의 자기결정권과 행위성을 보호하기 위해 태아에게 행위성을 부여하지 않아야 한다는 캐스퍼의 결론에는 동의하지 않는다. 버라드의 경우에 문제의 소지가 있는 것은 태아 행위성 자체에 관한 관념이라기보다는 오히려 "행위성과 주체성의 당연한 제휴"105이다. 버라드는 지난 수십 년 동안 낙태와 출산 선택에 관한 공적 논쟁에서 대단히 중요한 역할을 수행한 것은 행위성의 귀

---

101. 같은 책, 237. '신체 생산의 기구'라는 개념은 해러웨이의 초기 저작에서 도입되었다 (Haraway, *Simians, Cyborgs, and Women*, 200 [해러웨이, 『영장류, 사이보그 그리고 여자』]). 그 개념의 자세한 설명은 Josef Barla, *The Techno-Apparatus Bodily Production*을 참조.

102. Monica J. Casper, "Reframing and Grounding Nonhuman Agency." 또한 Monica J. Casper, *The Making of the Unborn Patient*를 참조.

103. Casper, "Reframing and Grounding Nonhuman Agency," 840.

104. 같은 글, 844.

105. Barad, *Meeting the Universe Halfway*, 217.

속이 아니라 주체성의 귀속이라고 주장한다.[106]

버라드의 관점에서 태아는 고유한 특성들을 갖춘 주체도 아니고 안정적인 객체도 아니다. 태아의 실행(예를 들면 태아의 '발차기')이 있다는 사실은 태아 행위성 자체를 태아들이 (다양한 정도로) 소유하는 무언가로 인정하는 것을 수반하지 않는다.[107] 오히려 태아는 "신체 생산의 물질-담론적 기구들의 역사적으로 또 문화적으로 특정한 반복적 내부-작용들로부터 구성되고 재구성되는 현상"[108]이다. 이 주장을 뒷받침하기 위해 버라드는 초음파 기술에 의지한다. 압전 트랜스듀서는 그저 태아를 시각화하는 것만이 아니다. 그것은 실재적인 것의 자태를 가리지도 않고 가로막지도 않는다. 오히려 그것은 그것이 '영상으로 나타내는' 신체를 생산하는 데 이바지한다. 초음파 영상은 "(일반적으로 '태아'라고 일컬어지는) '객체'와 '관찰 행위자'의 내부-작용으로 구성되는 현상을 가리킨다."[109] 그러므로 압전 트랜스듀서가 눈에 보일 수 있도록 도움을 주는 선재하는 객체는 전혀 없다. 문제의 기구는 단순한 관찰 도구도 아니고 기술적 기기도 아니다. 오히려 그것은 다양한 복합적인 물질-담론적 실천 – "의학적 필요, (법적·경제적·생명의학적·물리학적·공학적 제약을 비롯한) 설계 제약조건, 시장 요인들, 정치적 쟁점, … 그리고 그 기술을 사용하는 기사와 의사의 훈련 특성"[110] – 을 포괄한다. 압전 트랜스듀서는 이런 내부-작용들에 이바지하고 이 과정에서 구체화하며, 그리고 그 자체로 "태아의 객체화와 기사, 의사, 공학자, 그리고 과학자의 주체화 사이의 경계면"[111]이다.[112] 위험성 분석과 의사 결정을 위한 객관적 지시 대상으로서의 역할

---

106. 같은 책, 216~7. 또한 Barad, "Intra-active Entanglements. 16~7을 참조.
107. Barad, "Interview with Karen Barad"를 참조.
108. Barad, *Meeting the Universe Halfway*, 217.
109. 같은 책, 202.
110. 같은 책, 203~4.
111. 같은 책, 204.

을 수행하는 '태아'라고 일컬어지는 것의 시각화는 특정한 기기에 의해 실행된다.[113]

　기구라는 개념은 권력에 대한 행위적 실재론의 해석의 핵심에 자리하고 있는데, 왜냐하면 그 개념은 여러 가지 분석적 이점을 제공하기 때문이다. 첫째, 기구를 (사회적 구조물이나 기술적 기기라기보다) 물질-담론적 실천으로 이해하는 것은 기성의 이원론과 분열 들('사회적인 것' 대 '기술적인 것' 등)을 거부하고 그것들을 변별적 구체화 과정들의 부분이자 생산물로서 탐구함으로써 권력에 관한 더 포괄적인 분석을 가능하게 한다. 이 개념은 배제와 비대칭성을 설명할 방법에 관한 더 설득력 있는 견해를 제공한다. 인과성의 내부-작용적 재구성은 그것들을 물질적 실천의 외부 '효과' 또는 '결과'가 아니라 오히려 특정한 구체화 과정의 중추적인 부분으로 간주할 수 있게 한다.[114]

---

112. 초음파 기술의 작동이 신체들을 재배치하는 데 널리 미치는 심대한 영향의 견지에서 버라드는 규율권력에 대한 푸코의 분석을 제한적이고 낡은 것이라고 비판하면서 "파놉티콘은 18세기 관찰 기술의 전형인 반면에 초음파 기술은 특별히 가슴 저미는 현시대의 관찰 기기를 구성한다"라고 주장한다(같은 책, 201 ; 유사한 비판은 Haraway, *Modest_Witness*, 12 [해러웨이, 『겸손한_목격자』]를 참조). 이 책의 5장에서 푸코의 기술 개념이 논의될 것이다.

113. 덴마크의 초음파 클리닉에서 수행되는 어떤 민족지학적 연구에서 네테 슈웨네센과 레네 코흐는 태아가 태아 진단과 위험성 평가에서 배치되는 방식을 경험적으로 탐구하기 위해 버라드의 통찰을 받아들인다(Nete Schwennesen and Lene Koch, "Visualizing and Calculating Life"). 그들의 민족지학적 관찰과 임신 부부들과의 인터뷰는 태아 생활에 관한 데이터가 (시각적 영상들과 위험도 숫자들로) 생성되어서 임산부들과 그 배우자들에게 (의학적) 의사 결정을 위한 정보를 제공하기 위해 전달되는 방식을 보여준다(또한 Eva Sänger, *Elternwerden zwischen »Babyfernsehen« und medizinischer Überwachung*을 참조).

114. Barad, *Meeting the Universe Halfway*, 237~8. 이런 관점의 유용성은 생식 기술과 산부인과 초음파 사례에 의해 길 예시된다. 버라드는 이런 기술들의 함의 또는 영향에 집중하는 것만으로 충분하지 않다고 강조한다. 버라드는 새로운 생식 기술의 역사적으로 또 문화적으로 특정한 구체화가 그것의 고유한 배제, 불평등, 그리고 비대칭성을 실행한다고 지적한다. 기구라는 개념 덕분에 그 기술들에 물리적으로 관여하고 있는 것들의 경계를 넘어설 수 있게 된다. 새로운 생식 기술은 임산부의 권리 및 필요와

둘째, 행위적 실재론의 기구 개념 덕분에 인간과 비인간 사이 경계의 (재)배치를 탐구하는 작업을 넘어서는 인간 및 비인간 신체들의 형성/표시를 더 구체적으로 분석할 수 있게 된다. 내부-작용은 신체의 윤곽이나 표면뿐만 아니라 그것의 바로 그 물질성도 형성하며, 심지어 "생물학적 신체를 구성하는 바로 그 원자들"[115]도 설명한다. 이것은 중요한 성취인데, 왜냐하면 그것은 강조점을 신체의 외부에서 내부로 이행하는 것 이상의 작업을 수행하기 때문이다. 또한 그것은 내부와 외부 사이의 바로 그 구분을 다룰 수 있게 하며, 그리고 정치적 분석에서 나타나는 '내부의 외부화'를 의문시할 수 있게 한다. 매리엄 프레이저가 지적한 대로 이런 조치는 권력이 신체에 영향을 미치는 방식에 대한 분석을 영속적인 가시적 면모들에 의존하는 정체성 정치의 한계 너머로 확장한다.[116] 신체 생산의 기구에 관한 포괄적인 개념은 신체의 물질성, 신체의 의미, 그리고 신체의 물리성이 권력의 작동을 통해서 생산되는 방식을 탐구하지 않은

필시 상충하거나 모순될 수 있을 독자적인 권리와 필요를 갖춘 주체로서의 태아를 생산하는 데 이바지할 뿐만 아니라, 또한 그 기술은 현존하는 불평등과 비대칭성을 실행하고 재배치한다. 인종과 계급은, 공적 논쟁 및 미디어 담론과는 반대로, 가난한 비백인 여성에게 불평등하게 영향을 미치는 "불임 대유행"(같은 책, 217)의 구성의 맥락에서 중요하다. 새로운 생식 기술은 일부 여성과 배우자들을 배제하는 동시에 (더 많은) 백인 아기를 출산할 수 있게 하는 특정한 행위적 절단에 의해 구체화한다. 버라드는 "새로운 생식 기술이 '모태 환경'으로서의 역할을 수행하는 특정한 여성들을 단지 특징짓기보다는 오히려 여성들의 아기들을 더 특징짓는 특정한 인종관계를 재생산하고 태아를 생식하기 위해 작동한다"라는 결론을 내린다(같은 곳 ; 또한 페이 D. 긴즈버그와 레이나 랩이 제시한 "계층화된 재생산" 개념을 참조[Faye D. Ginsburg and Rayna Rapp, "Introduction"]).

115. Karen Barad, "Getting Real," 106.

116. Mariam Fraser, "What Is the Matter of Feminist Criticism?," 617. 프레이저는 "억압의 패러다임으로 규정하는 것의 미심쩍음"에 대한 펭 체아의 경고를 언급한다. "[그 미심쩍음은] 특별히 두드러진다 … 물질적 표식들은 관념적 섭취가 아니라 물리적 섭취를 통해서 구성되는데, 식품 생산과 소비의 불평등에 의한 소화관의 자취 같은 가시적인 것들의 체제에 반드시 속할 필요는 없다"(Pheng Cheah, "Mattering," 120~1 ; 또한 Zakiyyah Iman Jackson, Becoming Human을 참조).

채로 이데올로기적 과정들 그리고/또는 신체의 표면에 집중하는 신체 정치에 관한 협소한 이해를 극복한다.

셋째, 기구라는 개념은 윤리적 고찰과 관심사를 편입한다. 이것들은 권력의 과정 이후에 오거나 그 너머에 자리하는 것이 아니다. 윤리는 물질-담론적 기구 작동의 본질적인 부분이다. 산부인과 초음파와 새로운 생식 일반의 사례는 책임과 책무의 쟁점들이 기술적 및 정치적 문제들과 얼마나 밀접히 연계되어 있는지 보여준다. 물질-담론적 기구에 의한 하나의 주체로서의 태아의 구성은 (대체로 '어머니'로 지칭되는) 임산부에게 태아의 복지에 대한 책임을 지울 수 있게 한다. 이런 상상적 통제는 일반적으로 개인의 선택이나 통제를 넘어서는 다양한 사회적 및 생물학적 인자를 포함한다. 이 담론-물질적 기구는 태아의 주체성을 확언하고 '어머니'라고 일컬어지는 주체의 책임을 구성하는 것만은 아니다. 동시에 그 기구의 작동은 그 상황에서 일단의 다른 책임(버라드가 "진짜 문제들"이라고 지칭하는 것) ― "특정한 임산부들에게 차별적 영향을 미치는 부적절한 건강 관리와 영양 보급 기구들의 결과, 부와 가난의 불균등한 분배를 비롯한 전 지구적 신식민주의의 결과에 대한 책임, 그리고 그 밖의 많은 요인" ― 을 배제한다.[117]

넷째, 행위적 실재론은 전복하거나 반대하는 실천이 작동하는 방식에 대한 재고찰과 재평가를 제공한다. 버라드가 이 논점에 관해서 버틀러를 넘어선다고 주장하면서 분명히 하듯이, 전복 행위는 "특정한 재의 미화의 접힘을 통한 기구들의 특정한 물질적 재배치의 변화"를 포함하고, "그런데 그에 한정되지는 않는다."[118] 오히려 "헤게모니적 기구"[119]는 그것이 실행하는 바로 그 물질-담론적 내부-작용들에 의해 (재)구성되는 동시에 도전받게 된다. 그러므로 기구의 경계가 불획정직이고 우연적

117. Barad, *Meeting the Universe Halfway*, 218.
118. 같은 책, 219.
119. 같은 곳.

이기에 '전복'은 언제나 이미 존재하지만, 이런 형태들의 논쟁과 변화는 국소적이고 제한적이기도 하다 — 최소한 현존하는 권력 구조들의 총체를 근본적으로 뒤집는 "혁명적 단절"[120]이라는 가상의 것에 비해서는 말이다. 그것들은 결코 포화 또는 종결의 지점에 도달하지 않을 것인데, 왜냐하면 "진행 중인 생성의 역동성"[121] 속에서 다른 세계들이 배제될 때 새로운 가능 세계들이 열리기 때문이다.[122]

물질적 토대주의

버라드의 작업은 사회 이론, 젠더 연구, 그리고 STS를 위한 귀중한 통찰과 중요한 관점을 제공한다. 지금까지 경험적 연구를 위해 행위적 실재론을 받아들이거나 옮기고자 한 대다수 시도가 기술과학 실천들에 주목했다는 점을 지적하는 것은 흥미로운 일이다.[123] 그렇지만 행위

120. 같은 책, 412, 주 29.

121. 같은 책, 142.

122. 또다시 버라드는 이 점을 예시하기 위해 새로운 생식 기술에 의지하면서 이성애적이고 가부장적인 기반을 넘어설 수 있는 그 기술의 잠재력을 탐구한다. 한 가지 실례는 이성애-규범적인 가족 모델에 이의를 제기하는 레즈비언 부부들이 공여자의 정자 또는 체외 수정(IVF)을 활용하는 것이다. 이런 실천들은 "전복적 행위"로 여겨질 수 있는 한편, 버라드는 그것들이 불안정화 경향과 강화 경향을 동시에 나타내고 (다른) 배제 작업들에 관여한다고 주장한다. "이 경우에 가부장적이고 이성애-규범적인 구조에 대한 이의 제기를 비롯한, 새로운 생식 기술의 (잘못된) 전유의 불안정화 효과는 계급 비대칭성의 강화와 유전적 자손인 아이들의 양육에 대한 문화적 과대평가를 수반한다"(같은 책, 220).

부모가 되기 위해 인공 수정을 활용하는 레즈비언 부부들이 가족, 자식 양육, 그리고 친족 관계에 관한 지각과 실천을 바꾸는 방식과 이들 실천이 젠더 관계에 영향을 주는 방식에 관한 경험적 연구들에 대한 사라 디오니시우스의 개관(Sarah Dionisius, "Queer Matters")을 참조.

123. Schwennesen and Koch, "Visualizing and Calculating Life"; Claudia Aradau, "Security That Matters"; Hannah Fitsch and Lukas Engelmann, "Das Bild as Phänomen"; Hannah Fitsch, ...dem Gehirn beim Denken zusehen?

적 실재론이 그런 성좌들을 설명하는 데 주효하다는 사실은 반드시 이런 이론적 틀의 체계적 한계를 가리키는 것은 아니다.[124] 버라드의 구상에서 기구는 완결되지 않고 연장 가능한 것으로서 실험실의 경계를 넘어선다고 여겨지기에 행위적 실재론의 경험적 및 설명적 잠재력은 반드시 실험적 설정 또는 기술적 설정에 한정되지는 않는다.[125] 그런데 버라드의 작업은 행위적 실재론의 분석적 전망을 제한하는 몇 가지 미해결의 개념적 문제와 이론적 긴장 상태에 의해 특징지어진다 — 적어도 그것의 현재 형태로는 말이다. 나는 행위적 실재론의 비판적 효능을 뒤엎는 두 가지 문제점을 집중적으로 다룰 것이다.

첫 번째 문제점은 양자물리학에 관한 버라드의 이해와 그것이 행위적 실재론에서 수행하는 준-토대적 역할과 관련되어 있다. 보어의 통찰에 대한 전적인 집중은 양자역학에 이바지한 그 밖의 중요한 인물들을 도외시하거나 배제하는 경향이 있다는 점이 지적되었다.[126] 그렇지만 주요 쟁점은 버라드의 해석이 역사적으로 정확한지 여부가 아니라 오히려 버라드가 물리학을 소환하는 방식이다. 트레버 핀치는 버라드가 STS의 전통에서 비롯된 중요한 교훈들을 무시하는 어떤 "형태의 과학주의"[127]를 받아들인다고 주장했다.[128] 버라드는 자신이 논의하는 양자물리학의 실험들을 해체하거나 맥락적 상황에 위치시키기보다는 오히려 "과학학

---

124. Hanna Meißner, "Feministische Gesellschaftskritik als onto-epistemologisches Projekt."

125. 예를 들면 Lis Højgaard and Dorte M. Søndergaard, "Theorizing the Complexities of Discursive and Material Subjectivity"를 참조.

126. Silvan S. Schweber, "Review of *Meeting the Universe Halfway*, by Karen Barad"를 참조.

127. Pinch, "Review Essay," 440. 또한 Lettow, "Turning the Turn," 110을 참조.

128. 또한 이런 과학주의는 자신이 행위적 실재론을 설명하면서 물리학과 사회과학에서 입수 가능한 '최선의' 이론들을 결합한다는 버라드의 주장에서 상당히 명백하게 나타난다.

에서 새로운 존재론을 위한 명백한 근거"[129]로서 채택한다. 이런 견지에서 볼 때, 내부-작용, 회절 패턴, 그리고 관계적 존재론에 대한 강조는 대가를 치르게 된다. 그것은 과학학과 페미니즘 이론에 대한 견고한 토대를 제공하는 것으로 여겨지는 과학적 통찰들의 직접적인 이전이라는 관념에 기반을 두고 있다. 그 자신이 물리학자인 핀치는, 버라드로 하여금 보어를 행위적 실재론의 이론적 근거로 사용할 수 있게 하는 것은 단지 양자역학의 맥락화의 철저한 부재일 뿐이라고 주장한다.[130] 핀치는 버라드가 명백한 역설을 고수한다고 주장한다.

> 나는 버라드가 과학에 대한 더 상황적인 해석을 요구하는 동시에 자신이 이야기하고 있는 과학의 바로 그 부분을 맥락적 상황에 위치시키지 못한다는 사실이 대단히 당혹스럽다고 깨닫는데, 한편으로 그는 자신의 입장을 뒷받침하기 위해 실재론적 방식으로 실험에 의존한다. 어쩌면 이것이 결국 우리에게 보어가 필요한 사태일 것이다 ─ 버라드가 한 명의 과학자로서 과학을 수행하고 과학에 관한 글을 쓰는 방식과 한 명의 과학학 실천자로서 과학을 수행하고 과학에 관한 글을 쓰는 방식에는 상호 배타적인 것이 있는 것처럼 보인다.[131]

핀치의 서평에 대한 답변에서 버라드는 자신이 행위적 실재론에 대한 "오해"[132]라고 간주하는 것을 거론한다. 핀치와는 대조적으로, 버라드는 과학과 과학학 사이에 어떤 상호 배타성도 설정하지 않는다. 버라드는 핀치

---

129. Pinch, "Review Essay," 443.
130. 핀치는 보어에게 비판적인 데이비드 봄이 해석한 판본의 양자역학이 지닌 의미를 지적한다.
131. Pinch, "Review Essay," 439.
132. Karen Barad, "Erasers and Erasures," 443.

가 인식론적 관심사에 갇혀 있고 "불확정성 원리"에 집착한다고 간주한다.[133] 버라드는 올바르게도 핀치의 논증에서 논란의 소지가 있는 저류를 감지하지만, 그런데도 여전히 옳게도 핀치는 상당히 고정되고 안정적인 존재-인식론적 틀에 의거하여 관계성과 내부-작용성을 강조하려는 버라드의 시도에서 비정합적인 것들 또는 적어도 해소되지 않은 긴장을 감지한다.[134]

그 논란의 주요 논점은 행위적 실재론에서 양자역학이 수행하는 토대적 역할과 관련되어 있다. 버라드기 보어의 양자역학(에 대한 자신의 독해)이 모든 의문이나 문제를 개방하는 최종적인 분석적 열쇠라고 주장하는 것처럼 보이는 점은 사실상 논쟁의 소지가 있다. 실제로 버라드는 양자역학이 "모든 규모에 적용되는 자연에 관한 올바른 이론"이라고 진술한다[135] ― 이것은 지지하기가 상당히 어려운 주장이다. 양자역학이 매우 다양한 물리적 과정에 대하여 유용한 설명을 제공함은 확실하지만, 그것이 미시적 현상에서 거시적 현상에 이르기까지 모든 현상을 설명할 수 있는지는 다툼의 여지가 있다.[136] 양자역학은 결코 "일반 이론"이 아니고, 따라서 우리는 "버라드의 분석이 기본 입자에서 유기체, 인간, 그

---

133. 같은 글, 444.

134. 버라드는, 핀치에 대한 자신의 답변에서 명시적으로 진술하지 않은 채로, 회절이 탐구의 대상이자 방법일 수 있기에 행위적 실재론 일반에 대해서도 유사한 주장이 제기될 수 있을 것이라는 관념으로 되돌아가는 것처럼 보인다. 이런 의미에서 이러한 긴장 상태에 대한 수행적 독해가 유용할 것이다. "버라드는 과학 실천을 수행적으로 이해하는 한편, 그 자신의 작업은 그것이 서술하는 것을 실행하고자 한다 … 여기서 양자물리학은 연구의 도구이자 대상으로서 작동한다"(Astrid Schrader, "Diffractive Experiments in the Ethics of Mattering," 352). 데스 피츠제럴드와 펠리시티 캘러드는 "과학의 실천을 외부에서 과학을 연구하기의 실천과 분리하기"(Des Fitzgerald and Felicity Callard, "Social Science and Neuroscience beyond Interdisciplinarity," 20)를 거부하는 이런 행위를 버라드의 행위적 실재론이 갖춘 특별한 강점으로 간주한다.

135. Barad, *Meeting the Universe Halfway*, 85.

136. Schweber, "Review of *Meeting the Universe Halfway*, by Karen Bared," 881.

리고 문화로 이행할 때 어떤 차이점들이 수반되는지 물을 수 있을 것이다."[137] 일반적인 이론화를 자제하라는 이런 환기는 행위적 실재론에 부합한다. 왜냐하면 버라드는 어떤 구체화 과정이 출현하는 데 필요한 배제 작업을 지적할 뿐만 아니라, 또한 규모가 독립적인 변수가 아니라 행위적 절단으로 산출된다고 미리 말해 두기 때문이다. 행위적 실재론에 대한 회절적 독해가 필요한 것처럼 보이는데, 특히 "자연의 본성"[138]에 대한 통찰을 약속할 때 버라드가 개진하는 종종 (너무나) 대담한 주장을 참작하면 말이다. 양자역학의 의미와 물질에 관한 더 겸손하고 상황적인 이해는 이 틀의 한계와 그것이 실행하는 배제 작업을 드러냄으로써 그것의 유용성과 생산성을 더욱더 분명히 하고 예증하는 데 도움이 될 것임이 확실하다.[139]

보어 판본의 양자역학에 부여된 인식론적 특권은 관계-너머의 존재론에 대한 베넷의 입장을 닮은 개념적 양가성과 결합하여 있다. 한편으로, 버라드는 물질이 어떤 안정적이고 주어진 특성이라기보다는 오히려

---

137. N. Katherine Hayles, *Unthought*, 69.

138. Barad, *Meeting the Universe Halfway*, 247.

139. 인식론, 존재론, 그리고 윤리학의 새로운 기초로서의 양자역학에 관한 과장된 주장을 개진하는 경향은 훨씬 더 놀라운데, 왜냐하면 행위적 실재론에 유용한 대안적인 개념적 자원과 이론적 자원이 있기 때문이다. 보어에의 배타적 준거는, 예를 들면 생물학적 이론과 개념 들에 의지함으로써 쉽게 대체될 수 있을 것이다(Schweber, "Review of *Meeting the Universe Halfway*, by Karen Bared," 882). 사실상 버라드가 행위적 실재론에서 인식론, 존재론, 그리고 윤리학의 불가분성을 설명하는 데 사용하는 실례 중 하나는 물리학보다 생물학에 의해 그 정보가 제공된다. 버라드는 앎, 있음, 그리고 행함의 얽힘을 옹호하는 주장을 펼치기 위해 불가사리의 동류인 거미불가사리의 어떤 해부학적 및 생리학적 특징들을 거론한다(Barad, *Meeting the Universe Halfway*, 369~84).
미합중국 대서양 연안의 하구들에서 일어난 물고기 집단 죽음 사태의 한 가지 가능한 '원인'으로서 미생물들의 현존을 둘러싼 과학적 논쟁들과 피에스테리아 피시시다(Pfiesteria piscicida)의 '유령적 존재론'에 관한 아스트리드 슈레이더의 인상적인 연구는 행위적 실재론의 틀을 생산적으로 활용한다(Astrid Schrader, "Responding to Pfiesteria piscicida (The Fish Killer)").

실천의 유동적이고 우연적인 결과라고 주장하면서 "물질은 어떤 고정된 실체를 지칭하는 것이 아닌데, 오히려 물질은 그 내부-작용적 생성 속에 있는 실체이다 – 사물이 아니라 행함, 행위성의 응결이다"[140]라고 단언한다. 다른 한편으로, 이런 엄밀한 관계적 견해는 때때로 "물질적 토대주의"[141]에 의해 보완된다. 데니스 브루이닝은 신유물론들의 어떤 경향 – "그런 주장의 옹호 불가능성에 대한 자각에도 불구하고 신체들, 자연, 그리고 사물들의 바로 그 '물질', '물질성'이 … 선험적인 것으로서 그리고 추정컨대 문화를 넘어서는 것으로서 (어쩌면 무의식적으로) 싱징되는 방식" – 을 서술하기 위해 "물질적 토대주의"라는 용어를 제시한다.[142] 버라드의 사례에서 이런 토대적 태도는 "물질의 역동성"[143] 같은 것, "존재의 정수"[144]를 특징짓는 기본적인 행위적 힘이 존재한다는 관념에서 구체화한다.[145]

   이런 개념적 양가성은 버라드의 작업에서 해결되지 않은 긴장 또는 잔류하는 토대주의 이상의 것이다. 왜냐하면 그것은 한 가지 중요한 전략적 기능을 충족하기 때문이다. 근본적 합리성에 집중하는 동시에 물질의 준-토대적인 역할을 강조하는 것은 사회구성주의와 포스트구조주의에 대한 버라드의 비판에 특별한 강점을 부여한다. 사라 아메드는 버라드가 페미니즘 이론과 언어적 전회에 관한 단순화된 일반적인 설명을 승인한다고 비판한다. 아메드는 버라드의 해석이 이런 이론적 전통의 복잡성과 풍

---

140. Barad, "Posthumanist Performativity," 822.

141. Dennis Bruining, "A Somatechnics of Moralism," 또한 Katharina Hoppe and Thomas Lemke, "Die Macht der Materie"와 Hoppe, "Eine neue Ontologie des Materiellen," 43을 참조.

142. Bruining, "A Somatechnics of Moralism," 151

143. Barad, *Meeting the Universe Halfway*, 135.

144. 같은 책, 396.

145. 때로 버라드는 물질적 행위성을 서술하기 위해 생기론적 어휘로 되돌아가기도 한다. "물질은 느끼고 대화하고 겪고 욕망하고 그리워하며 기억한다"(Dolphijn and van der Tuin, *New Materialism*, 59 [돌피언·반 데어 튠, 『신유물론』]).

요로움을 인정하지 않는, "포스트구조주의를 물질을 혐오하는 것으로 희화화하는 캐리커처"[146]를 낳는다고 주장한다. 이 비판은 버라드의 작업에서 그것이 진단하는 바로 그 실수, 즉 그 작업의 개념적 성취와 혁신을 무시함으로써 그것을 단순화하고 희화화하는 실수를 저지르는 경향이 있으면서도 행위적 실재론에 내포된 역설을 포착한다. 관계와 내부-작용이 이론적 개입의 중심에 자리하고 있는 한, 개념적 결합과 얽힘은 배경으로 사라지는 경향이 있다. 대안적 선택지 또는 해석을 위한 여지는 존재하지 않고, 따라서 이론적 선호와 선택은 충분히 고려되지 않는다.[147]

포스트구조주의에 대한 선택적 해석과 별개로 버라드는 때때로 표상주의에 대한 표상주의적 비판이라고 일컬어질 수 있을 것으로 되돌아가는 것처럼 보이기도 한다. 버라드는 표상주의를 차이, 변화, 그리고 불균질성에 더 조율된 것, 즉 회절로 대체되어야 하는, 결함이 있고 오도되었으며 단순한 형태의 지식으로서 논의하는 경향이 있다.[148] 그렇지만 표상주의의 사안(그리고 의미)은 성좌와 상황에, 그것이 거들어서 촉발하는 역사적 및 문화적 구체화 과정들에 의존한다. 간결하게 서술하면, 표상주의에 대한 버라드의 '표상'은 그 자체로 낙후된 것인데, 왜냐하면 그것은 버라드가 자신의 저작 전체에 걸쳐서 설득력 있게 비판하는 비관계적이고 고립주의적인 견해를 재생산하는 경향이 있기 때문이다.[149]

---

146. Ahmed, "Open Forum Imaginary Prohibitions," 34.
147. 아메드의 논문에 대하여 몇 가지 논평과 답변이 이어졌다(Noela Davis, "New Materialism and Feminism's Anti-Biologism"; Iris van der Tuin, "Deflationary Logic"). 또한 그 논쟁에 대한 페타 힌튼의 개관(Hinton, "The Quantum Dance and the World's 'Extraordinary Liveliness'")을 참조.
148. 셰릴 빈트는 표상주의에 대한 버라드의 독해가 상당히 환원주의적이라고 지적하는데, 왜냐하면 그 독해는 기호론에서 제시되는 표상에 대한 복합적인 이해를 무시하는 경향이 있는 "말은-사물과-같다는 꽤 정적인 개념"(Sherryl Vint, "Entangled Posthumanism," 316)에 의거하기 때문이다.
149. 한 논평가가 진술하는 대로 "나 역시 기초물리학에서 나타난 표상주의적 접근법의 실패에 대한 버라드의 평가에 동의하지 않을 것이다. 핵 크기 이하의 규모에서 이

윤리에 대한 요구

버라드는 모든 형태의 물질을 행위적인 것으로 간주하고 책임을 내부-작용의 중추적인 부분으로 간주하기에 각각의 내부-작용은 모두 책임의 관계가 된다.[150] 그러므로 "매 순간 (내부-)작용을 위한 특별한 가능성들이 존재하고, 따라서 이런 변화하는 가능성들은 세계의 생성에서 책임감 있게 내부-작용할 윤리적 의무를 수반한다."[151] 그렇지만 윤리를 도처에 위치시키는 것, 윤리를 "세계의 일개"[152]와 뒤얽혀 있다고 간주하는 것은 그것을 특정한 어느 곳에도 자리하지 않게 할 위험이 있다. 이런 총체화 구상에서 상실하게 되는 것은 구체화 과정에서 부각되는 대안적인 규범적 가치들에 대한 특별한 반응 감각이다. 책임이라는 개념은 어떤 규범적 지평을 제시하는 한편으로 내부-작용들이 그 윤리적 가치에서 어떻게 다른지는 불분명하게 내버려둔다.[153] 이것은 다른 내부-작용들

루어진 진전은 존재론과 표상의 합류 가능성에서 기인하였다"(Schweber, "Review of *Meeting the Universe Halfway*, by Karen Bared," 881).

그렇지만 버라드는 때때로, 예를 들면 캐스퍼의 논문에 대한 논의에서 '상황적' (혹은 '전략적') 해석의 중요성을 인정한다. 버라드는 태아 행위성에 대한 캐스퍼의 원칙에 입각한 거부를 비판하면서 다음과 같이 묻는다. "어떤 상황에서는 성차별주의 또는 그밖의 다른 형태들의 억압에서 비롯되는 물질적 효과에 대항하기 위해 태아 행위성을 경험적으로 또 전략적으로 환기할 필요성이 있을 수 있지 않을까?"(Barad, *Meeting the Universe Halfway*, 216).

150. 같은 책, 178~9, 184~5.

151. 같은 책, 178, 396.

152. 같은 책, 182.

153. 또한 Caroline Braunmühl, "Beyond Hierarchical Oppositions"를 참조. 카롤린 브라운뮐은 모든 물질의 능동성에 대한 버라드의 강조가 대가를 치르게 된다고 주상한다. 첫째, 그것은 수동성에 대한 평가 절하를 중단시키기보다는 오히려 지속시키며, 그리고 "그런 속성을 여성화하는, 헤게모니를 지닌 남성-우월주의적 담론에 부합한다"(같은 글, 231). 둘째, 그것은 동일성과 유사성을 부각함으로써 실질적 차이를 부정하거나 폄하하는 경향이 있으며, 그리하여 "'행위성'에 관한 꽤 상이한 의미에서 권력 차등을 과소평가할 동화적 조치"(같은 글, 236)를 낳을 것이다.

보다 '더 완전한' 또는 '더 공정한' 내부-작용들을 변별하기 위해 어떤 규준에 의지해야 하는지에 관한 물음, 어떤 구체화 과정들이 다른 과정들보다 우선시되어야 하는지에 관한 물음을 불러일으킨다.[154] 또는 버라드 자신의 표현대로, 우리는 "권력의 배치체들을 책임감 있게 구상하고 그것들에 개입할 방식들"[155]을 어떻게 설명할 것인가?

버라드는 이 물음에 대하여 불만족스러운 한 가지 답변을 제시한다. 버라드는 이런 책임 윤리에 대한 규범적 규준은 "우리가 번성하는 데 도움을 줄 가능한 것들에 민감해야" 한다고 진술한다.[156] 그렇지만 이런 맥락에서 '번성함'이 정확히 무엇을 뜻하는 것인지와 관련된 불확실성 외에도 '우리'가 누구를 포함하는지와 관련된 불확실성도 존재한다. 버라드는 행위적 실재론이 "인간의 책임"을 축소하거나 왜곡하지 않고 오히려 "현존하는 권력 비대칭성에 훨씬 더 많은 주의를 기울일 것을 … 요구한다"라고 주장하는 한편[157], 종종 규정되지 않은 '우리'에게 의존한다. 그런데 이런 '우리'는 어떻게 구성되며, 그리고 그것은 누구를 포함하는가? 책임 자체가 현존하는 권력 비대칭성과 구조적 배제에 기반을 둔 차별적 자원이라는 점을 참작하면, 이런 윤리적 책임은 어떻게 정치적 선택지로 바뀌는가? 아직까지 버라드는 이런 물음들에 대하여 설득력 있는 답변을 제시하지 않았다.[158]

사실상 정치에 관한 물질적 이해로 "물의 빚기의 윤리"[159]를 보완할

---

154. 『우주와 중간에서 만나기』라는 책에서 버라드는 정의의 문제를 여러 번 거론하는데, "정의에 대한 열망이 … 이 저작의 배후에 있는 추동력이다"(Barad, *Meeting the Universe Halfway*, xi)라고 진술한다. 또한 "공간, 시간, 그리고 물질에 관한 물음들은 정의에 관한 물음들과 밀접히 연계되어 있고, 사실상 얽혀 있다"(같은 책, 236)라는 버라드의 주장을 보라.

155. 같은 책, 246.

156. 같은 책, 396.

157. 같은 책, 219. 또한 Barad, "Interview with Karen Barad"를 보라.

158. Pia Garske, "What's the Matter?," 122~4.

필요가 있는 것처럼 보인다. 버라드에 따르면, 권력관계의 분석은 "그 물질성이 충만한 상태에 있는 권력의 본성에 관한 이해"[160]를 필요로 한다. 그렇지만 보니 워식과 엘리자베스 윈그로브가 주장하는 대로[161], 이런 견해는 여전히 제한적이다. 왜냐하면 행위적 가능성들의 끝없는 흐름과 근본적으로 열린 미래에 대한 집중[162]은 더 오래가는 구조적 패턴들과 헤게모니적 입장들의 중요성을 경시하는 경향이 있기 때문이다. 이 저자들은 권력관계에 대한 페르난데스의 '구조-담론적' 해석에 관한 버라드의 논평[163]에 득별한 주의를 기울인다. 그들은 억압과 착취의 더 체계적인 패턴들로부터 주의를 멀어지게 하면서 작업 현장 층위에 특권을 부여하는 페르난데스의 연구에 대한 버라드의 독해에서 이루어진 분석적 주안점의 중요한 이행을 지적한다. "풍부한 미래성에 대한 이런 전망과 상이한 노동자들이 차별적으로 제약을 받는 방식에 대한 페르난데스의 지속적인 주목 사이의 거리는 심대하다. 후자는 가능성의 지평을 결정론적으로 또 영원히 한정되는 것이라기보다는 오히려 체계적으로 한정되는 것으로 간주하는 반면에, 전자는 내부-작용하는 행위성의 범위가 결코 사전에 미리 한정될 수 없기에 절대 소진되지 않는 것으로 간주한다."[164]

행위적 실재론에서 근본적인 우연성과 "항상 변화하는 권력관계"[165]를 강조하는 것은 놀랍게도 논쟁과 갈등을 체계적으로 생략하는 것과 짝을 이룬다. 달리 서술하면, 버라드의 설명은 "세상의 배치체들"[166]이 갖

159. Barad, *Meeting the Universe Halfway*, 36.
160. Barad, "Posthumanist Performativity," 810.
161. Washick and Wingrove, "Politics of Matter."
162. 예를 들면 Barad, *Meeting the Universe Halfway*, 235를 참조.
163. 같은 책, 226.
164. Washick and Wingrove, "Politics of Matter," 69.
165. Barad, *Meeting the Universe Halfway*, 237.
166. 같은 책, 91.

는 정치적 차원, 즉 논쟁과 논란의 대상이 되는 그것들의 본성에 관한 이해를 결여하고 있다.[167] "세계 형성"[168]의 다중적 가능성을 잠재적으로 상충하거나 경합하는 대안들로 간주하는 것은 권력관계를 탐구하는 데 있어서 필수적이다. 이런 차원은 버라드의 저작에 이미 존재하는데, 이는 특히 버라드의 기구 개념과 버라드에 의한 푸코의 권력분석학의 전유 및 재개념화에서 두드러진다. 그렇지만 버라드는 이 경로를 체계적으로 탐사하지는 않는다.

이 책의 2부에서는 버라드와 그 밖의 많은 신유물론 학자가 무시하였거나 너무 빨리 제외한 업적으로서의 통치성에 관한 푸코의 작업이 집중적으로 고찰될 것이다. 나는 신유물론적 관심사들을 취하여 건설적으로 증식하는 하나의 방법으로서 사물의 통치라는 푸코의 관념에 대한 "회절적 독해"[169] 작업에 관여한다. 물질성과 비-인간중심적 사유 양식들에 대한 최근의 관심은 푸코의 작업(그리고 '구유물론적'이라고 일컬어지게 된 다른 견해들)에 관한 참신한 고찰을 부추긴다. 이어지는 장들에서는 푸코의 분석틀이 지금까지 분명히 서술된 다수의 존재론적 및 정치적 신념을 공유한다는 증거가 제시된다. 그런데 또한 나는, 지금까지 내가 논의한 신유물론의 다양한 갈래에 비해서 푸코의 개념적 도구들이 존재론적 정치라는 쟁점을 더 설득력 있게 다루는 방법을 위한 요소들을 제공한다고 주장할 것이다.

---

167. Hoppe and Lemke, "Die Macht der Materie."
168. Barad, *Meeting the Universe Halfway*, 181.
169. 같은 책, 71~94를 참조.

2부 인간-너머의 통치분석학 요론

이 책의 1부에서는 신유물론적 학술 활동의 다양한 갈래가 지닌 이론적 강점과 약점이 집중적으로 분석되었다. 2부에서는 미셸 푸코의 작업에서 제시된 '인간-너머의' 통치분석학이 갖춘 몇 가지 요소가 논의될 것이다. 나의 출발점은 푸코가 인간 신체뿐만 아니라 비인간 신체의 구체화도 고려하는 물질성에 관한 역동적인 개념을 전개하지 않는다는 버라드의 주장이다.[1] 이런 비판적 주장은 그 밖의 많은 이론가가 공유한다. 1990년대에 이미 폴 러더퍼드는 푸코가 생명권력의 작동이 "사람과 사물 둘 다의 '구성'"에 자리하고 있음을 이해하지 못했다고 역설했다.[2] 러더퍼드는 인구 조절이 인간 종의 생활 조건을 제공하는 주위 환경의 관리를 필요로 한다는 점을 지적한다.[3] 비슷한 취지에서 나이절 스리프트는 푸코의 설명이 "이상하게도 사물성을 결여하고 있다"라고 주장했다.[4] 스리프트는 이런 "비극적 생략" 사태가 푸코의 저작 전체에서 이루어진 "언어와 텍스트에 대한 더 일반적인 강조의 일부"이거나 또는 푸코의 후기 저작에서 실행된 자기의 기술에 대한 더 특정한 집중에서 기인한다고 생각한다.[5] 스리프트가 보기에 푸코는 사물의 물질성과 생동성을 탐구하는 대신에 담론과 언어에 과도하게 집중한다.[6]

---

1. 이 책의 「서론」을 보라.
2. Paul Rutherford, "The Entry of Life into History," 44.
3. 또한 푸코의 작업 결과로서 "생태학에 대한 생명정치의 함의와 생명정치의 생태적 함의는 거의 인식조차 되지 않았다"라는 믹 스미스의 주장을 참조(Mick Smith, *Against Ecological Sovereignty*, xv).
   게사 린데만에 따르면 푸코는 여전히 "소박하게 인간중심적인"(Gesa Lindemann, "Prinzipiell sind alle verdächtig," 27) 채로 남아 있는데, 왜냐하면 푸코에게 적실한 유일한 사회체는 인간들의 사회체이기 때문이다(또한 Gesa Lindemann, *Die Grenzen des Sozialen*, 24~5를 참조).
4. Nigel Thrift, "Overcome by Space," 56.
5. 같은 곳.
6. 스리프트의 푸코 비판에 대한 포괄적인 해석은 Chris Philo, "A New Foucault with Lively Implications"을 참조.

사실상 푸코는 사물의 물질성과 생동성을 탐구하는 연구 노선을 추구한 적이 좀처럼 없었다. 생명권력이라는 개념은 여전히 인간 신체들의 규율 및 조정과 밀접히 연계되어 있는데, 요컨대 "인간 종의 기본적인 생물학적 면모들이 정치적 전략의 대상이 되게 하는 메커니즘들의 집합"을 규정한다.7 인간이라는 표상에 대한 이런 분석적 집중에 이바지하는 최소한 두 가지의 상호 강화 인자들이 있다. 첫째, 1970년대에 출판된 푸코의 저작에서 두드러지는, 권력과 지식 사이의 결합 현상에 관한 푸코의 비판적 탐구는 인간과학의 작동에 집중된다. 푸코는 자연과 문화 사이의 어떤 매끈한 분리에도 이의를 제기할 생명과학들(해부학, 생리학, 임상의학)의 양태들을 때때로 거론하지만, 그는 심리학, 범죄학, 또는 교육학 같은 '분과학문'8들의 권력 효과에 주된 관심을 기울였다. 푸코의 인간 생명(삶)에의 몰입에 대한 두 번째 이유는 그의 견해에 내재된 어떤 비정합성과 비대칭성인데, 왜냐하면 그는 자연과학과 인간과학 사이에 중대한 인식론적 차이가 있다는 점을 당연시하기 때문이다. 이런 측면에서 푸코는 자신의 스승 가스통 바슐라르와 조르주 캉길렘을 좇음으로써 권력의 계보학에 대한 자연과학의 관련성을 과소평가하는 경향이 있었다.9 푸코는 자연과학이 스스로 인간과학을 가리킨 "모호한 과학"10과는 대조적으로 높은 수준의 "인식론적 명확성"11를 갖추고 있다고 생각했다.12 러더퍼드가 올바르게 지적한 대로 푸코의 "자연과학을 향한 태

---

7. Foucault, *Security, Territory, Population*, 1 [푸코, 『안전, 영토, 인구』]. 또한 Foucault, *The History of Sexuality*, Vol. 1, 141~2 [푸코, 『성의 역사 1』]를 참조.
8. * '분과학문'으로 옮겨진 영어 낱말 'discipline'은 '규율'을 뜻하는 낱말이기도 하다.
9. "잘 확립된 자연과학과 관련하여 푸코는 바슐라르와 캉길렘의 접근법을 수용하는 데 만족하는 것처럼 보인다"라는 게리 거팅의 주장을 참조(Garry Gutting, *Michael Foucault's Archaeology of Scientific Reason*, 255 ; 또한 같은 책, 52~4를 참조).
10. Michel Foucault, "Truth and Power," in *Power/Knowledge*, 109를 보라.
11. 같은 곳.
12. 자연과학에 대한 푸코의 호의적인 평가는 다음과 같은 인터뷰 구절에서 배우 잘 예시

도는 권력과 지식 사이의 관계에 대한 그 자신의 분석과 완전히 부합하는 방식으로 전개되지는 않았다."[13] 그렇지만 자연과학에서 나타나는 권력 효과를 설명하기 위해 푸코의 분석틀을 생산적으로 사용하고 확장하는 것은 여전히 가능하다. 조지프 라우스는 감옥, 학교, 병원, 그리고 공장에서 작동 중인 규율권력과 실험실 객체들의 구성 및 조작 사이의 "아주 많은 유사점"[14]을 지적했다.[15]

　이어지는 글에서 나는 "통치 행위에 대한 비환원주의적 접근법"[16]을 위한 이론적 자원을 제공하기 위해 푸코의 작업에서 드러난 요소들을 사용하고 확장함으로써 유사한 주장을 제기하고 싶다. 다음 세 개의 장에서 나는 버라드와 그 밖의 많은 신유물론 학자가 푸코에 맞서 제기하는 비판의 주요 논점들 ― (1) 담론적 실천과 물질적 현상 사이 관계의 미흡한 이론화, (2) 사회적인 것의 특권화, 그리고 (3) 끈질긴 인간중심주의 ― 을 다

된다. "이론물리학이나 유기화학 같은 과학과 관련하여 우리가 그것이 사회의 정치적·경제적 구조들과 맺은 관계에 관한 문제를 제기하면 지나치게 복잡한 물음을 제기하고 있는 것이 아닐까? 이것은 가능한 설명의 문턱을 터무니없게 높이 설정하는 것이 아닐까? 그런데 다른 한편으로 우리가 정신의학 같은 지식(savoir)의 형태를 취한다면 그 물음은 해결하기가 훨씬 더 쉽지 않을까? 정신의학의 인식론적 명확성은 낮은 수준이고, 정신의학 실천은 온갖 종류의 제도, 경제적 요구 사항, 그리고 사회적 규제의 정치적 쟁점과 연계되어 있기에 그렇지 않을까?"(같은 곳).
그렇지만 테크네(technē)라는 개념이 더 통용되는 후기 저작에서 푸코는 이런 병치에 대한 확신이 덜한 것처럼 보인다. 건축에 관하여 폴 래비나우와 가진 인터뷰에서 푸코는 이렇게 진술했다. "우리가 건축의 역사를, 넓은 의미에서 이러한 테크네의 일반사 안에 다시 자리하게 한다면, 우리는 엄밀한 과학과 엄밀하지 않은 과학 사이의 대립보다 더 흥미로운 길잡이 개념을 갖게 될 것입니다"(Michel Foucault, "Space, Knowledge, and Power," 364 [미셸 푸코, 「공간, 지식, 권력」]). 나는 이 책의 5장에서 이 논점을 다시 고찰할 것이다.

13. Rutherford, "The Entry of Life into History," 61, 주 7 ; Paul Rutherford, *The Problem of Nature in Contemporary Social Theory*, 119.

14. Joseph Rouse, *Knowledge and Power*, 212.

15. 같은 책, 209~47 ; Joseph Rouse, "Foucault and the Natural Sciences," 137~62.

16. Kristin Asdal, "Enacting Things Through Numbers," 124.

시 고찰한다. 나는 푸코의 작업에서 이 문제들을 처리할 개념적 도구들을 찾아낼 수 있다고 주장한다. 장치라는 개념은 물질-담론적 얽힘의 복합성을 성공적으로 파악한다. 기술에 관한 푸코의 이해는 사회적인 것의 영역을 넘어선다. 그리고 환경이라는 개념은 인간-너머의 종을 체계적으로 고려한다. 그러므로 푸코의 작업에는 신유물론적 사유의 요소들이 포함되어 있는데, 요컨대 이 요소들은 푸코가 콜레주드프랑스 강의에서 간략히 개관하는 '사물의 통치'라는 관념에서 포착된다.[17]

---

17. 흥미롭게도 푸코에 대한 버라드의 비판적 독해는 1970년대 말에 콜레주드프랑스에서 행해진 통치성에 관한 강의 이전의 작업에 대해서만 이루어질 뿐이다. 버라드는 규율권력에 대한 이전의 집중을 넘어서는 푸코의 통치 개념에 수반되는 이론적 이행을 절대 논의하지 않는다. 푸코의 작업에서 통치성 문제가 출현하는 사태는 Thomas Lemke, *A Critique of Political Reason*을 참조.

4장

물질과 담론의 얽힘

장치라는 개념을 파악하기

장치라는 개념을 통해 나는 내가 여태까지 제대로 빠져나올 수 없었던 곤경에 처해 있음을 알게 된다.[1]

주지하다시피 1978년과 1979년에 콜레주드프랑스에서 이루어진 푸코의 강의는, 18세기에 이르기까지 통치 문제가 유럽 사회에서 중요한 위치를 차지했다는 사실을 예증한다.[2] 통치라는 용어는 정치적 책자뿐만 아니라 철학적·종교적·의학적·교육학적 텍스트에서도 회자되었다. 국가에 의한 관리에 덧붙여 통치는 자기-통제, 가족과 아이들을 위한 지침, 가계 관리, 영혼의 인도에 관한 문제들과 그 밖의 쟁점들도 다룬다.[3] 푸코는 그 용어의 이러한 역사적 의미를 취함으로써 "정치적 통치 형태"를 "통치 일반의 문제"와 구별하며[4], 전자를 후자의 하위집단으로 이해한다.

그 당시에 강의를 진행하는 동안 푸코는 인간을 통치하기에 관한

---

1. Michel Foucault, "The Confession of the Flesh," 196, 번역이 수정됨.
2. Foucault, *Security, Territory, Population* [푸코, 『안전, 영토, 인구』]; Michel Foucault, *The Birth of Biopolitics* [미셸 푸코, 『생명관리정치의 탄생』].
3. Foucault, *Security, Territory, Population*, 88 [푸코, 『안전, 영토, 인구』]; Michel Foucault, "The Subject and Power," 341. 또한 Volker Sellin, "Regierung, Regime, Obbrigkeit"와 Michel Senellart, *Les arts de gouverner*를 참조.
4. Foucault, *Security, Territory, Population*, 89. [푸코, 『안전, 영토, 인구』]

"정치적 지식의 발생"[5]에 초점을 맞추면서 통치 실천에 관한 더 포괄적인 이해도 규명한다 ― 이는 사물의 통치에 관한 관념에 요약되어 있다. 다양한 해석과는 반대로 통치성에 관한 푸코의 작업은 인간중심적인 윤리와 (인간) 주체화의 형태들에 대한 관심을 넘어서 인간과 비인간을 연결하고 분리하는 관계성을 분석한다. 내가 보여줄 것처럼 사물의 통치라는 개념적 기획 덕분에 우리는 현시대 사회에서 중요한 이론적 물음들과 정치적 쟁점들을 다루는 데 있어서 신유물론의 다양한 변양태보다 더 적합한, 행위성과 존재론에 관한 관계적 견해에 도달할 수 있게 된다.

이 장에서 나는 푸코가 1970년대 중반부터 이루어진 작업에서 줄곧 인간 주체를 지도하는 실천을 넘어서는 통치에 관한 물질-담론적 이해를 위한 개념적 도구들을 제공한다고 주장한다.[6] 우선 나는 푸코의 콜레주드프랑스 1977~78년 강의에서 사물의 통치라는 개념이 등장하는 사태를 설명한다. 그다음 절에서는 푸코의 작업에서 나타나는 "경제적 통치"[7]라는 개념이 논의되는데, 그 개념은 '사물의 행정'이라는 관념과 연계된다. 세 번째 절에서 나는 장치 개념에서 포착된 '사물들을 배열하기'로서의 통치에 관한 푸코의 물질-담론적 이해를 부각한다. 이 절에서는 장치라는 용어에 대한 푸코의 독특한 용법이 제시되고 그것의 존재론적·기술적·전략적 차원들이 설명된다. 마지막 절에서 나는 푸코의 장치 개

---

5. 같은 책, 363.

6. 푸코의 초기 작업에서도 '인간-너머의' 측면들이 있음은 확실하다. 1961년에 제출된 『칸트의 인간학에 관한 서설』이라는 자신의 박사학위 부논문에서 푸코는 인간중심주의와 휴머니즘이 근대 사상을 형성한 방식을 강조했다. 이 "견해들은 신유물론의 개막 연설로 명확히 여겨질 수 있다"라고 주장하는 것은 약간 과장된 것일지라도, 이 책과 『말과 사물』은 둘 다 '인간'이 역사적 표상이며 그것도 꽤 최근의 개념적 고안물이라고 강조한다.

7. Foucault, *Security, Territory, Population*, 33~4. [푸코, 『안전, 영토, 인구』.]

넘을 한편으로는 아카이브archive와 에피스테메episteme에 관한 그의 이해와 대조하고 다른 한편으로는 '기구'와 '회집체'의 현행 신유물론적 용법들과 대조한다.

"인간과 사물의 착종"

콜레주드프랑스 1978년 강의에서 푸코는 고전 그리스 시대와 로마 시대로부터 초기 그리스도교의 사목적 지도를 거쳐 국가이성과 치안학에 이르기까지 통치성의 계보학을 추적하며, 한편으로 1979년 강의에서는 자유주의적 통치 형태와 신자유주의적 통치 형태에 관한 연구에 중점을 둔다. 푸코는 16세기에 출현하는 통치 합리성을 마키아벨리의 『군주론』에서 제시된 정치에 관한 관념과 구분함으로써 기욤 드 라 페리에르의 통치술에 관한 초기 근대 책자를 논의한다. 그 책자에는 통치를 "사람들을 적절한 목적으로 이끌기 위해 사물들을 올바르게 배치하는 일"[8]로 간주하는 "기묘한 정의"[9]가 포함되어 있다.[10] 푸코는 이 정의에서 '사물'에의 준거가 결정적이라고 강조하는데, 왜냐하면 그것은 통치를 주권과 구분하기 때문이다. 주권은 "영토에, 그리고 결과적으로 그 영토에 거주하는 주체들에게"[11] 행사되는 반면에, 통치는 '사물들'로 또 '사물들'에 작용한다. 푸코에 따르면 라 페리에르의 "사물의 통치"[12] 개념은 인간의

---

8. 같은 책, 96. [같은 책.]

9. 같은 책, 97. [같은 책.]

10. 푸코는 Guillaume de La Perrière, *La Miroire politique, œuvre non moins utile que nessaire à tout monarches, roys, princes, seigneurs, magistrats, et autres surintendants et gouverneurs de Republicques* (1555)라는 책을 참조하고 있다. 그 저자에 관한 몇 가지 문헌 정보는 Foucault, *Security, Territory, Population*, 92, 주 15 [푸코, 『안전, 영토, 인구』]를 참조.

11. Foucault, *Security, Territory, Population*, 96. [푸코, 『안전, 영토, 인구』.]

12. 같은 책, 97. [같은 책.]

통치와 분리된 별개의 추가적인 통치 영역과 관련되지 않는다. 그 개념은 "사물과 인간의 대립"을 재설정하기보다는 오히려 "인간과 사물로 구성된 일종의 복합체"에 의거한다.[13] 이와 관련된 구절은 온전히 인용할 가치가 있다.

> 라 페리에르의 말에 따르면 통치가 담당해야 하는 사물은 인간이지만 그것은 부와 자원, 생계수단 같은 사물과의 관계, 결속, 그리고 복잡한 연루 속에 있는 인간입니다. 물론 국경, 특질, 기후, 긴조함, 비옥도 등을 갖춘 영토도 사물에 포함됩니다. '사물'은 관습, 습관, 행동방식과 사고 방식 같은 사물과의 관계 속에 있는 인간입니다. 마지막으로, '사물'은 사고, 불행, 기근, 유행병, 그리고 죽음 같은 사물과의 관계 속에 있는 인간입니다.[14]

여기서 특히 인식되어야 할 몇 가지 중요한 논점이 있다. 첫째, 통치술에 대한 푸코의 해석은 '사물'에 관한 매우 특별한 이해를 시사한다. 그 용어는 ('부' 혹은 '영토' 같은) 물질적 존재자와 ('관습' 혹은 '사고방식' 같은) 담론적 요소도 모두 포함하며, 게다가 "사실의 문제"뿐만 아니라 "관심의 문제"도 포함한다.[15] 더 포괄적이고 역사적으로 정통한 해석을 향한

---

13. 같은 책, 96. [같은 책.]
14. 같은 곳.
15. Latour, "Why Has Critique Run Out of Steam?"을 참조.
   브뤼노 라투르는 사물이라는 용어에 관한 마르틴 하이데거의 논의(Martin Heidegger, *What Is a Thing?*)에 의거하여 '사물'의 의미론적 모호성을 부각했으며, 그 용어가 정치적 집회, 모으는 장소, 또는 협상의 공간을 나타내는 오래된 어원을 지적했다. "우리가 의심할 나위 없이 저쪽에 있는 것, 논란의 여지가 전혀 없고 언어의 바깥에 자리하고 있는 것을 가리키는 데 사용하는 '사물'이라는 평범한 용어가 우리 모두가 우리 조상이 거래하고 분쟁을 해결하고자 한 장소 중 가장 오래된 것을 지칭하는 데에도 사용한 가장 오래된 낱말이라는 점은 특별하지 않은가? 어떤 의미에서 사물은 저쪽에 있는 객체이며, 또 다른 어떤 의미에서는 거기에 있는 주요 사안, 어쨌든 모임

이러한 의미론적 개방을 알리기 위해 '사물'이라는 용어는 작은따옴표로 묶인 채로 나타난다. '사물'에 관한 관계적 이해를 제시하는 푸코는 상호 작용하는 별개의 안정된 두 가지 존재론적 권역 — '인간'과 '사물' — 을 구상하지 않는다. 오히려 푸코는 이 권역들을 분리하고 연결하는 구성적 결합을 강조한다. '인간' 또는 '사물' 자격 — 그리고 그것들 사이의 정치적 및 도덕적 구분 — 은 그 자체로 통치술의 도구이자 결과이고, 따라서 그 기원도 출발점도 표시하지 않는다. 그러므로 사물의 통치는 주체와 객체라는 어떤 토대적 분류에 의거하지 않는다. 정반대로 푸코는 능동적 주체와 수동적 객체를 대립시키는 관념을 의문시한다. 푸코는 "주체-객체"[16]라는 용어를 채택함으로써 한편으로는 "메커니즘이 표적으로 삼고 작용하는 대상"인 물질적 신체가 되는 동시에 다른 한편으로는 "이런저런 방식으로 스스로 실행하도록 요구받기 때문에 주체"가 되는 인구와 관련된 현상을 다룬다.[17] 이런 관점에서 통치술은 무엇이 능동적인 것과 수동적인 것, 활기가 있는 것과 활기가 없는 것으로 여겨질 수 있는지를 결정한다. 또한 통치술은 사회적으로 적실한 존재자와 법적·정치적 보호를 박탈당하고 '사물성'으로 환원되는 존재 형태 사이의 경계를 확립하고 실행한다.[18]

이다"(Latour, "Why Has Critique Run Out of Steam?," 233; 또한 Bruno Latour and Peter Weibel, *Making Things Public*을 참조).

16. Foucault, *Security, Territory, Population*, 44, 77. [푸코, 『안전, 영토, 인구』.]

17. 같은 책, 42~3. [같은 책.]

18. 또한 '벌거벗은 생명'이라는 조르조 아감벤의 개념을 참조(Giorgio Agamben, *Homo Sacer* [조르조 아감벤, 『호모 사케르』]).

『사람과 사물: 신체의 관점에서』라는 책에서 로베르토 에스포지토는 로마법의 사람 개념으로까지 거슬러 올라가서 사람이 사물과 대립적인 것에 근거를 두고 있음을 보여 주고자 한다. "사물은 비-사람이고 사람은 비-사물이다"(Roberto Esposito, *Persons and Things*, 17). 에스포지토는 사람다움이 사물의 소유와 밀접히 연계되어 있다고 주장한다. 그에 따르면, 고대 로마 시대 이후 서양 역사에서는 이런 개념적 틀 덕분에 인간과 비인간 사이의 위계적 구분뿐만 아니라 인간 종의 내부와 모든 단일한 개체의 내

둘째, 인간과 사물 사이에는 미리 주어진 고정된 존재론적 경계선이 전혀 없기에 '인간'은 '사물로서 통치받는다고 진술할 수 있다. 중세의 통치 형태들은 인간 영혼을 구원의 대상으로 삼고자 한 반면에, 근대적 통치는 인간을 더 현세적인 목적을 달성하는 방법으로서의 '사물'로 간주한다. 이것으로 푸코는 전체적이고 보편적인 "사물화" 과정을 뜻하지는 않는다.[19] 오히려 인간의 이해관계, 감각, 그리고 정동은 정치적 이성 — 더는 사물의 신성한 질서에도 의거하지 않고 사례와 지혜에도 의거하지 않는 합리적 지식 이 고려해야 하는 본질적 사실들이다. 통치술에 관한 포괄적인 역사서에서 미셸 세넬라르는 근대적 통치 개념과 주권의 원리를 구분하는 역사적 전환을 강조한다. "사물의 통치는 더 오래된 영혼과 신체의 통치를 대체한다. 문제는 더는, 그리스도교 저자들의 경우에 그랬듯이, 권력의 합법적 사용에 관한 것이 아니다. 문제는 권력의 배타적 전유에 관하여 마키아벨리가 제기한 것도 아니다. 이제 문제는 이용 가능한 힘들의 총체의 철저한 사용에 관한 것이다. 그리하여 우리는 **권력의 법학에서 권력들의 물리학으로의 이행**passage du droit de *la* force à la physique *des* forces을 인식하게 된다."[20]

부에서의 위계적 구분도 이루어질 수 있게 되었다. 그리하여 비인간 동물에게 권리를 부여하지 않을 수 있게 되었고, 게다가 동물성의 지위에 이르기까지 다양한 층위의 인간다움을 구분할 수 있게 되었다. 예속과 배제의 노선은 고대 로마의 노예로부터 나치 독일의 '반(反)-사람'으로서의 유대인에 대한 지배로까지 나아간다. 또한 그로 인해 각 개인의 내부에서 합리적 부분과 동물적 부분 사이의 구분이 가능해졌다. 사람과 사물 사이의 이런 분열은 사람의 층위에서 배타적이고 차별적인 결과를 산출할 뿐만 아니라 '사물'의 영역 내에서도 마찬가지로 부정적인 결과를 낳는다. "사람의 탈사람화 과정은 사물의 탈실재화 과정에 필적한다"(Roberto Esposito, "Persons and Things," 31). 사람과 사물 사이의 구분은 사물을 누군가가 마음대로 처리할 수 있는 객체로, 교환가치로 규정되고 그 특이성을 부정하는 등가성 논리의 지배를 받는 상품으로 변환시키게 된다.

19. Davide Panagia, "On the Political Ontology of the Dispositif," 716~7을 보라.
20. Senellart, *Les arts de gouverner*, 42~3. 프랑스어와 독일어의 모든 번역은 나 자신이 행한 것이다.

주권은 개인의 의지와 법적 주체에 초점을 맞추는 반면에, 통치는 경험적 데이터 — 지구물리학적 현상들(기후 변수, 물 공급, 지질학적 구조, 건축설계 등)뿐만 아니라 생명인구학적 사실들(출생률과 사망률, 건강 상태, 사고, 고용 등) — 에 작용한다.[21] 인간들을 인구의 층위에서 통계적으로 집계함으로써 결국 그들은 계산 가능하고 측정 가능해지며, 따라서 물리적 현상 자체로 여겨질 수 있게 되는데, 요컨대 19세기 사회학자 아돌프 케틀레의 표현대로 "사회물리학"이 된다.[22] 통치자는 자신이 기후와 영토를 고려하는 것과 마찬가지 방식으로 '다중'의 정념과 이해관계를 고려해야 하며, 그리고 그들을 그들의 고유한 본성에 따라 통치해야 한다.[23] 이런 '물리적' 관점을 참작하면, 인간과 '사물' 사이의 근본적인 정치적 구분을 승인하는 것은 잘못일 것이다. 푸코가 서술하는 대로, "통치함은 사물을

세넬라르에 따르면 통치성에 관한 강의에서 푸코는 주권에서 통치로의 이런 전환을 매우 잘 포착한다. 그렇지만 세넬라르는 라 페리에르의 책이 특별히 잘 선택된 실례가 아니라고 경고하는데, 왜냐하면 그것은 그리스도교 맥락에서 아우구스티누스가 이미 정식화한 사물의 훌륭한 질서라는 전통적인 관념을 반복하기 때문이다(같은 책, 43, 주 2). 비슷한 취지에서 대니카 듀폰과 프랭크 퍼스는 라 페리에르의 저작에 대한 푸코의 해석을 비판한다. 그들의 주장에 따르면 통치에 관한 드 라 페리에르의 이해는 근대적 정치를 가리키기보다는 오히려 "우주적 질서의 르네상스 그리스도교적 맥락에서 더 많이 유래된다"(Danica Dupont and Frank Pearce, "Foucault Contra Foucault," 135~8). 또한 신의 이성에 의한 우주의 지배로서의 '사물의 통치'라는 토마스 아퀴나스의 개념을 보라(E. A. Goerner, "On Thomistic Natural Law," 111~2).

21. Foucault, *Security, Territory, Population*, 104. [푸코, 『안전, 영토, 인구』]
22. François Ewald, *L'Etat providence*, 108~31을 보라,
23. 19세기 초에 요제프 괴레스는 다음과 같이 선언했다. "당신이 인류를 통치하기를 원한다면, 당신은 인류가 자연을 통치하듯이 인류를 통치해야 한다. 그 고유한 자아에 의해."(Willst du lie Menschheit regieren, … so regiere sie, wie sie die Natur regiert, durch dich selbst ; Sellin, "Regierung, Regime, Obrigkeit," 372에서 인용됨).
브루스 브라운과 사라 J. 왓모어가 올바르게 진술하는 대로, 마키아벨리, 홉스, 그리고 스피노자의 초기 정치 이론은 "집단을 … 단호히 유물론적인 견지에서 이해했는데, 요컨대 주로 신학적이거나 철학적인 문제라기보다는 오히려 그것의 진행 중인 회집에 관한 문제로 이해했다"(Braun and Whatmore, "The Stuff of Politics," xiv).
스피노자의 통치 개념은 Martin Saar, "Politik der Natur"를 참조.

통치하는 것을 뜻한다."24

셋째, 푸코는 이러한 "인간과 사물의 착종"25이 통치에 관한 초기 논고들에서 종종 나타나는 배의 비유에서 명시적으로 드러나게 된다고 이해한다. 키케로에서 토마스 아퀴나스에 이르기까지 국가의 통치는 배를 조종하는 것에 비유된다.26 배를 지휘하는 것은 선원들에 대해 책임을 진다는 것을 뜻하지만, 또한 그것은 "선박과 화물을 감당하는 것"과 "바람, 암초, 폭풍, 그리고 나쁜 날씨"를 고려하는 것을 포함한다.27 푸코에 따르면, 배는 통치술의 특이성을 강조하는 정치적 상상이다. 그것은 인간과 사물이 회집되는 공간을 창출하고 활성화하는데, 그 공간을 소유하지도 않고 지배하지도 않은 채로 말이다. 그것은 "자신의 고유한 기기들로 영위되고, 자기폐쇄적이며, 그리고 동시에 대양의 광활한 공간으로 인도되는 부유하는 공간, 장소가 없는 공간"28이다.

여기서 푸코는 명시적으로 언급하지 않은 채로 통치의 어원에 의지한다. 라틴어 동사 'regere'와 'gubernare'는 원래 배의 지휘를 나타내었고, 'guvernaculum'은 조타 장치를 뜻했다. 이런 정치적 상상은 18세기에도 여전히 현시되는데, 예컨대 1777년에 아델룽은 '통치'Regierung를 다음과 같이 정의했다. "누군가의 의지에 따라 움직임의 방향을 결정하고 이런 움직임 속에서 그 방향을 유지하는 것."die Richtung einer Bewegung nach seinem Willen bestimmen und in dieser Bewegung erhalten.29 아델룽은 이 정의를 예시하기 위해 비인간 물질을 움직이게 하는 다음과 같은 비유를 거론

---

24. Foucault, *Security, Territory, Population*, 97. [푸코, 『안전, 영토, 인구』.]

25. 같은 곳.

26. Sellin, "Regierung, Regime, Obrigkeit," 363. 또한 Senellart, *Les arts de gouverner* 를 참조,

27. Foucault, *Security, Territory, Population*, 97. [푸코, 『안전, 영토, 인구』.]

28. Michel Foucault, "Different Spaces," 184~5.

29. Sellin, "Regierung, Regime, Obrigkeit," 372에서 인용됨.

한다. "배를 통치하는 것, 전차, 축, 전차를 끄는 말들을 통치하는 것."Ein Schiff regieren. Den Wagen, die Diechsel, die Pferde vor dem Wagen regieren. 30

케네의 원리

사물의 통치라는 관념은 통치 실천에서 과학적 지식과 기술적 전문 지식을 점점 더 많이 수용함으로써 정치적 의사결정을 '합리화'하고자 한 역사적 성좌에서 형성되었다. 1980~81년의 콜레주드프랑스 강의에서 푸코는 몇 가지 "통치-진실-관계를 성찰하는 근대적 방식"31을 구분하는데, 초기 근대의 국가이성에서 20세기의 사회주의 리얼리즘에까지 이르는 시기를 포괄한다. 통치는 "사물의 질서와 개인들의 행위에 관한 지식"을 필요로 하기에 언제나 "진실의 현시"와 밀접히 결부되어 있지만32, 푸코는 18세기부터 줄곧 진실과 통치 사이의 관계에서 결정적인 역사적 전환이 일어났음을 지적한다.

그 무렵에 하나의 고유한 지식 분야로서 등장한 정치경제학은 진실에 관한 물음과 자기제한의 원리를 통치술에 도입한다. 그리하여 군주가 신의 법칙, 자연법칙, 또는 도덕법칙에 따라 통치하는지를 아는 것은 더는 중요하지 않고, 오히려 통치 행위의 토대와 한계를 모두 규정하는 "사물의 본성"33을 결정하는 것이 필요하다. 중농주의자들이 "사물의 자연스러운 행로"를 존중하고 따름으로써 사물의 자율성과 자기조절 능력을 긍정하는 "경제적 통치"라는 관념을 최초로 제시할 것이었다.34 중농주

---

30. 같은 곳에서 인용됨. 이 책의 5장에서 나는 통치에 관한 이러한 '사이버네틱스적' 이해를 다시 고찰할 것이다.
31. Michel Foucault, *On the Government of the Living*, 16.
32. 같은 책, 4~5.
33. Foucault, *Security, Territory, Population*, 49. [푸코, 『안전, 영토, 인구』.]
34. 같은 책, 33. [같은 책.]

의자들이 옹호한 대로 사물의 통치는 권위주의적이고 자의적인 지배 형태들을 축소하거나 심지어 제거하고자 한다. 그것은 통치하는 자들과 통치받는 자들 사이의 거리가 없어지는 민주주의적 자기조직화라는 관념과 연결된다.

통치자들과 피통치자들은 그들이 공동으로 상연하는 드라마이자 사실상 자연의 드라마인 것의 이른바 행위자들, 공동-행위자들, 동시적 행위자들입니다. 요컨대 이것은 케네의 관념, 중농주의적 관념입니다. 인간이 증거의 규칙에 따라 통치한다면 통치하는 것은 인간이라기보다는 오히려 사물 자체일 것이라는 관념입니다. 원한다면 이것을, 또다시 그것의 추상적이고 유사-유토피아적인 특질에도 불구하고 유럽 정치사상의 역사에서 매우 중요했던 케네의 원리라고 부릅시다.[35]

'케네의 원리'는 "사물의 행정"[36]이라는 관념에 관한 벤 카프카의 유익한 계보학[37]의 출발점을 특징짓는다. 이어지는 글에서 나는 "권력의 행사와 진실의 현시"[38] 사이의 변화하는 관계에 관한 푸코의 간략한 진술을 증보하는 데 카프카의 논변을 사용할 것이다. 카프카는 18세기에도 여전히 인간의 통치와 사물의 행정 사이에 명쾌한 정치적 구분이 이루어졌다고 주장한다. 한 가지 실례는 마르퀴 드 샤틀뤼의 『공중의 행복에 관하여』(1772)라는 시론이다. "우리 시대에 치안이라는 용어는 오히려 재산의 통치를 지칭하는 행정과 구분되는 인간의 통치로 이해될 수 있다."[39]

---

35. Foucault, *On the Government of the Living*, 14.
36. Foucault, *Security, Territory, Population*, 49. [푸코, 『안전, 영토, 인구』.]
37. Ben Kafka, "The Administration of Things."
38. Foucault, *On the Government of the Living*, 13.
39. Kafka, "The Administration of Things"에서 인용됨. 쪽수가 표기되어 있지 않음.

18세기에 일반적으로 그랬듯이, 이 시론에서도 그 두 가지 정치적 과업이 상보적이고 조합적인 것으로 여겨진다. 몇 년이 채 지나지 않아서 그것들은 서로 모순되거나 상충할 수 있는 것처럼 보인다. 『원시적 입법』(1802)이라는 책에서 루이 드 보날드는 다음과 같이 진술한다. "근대 국가에서는 인간의 행정을 포기하는 대가로 사물의 행정이 완성되었으며, 우리는 도덕적인 것보다 물질적인 것에 훨씬 더 집착한다."[40] 국가의 한정된 자원을 참작하면, 이런 추리에 따라 필요한 것은 사물의 행정을 희생시키면서 인간의 통치를 우선시하게 하는 정치적 선택이다.

19세기에 이런 갈등을 해소하고자 한 가장 유명한 제안은 종종 생시몽에게 귀속되지만, 우리가 인간의 통치를 사물의 행정으로 대체해야 한다고 주장한 사람은 사실상 오귀스트 콩트였다.[41] 콩트의 목적은 정치의 근거를 모든 형태의 폭정을 체계적으로 배제하는 탄탄한 토대에 두는 것이었다. 이전의 정치사상가들은 대체로 자의성을 절대주의적 통치와 관련짓는 경향이 있었던 반면에, 콩트의 경우에는 어떤 형태의 통치든 그것이 '실증적' 원리보다 편견, 미신, 또는 종교에 기반을 두는 한에서 취약하다고 여겼다.[42] 이런 관점에서 정치적 결단은 정치적 투쟁과 사회적 갈등을 종식하는 민주정 사회의 발전을 가능하게 할 과학적 전문지식에 의

---

40. 같은 글에서 인용됨. 쪽수가 표기되어 있지 않음.

41. 카프카에 의한 그 논쟁의 재구성을 보라(Kafka, "The Administration of Things," 쪽수가 표기되어 있지 않음). 콩트는 "생시몽과 공동 저술한 『산업종사자들의 교리문답』의 제3분책에서 이런 주장을 제기했다. 그 시론은 1822년에 『사회 재편을 위해 필요한 과학적 작업 계획』으로 출판된 다음에 1824년에 『실증정치체계』(또한 이것은 『기본소책자』로 알려지곤 했다)로 다시 출판되었다. 생시몽은 콩트가 자신의 요청에 따라 저술한 그 출판물을 자신의 공적으로 삼기를 원했지만, 그 젊은이는 자신의 이름이 붙여질 것을 고집했다. 그 결과는 인쇄 이력이 복잡해졌다는 것과 스승과 제자 사이의 분열 사태가 그보다 훨씬 더 복잡해졌다는 것으로, 필시 이것은 후속 독자들이 그 원작자에 대해 혼란스러워 한 이유를 설명할 것이다."

42. Auguste Comte, *Early Political Writings*, 106~8; Kafka, "The Administration of Things," 쪽수가 표기되어 있지 않음.

거하여 이루어져야 한다. 콩트가 다음과 같이 유명한 정식을 제안하는 것은 19세기의 처음 몇십 년 동안의 이러한 혁명 이후의 맥락에서이다. "사물의 통치가 인간의 통치를 대체한다. 그러고 나서야 걸출한 몽테스키외에 의해 이 표현에 부착된 참되고 철학적인 의미에서의 **법**이 정치에 정말로 존재하게 된다."[43] 콩트는 몽테스키외를 좇아서 '사물'에 관한 폭넓은 이해를 제시한다. 카프카가 우리에게 주지시키는 대로, 여기서 환기된 '사물'은 'res', "존재하는 것이라는 가장 일반적인 의미에서의 'res'로, 물체뿐만 아니라 존재자, 문제, 사태, 사건, 사실, 상황, 사고, 행동, 조건, 사례도 포함한다."[44] 이런 포괄적인 이해에 따르면, 인간사를 통치하는 것은 '사물'이다. 그렇다면 사물의 통치라는 정식은 주격 속격을 지칭한다. 몽테스키외가 서술하는 대로, "기후, 종교, 법률, 통치의 준칙, 과거사의 실례, 관습, 풍속 등 많은 사물이 인간을 통치한다."[45]

인간의 통치를 사물의 통치로 대체하자는 콩트의 제안은 개인과 집단의 자의적 권력을 법과 과학적 이성의 지배로 대체하고자 했다. 그것은 정치의 종언을 구상하는데, 왜냐하면 기술적이고 과학적으로 정통한 행정양식이 정치적 다툼을 마침내 대체할 것이기 때문이다. 이 관념은 자연, 문화, 관습, 그리고 종교를 비롯한 사물 및 사물과 인간의 관계에 관한 폭넓은 개념에 의거한다. 이들 관계는 경험 과학과 객관적 지식에 의해 파악될 수 있는 합리적인 가지적 질서에 근거를 두고 있다. 그러므로

---

43. Comte, *Early Political Writings*, 108.

44. Kafka, "The Administration of Things," 쪽수가 표기되어 있지 않음.

45. Charles Louis de Sesondat de Montesquieu, *The Spirit of the Laws*, 310 [샤를 드 몽테스키외, 『법의 정신』]. Kafka, "The Administration of Things"에서 인용됨. 쪽수가 표기되어 있지 않음.
『법의 정신』 19편 4장의 서두에 서술된 구절은 종종 잘못 번역된다. 원래 프랑스 판본은 다음과 같다. "Plusieurs choses gouvernent les hommes: le climat, la religion, les lois, les maxums du gouvernement, les examples des choses passées, les mœurs, les manières"(Charles Louis de Sesondat de Montesquieu, *De l'esprit des loix*, 181).

통치술은 "이런 진실에 관한 … 전문화된 형태의 지식의 구성을 수반하며, 그리고 이런 전문화는 정치에 정확히 특정적이지 않고 오히려 어쨌든 정치에 부과되는 일단의 사물과 관계를 규정하는 영역을 구성한다."[46]

사물의 통치에 관한 이런 포괄적인 개념은 19세기 동안 맑스주의의 발흥과 더불어 상실되는데, 맑스주의는 과학적 지식과 기술적 전문지식에 의한 사회적 균열과 정치적 다툼의 평정이라는 관념에 적대적이다. 프리드리히 엥겔스는 인간의 통치가 사물의 통치로 대체되어야 한다는 정식을 받아들였지만 그것에 전적으로 다른 의미를 부여하였으며, 콩트와 생시몽을 '공상적 사회주의'라는 표제어 아래 포함시켰다. 엥겔스가 보기에 국가의 유일한 기능은 계급 지배를 유지하고 우세한 생산관계를 안전하게 보호하는 것이기에 사회주의 혁명은 국가를 불필요하게 만들 것이다.[47] 맑스주의는 "보편적 인식"[48]에 대한 전망에 의거하여 통치와 진실 사이의 관계를 다르게 이해하기 시작한다. 콩트의 진보 관념은 전문가들과 그들의 지식에 의존한 반면에 엥겔스는 그럴 필요가 없었는데, 왜냐하면 일단 계급 지배가 종식되고 국가가 쓸모없어지면 프롤레타리아 계급이 '사물'을 의식적으로 관리할 것이기 때문이었다.[49] 이런 관점에서 정치적 통치는 실제 사태에 관한 허위 지식과 이데올로기에 의지하며, 이는 프롤레타리아 혁명으로 극복되어야 하는 문제이다. "가면을 벗기고, 사물을 생겨나는 대로 깨닫고, 우리가 살아가는 사회의 본성, 우리가 무의

---

46. Foucault, *On the Government of the Living*, 14~5.
47. Kafka, "The Administration of Things," 쪽수가 표기되어 있지 않음.
48. Foucault, *On the Government of the Living*, 15.
49. 『반뒤링론』에서 다음과 같이 제시된 엥겔스의 정식을 보라. "국가권력의 사회적 관계에의 개입은 권역별로 잇따라 불필요해지고, 그리하여 저절로 중단된다. 사람의 통치는 사물의 통치와 생산과정의 관리로 대체된다. 국가는 '폐지될'지 않고, 그것은 시들어 간다"(Friedrich Engels, *Herr Eugen Dühring;s Revolution in Science (Anti-Düring)*, 355 [프리드리히 엥겔스, 『반뒤링론』]).

식적인 행위자이자 희생자인 경제적 과정들의 본성을 의식하고, 착취와 지배의 메커니즘들을 인식하라. 그러면 통치가 즉시 붕괴한다."[50]

그렇지만 또한 엥겔스는 콩트의 정식을 이렇게 전유하면서 한 가지 중요한 요소를 변경했다. 콩트는 '사물'을 통치의 주체로 간주한 반면에 (왜냐하면 몽테스키외의 정식에 따르면 "많은 사물이 인간을 통치하기" 때문이다), 엥겔스는 '사물'을 통치 행위의 대상으로 언급했다. 이제 사물의 통치라는 관념은 목적격 속격으로 작동한다. 20세기 맑스주의와 현실 사회주의를 형성한 것은 사물에 관한 이런 협소한 이해이다. 카프카가 강조하는 대로 레닌의 『국가와 혁명』은 엥겔스의 전망에 의거했고, 게다가 그 전망은 다음과 같이 진술하는 부하린과 프레오브라젠스키의 『코뮤니즘 ABC』에도 개입하였다. "인간의 통치는 사물의 행정 ― 기계류, 건축물, 기관차, 그리고 그 밖의 기구의 행정 ― 으로 대체될 것이다."[51]

푸코가 보여주는 대로, 지난 몇 세기 동안 케네의 원리는 여러 번의 변형을 겪었다. 정치적 권력의 행사는 "이 사물들과 이 인민들을 모두 통치하는 수단"[52]에 관한 지식을 언제나 필요로 하였으며, 한편으로 사물의 통치라는 관념은 목적격 속격과 주격 속격 사이에서 왔다 갔다 했다 ― 그리하여 '사물'에 관한 상당히 제한적인 이해와 더 포괄적인 이해를 낳았다.

장치의 차원들

푸코에 따르면 사물의 통치라는 정식은 주권과 매우 다른 권력양식을 규정한다. "인간에게 법을 부과하는 것이 아니라 사물을 배치하는 것

50. 같은 책, 15. [같은 책.]
51. Kafka, "The Administration of Things"에서 인용됨. 쪽수가 표기되어 있지 않음.
52. Foucault, *On the Government of the Living*, 5.

이 관건입니다. 다시 말해 법보다는 전술을 활용하는 것, 또는 최대한 법을 전술로 활용하는 것이 관건입니다. 이런저런 목적이 일정 수의 수단을 통해서 달성될 수 있도록 사물을 배열하는 것이 관건이라는 말입니다."[53] 이런 배치적 권력양식은 금지하거나 억압하거나 질서를 부여함으로써 작동하지 않고 오히려 그것이 생성하는 데 이바지하는 사물의 질서에 주목함으로써 작동한다. 그것은 기계적으로 구성하고 조종하기보다는 오히려 역동적인 물질적 배열들을 조직하고 조율한다. 어느 인터뷰에서 푸코는 이런 통치 개념을 '물질적인 것들을 회집하고 구성하기'라는 표현으로 더욱더 명확히 밝혔다. 푸코는 통치가 "타자들의 가능한 행위장"을 조직하고자 한다고 진술한다.[54] 그것은 "타자들에 직접 또 즉각적으로 작용하지 않는 작용 방식"[55]에 의해 특징지어진다. "오히려 그것은 그들의 행위에 작용한다…. 그것은 능동적 주체들의 행동이 기입될 수 있는 가능성의 장에 작용한다."[56]

인간과 사물의 복합체들을 회집하고 배열하기라는 이런 관계적이고 수행적인 이해는 푸코가 1970년대 중엽부터 줄곧 자신의 저작에서 자주 사용한 개념, 즉 장치dispositif라는 개념에서 잘 포착된다. 그 개념은 『감시와 처벌』에서, 『성의 역사 1』에서, 그리고 푸코의 콜레주드프랑스 강의에서 핵심적인 역할을 담당한다.[57] 푸코 저작의 영어 번역본들에서 디스포지티프dispositif라는 프랑스어 낱말은 다양하게 그리고

---

53. Foucault, *Security, Territory, Population*, 99. [푸코, 『안전, 영토, 인구』.]

54. Foucault, "The Subject and Power," 341.

55. 같은 글, 340.

56. 같은 글, 340~1.

57. 예를 들면 Foucault, *Society Must Be Defended* [푸코, 『사회를 보호해야 한다』]; Michel Foucault, *Hermeneutics of the Subject* [미셸 푸코, 『주체의 해석학』]; Michel Foucault, *Psychiatric Power* [미셸 푸코, 『정신의학의 권력』]; Foucault, *Security, Territory, Population* [푸코, 『안전, 영토, 인구』]; Foucault, *The Birth of Biopolitics* [푸코, 『생명관리정치의 탄생』]; Foucault, *On the Government of the Living*을 참조.

일관성이 없게 '배치'deployment, '기구'apparatus, '기기'device, '체계'system, '조직'organization, '메커니즘'mechanism, 그리고 구성물'construct로 표현된다.[58] 이 용어들 각각의 의미와 푸코의 디스포지티프 용법이 상당히 중첩된다는 것은 확실하지만, 이 의미들은 의미론적 장의 선택적 부분만 부각할 뿐이거나 또는 심지어 그 용어의 중요한 어원적 관계들과 개념적 차원들을 차단하는 경향이 있다. 그러므로 나는 제프리 부솔리니의 제안[59]을 좇아서 디스포지티프의 의미론적 풍부함과 개념적 특이성을 파악하는 더 좋은 방식으로서 '디스포지티브[장치]'dispositive라는 영어 용어를 제시한다.[60]

푸코는 『정신의학의 권력』이라는 제목의 1973~74년 콜레주드프랑스

---

58. 예를 들면 Foucault, *The History of Sexuality, Vol. 1*. [푸코, 『성의 역사 1』]. 또한 Graham Burchell, "Translator's Note," xxiii을 참조.

59. Jeffrey Bussolini, "What Is a Dispositive?"

60. 이런 어려운 번역 과정으로 인해 영어권 지적 공간에 속한 많은 학자들에게 dispositif 는 여전히 "지나치게 모호하"고 "까다로운 용어"로 남아 있었던 반면에(Hubert L. Dreyfus and Paul Rabinow, *Michel Foucault*, 120), 프랑스어권 세계의 연구자들 사이에서는 많은 흥미를 끌었다(예를 들면 Geneviève Jacquinot-Delaunay and Laurence Monnoyer, "Le dispositif"; Jean-Samuel Beuscart and Ashveen Peerbaye, "Histoires de dispositifs (Introduction)"을 참조). 그 용어의 간략한 개념사는 Geneviève Jacquinot-Delaunay and Laurence Monnoyer, "Avant-propos"; Hugues Peeters and Philippe Charlier, "Contribution à une théorie du dispositif"; Oscar Moro Abadia, "¿Qué es un dispositivo?"; Beuscart and Peerbaye, "Histoires de dispositifs (Introduction)"을 참조.
   푸코가 그 개념을 받아들이기 전에 그것은 장-프랑수아 리오타르와 장-루이 보드리의 작업에서 중심적인 역할을 수행했다(Jean-François Lyotard, *Des Dispositifs Pulsionnels*; Jean-Louis Baudry, "La dispositif"). 매체 이론과 과학기술학에서 활용된 그 개념의 현대적 용법은 Joachim Paech, "Überlegungen zum Dispositiv als Theorie medialer Topik"; Emilie Gomart and Antoine Hennion, "A Sociology of Attachment"; Frank Kessler, "La Cinématographie Comme Dispositif (du) Spectaculaire"; Monique Martinez Thomas, "Dispositiv, Intermediality and Society"; Michel Callon and Fabian Muniesa, "Les marchés économiques comme dispositifs collectifs de calcul"을 참조. 철학과 심리학에서 나타난 'disposition'의 상이한 의미들에 관한 탐구는 Joachim Ritter and Ludwig J. Pongratz, "Disposition"을 참조.

강의에서 최초로 '장치'라는 용어를 사용한 것처럼 보이는데[61], 이는 규율권력의 작동과 정신병원의 "치료 장치"로서의 역할을 서술하기 위함이었다.[62] 1975년에 처음 출판된 『감시와 처벌』은 이미 판옵티콘과 "다양한 '감금' 장치"[63]를 분석하기 위해 그 개념을 광범위하게 사용한다. 그 책이 출판된 후에 가진 한 인터뷰에서 푸코는 어떤 특수한 방법이 자신의 역사적 탐구를 특징짓는지 여부에 관한 문제를 다루기 위해 장치라는 개념을 환기한다. 푸코는 자신의 분석적 주의를 말해지지 않은 것, 감춰진 것, 또는 억압된 것에 대한 탐색에서 명시적인 전략들과 의식적인 조직으로 이행시켰으며, 그리고 "무의식의 논리"를 "전략의 논리"로 대체하는 것을 옹호하여 "독자적인 장치를 갖춘 전술들"에 주목했다고 설명했다.[64]

---

61. 예를 들면 Foucault, *Psychiatric Power*, 13, 63, 81을 참조. [푸코, 『정신의학의 권력』.]

62. 같은 책, 164, 번역이 수정됨. 또한 Stuart Elden, *Foucault*, 112를 참조.
아감벤은 장치라는 개념에 대한 푸코의 관심의 기원을 실증성(positivité)이라는 개념이 중요한 역할을 수행하는 『지식의 고고학』으로까지 더듬어 올라가 조사한다(Giorgio Agamben, "What Is an Apparatus?" 3~6 [조르조 아감벤, 「장치란 무엇인가?」). 이 두 용어는 동일한 어원적 원천을 공유하는데, 왜냐하면 그것들은 둘 다 라틴어 낱말 ponere에서 유래하기 때문이다. 아감벤은 푸코가 자신의 스승 중 한 사람인 장 이폴리트에 의해 전개된 실증성에 관한 특수한 이해와 그가 주장한 헤겔에 대한 해석을 받아들였다고 주장한다. 이폴리트는 헤겔의 '실증적인 것들'을 개인들에게 특수한 규칙과 제약조건을 부과하는 역사적 지평으로 간주했다. 이런 독해에 따르면, 푸코는 『지식의 고고학』에서 이미 "관계, 메커니즘, 그리고 권력 '놀이' 내에서 실증적인 것들(혹은 장치들)이 작용하는 구체적인 양식들"(같은 글, 6, 번역이 수정됨 [같은 글]; 또한 Matteo Pasquinelli, "What an Apparatus Is Not," 88, 주 7을 참조)을 탐구하려고 시도하고 있었다.

63. Michel Foucault, *Discipline and Punish*, 308, 번역이 수정됨. [미셸 푸코, 『감시와 처벌』.]

64. Michel Foucault, "From Torture to Cellblock," 149, 번역이 수정됨; Paul Rabinow, *Anthropos Today*, 49~50.
푸코는 '전략의 논리'가 공존과 차이에 관한 강한 관계적 이해를 갖추고 있음을 강조함으로써 그것을 '변증법적 논리'뿐만 아니라 정신분석학적 해석과도 구분한다. "전략적 논리의 기능은 이질적인 채로 남아 있는 이질적인 항들 사이의 가능한 연결 관계를 확이 년 후에 행해진 다른 한 인터뷰에서 푸코는 장치라는 용어의 의미와 방법론적 기능을 또다시 분명히 밝힌다. 이 인터뷰가 푸코가 '무의식의 논리'를 넘어서라고 요구함으로써 이의를 제기했던 라캉주의자들의 한 집단에 의해 착수되었다는 것은 우연히 이루어지게 된 일이 아님이 확실했다. 푸코는 세 가지 독특한 구성요소를 자세히 설명하는 정의를 다음과 같이 제시했다.

제가 이 용어로 포착하려고 노력하고 있는 것은, 첫째, 담론들, 제도들, 건축 형태들, 규제 결정들, 법률들, 행정 조치들, 과학적 진술들, 철학적·도덕적·자선적 명제들 ― 요컨대 말해진 것들과 말해지지 않은 것들 ― 로 구성되는 철저히 불균질한 네트워크입니다. 그런 것들이 장치의 요소들입니다. 장치 자체는 이 요소들 사이에서 확립될 수 있는 관계들의 체계입니다. 둘째, 제가 이 장치에서 규명하려고 노력하고 있는 것은 바로 이런 이질적인 요소들 사이에서 현존할 수 있는 연결 관계의 본성입니다. 그러므로 한 특수한 담론은 어느 경우에는 어떤 제도의 프로그램으로 부각될 수 있으며, 그리고 또 다른 경우에는 그 자체로 침묵을 지키는 어떤 실천을 정당화하거나 은폐하는 수단으로 기능할 수 있거나, 또는 이 실천에 대한 이차적인 재해석으로 기능함으로써 그것을 위한 새로운 합리성의 장을 펼칠 수 있습니다. 요컨대, 담론적이든 비-담론적이든 간에 이 요소들 사이에는 마찬가지로 매우 다양하게 변화할 수 있는 위치 이동과 기능 수정에 의해 이루어지는 일종의 상호작용이 존재합니다. 셋째, 제가 '장치'라는 용어로 이해하는 바는 … 어떤 긴급한 필요에 대응하는 기능을 어느 주어진 역사적 순간에 자신의 주요한 기능으로 삼는 구

립하는 것입니다. 전략의 논리는 불균질할 것들을 연결하는 논리이지, 모순적인 것들을 균질화하는 논리가 아닙니다."(Foucault, *The Birth of Biopolitics*, 42 [푸코, 『생명관리정치의 탄생』]).

성체의 일종입니다. 그러므로 장치는 어떤 지배적인 전략적 기능을 갖추고 있습니다.[65]

이처럼 장치의 세 가지 차원을 구분할 때 푸코는 프랑스어 낱말 dispositif의 복잡한 어원학적 궤적에 의거한다. 그것은 처음에 법적 결정의 실행 사항을 지칭하는 데 사용되었고, 나중에는 전쟁에서의 병력 배치를 지칭하는 데 사용되었으며, 그리고 마침내 그것은 기술적 기기 또는 기구를 의미했다. 『프랑스어 역사 사전』에 따르면[66] 그 용어는 원래 법정의 결심이 공표되는 최종 판결문을 가리키는 법률 용어에 속했는데, 요컨대 법적 결정이 이루어지게 만들었다. 18세기에 그 낱말은 군사 용어에 편입되었으며, "어느 계획에 부합하도록 배치된disposés 수단들의 총체"[67]가 작동하게 하는 전략을 지칭했다. 19세기에 그 용어는 "한 기구의 기관들이 배치되는disposés 방식"[68]이라는 현대적 의미를 획득했다. 이렇게 해서 그 낱말의 어원은 영어 번역에서 정기적으로 환기되는 세 가지 차원을 포함하기에 우리가 그 개념에 대한 푸코의 관심을 이해하기를 원한다면 이런 차원들의 상호작용 – '존재론적' 의미, 기술적 독해, 그리고 전략적 의미 – 을 파악하는 것이 중요하다.[69]

---

65. Foucault, "The Confession of the Flesh," 194~5, 번역이 수정됨.

66. *Dictionnaire Historique de la Langue Française*, Vol. 1, 1101,

67. 같은 곳.

68. 같은 곳; Michael C. Behrent, "Foucault and Technology," 87~8.

69. 아감벤은 '장치'라는 용어의 사법적 용법, 기술적 용법, 그리고 군사적 용법을 구분하지만, 그것의 사법적 이해보다 오히려 그것의 존재론적 차원에 집중하는 것이 더 적절한 것처럼 보인다. 중요한 논점은 본연의 법적 지배가 아니라 오히려 그것이 공표됨으로써 이루어지게 된다는 사실, 결정의 실행이다.

홍미롭게도, 디스포지티프(dispositif)의 어원학적 및 개념적 특이성에 대한 논변을 전개하는 'Che cos'è un dispositivo?'라는 아감벤의 시론은 "What Is an Apparatus?"라는 제목 아래 영어로 출판되었다[한국어로는 「장치란 무엇인가?」로 번역되었다] (Agamben, "What Is an Apparatus" 「장치란 무엇인가?」]; 또한 Bussolini, "What Is a

존재론적으로, 장치는 전혀 매끈하게 분리되어 있지 않은 일단의 이질적인 담론적 요소와 비-담론적 요소, 물질적 존재자와 기호적 존재자 ─ 사실상 구분은 "그다지 중요하지 않다"[70] ─ 로 구성되어 있는 "네트워크"réseau [71]이다.[72] 장치는 담론과 제도에서 신체와 건축물에 이르기까지 사실상 무엇이든 포함하는 것처럼 보이는 사물들의 복합체이다. 장치는 자신을 구성하는 요소들을 회집하고 그 자체가 이런 "형성" 과정의 결과이다.[73] 장치는 이 요소들을 결합하는 관계적 그물로, 그것들의 위치들을 규정하고 그것들에 특정한 형태와 모양을 부여한다. 그러므로 장치는 "이미 주어진 객체"[74]가 아니라 오히려 조정된 실천들의 특정한 역사적 집합의 결과로, 미래 사건과 우발적 전개를 계산하고 관리하고자 한다.[75] 예를 들면 의학에서는 (사전) 성향에 대한 진단이 미래에 어떤 질환이 발현될 확률을 증가시키는 (종종 물려받은) 위험 요인들을 가리킨다 ─ 그리하여 현행 신체적 과정들의 관리와 통제를 요청한다.[76]

Dispositive?" 85, 주 1을 참조).

70. Foucault, "The Confession of the Flesh," 198. 또한 Gilles Deleuze, "What Is a Dispositive?," 160을 참조.

71. Foucault, "The Confession of the Flesh," 194, 번역이 수정됨.

72. 이 책의 7장에 보게 되듯이, 푸코는 인간과 비인간, 물질적인 것과 기호적인 것을 연계하는 불균질하고 유동적인 네트워크에 관한 이런 관념을 행위자-네트워크 이론과 공유한다(예를 들면 John Law, "Technology and Heterogeneous Engineering"; Michel Callon, "Some Elements of a Sociology of Translation"을 보라).

73. Foucault, "The Confession of the Flesh," 195.

74. Foucault, Security, Territory, Population, 118. [푸코, 『안전, 영토, 인구』.]

75. 우발적인 것이라는 개념과 "우발적 유물론"이라는 관념은 Louis Althusser, Philosophy of the Encounter를 참조.
우발적인 것이 통치에 관한 분석은 이 책의 6장을 참고.
인과관계에 관한 철학적 이론에서 스티븐 멈퍼드와 라니 릴 안줌은 "장치성이란 순수한 가능성과 필연성의 중간에 있는 원시적이고 분석 불가능한 양상이다"라고 주장한다(Stephen Mumford and Rani Lill Anjum, Getting Causes from Powers, 193).

76. 클라우디아 아라다우와 렌스 반 문스터는 테러리즘의 통치에서 "위험성 평가 장치"의 작동을 분석했다. 그 장치는 "미래에의 특정한 관계를 창출하는데, 이는 미래의 추적

장치는 이중 운동을 실행한다.[77] 한편으로 장치는 사물들을 동원하는데, 사물들을 "누군가의 처분"에 맡기고, 사물들을 특정한 목적들을 달성하기 위한 도구, 자원, 또는 수단으로 규정한다.[78] 이런 동역학의 일례는 약리학으로부터 '생체이용률'bioavailability이라는 용어를 전유한 의료인류학자 로렌스 코헨에 의해 제시된다.[79] 이 용어는 "한 신체의 세포 또는 조직의 선택적 분리와 다른 한 신체(또는 기계)로의 재결합"[80]을 뜻한다. 그것은 이식의학의 발흥을 가리킬 뿐만 아니라 더욱더 많은 인체 조직이 "한 신체로부터 추출되어서 다른 신체들로 주입되거나 이식될 수 있게 된다"[81]라는 사실에 수반되는 기술적 및 규범적 난제들도 가리킨다. '생체이용률'이라는 용어는 의료기술과 돌봄 형태들이 기업가 정신과 경제적 통치의 신자유주의적 체제와 밀접히 결부되는 방식을 모색하고자 하며, 그리하여 상업화와 착취를 위한 공간을 개방하고자 한다.[82]

다른 한편으로 장치는 사물을 '처분 가능한 것'으로 자리매김한다. 장치는 변별 노선들을 규정하고, 쓸모없거나 비생산적이거나 또는 위험한 생명 – "잉여 생명"[83] 또는 "가치가 없는 생명"[84] – 으로 여겨지는 인간과

관찰, 미래가 제공할 수 있는 것을 계산하려는 시도, 그리고 그것의 잠재적으로 유해한 결과를 통제하고 최소화할 필요성을 요구한다"(Claudia Aradau and Rens van Munster, "Governing Terrorism Through Risk," 97~8; Aradau, "Security That Matter").

77. 이런 이중 운동은 "처분 형식들"이라는 제목의 강연을 위한 초록에서 셉 프랭클린에 의해 서술된다(Seb Franklin, *Forms of Disposal*).

78. Jürgen Link, "Dispositiv"를 보라.

79. Lawrence Cohen, "Operability, Bioavailability, and Exception."

80. 같은 글, 83.

81. 같은 곳.

82. 같은 글, 85를 보라.

83. Michell Murphy, *The Economization of Life*, 135~45.

84. Karl Binding and Alfred Hoche, *The Release of the Destruction of Life Devoid of Value, Its Measure and Its Form*.

비인간을 차별하거나 배제하거나 또는 심지어 살해할 수 있게 하는 경시의 실천들을 확립한다. 이런 측면은 알츠하이머 질환에 관한 연구에서 타라 메라비에 의해 부각되었다.[85] 메라비는 '살해 가능성'killability이라는 개념을 제안하는데, 이는 알츠하이머 질환에 관한 실험 연구를 진흥하기 위해 얼마나 많은 형질전환 초파리가 죽어야만 하는지 탐구하기 위함이다. 메라비는 무엇이 살해 가능한 신체를 구성하는지에 관한 물음과 연구 과정에서 생명과 죽음 사이의 경계가 어떻게 영구적으로 구획되고 재규정되는지에 관한 물음을 다룬다. "실험실에서 인간과 동물 되기는 지식 생산의 구성적 일부로서 폭력을 행사하는 관계적 과정인데, 왜냐하면 그것은 특정한 생명 형태들을 살해 가능한 것으로 규정하기 때문이다."[86]

장치의 두 번째 차원은 기술적 차원으로, "존재-창조적 측면"[87]을 강조한다. "각각의 장치에는 빛을 조직하는 나름의 방식, 빛이 비치고 번지며 흩어지는 방식이 있는데, 그리하여 가시적인 것과 비가시적인 것을 분배하고 자신의 현존을 그런 분배에 의존하는 객체를 산출한다."[88] 장치는 그것이 자신의 요소들의 변별적 위치들을 생산하고 유지하는 방식에 의해 규정된다. 장치는 어떤 구체화 과정들이 배타적으로 출현할 수 있게 하는 독특한 네트워크를 확립한다. 그렇지만 장치는 하나의 안정되고

85. Tara Mehrabi, *Making Death Matter*.
86. 같은 책, 54.
87. Bussolini, "What Is a Dispositive?," 100.
88. Deleuze, "What Is a Dispositive?," 160, 번역이 수정됨.
　　나비네 파나시아는 장치 개념을 마네에 관한 푸코의 강의(Michel Foucault, *Manet and the Object of Painting*)에 대한 특정한 독해에 연계시키면서 이렇게 주장한다. "푸코가 자신(그리고 우리)의 관점에서 나열하는 가시적인 것들의 분배는 푸코가 실행한, 기구라는 언어에서 장치라는 언어로의 이행뿐만 아니라 정치 이론의 근대적 저작들에 대한 형식주의적 독해도 특징짓는 조직적인 가시적 양식이 된다"(Panagia, "On the Political Ontology of the Dispositif," 717).

닫힌 기술적 설비가 아니라 오히려 "위치 이동과 기능 수정"에 의해 특징지어지는 하나의 역동적인 "집합체"이다.[89] 장치는 장치를 구성하는 이질적인 요소들 사이의 구조적 관계들에 의해 특징지어지는 유동적이고 변형하는 배치체이다. 이런 '기능'들이 (고전적 기능주의 이론에서 그렇듯이) 이미 현존하는 체계의 '필요' 또는 '욕구'에 의해 결정되지도 않고 규정되지도 않음은 확실하다. 정반대로 그것들은 장치가 작동하는 도중에 끊임없이 재편되고 수정된다 ─ 푸코가 기능적 과잉결정이라고 일컫는 과정이다. 왜냐하면 장치의 작용들의 (의도하지 않은) 효과들이 다른 효과들과 "공명하거나 상충하게"[90] 됨으로써 장치의 '요소'들이 끊임없이 재규정되고 재배치되며 재조정되기 때문이다.

이런 적응 및 수정의 과정들은 별개의 미시층위와 거시층위, 그리고 그것들의 상호작용에 의해 특징지어지는 언제나 이미 주어진 사회-물질적 지형에 관한 고전적 상상을 넘어선다. 오히려 정치적 지형과 그 경쟁 가능성의 조건은 힘과 흐름에 의해 결정된다.[91] 관계적 네트워크 속 불균질한 요소들의 끊임없는 재조합과 재분절에 관한 이 관념은 질베르 시몽동의 기술철학이 "조립"montage[92]에 의거하여 구상하는 것에 근접한다. 시몽동의 작업에서 기술은 물질적 객체도 아니고 사유의 산물도 아니며 오히려 끊임없는 조정과 수리의 과정 ─ "발명과 구성의 기능을 가장 자연스럽게 지속시키는"[93] 실용적 활동 ─ 이다. 시몽동의 사유는 정신과 물

---

89. Foucault, "The Confession of the Flesh," 195.

90. 같은 곳.

91. 이런 의미에서 장치는 "외피를 두르고 그 실행 조건에 대하여 권력의 미시관계들의 층위에 의존한다. 그런데 언제나 정반대 방향으로의 움직임 역시 존재한다"(Foucault, "The Confession of the Flesh," 199). 즉, "위로부터 아래로"(같은 글, 200) 지시되는 권력 전략들의 조율과 확장의 형태들도 존재한다.

92. Gilbert Simondon, On the Mode of Existence of Technical Objects, 251. [질베르 시몽동, 『기술적 대상들의 존재 양식에 대하여』.]

93. 같은 책, 255. [같은 책.]

질, 인간과 기계, 형상과 질료 사이의 존재론적 이원론들을 벗어나서 특정한 종류들의 개별적 존재자들을 구성하고 수정하는 유동적인 동역학에 주목한다. 이런 '개체화' 과정들에 대한 시몽동의 접근법은 그 과정들의 비결정성과 미완의 본성을 강조하고, 게다가 그것들을 권력과 잠재력에 의거하여 분석한다. "기술적 세계는 연합과 접속 들의 무한정한 임의적 이용 가능성disponibilité을 제공한다. 왜냐하면 일어나는 일은 기술적 객체로 결정화되는 인간 실재의 해방이기 때문이다. 기술적 객체를 구성하는 것은 임의적 이용 가능성을 준비하는 것이다."[94]

장치의 세 번째 측면은 그것의 "**전략적 목적**"[95]이다.[96] 장치는 그것이 어느 특정한 요구나 '긴급한 문제'를 처리하는 한에서 현존한다. 장치는 새로운 전략 내에 뜻밖의 효과나 부정적인 효과를 등록하고 동원할 수 있게 하는 "영구적인 전략적 정교화의 과정"[97]에 의해 추동된다. 푸코는 이

---

94. 같은 책, 251, 번역이 수정됨 [같은 책]; Thomas LaMarre, "Afterword"; Heike Delitz, "Gilbert Simondons Ontologie, philosophische Anthropologie und Gesellschafts-theorie"; Benjamin Lipp, "Analytik des Interfacing," 113~5.
    토마스 라마르는 시몽동의 관계적 기술철학을 푸코의 권력분석학과 소통하게 한다. 시몽동은 "구조 또는 형태가 실재라고 간주하는 실재론을 거부한다. 오히려 그는 관계의 실재론을 고수하는데, 이는 개체가 과정 속에 있음을 보여줄 뿐만 아니라 그런 과정을 중단하거나 연장하는 것이 그 주위로 영토화, 규율, 또는 통제의 절차들이 모일 수 있는 (푸코의 용어를 사용하면) 하나의 장치, 즉 일단의 기법, 하나의 '기구' 또는 '패러다임'을 작동시킨다는 점도 보여주기 위함이다"(LaMarre, "Afterword," 87).
    이 책의 5장에서 나는 푸코의 작업에서 기술이 수행하는 역할을 더 자세히 논의할 것이다.
95. Foucault, "The Confession of the Flesh," 195, 강조가 첨가됨.
96. 푸코는「주체와 권력」이라는 시론에서 전략에 관한 자신의 이해를 구체적으로 밝히면서 그 낱말의 세 가지 의미를 다음과 같이 묘사했다. "(1) 어떤 목적을 달성하기 위해 채택되는 수단을 지칭하기; (2) 어떤 경기에서 한 참가자가 그가 어떤 사람들의 행위이기 마련이라고 생각하는 것과 그가 여타 사람들이 그 자신의 행위라고 생각한다고 간주하는 것에 대해 작용하는 방식을 지칭하기; ⋯ (3) 대립 상황에서 적의 전투 수단을 박탈하여 적이 어쩔 수 없이 투쟁을 포기하게 하는 데 사용되는 절차를 지칭하기"(Foucault, "The Subject and Power," 346).
97. Foucault, "The Confession of the Flesh," 195.

과정을 '구금 장치'의 실례로 예시한다. 18세기 초에 구금은 불법 행위의 문제를 처리할 수 있는 가장 인도적이고 합리적인 방법인 것처럼 보였지만, "전적으로 예상치 못한 효과"[98]를 산출했다.

비행을 저지르는 환경의 구성…. 무슨 일이 일어났을까요? 감옥은 범죄적 환경을 여과하고, 집중시키고, 전문화하고, 한정하는 과정으로서 작용했습니다. 1830년대 무렵부터 줄곧 이런 뜻밖의 부정적인 효과의 즉각적인 재활용이 어떤 의미에서는 이 빈 공간을 차지하거나 또는 그 부정적인 효과를 긍정적인 효과로 전환하게 되는 새로운 전략 내에서 나타납니다. 비행을 저지르는 환경은 매춘의 조직화를 통해서 쾌락으로부터 이윤을 추출하기와 같은 다양한 정치적 및 경제적 목적을 위해 재활용되게 되었습니다. 이것이 내가 장치의 전략적 완성remplissement이라고 일컫는 것입니다.[99]

그러므로 전략적 목적과 장치의 현존하는 형태는 언제나 어떤 거리 ― 단지 미성취의 결과도 아니고 불완전함의 표식도 아닌 차이, 오히려 장치의 변환 벡터가 되는 차이 ― 에 의해 특징지어진다.[100] 그것은 바로 장치의 유연성과 역동성을 가능하게 하고 기능주의적 편견을 회피할 수 있게 하는 이런 "전술적 다가성多價性"[101]이거나 혹은 "가변적 창조성"[102]이다.[103] 푸코가 주장하는 대로, 장치는 "힘들의 관계들의 어떤 조작의 문제, 예컨대 그것들을 특정한 방향으로 전개하기, 차단하기, 안정화하기, 활용하기 등

---

98. 같은 곳.
99. 같은 글, 195~6, 번역이 수정됨.
100. Jörg Brauns, "Schauplätze," 44.
101. Foucault, *The History of Sexuality*, Vol. 1, 100. [푸코, 『성의 역사 1』.]
102. Deleuze, "What Is a Dispositive?," 163.
103. Foucault, *Security, Territory, Population*, 118. [푸코, 『안전, 영토, 인구』.]

의 문제"이다.[104] 중요한 점은 이런 전략 개념이 어느 개별적 주체 또는 집단적 주체의 "결정"이나 "이해관계"에서 비롯되지 않고 오히려 "지향적이면서도 비주체적인" 권력관계를 특징짓는다는 것이다.[105]

푸코는 "주체 없는 전략"[106]이라는 이 개념을 또 다른 실례 — 19세기 초 프랑스에서 최초의 중공업 노동자들을 작업장에 붙들어 매기 위해 실행된 시도 — 를 사용하여 예시한다. 푸코는 물질적 및 기호적 존재자들, 인간 및 비인간 존재자들을 동원한 수많은 다양하고 이질적인 전술을 거론한다. 이 전술들은 노동자들에게 결혼을 강요하기와 새로운 주거 선택권을 제공하기에서부터 박애주의적 담론의 등장을 거쳐 아동용 교육 시설의 건설에 이르기까지 매우 다양했다. 대단히 다양한 이런 전술적 조치는 "어떤 정합적인 합리적 전략이지만 그것을 구상한 사람을 더는 식별할 수 없는 전략"[107]을 산출한다. 중요한 점은 이런 척도와 도구 들이 특정한 개인들이나 사회적 계급들에 의해 "부과되"지 않았음에도 "정처 없이 부유하는 노동력을 지배할 긴급한 필요를 충족시켰다"라는 것이다.[108] "그리하여 목적이 현존했고 전략이 개발되었는데, 정합성은 언제나 증진되지만 그것을 주체에 귀속시킬 필요는 전혀 없는 채로 말입니다."[109]

---

104. Foucault, "The Confession of the Flesh," 196.
105. Foucault, *The History of Sexuality*, *Vol. 1*, 94 [푸코, 『성의 역사 1』]. 또한 Foucault, "The Confession of the Flesh," 206을 참조.
106. 카트린 미요는 푸코와 가진 한 인터뷰에서 이 표현을 제시하였다(Foucault, "The Confession of the Flesh," 202).
107. Foucault, "The Confession of the Flesh," 203.
108. 같은 글, 204.
109. 같은 글, 204 ; Foucault, *The History of Sexuality*, *Vol. 1*, 94~5 [푸코, 『성의 역사 1』]; Michel Foucault, "La poussière et le nuage," 16~9. 또한 Christoph Hubig, " 'Dispositiv' als Kategorie"를 참조.
    노엘 넬 역시 1960년대 말부터 1980년대 중엽에 이르기까지 프랑스 텔레비전의 진화에 관한 분석에서 장치의 전략적 차원을 강조한다(Noël Nel, "Des dispositifs aux

그렇지만 이것은 장치가 단지 위기에 대응하여 기존 문제들을 해결하고자 할 뿐임을 뜻하지는 않는다. "이중 조정의 규칙"[110]이 작동하고 있다. 장치는 전략이 장치를 특징짓는 것만큼이나 전략에 영향을 미친다. 푸코가 진술하는 대로, 권력의 전략을 "어느 장치를 작동하게 하거나 유지하기 위해pour faire fonctionner ou maintenir un dispositif de pouvoir 조작되는 수단들의 총체"[111]로 일컬을 수 있다. 여기서 중요한 이런 "이중 과정"[112] 혹은 "호혜적 생산관계"[113]를 분석하기 위해 푸코는 "도구–효과"[114]라는 개념을 제안한다. 장치는 문제의 외부에 있지 않다(혹은 진단된 '긴급한 문제'나 '위기'로부터 독립적이지 않다). 오히려 장치는 특정한 문제화와 그것에 대응하도록 고안된 도구의 효과이기도 하다.[115]

푸코에 따르면 장치는 경쟁의 양식들과 "대항품행"[116]의 형식들에 의해 특징지어진다. 푸코는 "어떤 대중적 성질 또는 양태"[117]를 참조함으로

agencements télévisuels 1969~1983").
110. Foucault, *The History of Sexuality, Vol. 1*, 99. [푸코, 『성의 역사 1』.]
111. Foucault, "The Subject and Power," 346, 번역이 수정됨.
112. Foucault, "The Confession of the Flesh," 195.
113. 같은 글, 203.
114. Foucault, *The History of Sexuality, Vol. 1*, 48. [푸코, 『성의 역사 1』.]
115. 역사가들과 벌인 한 논쟁에서 푸코는 자신이 분석하는 프로그램들(예를 들면 판옵티콘)이 베버적 의미에서의 '이념형'이 아니라고 단언한다. 푸코는 프로그램이 "결코 계획대로 잘 진행되지 않습니다"라고 강조한다. "그런데 제가 보여주고 싶었던 것은 이런 차이가 이상적인 것의 순수함과 실재적인 것의 무질서한 불순함 사이의 차이가 아니라는 것입니다. 오히려 애초에 작성된 프로그램에 부합하지는 않더라도 나름의 합리성에 의거하여 완벽히 이해될 수 있는 영구적이고 확실한 효과를 산출하도록 서로 대립적이면서도 함께 결합하고 중첩되는 상이한 전략들이 사실상 존재한다는 것을 보여주고 싶었습니다. 바로 이것이 결과로서 생겨난 장치(dispositif)에 그 견고함과 유연성을 부여하는 것입니다"(Michel Foucault, "Questions of Method," 80~1 [미셸 푸코, 「방법에 관한 질문들」]; 또한 Laura Silva-Castañeda and Nathalie Trussart, "Sustainability Standards and Certification"을 참조).
116. Foucault, *Security, Territory, Population*, 201. [푸코, 『안전, 영토, 인구』.]
117. Michel Foucault, "Power and Strategies." 138.

써 장치의 이런 "경합적"[118] 특질을 포착하고자 하는데, 요컨대 "'대중'의 현존은 권력 장치가 목표로 삼는 영구적인, 언제나 무언의 대상〔이다〕"[119]라고 주장한다. 푸코는 대중을 하나의 "실재적인 사회적 존재자"[120] 또는 정치적 반란을 위한 초역사적 표상이자 토대로 이해하는 것을 거부한다. 오히려 대중은 신체들의 어떤 배열들에서 구체화하는 "원심성 운동, 역〓 에너지, 방전"[121]으로 여겨진다. 대중에 관한 이런 이해는 인간 집단들이나 사회적 범주들만 배타적으로 참조하지는 않고 오히려 장치의 조작에서 처리되고 겨냥되는 인간-비인간 동맹들과 물질적 힘들을 파악하고자 한다. 푸코는 이런 견해의 이론적 중요성뿐만 아니라 정치적 중요성도 강조한다. "그러므로 이런 대중관, 권력의 이면과 한계에 대한 관점은 권력 장치를 분석하는 데 필수적이다. 이것이 권력의 작동과 전개를 이해하는 출발점이다."[122]

아카이브, 기구, 그리고 회집체 너머 : 존재론적 정치를 개념화하기

푸코의 개념적 어휘에서 장치라는 개념의 부상은 이론적 연속성과 단절의 복잡한 작용을 나타낸다. 에피스테메와 아카이브는 푸코의 초기 작업에서 중요한 역할을 수행했다.[123] 왜냐하면 그것들은 둘 다 한 시대의 특정한 담론적 사건들의 역사적 선험성을 구성하는 동시에 이 담론들이 애초에 출현할 수 있게 하는 일반적 구조로서 작동했기 때문이

---

118. Foucault, "The Subject and Power," 342를 보라.
119. Foucault, "Power and Strategies," 137, 번역이 수정됨.
120. 같은 곳.
121. 같은 글, 138.
122. 같은 곳, 번역이 수정됨. 또한 Foucault, "The Subject and Power," 346~7을 보라.
123. Michel Foucault, *The Order of Things* [미셸 푸코, 『말과 사물』]와 Michel Foucault, *The Archaeology of Knowledge* [미셸 푸코, 『지식의 고고학』]를 참조.

다. 장치의 경우에도 사정은 마찬가지이다. 그렇지만 두 가지 중요한 차이점이 있다. 아카이브는 어느 특정한 시대에서 말해질 수 있을 것을 결정하는 "담론성의 체계"[124]에 집중하는 반면에 에피스테메는 "모든 지식의 가능성의 조건을 규정한다."[125] 그러므로 그 두 개념은 모두 담론의 지평 안에 여전히 머무르게 된다. 반면에 푸코는 장치를 "담론적이면서도 비-담론적인 것"[126]으로 간주한다.[127] 두 번째 차이점은 장치의 전략적 특질과 관련되어 있으며, 지식의 장과 권력관계의 공-구성을 강조한다. 장치는 "지식 유형들을 지지하고 그것들에 의해 지지되는 힘들의 관계들에 관한 전략들"[128]에 자리하고 있다. 전략적 차원에 대한 관심은 상이한 역사관을 낳는다. 푸코는, 상이한 에피스테메와 아카이브 들의 순서열로 예증되듯이, 더는 역사적 중단과 불연속성을 강조하지 않고 오히려 역사적 과정이 장치들의 경합적 힘들과 전략적 재편들에 의해 추동된다고 간주한다.

조르조 아감벤은 디스포지티브[장치]dispositive라는 용어, 그리고 그것의 라틴어 선행 낱말들인 디스포지티오dispositio와 디스포네레dispo-

---

124. Foucault, *The Archaeology of Knowledge*, 129. [푸코, 『지식의 고고학』.]
125. Foucault, *The Order of Things*, 168. [푸코, 『말과 사물』.]
126. Foucault, "The Confession of the Flesh," 197. 또한 Hubig, " 'Dispositiv' als Kategorie"를 보라.
127. (독일어권 사회과학에서) 장치에 관한 푸코주의적 개념은 질적 연구 방법론에서 "담론, 실천, 제도, 객체와 주체"(Andrea D. Bührmann and Werner Schneider, *Vom Diskurs zum Dispositiv*, 68)를 포함함으로써 통상적인 담론-분석적 접근법들을 확대하는 데 사용되었다. 이런 '장치적 분석'의 자칭 목적은 사회적인 것에 관한 더 포괄적이고 복합적인 분석을 제공하기 위해 지식 구조들, 제도적 장들, 그리고 주체화 형식들 사이의 네트워크들을 경험적으로 탐구하는 것이다(같은 책 ; Andrea D. Bührmann, "Vom 'Discursive Turn' zumum 'Dispositive Turn'?" ; 또한 Rainer Diaz-Bone and Ronald Hartz, *Dispositiv und Ökonomie*를 참조). 조직 연구에서 장치적 분석의 분석적 잠재력에 관한 탐구에 대해서는 Sverre Raffnsø, Marius Gudmand-Høyer, and Morten S, Thaning, "Foucault's Dispositive"를 보라.
128. Foucault, "The Confession of the Flesh," 196.

nere가 오이코스oikos의 관리, 즉 가정과 그 재화 및 복지의 관리, 또는 더 일반적으로 경영을 뜻하는 그리스어 용어 오이코노미아oikonomia 의 표현들이라고 주장했다.[129] 장치는 "인간의 행동, 태도, 그리고 사유를 … 운용, 통치, 통제, 조정하는 것을 목표로 하는 일단의 실천, 지식체, 조치, 그리고 제도"[130]와 관련된다. 그렇지만 장치에 대한 푸코의 해석은 인간과 그 개념의 신학적 구성에 대한 아감벤의 집중을 넘어선다. 왜냐하면 그 해석은 인간 실존을 넘어서는 생명의 과정들을 조종하고 이끌고자 하는 통치분석학과 깊게 결부되어 있기 때문이다.[131] 아감벤은 "생명체"와 "장치" 사이에 대립을 설정하고서[132] 개체의 생명이 장치의 작동에 의해 "오염되"는 외부적인 부정적 관계를 제시하는 반면에[133], 그 용어에 관한 푸코의 용법은 그것의 존재론적 차원과 기술적 차원을 강조한다.[134]

---

129. Agamben, "What Is an Apparatus?" [「장치란 무엇인가?」.]

130. 같은 글, 12. [같은 글.]

131. 맛떼오 파스퀴넬리는 아감벤이 푸코주의적 장치 개념에 "심지어 언어학적 관점에서 보더라도 그것에 중요하지 않은 그리스도교적 계보"(Pasquinelli, "What an Apparatus Is Not," 85)를 부과한다고 주장한다. 오히려 파스퀴넬리는 그 용어에 관한 푸코의 용법의 기원을 조르주 캉길렘의 작업과 유기적 및 사회적 규범성에 관한 그의 이해로까지 거슬러 올라가 추적한다. 캉길렘은 1952년에 처음 출판된 「기계와 유기체」 (Machine and Organism)라는 시론에서 개인적 지도와 통제에 의존하는 권력 형태들을 대체하고자 하는 권력 역학에 관한 데카르트의 이해를 논의하기 위해 디스포지티프(dispositif)라는 용어를 사용한 것처럼 보인다(Pasquinelli, "What an Apparatus Is Not," 84~5 ; 또한 이 책의 5장을 보라).

132. Agamben, "What Is an Apparatus," 13, 번역이 수정됨. [「장치란 무엇인가?」.]

133. 같은 글, 15. [같은 글.]

134. 에밀리 고마르와 앙투안 에니옹은 "애착의 사회학"을 제안하면서 푸코주의적 장치 개념의 생산적 차원을 강조하는데, 그 개념 덕분에 능동적/수동적, 지유로운/결정된, 또는 예속된/지배적인 같은 통상적인 (사회학적) 이분법들을 회피할 수 있게 된다 (Gomart and Hennion, "A Sociology of Attachement"). 그것은 능력들의 생성 및 확산과 "사건들"을 분석하기 위해 "주체가 출현할 수 있게 하는 전술들과 기법들"에 중점을 둠으로써 주의를 행위성이라는 개념에서 이행시킨다(같은 글, 220). 더 자세한 논의는 이 책의 7장을 참조.

섹슈얼리티의 장치에 관한 푸코의 계보학은 그 개념의 기술적 차원, 전략적 차원, 그리고 존재론적 차원 사이의 상호작용에 대한 훌륭한 일례이다. 『성의 역사 1』에서 푸코는 그가 '억압 가설'이라고 일컫는 것 — 자본주의의 발흥과 부르주아 계급의 헤게모니로 인해 서양 사회들이 17세기부터 줄곧 성적 욕망을 부정하거나 억제했다는 프로이트-맑스주의적 관념 — 에 두 가지 방식으로 이의를 제기한다. 첫째, 푸코는 원초적인 성적 욕망이 제약받게 되었고 이제는 해방되어야 하는 것으로 간주하는 관념을 거부한다. 또한 푸코는 섹슈얼리티의 장치가 주로 계급 억압을 충족시키는 데 사용된다는 해석을 비판하며, 섹슈얼리티가 구체적인 사회들에서 보편적으로 주어지고 상이하게 규제되며 알려지는 것이 아니라고 주장한다. 오히려 푸코는 '섹슈얼리티'가 19세기에 등장한 이후 다양한 분과학문에서 특권적인 지식의 대상이 된 역사적 표상이라고 주장한다. 섹슈얼리티의 장치는 일단의 사회적 행동, 신체적 기능, 그리고 제도적 실천을 마련하고 조율함으로써 개인들과 그들의 신체들을 통치하고 통제한다.[135] 둘째, 푸코는 "성의 기술"[136]이 부르주아 계급이 그들에게 특유한 종류의 담론, 감각, 그리고 진실을 생산하기 위해 발명한 것이기에 육체를 부정하기보다는 오히려 긍정한다고 주장한다. "주요 관심사는 피착취 계급의 성의 억압이 아니라 오히려 '지배' 계급의 육체, 활기, 수명, 자손, 그리고 가계였다."[137] 그러므로 푸코는 '섹슈얼리티'가 부르주아 계급의 발명품, 자신의 '계급 신체'를 구성하기 위한 자기긍정의 수단이라고 주장한다. 나중에서야, 19세기 도중에, 그 장치는 사회체 전체에 작용하게 되었는데, 그리하여 헤게모니적 심급으로서 "그것은 연속적 이동과 전환을

---

135. Foucault, *The History of Sexuality*, Vol. 1, 107 [푸코, 『성의 역사 1』]; Behrent, "Foucault and Technology," 88; Elden, *Foucault's Last Decade*, 53~9를 참조.

136. Foucault, *The History of Sexuality*, Vol. 1, 123. [푸코, 『성의 역사 1』.]

137. 같은 곳.

통해 특정한 계급 효과를 유발한다."[138]

푸코의 작업에 대한 장치dispositif 개념의 전략적 중요성은 그가 자신의 저작에서 그 용어를 기구appareil와 깔끔하게 분리할 때 훨씬 더 분명해진다. 그 개념적 구분은 1973~74년의 콜레주드프랑스 강의록[139]과 『감시와 처벌』에서 이미 현시된다.[140] 이런 초기 텍스트들에서 푸코는 때때로 메커니즘 혹은 기구라는 기술적 의미와 유사한 의미에서 장치를 사용하지만, 그는 이미 "더욱더 철학적으로 복합적인 의미"[141]를 암시한다. 이런 특수한 개념적 윤곽은 『성의 역사』의 1권에서 부각되고 그 용어에 관한 푸코의 후속적 이해를 특징짓는다. 푸코는 장치라는 개념을 주권과 국가권력의 영역에 여전히 속하고 도구적 용법에 중점을 두는 기구라는 더 한정되고 제한된 개념과 의식적으로 또 일관되게 구분한다.[142] 기구에 관한 이런 이해는 푸코가 콜레주드프랑스에서 통치성에 관하여 행한 강의에서 "안전장치"를 논의하면서 그것을 좁은 의미에서의 "통치 기

---

138. 같은 책, 127 [같은 책]. 또한 Foucault, *Society Must Be Defended*, 31~4 [푸코, 『사회를 보호해야 한다』]를 참조.
   이런 해석은 부르주아 계급을, 법률을 부과하고 억압을 통해서 작동하기보다는 오히려 새로운 규범을 개시한 "규범적 계급"으로 간주하는 캉길렘의 해석과 매우 유사하다. "'정상적'이라는 낱말이 나타났던 1759년과 '정상화된'이라는 낱말이 나타났던 1834년 사이에 어떤 규범적 계급은…그 계급이 결정한 내용을 갖춘 사회적 규범의 기능을 그 계급이 그 규범을 사용하는 용도와 동일시할 권력을 쟁취했다"(Georges Canguilhem, *The Normal and the Pathological* [조르주 캉길렘, 『정상적인 것과 병리적인 것』]).

139. Foucault, *Psychiatric Power*. [푸코, 『정신의학의 권력』.]

140. 예를 들면 『감시와 처벌』에서 서술된 다음과 같은 구절을 보라. "군주와 그의 힘, 사회체, 그리고 행정 기구(l'appareil); 낙인, 기호, 흔적; 의례, 표상, 훈련; 격파된 적, 새롭게 규정되는 법적 주체, 직접적 강제권의 대상이 되는 개인; 신체형을 당하는 육체, 표상이 조작되는 영혼, 훈육되는 신체. 이것들은 모두 18세기 후반에 상층하는 세 가지 형벌 장치(dispositifs)를 특징짓는 세 가지 계열의 요소들이다"(Foucault, *Discipline and Punish*, 131 [푸코, 『감시와 처벌』]).

141. Elden, *Foucault*, 142.

142. 예를 들면 Foucault, *The History of Sexuality*, Vol. 1, 86, 89, 95를 보라. [푸코, 『성의 역사 1』.]

구appareil"와 구분하는 사태를 설명한다.[143]

그러므로 푸코의 개념적 어휘에서 기구는 장치의 동의어도 아니고 장치와 호환 가능하지도 않다. 그것들은 "관련된 개념들인데, 요컨대 기구는 장치의 분명한 부분집합이다."[144] 장치의 이런 개념적 우위성은 이론적으로도 중요하다. 푸코는 전통적 정치학이 군사-행정적 기구로서의 국가와 주권에 중점을 두는 한에서 그것에 비판적으로 관여하지만, 또한 자신의 개념을 "이데올로기적 국가기구"에 관한 알튀세르의 작업[145]과 거리를 둔다. 알튀세르는 지식 생산과 주체화 과정들을 고려함으로써 국가 이론의 범위를 확대하고자 하지만, 그 분석은 여전히 국가에 집중된 채로 남아 있게 된다.[146] 그렇다면 장치라는 용어에 관한 푸코의 용법은 아

---

143. Foucault, *Security, Territory, Population*, 108. [푸코, 『안전, 영토, 인구』.]
이 책의 5장에서 나는 안전장치에 관한 푸코의 이해를 분석할 것이다.

144. Bussolini, "What Is a Dispositive?," 94.
부솔리니는 그 두 용어의 현대적 용법들을 여전히 특징짓는, 이 용어들의 라틴어 유래를 지적하면서 중요한 의미론적 및 개념적 차이점들이 있다고 설득력 있게 주장했다. 아파레유(appareil)의 어원은 '준비하다'라는 뜻의 라틴어 낱말 아파라레(apparāre)의 과거분사에서 비롯된 '준비'를 뜻하는 아파라투스(apparātus)이다. 그것은 "무언가에 대한 준비 또는 채비하기, 즉 설치하기, 공급하기, 또는 장착하기를 지칭한다. … 반면에 디스포지티오(dispositio)는 정기적인 배치 − 배열 − 를 지칭하고 동사 디스포노(dispono) 및 그 어근 포노(pono)와 관련되어 있다 … . 디스포노는 여기저기에 위치시키기, 다양한 장소에 설치하기, 배열하기, (정기적으로) 분배하기, 배치하기와 관련되어 있다. 또한 그것은 구체적으로 정돈하기, 정렬하기, 혹은 (군사적 또는 법적 의미에서) 안정화하기와 결정하기를 지칭한다. 밀접히 관련된 포노는 (질서정연한 사물들이나 군대처럼) 두기, 위치시키기 혹은 내려놓기, 아니면 (예술 작품처럼) 구성하기 또는 빚기와 관계가 있다. … 그러므로 기구는 실재적이고 이동 가능한 사물을 가리키지만, 이 독해에 따르면 장치는 (필시) 창조하는 것으로서 또는 사태에 전략적이고 결정적인 의미를 부여하는 배열을 창조하는 것으로서 더 강건한 존재론적 감성을 갖추고 있다"(같은 글, 96).

145. Althusser, "Ideology and Ideological State Apparatuses" [알튀세르, 「이데올로기와 이데올로기적 국가 기구」]; Althusser, *On the Reproduction of Capitalism* [알튀세르, 『재생산에 대하여』].

146. 기구라는 개념은 들뢰즈와 과타리의 작업에서도 현시되는데, 특히 국가에 대한 알튀세르의 집중과는 다른 "포획 기구"(appareil de capture)라는 그들의 개념에서 그러하

파레유appareil와 디스포지티프dispositif라는 두 낱말이 전혀 변별되지 않은 채로 'apparatus'라는 영어 낱말로 번역될 때 가려지는 명시적인 개념적 선택을 나타낸다.

장치라는 개념은 국가권력의 구조적 조직에 집중하기보다는 오히려 세력들의 전략적 관계들을 분석의 대상으로 삼는다. 그 개념은 "이런 세력 관계들이 연쇄나 체계를 형성하게끔 서로에게서 찾아내는 거점, 또는 이와는 반대로 그것들을 서로 분리하는 괴리와 모순, 그리고 마지막으로 그것들이 효력을 받히하는 전략들, 그 일빈적 구상 또는 제도적 결성화가 국가기구에서 구현되는 전략들"[147]을 탐구하고자 한다.[148] 장치라는 개념과는 대조적으로 기구는 종종 사물들의 전략적 구성을 가리키기보다는 오히려 사물들의 어떤 주어진 질서의 도구들, 기계들, 연장들, 부품들, 또는 그 밖의 설비들의 정적 집합체를 가리킨다. "기구는 도구들 자체 또는 도구들의 이산적인 집합체들 자체 ― 설치물들 또는 시설 ― 라고 할 수 있을 것이다. 반면에 장치는 오히려 설치물들을 역동적으로 기능하도

다(Gilles Deleuze and Félix Guattari, *A Thousand Plateaus*, 424~73 [질 들뢰즈·펠릭스 가타리, 『천 개의 고원』]).

흥미롭게도 이데올로기적 국가기구에 관한 시론에서 알튀세르 역시 아파레유(appareil)와 디스포지티프(dispositif)를 구분한다. 여기서 후자는 전자의 부분집합인 것처럼 보인다(예를 들면 Althusser, "Ideology and Ideological State Apparatuses," 167 [알튀세르, 「이데올로기와 이데올로기적 국가 기구」]; Bussolini, "What Is a Dispositive?" 94, 주 21). 그렇지만 우발적 유물론에 관한 후기 작업에서 알튀세르는 기구라는 용어를 사용하지 않고 오히려 장치라는 개념에 전념한다(예를 들면 Althusser, *On the Reproduction of Capitalism* [알튀세르, 『재생산에 대하여』]; Panagia, "On the Political Ontology of the Dispositif," 713, 주 27을 참조). 알튀세르와 푸코의 관계는 Warren Montag, *Althusser and His Contemporaries*, 141~70을 참조.

147. Foucault, *The History of Sexuality*, Vol. 1, 92~3 [푸코, 『성의 역사 1』]. 또한 Bussolini, "What Is a Dispositive?," 93~4를 참조.

148. 통치라는 개념을 도입하는 것에 대한 푸코의 관심은 바로 그 용어를 그것의 "엄밀한 국가주의적 의미"로부터 분리하는 것이다(Foucault, *Security, Territory, Population*, 120 [푸코, 『안전, 영토, 인구』]; 또한 Thomas Lemke, "An Indigestible Meal?"을 참조).

록 배열하는 것 – 전략적 배열 – 을 나타낼 것이다."[149]

푸코의 장치 개념과 버라드의 행위적 실재론에서 제시된 기구 개념 사이에는 유사점뿐만 아니라 차이점도 있다. 3장에서 알게 되었듯이, 버라드의 견해는 정적이고 안정적인 이해에서 기구의 경계-형성 실천을 설명할 수 있게 하는 수행적이고 역동적인 이해로의 이행을 제안한다.[150] 버라드에 따르면 기구는 그저 "시간 속에서 변화하는" 것이 아니라 "기구는 시간을 (통해서) 구체화하고"[151], 기구는 "세계 속에 자리하고 있지 않고 오히려 역동성(에 관한 전통적 관념)뿐만 아니라 공간성과 시간성도 재배치(재부각)하는 세계의 물질적 배치체 또는 재구성체이다."[152] 그러므로 행위적 실재론은 기구의 혁신적인 생산적 차원을 부각하면서 '행위적 단절'과 '내부-작용'에서 기구가 수행하는 역할을 강조한다. 그렇지만 기구의 근본적인 우연성과 "언제나 변화하는 권력관계"[153]에 대한 강조는 기구가 실제로 안정화되고 공고화되는 방식에 관한 물음을 제대로 다루지 못한다. 푸코는 전략적으로 특징지어지는 상황적 분석을 해명하기 위해 모든 "내재적인 순환적 존재론"[154]을 회피하고자 하는 반면에, 버라드의 분석은 통치적 차원을 기구의 조작에서 분리하는 경향이 있다.

또한 장치라는 개념은 들뢰즈와 과타리가 원래 제시한 ['아장스망'agencement이라는 개념에서 비롯된] 어셈블리지assemblage라는 개념과 유용하게 대조될 수 있다. [한국어로는 '회집체'로 번역되는] '어셈블리지'라는 용어는 존재론적 구성과 창조성을 강조하며, 그리고 행위성에 관한 인간중심적 개념들을 거부하는 신유물론적 학술 활동에서 핵심적인 역할을

---

149. Bussolini, "What Is a Dispositive?," 96.
150. 예를 들면, Barad, *Meeting the Universe Halfway*, 170을 보라.
151. 같은 책, 203.
152. 같은 책, 146.
153. 같은 책, 237.
154. Foucault, *Security, Territory, Population*, 247~8, 354. [푸코, 『안전, 영토, 인구』.]

수행한다. 앞서 알게 되었듯이, 생기적 유물론의 견지에서 회집체는 "다양한 요소, 온갖 종류의 생동하는 물질들을 일시적으로 묶은 것"을 뜻한다.[155] 브루스 브라운은 들뢰즈와 과타리의 '아장스망'agencement 개념을 번역하기 위해 'assemblage'라는 영어 낱말을 사용하는 것은 그 용어의 의미를 부분적으로 포착할 따름이라고 지적했다. 후자는 사물들의 집합체에 한정되는 반면에, '아장스망'은 "인간의 행위를 비롯하여 무엇이든 어떤 행위가 생겨나기 위한 사전의 필요조건인 사물들의 회집과 행위 역량을 관련시킨다."[156] 이것은 그 용어가 불러일으키는 유동적이고 가변적인 구성의 중요한 명료화임이 확실하지만, 그런데도 장치가 부각하는 전략적 차원은 두 가지 이유로 인해 회집체/아장스망assemblage/agencement이라는 개념적 대안에 의해 적절히 다루어지지 않는다.

첫째, 존재론적 이질성이 강조된다. 회집체는 종종 다양한 존재자를 연결하여 새로운 집합체와 공간 및 시간의 유례없는 배치체를 생성하는 일단의 실천으로 규정된다.[157] 이런 의미에서 장치는 "회집체의 일종이지만 (기대하기, 촉발하기, 성취하기, 그리고 공고화하기의 의미에서) 재영토화하기, 홈파기, 크기 조정하기, 그리고 통치하기 더 쉬운 것으로 여겨질"[158] 수 있을 것이다. 회집체는 인간뿐만 아니라 비인간도 무차별적으로 포함하는 반면에, 장치라는 개념은 이런 이질적인 요소들 사이의 변별적 경계들을 고려한다. 그러므로 회집체라는 용어와는 대조적으로 장치라는 용어는 "다양한 요소의 변별적 장의 진행 중인 **통합**의 의미를 더 많이 제공한다."[159]

155. Bennett, *Vibrant Matter*, 23 [베넷, 『생동하는 물질』.]
156. Braun, "Environmental Issues," 671.
157. 예를 들면 Aihwa Ong and Stephen J. Collier, *Global Assemblage*, 4를 보라.
158. Stephan Legg, "Assemblage/Apparatus," 131.
159. Ben Anderson, *Encountering Affect*, 35.
  회집체라는 개념이 푸코가 콜레주드프랑스에서 행한 1978년과 1979년의 강의록의 영둘째, 회집체 개념은 대체로 창발, 혁신, 그리고 창조와 관련되어 있다. 반면에 장치는 "이질적인 요소들을 정돈하는 경향이 있는 안정화 움직임을 강조한다."160 그 푸코주의적 용어는 존재론의 과정적 차원에도 주목하면서 장치가 자신의 존재 조건을 끊임없이 재분절하고 변환하고 있는 방식을 강조하지만, 그것은 여전히 질서가 재안정화되고 재규정되는 방식에 대한 관심에 의해 활성화된다.161 전략적 차원에 대한 이런 집중은 중요한 분석적 이점을 수반하는데, 왜냐하면 그것은 안정화 과정과 논쟁 노선을 어떤 단일한 분석틀 내에서 검토함으로써 이원론적 접근법을 회피하기 때문이다. 이런 방법론적 제안은 권력과 저항이 분리될 수 없다는 푸코의 주장과 "품행과 대항품행 사이의 직접적이고 근본적인 상관관계"162에 관한 푸코의 관념과 동조한다. 이런 견지에서 비판과 논쟁은 (단지) 부정적이고 반동적인 대응인 것이 아니고, 오히려 반대와 일탈의 형태들은 어떤 현존하는 장치에 영향을 미치고, 그 장치를 개량하며, 그리고/또는 변환한다. "푸코의 장치라는 렌즈를 통해서 바라보면 파괴적 노선과 안정화 노선 사이에, 또는 달리 서술하면 논쟁과 제도화 사이에 반드시 이율배반이 존재하지는 않는다는 점이 부각된다."163

어 번역본에서도 부각된다는 사실(예를 들면 Foucault, *Security, Territory, Population*, 296, 315 [푸코, 『안전, 영토, 인구』])은 몇몇 해석자로 하여금 "회집체/기구의 용어에서 미묘한 차이"(Legg, "Assemblage/Apparatus," 129)를 유의하도록 촉구했다. 그렇지만 푸코는 아장스망(agencement)이라는 용어를 사용하지 않고 오히려 이 구절들에서 [집합체를 뜻하는] 앙상블(ensemble)이라는 프랑스어 낱말을 채택했다.

160. Silva-Castañeda and Trussart, "Sustainability Standards and Certification," 495.

161. 장치에 관한 이런 과정적이고 관계적인 견해는 생산적 효과의 가능성을 배제하고 여전히 인간중심적인 지평에 묶인 채로 있는, '구조'에 관한 베넷의 협소한 이해와 중대하게 다르다. "구조는 단지 인간 행위성에 대한 제약으로서 부정적으로 작용하거나, 또는 인간 행위성을 가능하게 하는 배경이나 맥락으로서 수동적으로 작용할 수 있을 뿐이다"(Bennett, *Vibrant Matter*, 29 ; Barnwell, "Method Matters," 33을 참조).

162. Foucault, *Security, Territory, Population*, 196. [푸코, 『안전, 영토, 인구』.]

163. Silva-Castañeda and Trussart, "Sustainability Standards and Certification," 504 ; Raffnsø, Gudmand-Høyer, and Thaning, "Foucault's Dispositive," 187~91.

요컨대 장치 개념을 기구와 회집체에 관한 관념과 비교하면 상당히 계시적인 대조가 부각된다. 후자의 용어들은 존재론적 및 기술적 의문들에 집중하는 반면에 오직 전자만이 이런 차원들을 전략적 관심사와 함께 명시적으로 표명한다. 장치 개념은 '존재론적 정치'의 문제를 다루기 위해 존재론적 쟁점, 기술적 쟁점, 그리고 전략적 쟁점의 상호작용을 포착하며, 그리하여 통치에 대한 보다 유물론적인 접근법을 위한 길을 닦는다. 다음 장에서 나는 기술에 관한 푸코의 이해를 더 자세히 탐구하는 한편, 6장에서는 사물의 통치 내에서 환경이 수행하는 전략적 역할을 논의한다.

그렇지만 '장치'(dispositive)와 '회집체'(assemblage) 사이의 의미적 및 개념적 차이는 원래 용어들의 다양한 규정을 고려하면 덜 확연하다. 상이한 프랑스어 사전들을 참조함으로써 파나기아는 아장스망(agencement)이라는 용어의 의미가 어떻게 해서 연결하기 또는 회집하기에 대한 집중과 정리하기 또는 배열하기를 강조하는 해석 사이에서 변화하는지 밝혀낸다 — 후자가 디스포지티프(dispositif)에 더 근접한다. "『프랑스어 사전』은 아장스망을 '연결하기의 활동'(Action d'agencer)으로, 또한 '조정하기, 배열하기'(Ajuster, mettre en arrangement)로, 그리고 마지막으로 '회화의 견지에서 무리들, 형상들을 배열하기, 복장을 단정히 하기, 액세서리를 배치하기'(En termes de peinture. arranger des groups, figures, adjuster les draperies, disposer les accessoires)로 규정한다(*Dictionnaire de La Langue Française*, s.v. 'agencement'). 이와는 대조적으로 프랑스 아카데미의 사전은 '아장스망'을 '배열하거나 정리하는 방식'(Manière d'arranger, de mettre en ordre)으로, 또한 건축에서 '한 건축물의 상이한 부분들의 배치와 관계 : 배열, 또는 평면, 정면, 장식의 상대적 분할 비율'(dispositions et rapport des différentes parties d'un edifice : l'arrangement, les proportions relatives des divisions d'un plan, d'une façade, d'une décoration)로 규정한다(Dictionnaire de l'Académie Française, s.v. 'agencement')"(Panagia, "On the Political Ontology of Dispositif," 716~7, 주 7).
여기서 내 주장은 대다수 문헌이 두 번째 해석 노선('배열')을 무시하면서 첫 번째 해석 노선('연결')을 좇는다는 것이다.

5장

사회-너머의 배치체들

기술에 관한 이해를 확장하기

우리는 흔히 17세기의 기술적 발명품들 ― 화학기술, 야금기술 ― 에 관해 이야기하지만, 인간을 통치하고, 인간의 다양체를 통제하고, 인간을 최대한 활용하며, 그리고 인간의 활동을 통제할 수 있게 하는 권력의 체계 덕분에 인간의 활동, 인간의 노동이 낳는 생산물을 개선하는 이런 새로운 형태의 기술적 발명품은 언급하지 않는다.[1]

예전의 주권사회들은 단순한 기계들 ― 지레, 도르래, 시계 ― 을 사용했지만, 최근의 규율사회들은 에너지를 포함하는 기계들을, 엔트로피라는 수동적 위험과 태업이라는 능동적 위험을 갖추고 있었다. 통제사회들은 세 번째 유형의 기계, 컴퓨터들로 작동하는데, 그 수동적 위험은 교란이고 능동적 위험은 해적질과 바이러스의 유입이다.[2]

4장에서 이해했듯이, 우리는 푸코의 작업에서 사물의 통치라는 관념에 요약되어 있는 인간-너머의 정치적 분석을 찾아낼 수 있다. 푸코는 보완 조치로서 기술에 관한 전통적 이해를 확장한다. 기술이라는 용어를 오로지 문자 그대로의 의미에서 사물을 조작하고 동원하는 실천을 가리키기 위해 잡아 두는 대신에 푸코의 용어법은 그 용어를 인간사에도 적용한다 ― 더 정확히 말하자면 그 용어는 인간과 비인간 사이의 경계선

---

1. Michel Foucault, "The Incorporation of the Hospital into Modern Technolgy," 146.
2. Gilles Deleuze, "Postscript on the Societies of Control," 6.

을 가로질러 작용한다. 이런 이해에 따르면, 기술이라는 개념은 통치 실천과 그 복잡한 동역학을 분석하기 위한 핵심적인 해석 자원이다. 푸코는 여전히 휴머니즘적 틀 안에 머무르고 있다는 버라드와 그 밖의 많은 사람의 주장과는 반대로, 사실상 푸코는 "우리가 사회적 체계와 인간 체계를 분석하기를 원한다면 '인간' 혹은 '인간 자연'을 회피해야 한다"[3]라고 충고한다. 통치 실천에서 객체, 기기, 그리고 하부구조가 수행하는 구체적 역할은 종종 푸코의 역사적 작업에서 불분명한 채로 남아 있지만, 나는 푸코의 기술 개념 덕분에 사물의 통치의 정치적 문제를 파악할 수 있게 된다고 주장할 것이다.[4]

이 장의 첫 번째 절에서는 통치를 기술적 발명품으로 간주하는 푸코의 견해가 제시된다. 그 분석은 통치 실천의 물질적이고 혁신적인 차원에 집중하고, 그런 실천의 출현과 더 좁은 의미에서의 기술 발전 사이의 모든 체계적 구분의 근거를 약화시킨다. 두 번째 절에서는 푸코의 기술 개념이 한편으로는 사회구성주의 및 기술결정론과 구분되고 다른 한편으로는 기술에 관한 맑스주의적 견해 및 휴머니즘적 견해와 구분된다. 세 번째 절에서는 푸코가 통치성에 관한 그의 역사에서 암묵적으로 참조하는, 정치적 구조와 과정을 구상하기 위한 두 가지 기술적 비유와 모델이 논의된다. 시계와 증기기관 조속기調速機, governor는 지배의 독특한 합리성을 나타내며, 결국 정치적 문제에 영향을 미친다. 네 번째 절에서는 "안전 기술"[5]이라는 개념이 탐구된다. 푸코는 이런 기술을 자유주의 특유의 면모로서 소개한다. 또한 푸코는 '보이지 않는 손'과 '견제와 균형'에 관한

---

3. Michel Foucault, "Croître et multiplier," 103.
4. "기술철학에 대한 푸코 작업의 주목할 만한 적실성은 바로 인간 **주체를 통치**하고 **형성**하기 위해 (경성) 기술이 수행하는 역할을 규명하는 이런 접근법이다"라는 스테벤 도레스틴의 테제를 보라(Steven Dorrestijn, "Technical Mediation and Subjectivation," 223).
5. Foucault, *Security, Territory, Population*, 59. [푸코, 『안전, 영토, 인구』.]

관념이 물리학과 공학뿐만 아니라 경제생활과 정치생활에서도 이루어진 혁신을 특징지었던 18세기에 되먹임 기기로서 수행한 역할을 설명한다. 다섯 번째 절에서는 19세기에 통치에 관한 이런 기술적 견해가 어떻게 해서 진화론과 생리학적 조절 과정에 관한 생물학적 이해로 확장되었고, 그리하여 마침내 20세기에 사이버네틱스의 프로그램을 생성하였는지에 대한 분석이 이루어진다.

기술적 발명품으로서의 통치

기술technologie이라는 개념과 기법technique이라는 개념은 1950년부터 줄곧 푸코의 저작에 등장한다. 푸코는 종종 이 두 용어를 호환 가능한 용어들로 채택했지만, 그의 용어법에는 여전히 어떤 일관성과 체계성이 있다. 마이클 C. 베렌트가 지적하는 대로[6], 다음의 두 가지 점이 특히 두드러진다. 첫째, '기법'은 푸코의 초기 저작에서 부각되는 반면에, '기술'은 그의 연구 초점이 그가 당시에 '권력 기술'이라고 일컫은 것으로 이행된 1974년 이후에야 그의 저작에서 등장할 뿐이다. 둘째, 푸코가 그 두 용어 모두에 관계한 전체적인 빈도는 1970년대 중엽 이후 두드러지게 증가했다. 특히 1978년과 1979년에 콜레주드프랑스에서 행해진 통치성의 역사에 관한 푸코의 강의와 그의 후속 작업에서 '기술'과 '기법'은 주요한 의미를 획득했다. 이 두 용어는 푸코에게 물질적 인공물과 하부구조를 통치 합리성과 연결하는 방법을 제공했을 뿐만 아니라, 또한 정치적 통치의 실천을 자기통치의 형식들 — 또는 그가 최종적으로 "자기의 기술"[7]이라고 일컫게 되는 것 — 에 연계시켰다.[8]

---

6. Behrent, "Foucault and Technology," 58~60.
7. Michel Foucault, "Technologies of the Self."
8. '기법'과 '기술'에 대한 푸코의 상이한 관계와 용법의 상세한 재구성은 Behrent, "Fou-

푸코의 저작에서 기술이라는 개념이 수행한 주요한 역할은 주석자들에 의해 대체로 간과되거나 무시된다.[9] '자기의 기술'에 관한 상당량의 문헌이 존재하지만[10], 기술에 관한 더 광범위하고 더 일반적인 이해는 여전히 대체로 다루어지지 않고 있다. 후기 저작에서 푸코는 통치분석학 내에서 기술이라는 용어를 다시 부각하기 위해 그 용어의 의미를 확대할 것을 명시적으로 주장한다. 푸코는 몇 가지 별개의 기술을 구분하려고 한다.

(1) 우리로 하여금 사물을 생산하거나 변환하거나 또는 조작할 수 있게 하는 생산 기술, (2) 우리로 하여금 기호, 의미, 상징, 또는 의미작용을 사용할 수 있게 하는 기호 체계의 기술, (3) 개인의 품행을 결정하고 개인을 어떤 목적이나 지배에 예속시키는 권력 기술…, (4) 개인으로 하여금… 행복, 순수함, 지혜, 완전함, 또는 불멸성의 어떤 상태를 달성하기 위해 자신의 육체와 영혼, 사유, 품행, 그리고 존재방식에 일정한 수의 조작을 시행함으로써 자신을 변환할 수 있게 하는 자기의 기술.[11]

---

cault and Technology"를 참조. 또한 베렌트의 논문은 전후 프랑스에서 국민경제의 우선순위를 설정하고 프랑스 사회가 근대화되어야 하는 분야들을 결정함으로써 공적 담론과 정책 의제를 형성하는 데 중심적인 역할을 수행한 일종의 '기술관료'가 등장하는 사태와 생산 및 소비 체계가 변화하는 사태에 기술이 미친 영향에 관한 유익한 역사적 배경을 제시한다.

9. Steve Mattewman, *Technology and Social Theory*, 66.
   주목할 만한 예외 사례들은 Dorrestijn, "Technical Mediation and Subjectivation"; Behrent, "Foucault and Technology"; Mattewman, *Technology and Social Theory*; Nicolas Ferris Lustig, *Rereading Foucault on Technology, Variegation, and Contemporary Power*를 참조.

10. 예를 들면 Alan McKinlay and Ken Starke, *Foucault, Management and Organization Theory*; Mark G. E. Kelly, "Foucault, Subjectivity, and Technologies of the Self"; Edwards Demenchonok, "Michel Foucault's Theory of Practices of the Self and the Quest for a New Philosophical Anthropology"를 참조.

11. Foucault, "Technologies of the Self," 225.

푸코는 이 기술들을 분석적으로 구분하는 한편, 경험적으로 그것들은 "언제나 서로 중첩하고, 서로 호혜적으로 지지하며, 그리고 어떤 목적의 수단으로 서로 사용한다"[12]라고 여전히 단언한다. 그러므로 상이한 기술들의 상호작용은 사물을 사용하거나 수정할 수 있는 역량을 소통, 권력, 그리고 자기형성의 과정들에 맞게 조정하고 정렬하는 "'단위체들'" 또는 "조정되고 정렬된 체계들"을 구성한다.[13] 우리는 이런 식으로 별개의 기술적 양식과 관계 들을 신중하고 포괄적으로 "조율"[14]하는 것을 사물의 통치로 규정할 수 있을 것인데, 왜냐하면 그것은 다소 정합적인 체제들과 "행동 방식들"[15]을 명확히 표명하기 때문이다.[16]

푸코의 기술 개념이 품은 "넓은 의미"[17]는 의미적 장의 중요한 축소 사태에 대한 자신의 진단에서 비롯된다. 푸코는 기술에 관한 이해가 종종 "경성 기술, 나무, 불, 전기의 기술"[18]에 한정된다고 주장한다. 이런 "매우 협소한 의미"와는 대조적으로 푸코는 "통치 역시 기술의 한 기능이다"라고 강조한다.[19] "개인의 통치, 영혼의 통치, 자기에 의한 자기의 통치, 가족의 통치, 어린이의 통치 등등."[20] 이런 진술은 물질적 기기, 인공물, 기

---

12. Foucault, "The Subject and Power," 338.

13. 같은 글, 337~9.

14. 같은 글, 338.

15. Foucault, *The Birth of Biopolitics*, 42. [푸코, 『생명관리정치의 탄생』.]

16. 푸코 자신은 "그 속에서 기술적 역량들의 전개, 소통 게임, 그리고 권력관계가 숙고한 결과 도출된 정식에 따라 서로 조정되는 이런 단위체"를 뜻하기 위해 "규율"이라는 용어를 제안한다(Foucault, "The Subject and Power," 339). 그렇지만 이런 제안은 전적으로 설득력이 있는 것은 아닌데, 왜냐하면 그것은 매우 상이한 기술 실천들의 조율을 포착하고자 하는 어떤 일반 개념을 특정한 권력 기술과 혼동하는 경향이 있기 때문이다.

17. Foucault, "Space, Knowledge, and Power," 364. [푸코, 「공간, 지식, 권력」.]

18. 같은 곳.

19. 같은 곳.

20. 같은 곳.

계, 그리고 하부구조를 한쪽에 두고 사회적 제도, 정치적 체제, 그리고 문화적 체계를 반대편에 두는 전통적인 이분법을 재생산하는 것처럼 보이겠지만, 사실상 푸코는 "의식적인 목표에 의해 지배되는 실천적 합리성"[21]으로서의 테크네tekhnē라는 통합적 개념을 제안한다. 그는 '기술'을 물질적 도구와 사회적 실천을 결합하는 기예, 공예, 또는 기량과 연계시키는 그 용어의 그리스어 어원을 취한다. 그리하여 이 "길라잡이 개념"[22] 덕분에 푸코는 "사회적인 것과 물질적인 것, 인간과 비인간 사이의 경계를 뛰어넘을"[23] 수 있게 된다.[24]

푸코의 기술 개념은 테크네를 "비축품"Bestand으로 이해하는 하이데거의 견해[25]를 취한다. 하이데거의 작업에서 기술은 특수한 일단의 기기 또는 절차를 규정하는 것만이 아닌데, 기술은 한낱 특정한 목적을 위한 수단에 불과한 것이 아니라 오히려 애초에 특정한 수단을 가능하게 하는 것이다. 이런 독해에 따르면, 기술은 물질적 및 비물질적 존재자들을 저장되고 동원되며 유통될 수 있는 자원으로 배치하는 것이다.[26] 그렇지

---

21. 같은 곳.

22. 같은 곳.

23. Marco Altamirano, "Three Concepts for Crossing the Nature-Artifice Divide," 12. 또한 David Rooney, "A Contextualizing, Socio-technical Definition of Technology"를 참조.

24. 다음과 같이 주지시키는 앤드루 배리의 진술을 보라. "푸코의 설명[에서] 통치는 기술적 문제일 수밖에 없다. 통치 실천은 자동차 안전띠와 운전 규칙에서 식단 체제에 이르기까지, 그리고 경제적 도구에서 심리요법에 이르기까지 일련의 다소 형식화되고 다소 전문화된 기술적 기기에 의존한다. 게다가 통치는 정치의 지형 − 공적인 것과 사적인 것, 국가와 시장, 문화의 영역…과 자연의 영역… − 에 대한 우리의 감각에 매우 중요한 다양한 구분에 작용할 뿐만 아니라 또한 이런 구분들을 가로질러 작용한다. 이렇게 해서 통치에 관한 연구는 … 훨씬 더 광범위한 정치의 장을 조사할 수 있게 한다"(Andrew Barry, *Political Machines*, 5).

25. Martin Heidegger, "The Question Concerning Technology." [마르틴 하이데거, 「기술에 대한 물음」.]

26. Mitchell Dean, "Putting the Technological into Government," 57~61 ; Benjamin Seibel, *Cybernetic Government*, 29~31.

만 푸코는 인간과 기술 사이의 존재론적 연결 관계에 관한 하이데거의 단언은 공유하지만 기술의 영향을 (아직) 받지 않은 진정한 주체에 관한 근저의 관념은 거부한다. "하이데거의 경우에 객체에 관한 지식이 존재의 망각을 밀봉한 사태의 근거는 서양의 테크네에 자리하고 있었다. 그 물음을 뒤집어서 어떤 테크네에 근거하여 서양의 주체가 형성되었고 이 주체를 특징짓는 진실과 오류, 자유와 구속의 게임들이 개시되었는지 자문하자."[27]

기술의 물질성을 파악하기 : 사회구성주의와 기술결정론을 넘어서

기술에 관한 푸코의 이해는 기술을 지식과 실천에 의거하여 구상함으로써 기술 분석을 고립된 인공물 혹은 객체들의 체계에 한정하지 않는다. 기술이라는 용어는 기기, 기계, 또는 과학적 지식의 응용을 가리킬 뿐만 아니라 계산하기, 조절하기, 그리고 개입하기의 양식, 즉 미래 사건을 통제하기에 대한 실제적 관심도 규정한다. 기술에 관한 이런 광범위한 개념은 두 가지 가능한 위험을 회피하려는 목적에 따른 것이다.

첫째, 푸코는 기술적 인공물과 기기가 사회적으로 "형성된다"라거나 "구성된다"라는 주장[28]에 이의를 제기한다.[29] 푸코는 사회적인 것과

27. Frédéric Gros, "Courese Context," 523에서 인용됨. 또한 Dorrestijn, "Technical Mediation and Subjectivation," 225~6을 참조.
    미첼 딘은 푸코주의적 견해와 대조적으로 테크네에 관한 하이데거의 개념이 지닌 한계를 지적하는데, 왜냐하면 하이데거는 비축품의 물질적 요소, 자연적 요소, 인간적 요소, 그리고 기술적 요소를 분석적으로 구분할 수 없을 뿐만 아니라 기술의 전략적 차원에 대한 관심도 없기 때문이다(Dean, "Putting the Technological into Government," 57~61 ; 또한 Bruno Latour, "Can We Get Our Materialism Back, Please?," 140~1과 Judith Revel, "Michel Foucault"를 참조).
28. Donald A. MacKenzie and Judy Wajcman, *The Social Shaping of Technology* ; Wiebe Bijker, Thomas P. Hughes, and Trevor Pinch, *The Social Construction of Technological Systems.*

기술적인 것 또는 미시층위와 거시층위 사이의 전前-분석적 구분을 회피하는데, 왜냐하면 사회적인 것은 기술적인 것과 분리될 수 없기 때문이다. 두 가지 별개의 존재자 사이의 영향과 인과적 연계에 집중하기보다는 오히려 사회적인 것은 19세기에 출현한 기술적 발명품으로 여겨진다.[30]

둘째, 푸코는 자신의 작업을 기술결정론적 해석과 구분하는 데에도 유의했다. 그런 관점에 따르면, 사회적 및 정치적 관계들의 변화는 기술 발전과 혁신의 단순한 효과 또는 직접적인 결과이다. 이런 분석 형식의 한계를 드러내기 위해 푸코는 어느 중세 시대 역사가[31]의 사례를 논의한다. 그 역사가는

> 어떤 시기에 집 내부에 굴뚝 – 단순히 천장 없는 방이나 건물 외부에 달린 굴뚝이 아니라 벽난로와 연결된 굴뚝 – 을 설치할 수 있게 되었는데, 바로 그때부터 온갖 상황이 바뀌었고 개인들 사이에 어떤 특정한 관계가 가능해졌[음을 보여줍니다]. 이 모든 것은 제게 매우 흥미로운 것처럼 보였는데, 한 논문에서 그가 제시한 결론은 사유의 역사가 쓸모없다는 것이었습니다. 사실상 흥미로운 것은 그 두 가지[기술과 사유]가 엄밀히 분리될 수 없다는 점입니다…. 이런 기법이 새로운 인간관계를 형성하는 데 영향력을 발휘했다는 것은 확실하면서도 매우 중요합니다. 하지만 인간관계의 전략과 게임에 그런 방향으로 향하는 무언가가 없었다면 그 기법이 발전되고 적용되었을 것이라고 생각할 수는 없습니다. 흥미로운 것은

---

29. 사회구성주의라는 개념은 Ian Hacking, "On Being More Literal about Construction"; Ian Hacking, *The Social Construction of What?*을 참조.

30. 예를 들면 Jacques Donzelot, *L'invention du social*; Ewald, *L'Etat providence*를 참조.

31. 푸코는 자신이 참조하는 학자의 이름을 언급하지 않는다.

언제나 상호연계성이지, 결코 아무 의미도 없는 저것에 대한 이것의 우월성이 아닙니다.[32]

푸코의 기술 개념은 사회구성주의와 기술결정론에 대한 비판적 태도를 제공하는 동시에 "다수의 금기 체계의 위반에 의존하"는데[33], 왜냐하면 그 개념은 분석과 비판의 (때때로 연계된) 두 가지 노선 – 권력에 관한 맑스주의적 이해와 기술에 대한 휴머니즘적 우려 – 에 이의를 제기하기 때문이다.

근대적 통치에 대한 푸코의 기술적 독해는 『자본』에서 제시된 맑스의 통찰에 실질적으로 의거하는 동시에 맑스주의 이론의 기능주의적·경제주의적·국가중심적 개념들을 일축한다. 『감시와 처벌』에서 이미 푸코는 규율 기술이 물리적 억압과도 이데올로기적 조작과도 근본적으로 다른 "존재의 재코드화"[34]를 가능하게 한다고 지적한다. 권력관계가 더 기술적인 것이 되는 역사적 변환에 관한 이런 인식은 자본주의적 공장 체제 내에서 이루어진 산업적 노동의 조직과 공간 및 시간의 규제에 대한 맑스의 분석에 빚지고 있다.[35] 푸코는 "학술적 맑스주의"[36]의 독단적이고 결정론적인 경향을 비판적으로 폭로하는 한편, 자신은 맑스에 의해 제시된 "이런 본질적인 예시들을 따른다"[37]라고 거듭 강조했다.[38] 4장에서 이

---

32. Foucault, "Space, Knowledge, and Power," 362. [푸코, 「공간, 지식, 권력」.]

33. Colin Gordon, "Afterword," 38.

34. Foucault, *Discipline and Punish*, 236. [푸코, 『감시와 처벌』.]

35. Lustig, *Rereading Foucault on Technology, Variegation, and Contemporary Power*, 76 ; Clemens Kammler, *Michel Foucault*, 149~50.

36. Michel Foucault, "An Interview with Michel Foucault," 3.

37. Michel Foucault, "The Meshes of Power," 158을 보라.

38. 맑스주의 이론과 정치의 한계를 배경으로 푸코의 작업을 검토하는 배리 스마트는 소비에트 사회주의의 쇠퇴하는 호소력에 덧붙여 세 가지 이론적 문제 – 경제적 요인들이 "최종 심급에서" 결정적인 것으로 판명된다는 전제, 정치와 권력 사이의 상호관계

해된 대로, 푸코는 자본주의의 발흥으로 인해 18세기부터 줄곧 서양 사회가 성적 욕망을 억제했다는 프로이트-맑스주의적 관념을 거부한다. 오히려 푸코는 권력의 창조적 및 발명적 차원들 ― "『자본』 2권의 행들 사이에서" 찾아볼 수 있는 어떤 분석적 관점 "또는 적어도 어떤 분석의 소묘" ― 을 강조한다.[39] 그렇지만 또한 기술에 관한 푸코의 견해는 권력이 (생산수단의 소유권에 의해) 생산의 권역에서 비롯된다고 이해하는 맑스의 권력관과 인간을 본질적으로 생산적인 존재자로 간주하는 맑스의 휴머니즘적 인간관을 넘어선다.[40]

권력에 관한 이런 기술적 이해는 도구적 이성 또는 기술관료적 이성에 대한 휴머니즘적 비판과도 다르다. 정치 이론과 사회 이론에서는 기술이 정치적 권역에 본질적으로 이질적이라는 항구적인 우려가 있었다. 이런 비판적 전통은 기술적 추리가 정치적 의사결정을 왜곡한다는 칼 슈미트의 테제[41]에서 기술적 조직, 사회적 지배, 그리고 "도구적 이성"의 연결망에 대한 막스 호르크하이머와 헤르베르트 마르쿠제의 비판들[42]을 거쳐 과학과 기술을 산업사회의 "이데올로기"로 이해하는 위르겐 하버마스의 견해[43]에 이르기까지 모든 것을 포괄한다. 그 전통은 인간과학과

에 대한 불충분한 주의 집중, 그리고 과학성에 대한 요구 ― 를 식별한다(Barry Smart, *Foucault, Marxism and Critique*, 4~31).

에티엔 발리바르는 "푸코의 저작 전체가 맑스와 벌인 진정한 투쟁의 관점에서 이해될 수 있으며, 그리고…이것은 푸코의 생산성을 견인하는 추동력 중 하나로 여겨질 수 있다"라고 강조했다(Étienne Balibar, "Foucault and Marx," 39).

39. Foucault, "The Meshes of Power," 158.

40. Michel Foucault, "Dialogue sur le pouvoir," 470. 또한 Behrent, "Foucault and Technology," 83~4를 참조.

41. Carl Schmitt, *The Concept of the Political*. [카를 슈미트, 『정치적인 것의 개념』.]

42. Max Horkheimer, *Critique of Instrumental Reason* [막스 호르크하이머, 『도구적 이성 비판』]; Herbert Marcuse, *One-Dimensional Man* [헤르베르트 마르쿠제, 『일차원적 인간』].

43. Jürgen Habermas, Toward a Rational Society. [위르겐 하버마스, 『이성적인 사회를 향하여』.]

자연과학을 분리하는 엄격한 경계선에 의거하며, 따라서 기술적 물음들을 자연과학에 맡겨 버린다. 푸코는 정치가 기술적 문제에 의해 억압되거나 저지되거나 또는 은폐되는 방식을 묻는 대신에 오히려 정치가 기술에 의해 끊임없이 생산되고 변환되는 방식에 관한 물음을 제기함으로써 이런 추리 노선과 방법론적으로 결별했다.[44]

저술 작업의 매우 초기부터 줄곧 푸코는 정치적인 것과 기술적인 것, 평범한 것과 과학적인 것 사이의 경계를 의문시하고 전복하고자 했다. 1960년대에 이미 푸코는 기술에 대한 휴머니즘적 비판에 맞서서 다음과 같이 진술했다. "우리 세대의 인민에 의해 수행된 노력은 인간으로 하여금 지식에 맞서고 기술에 맞서라고 요구하는 것이 아니라 오히려 바로 우리의 사유, 우리의 삶, 우리의 존재방식뿐만 아니라 심지어 우리의 대다수 일상적인 존재방식도 동일한 체계적 조직에 속하기에 과학적 및 기술적 세계와 동일한 범주들의 대상임을 보여주는 것입니다."[45] 이런 독해에 따르면, 기술은 사회적인 것의 영역으로의 불법적 확장으로도, 분과학문적 경계의 문제적 침범으로도 여겨지지 않고, 오히려 기술은 사회적 삶의 본질적인 부분이면서도 사회적인 것의 범주를 넘어선다. 『감시와 처벌』에서 푸코는 18세기의 군사적 규정에 관한 사례로 기술에 관한 이런 사회-너머의 이해를 예시한다. 신체와 병기를 조율하는 다양한 양식을 처방하고 상이한 단계들과 신체적 자세들을 구분함으로써 정확한 총기 사용법을 규정하는 규범집에서 푸코는 인간 신체와 기술적 객체가 "세밀하게 연결된 일종의 톱니바퀴 장치"[46]를 식별한

---

44. Dorrestijn, "Technical Mediation and Subjectivation," 224~5 ; Seibel, *Cybernetic Government*, 23~6. 또한 Gordon, "Afterword"와 Dean, "Putting the Technological into Government," 52~3을 참조.

45. Michel Foucault, "Entretien avec Madeleine Chapsal," 518. Behrent, "Foucault and Technology," 67에 번역된 문장을 인용함.

46. Foucault, *Discipline and Punish*, 153. [푸코, 『감시와 처벌』.]

다. 이 과정에서 병사와 총은 융합되어 "하나의 신체-병기, 신체-도구, 도구-기계 복합체"[47]를 구성한다.[48]

푸코의 견해는 기술이 "실천이성의 모체"[49]를 만들어내는 방식에 관해 제기되는 매우 다양한 새로운 의문을 펼친다.[50] 기술은 암묵적 배경이나 은밀한 기초를 제공하지도 않고 통치 행위를 위한 단순한 자원으로서의 역할을 수행하지도 않는다. 오히려 기술은 정치적 실천과 도덕적 실천을 능동적으로 (재)배치한다. 푸코에 따르면 '사물'은 정치적 행위자와 도덕적 행위자로서 작동할 수 있는데, 왜냐하면 사물은 어떤 실천들을 배타적으로 가능하게 하기 때문이다. 이런 견지에서 도덕은 "일단의 물리-정치적 기법"[51]으로 여겨질 수 있다. "신체-객체의 유기적 연결"[52] 이외에 푸코의 분석은 특히 공간적 배열과 건축적 설계에 집중한다. 한 가지 실례는 18세기 말에 이루어진 병원의 변화인데, 여기서 공간적 분배(격리된 병상들과 공기의 순환)가 "행위자이자 치료 수단"[53]으로서 작동했다. 마찬가지로 감옥 벽과 독방은 일탈적 주체의 육체와 영혼에 작용함으로써, 적어도 인간 행위를 부분적으로 대체하거나 보완함으로써 도덕적 행위자로서 작동한다. "감시자들은 힘을 행사할 필요가 없다 ― 이것은 사물의 물질성에 의해 보장된다."[54]

---

47. 같은 곳.

48. 브뤼노 라투르 역시 개인과 화기의 조합에 관한 글을 적었는데, 그 조합은 그 부분들의 총합 이상의 것이며 그 결과는 "총-시민"이라고 서술했다(Bruno Latour, "On Technical Mediation," 32; Steve Matthewman, "Foucault, Technology, and ANT," 286).

49. Foucault, "Technologies of the Self," 225.

50. 또한 푸코가 테크네를 "일반 원리들, 관념들, 그리고 개념들을 참조하는 실천들의 반성적 체계, 기예"로 규정하는 콜레주드프랑스 1981~82년 강의록을 참고(Foucault, *Hermeneutics of the Subject*, 249 [푸코, 『주체의 해석학』]).

51. Foucault, *Discipline and Punish*, 223 [푸코, 『감시와 처벌』]. 또한 Matthewman, "Foucault, Technology, and ANT," 286을 참조.

52. Foucault, *Discipline and Punish*, 152. [푸코, 『감시와 처벌』.]

53. Foucault, "The Incorporation of the Hospital into Modern Technology," 149.

시계에서 조속기까지 : 비유, 모델, 그리고 정치적 문제

국가의 통치는 언제나 기술적 기기 및 발전 상태에 의존했다. 기술적 비유와 모델은 정치적 구조와 과정을 구상하고 마련하는 데 활용되었는데, 요컨대 통치와 지배의 독특한 합리성을 보여주었다.[55] 1978년과 1979년에 콜레주드프랑스에서 행한 강의에서 푸코는 통치성이라는 개념이 권력에 관한 중세적 이해와 분명히 다르다고 단언하는데, 왜냐하면 그 개념은 신의 신성한 의지에도 사물의 우주적 질서에도 의거하지 않기 때문이다. 그것은 "모델이 없는 것, 자신의 모델을 찾아내야만 하는 것입니다."[56] 여기서 푸코는 창발하는 자연과학과 정치에 관한 근대적 이해 사이의 다양한 비유적 및 실제적 전이를 무시함으로써 자신의 주장을 과장하고 있을지도 모른다.[57] 그렇지만 이 강의들의 다른 진술들에서 또한

---

54. Foucault, *Discipline and Punish*, 239 [푸코, 『감시와 처벌』]. 또한 Matthewman, "Foucault, Technology, and ANT," 286을 참조.

누르츠 마레와 하비에르 레자운은 통치 기술에 관한 푸코의 분석학이 " '사물의 정치' 에 관한 '하위정치적' 이해"에 한정되어 있다고 주장했다. 이런 견해에 따르면 '경성' 기술과 물질적 객체는 주체에 작용하여 가능한 행위를 구성하고 특정한 제약 형식들을 부과하는 독특한 사물의 질서를 제공한다. 푸코는 객체, 인공물, 그리고 사회-물질적 건축물이 도덕적 역량과 정치적 역량을 부여받는 방식에 관한 물음에 주목하는 반면에 "객체가 '관여의 권력'을 획득하는 방식과 이들 관여의 권력이 공적 영역에서 부각되고 논의되며 경합되는 방식"을 탐구하기를 주저한다(Noortje Marres and Javier Lezaun, "Materials and Devices of the Public," 495 ; 또한 Noortje Marres, "Testing Powers of Engagement"를 참조).

55. 하나의 기계로서의 국가에 관한 다양한 비유적 이해는 Barbara Stollberg-Rilinger, *Der Staat als Maschine* ; Otto Mayr, *Authority, Liberty, and Automatic Machinery in Early Modern Europe* ; Jon Agar, *The Government Machine* ; Albert Koschroke, Sussane Lüdemann, Thomas Frank, and Ethel Matala de Mazza, *Der fiktive Staat* 를 참조.

56. Foucault, *Security, Territory, Population*, 237. [푸코, 『안전, 영토, 인구』.]

57. 17세기에 실험과학의 지위와 진공의 현존에 관하여 정치 이론가 토머스 홉스와 자연철학자 로버트 보일 사이에 벌어진 논쟁에 집중하는 고전적 사례 연구는 Steven Shapin and Simon Schaffer, *Leviathan and the Air-Pump*를 참조.

푸코는, 한편으로는 국가이성raison d'état 및 정치학의 발전과 다른 한편으로는 자연과학의 발전 사이에 어떤 종류의 평행성 또는 적어도 "동시대성"[58]이 있음을 인정한다. 이런 견해에 따르면, "정치와 통치술의 관계는 동시대에 보편수학mathesis이 자연과학과 맺었던 관계와 유사했을 것입니다."[59]

조르주 캉길렘은 인체를 하나의 기계적 체계로 이해하는 데카르트의 견해가 정치가 작동하는 방식을 구상하는 데 중요한 시사점을 제공하였음을 보여주었다.[60] 그것은 주권자의 개별적 의지를 새로운 권력의 역학으로 대체했다. 데카르트의 작업에서는 "'명령'의 기술적 이미지(장치에 의한 또는 기술적 연결부들의 상호작용에 의한 일종의 실증적 인과성)가 '계명'의 정치적 이미지(일종의 마법적 인과성, 말 또는 기호에 의한 인과성)를 대체했다."[61] 마찰과 고장 없이 작동하는 고도로 복잡한 기술적 체계에 관한 관념과 이상은 인간과 사물의 주권 배치를 위한 패러다임 — 정확한 동시성, 정밀성, 그리고 효율성에 의해 특징지어지는 상호연결된 집

---

58. 같은 책, 296. [같은 책.]
59. 같은 책, 286. 또한 Seibel, *Cybernetic Government*, 54를 참조.
  푸코는 종종 물리학적 용어들을 사용하여 권력분석학의 특이성과 독특함을 강조한 한편으로(예를 들면 권력분석학을 "권력의 미시물리학"으로 서술함), 때때로 그는 17세기와 18세기에 새로운 통치 형태의 발명과 물리학에서 중요한 발견 및 개념적 혁신의 출현이 동시에 이루어진 사태에 놀라는 것처럼 보인다. 예를 들면 푸코는 다음과 같이 서술한다. "[라이프니츠는] 역사-정치적 관점에서 힘의 일반 이론가이기도 하고 또 물리과학의 관점에서 힘의 일반 이론가이기도 합니다. 왜 이러할까요? 이 동시대성은 무엇일까요? 저는 그 사태에 관하여 전혀 아무것도 모른다고 고백합니다. 하지만 저는 라이프니츠가 그 두 과정의 동질성이 당대의 사유에 전적으로 낯설지는 않았다는 사실의 증거인 한에서 그 문제가 제기될 수밖에 없다고 생각합니다"(Foucault, *Security, Territory, Population*, 296 [푸코, 『안전, 영토, 인구』]; Seibel, *Cybernetic Government*, 54를 참조).
60. Canguilhem, "Machine and Organism."
61. 같은 글, 86, 번역이 수정됨. 또한 Pasquinelli, "What an Apparatus Is Not," 84를 참조.

합체 — 이 되었다. 14세기에서 18세기 말까지 자연에 관한 과학적 탐구의 모델로서 사용되었을 뿐만 아니라 권위와 정치적 질서의 상징이 되기도 했던 것은 기계적 시계장치였다.

시계장치라는 관념은 이미 홉스의 철학과 리바이어던이라는 정치체를 기계로 이해하는 홉스의 견해를 이끈 지침이었다.[62] 『초기 근대 유럽에서의 권위, 자유, 그리고 자동기계』라는 뛰어난 연구에서 오토 마이르는 이런 시계장치 비유가 군주 권력의 관방주의적 고안과 중상주의적 고안 역시 특징지었으며 계몽절대주의의 시대에서도 여전히 재현되는 통치의 토포스topos였음을 보여주었다.[63] 정치적 논고에서 빈번히 활용되는 시계장치 비유는 규율 체제와 그 "권력의 역학"[64]을 상징한다. 이 시기의 통치 기구는 원인과 결과를 연계하는 사슬들의 복합체로 여겨지는데, 주권자는 여타의 것이 움직일 수 있게 하는 "큰 태엽"으로서 꼭대기에 자리하고 있다.[65] 시계장치 국가라는 관념은 기계론적 철학에서 비롯되었고, 피통치자가 수동적인 부속품과 "톱니바퀴"로 비유될 따름인 정적 모델을 규정했다.[66]

---

62. Thomas Hobbes, *Leviathan*. [토마스 홉스, 『리바이어던 1·2』.]
   "심장에 해당하는 것이 단지 하나의 태엽이고, 신경들에 해당하는 것이 단지 매우 많은 가닥의 줄이고, 관절들에 해당하는 것이 단지 매우 많은 **톱니바퀴**이니, 이것들이 곧 전신에 운동을 부여하지 않겠는가…?"(같은 책, 1 [같은 책]).

63. Mayr, *Authority, Liberty, and Automatic Machinery in Early Modern Europe*.

64. Foucault, *Discipline and Punish*, 138. [푸코, 『감시와 처벌』]

65. 요한 하인리히 고틀로브 폰 유스티는 주권자를 "모든 것을 움직이게 하는 첫 번째 큰 태엽"("erste Triebfeder …, die alles in Bewegung setzet")으로 특징짓는다(Johann Heinrich Gottlob von Justi, *Gesammelte politische und Finanz-Schriften über wichtige Gegenstände der Staatkkunst*, 87).
   또한 잘 조직된 국가는 "모든 톱니바퀴와 메커니즘이 정확히 서로 맞물려 돌아가는 기계처럼 작동해야 한다"("Ein wohl eingerichteter Staat muß vollkommen einer Maschine ähnlich seyn, wo alle Räder und Triebwerke auf das genaueste in einander passen")라는 폰 유스티의 주장을 참조(같은 책, 86).

66. Seibel, *Cybernetic Government*, 55~7.

18세기 후반에 등장한 자유주의적 통치는 규율적 조종의 한계를 강조했다. 인구는 어떤 다른 통치 체제의 과녁, "관리와 통치의 기술-정치적 대상"[67]이 되었으며, 그리하여 인구의 생물학적 생산성과 경제적 생산성, 건강, 그리고 부를 극대화하기 위한 새롭고 더 복잡한 '조절' 형태들이 필요했다. 자유주의적 통치는 피통치자의 고유한 변동과 역동적인 변이를 억압하거나 제한함으로써 작동하지 않고 오히려 그것들을 미연에 방지하려고, 그것들을 조정하고 통제하려고 한다. 통치 기술은 수동적인 톱니바퀴들을 연결하는 대신에 그 생산성이 너무 많은 개입에 의해 향상되기보다는 오히려 저해될, 대단히 유동적이고 조정하기 어려운 능동적인 집합적 주체에 주목한다. 푸코의 분석은 경제적 체계와 사회적 체계의 작동에 대한 통치적 개입이 유해하다고 가정한 (고전적) 자유주의의 핵심적인 주장에 광범위하게 관계한다. 이 견해에 따르면, 이런 체계들은 어떤 내부적 특성들로 인해 스스로 최적 상태의 평형을 유지하는 자기조절 메커니즘을 나타내며, 외부로부터의 개입은 해롭다. "어느 특정한 사회적 변량(예를 들면 무역 균형, 돼지 가격, 또는 가용 노동자 수)이 평형값에서 벗어날 때마다 평범한 이기심에 의해 움직이는 (통계적 존재자로서의) 일반 대중은 궁극적으로 그 벗어남에 대항하는 그런 식으로 이런 사태에 자동으로 반응할 것이다."[68]

상황에 따라 유연한 이런 통제 메커니즘에 대한 모델은 18세기 말 무렵에 등장한 새로운 기술적 기기, 즉 증기기관 '조속기' – 풍차를 조절하기 위해 사용된 도구들에서 영감을 받아 제작된 발명품 – 에서 찾아볼 수 있다. 이 원심적 기기는 18세기 말에 제임스 와트와 그의 동료 매슈 볼턴에

더 자세한 설명은 Klaus Türk, Thomas Lemke, and Michel Bruch, *Organisation in der modernenodernen Gessellschaft*, 94~100을 참조.

67. Foucault, *Security, Territory, Population*, 70. [푸코, 『안전, 영토, 인구』.]

68. Otto Mayr, "Adam Smith and the Concept of the Feedback System," 2.

의해 고안되었고 와트 증기기관 – 산업혁명의 초석이자 새로운 시대를 개시한 것으로 여겨지는 기계 – 에 장착되었다. '조속기'는 추를 사용하여 (밸브로의) 증기 유입량을 통제할 수 있게 하였으며, 그리고 그 설계는 그다음 수십 년 동안 더욱더 개선되었다. 조만간에 '조속기'는 모든 고정식 증기기관의 중추적인 부분이 되었을 뿐만 아니라 더 큰 대중에게 자기조절의 원리가 가져다주는 명백한 실제적 편익도 예시했다. 그것은 정보와 자극의 어떤 단편들에 대응하여 자신의 조작을 수정하고 변경하는 되먹임 기기로서 작동한다. '조속기'는 애덤 스미스가 시장의 '보이지 않는 손'에 귀속시키는 기능을 예시했다. 왜냐하면 그것은 힘들의 가변적 관계들의 역동적인 조율을 관리함으로써 결과적으로 체계 전체의 자기조절이 생겨나게 하기 때문이다. '조속기'는 중앙 권위의 명령을 따르지 않고 오히려 자신의 다양한 구성 부분들의 견제와 균형에 따라 작동하는 자기조직적 사회에 관한 이상에 기여했다.[69]

자기조절이라는 기술적 이상은 자유주의적 질서 개념의 핵심에 자리했다. 18세기 말부터 줄곧 잘 조직된 국가는 더는 세월이 흘러도 변함없는 시계장치로 구상되지 않고 오히려 증기기관 조속기에 의해 예시된 역동적인 되먹임 메커니즘의 형태로 구상되었다. 영원한 질서를 갖춘 불변적 체계로 여겨지는 국가의 완벽한 질서를 추구하는 대신에 우연성을 통치하기 – 끊임없는 주목, 항구적 등록, 그리고 유연한 반응을 필요로 하는 역동적인 무한한 과정 – 의 문제가 출현한다. 경제적 과정들과 사회적 실천들의 총체를 감독하기의 근본적인 불가능성을 참작하면 자유주의적 국가는 더는 초월적 원리들에 의지하지 않고 오히려 "이해관계의 조절자"[70]

---

69. Mayr, *Authority, Liberty, and Automatic Machinery in Early Modern Europe*, 164~80 ; Seibel, *Cybernetic Government*, 59.

70. Foucault, *Security, Territory, Population*, 346 [푸코, 『안전, 영토, 인구』] ; Seibel, *Cybernetic Government*, 57~61.

로서 재발명된다.[71]

　1978년과 1979년에 콜레주드프랑스에서 행해진 푸코의 강의가 영국 출신의 자유주의적 저자에 집중되었던 것은 결코 우연한 사태가 아니다. '균형'이라는 비유는 영국의 철학·경제학·정치학 문헌에서 유럽 대륙에서는 절대 도달하지 않은 정도로 사용되었다. 그렇지만 자유주의는 되먹임 메커니즘을 갖춘 기계를 발명하지 않았다. 이런 기계들의 역사는 "자동차 기화기와 욕실 물탱크의 플로트 밸브 같은 액체 높이 조절기"[72]를 사용한 고전 고대까지 거슬러 올라간다. 근대 유럽에서 원래 발명된 최초의 근대적 자기조절 체계는 필시 17세기 초에 병아리 부화기의 온도를 일정하게 유지하기 위해 코르넬리스 드레벨에 의해 고안된 온도 조절기였을 것이다. 그다음에 18세기에는 과도한 속도를 방지함으로써 풍차를 조절하는 방법들이 고안되었다.[73] 마이르가 예증하는 대로, 되먹임 기기는 영국에서는 개발되고 더욱더 발전한 반면에 유럽 대륙에서는 18세기에도 대체로 무시되었다. 되먹임 고리의 원리는 물질적 실천을 규정함으로써 훨씬 더 정교한 기술적 기기들을 만들어내었을 뿐만 아니라 철학적 논쟁과 경제사상도 규정했다. 그 원리는 자기조절에 관한 관념들을 고무

---

71. 18세기 말과 19세기 초에 영국과 프랑스에서 '조절기', '조속기', 그리고 '감속기'라는 개념들이 사용된 방식에 관한 간략한 역사적 설명은 Otto Mayr, *Zur Frühgeschichte der technischen Regelungen*, 123~4를 참조.
　벤야민 자이벨은 통치에 관한 푸코의 이해가 조종이라는 관념과는 대조적으로 인간 행동의 체계적이고 항구적인 조절을 겨냥하는 기술적 문제화를 파악한다고 지적한다 (Seibel, *Cybernetic Government*, 49). '조종'은 대체로 어떤 목적을 달성하도록 지도하기의 특이한 사건들을 가리키기 위해 유보되는 반면에, '조절'은 통치가 더 포괄적인 예상 양식을 취할 수 있게 하는 다중 체계의 더 일반적인 확립과 안정화를 지칭한다.
　이 절과 그다음 절에서 전개되는 나의 논증은 푸코의 저작에 대한 자이벨의 '사이버네틱스적' 독해에 신세를 지고 있다.

72. Mayr, *Authority, Liberty, and Automatic Machinery in Early Modern Europe*, 190.

73. 같은 책, 190~3.
　되먹임 체계의 포괄적 역사에 대해서는 Mayr, "The Origins of Feedback Control"을 보라.

했으며, 그리고 정치적 자유주의와 경제적 자유주의의 근본적인 개념적 혁신 중 일부 – "헌정 통치의 '견제와 균형' 그리고 자유 시장의 '수요와 공급' 메커니즘"[74] – 를 촉발한 동적 평형에 관한 관념들도 고무했다.

기술 실천에서 이루어진 되먹임 체계의 발명과 개선은 18세기 영국의 전통적인 경직된 통제양식들을 극복하는 데 도움이 되었던 한편, 자유 방임의 원리는 중상주의적 정책을 평가하고 마침내 대체하기 위한 중요한 척도로서 작용했다. 그런 메커니즘들은 다양한 영역에서 작동하였고 종종 서로 독립적으로 개발되었다. 그렇지만 되먹임에 관한 기술적 개념들과 자기조직화에 관한 경제적 관념들 사이에는 여전히 실질적인 공통 기반이 있는 것처럼 보인다. "이 모든 사례에서 견고한 프로그램으로 통제되는 체계들은, 자기조절의 특성을 갖추었기에 자신의 내부 과정들을 적절히 안배함으로써 외부의 지도 없이 자신의 고유한 평형을 유지할 수 있는 체계들로 대체되기 시작했다."[75]

안전 기술

---

74. Mayr, *Authority, Liberty, and Automatic Machinery in Early Modern Europe*, xviii.
75. Mayr, "Adam Smith and the Concept of the Feedback System," 22.
　　애덤 스미스의 『국부론』은 다양한 사회적 되먹임 메커니즘을 논의하지만, 가장 유명한 것은 공급과 수요의 일반 체계이다(Adam Smith, *An Inquiry into the Nature and Causes of the Wealth of Nations* [애덤 스미스, 『국부론 상·하』]). 스미스는 자신의 저작에서 기술적 되먹임 기기에 관하여 결코 많이 논평한 것처럼 보이지는 않지만, 여전히 "애덤 스미스와 당대의 기계적 되먹임 체계 사이에 있음직한 접촉점은 다수"(Mayr, "Adam Smith and the Concept of the Feedback System," 21) 존재한다. 한 가지 흥미로운 전기적 사실은 스미스와 와트가 친구였고 스미스가 와트의 작업장에 정기적으로 방문했다는 것이다. 게다가 와트는 자신이 고안한 증기기관 조속기에 관한 어떤 특허도 출원하지 않았다는 사실도 지적되어야 하는데, 와트는 필시 오랫동안 주변에 있었던 되먹임 체계를 독창적인 발명품이 아니라 오히려 평범한 기기로 간주했었을 것이다(같은 글, 16~8).

이처럼 철학적 저작과 실제적 응용에서, 경제사상에서, 그리고 기술적 기기에서 이루어진 되먹임 메커니즘의 "동시적 출현"[76]을 다루기 위해 푸코는 "안전 기술"[77]이라는 개념을 자유주의의 독특한 면모로서 도입한다.[78] 안전 기술은 "현실 내에서, 현실의 구성요소들이 서로 맞물려 작동하게 함으로써"[79] 작동한다. 안전 기술은 "인간의 행동"을 조절하는 데 한정되어 있지도 않고 인간과 비인간에 차별적으로 작용하지도 않고 오히려 "현실의 자신과의 상호작용"에 관계하는데, 이렇게 해서 '물질'에 관한 협소한 이해를 넘어선다.[80]

푸코는 자유주의적 통치 내에서 나타나는 안전 기술의 세 가지 중요한 차원을 구분한다. 첫째, 안전 기술의 관건은 "우리가 자유로울 수 있기 위한 조건들의 관리와 조직화"[81]에 있다. 안전 기술은 유통과 교환이 이루어질 수 있는 요건과 주변 환경을 결정함으로써 "사태가 발생하게 내버려두도록"[82] 고안된다. 안전 기술은 인구의 항구적으로 위태로운 자연성뿐만 아니라 인구 특유의 자유롭고 자발적인 자기조절 형태들도 보호하고자 한다.[83] 그러므로 안전 기술은 규율적 체계에 정반대되는 것을 나타낸다. 후자는 어떤 처방적 규범을 가정하는 반면에, 전자는 경험적

---

76. 같은 글, 22.
77. Foucault, *Security, Territory, Population*, 59. [푸코, 『안전, 영토, 인구』.]
78. 이 장과 그다음 장에서 나는 1978년과 1979년에 콜레주드프랑스에서 행해진 강의에서 전개된 고전적 자유주의에 관한 푸코의 설명에 집중한다. 또한 이 책의 3부에서 나는 신자유주의적 통치에 대한 푸코의 분석, 특히 그의 '통치성' 개념을 다룬다(8장을 참조).
79. Foucault, *Security, Territory, Population*, 47. [푸코, 『안전, 영토, 인구』.]
80. 같은 곳.
81. Foucault, *The Birth of Biopolitics*, 63~4. [푸코, 『생명관리정치의 탄생』.]
82. Foucault, *Security, Territory, Population*, 45. [푸코, 『안전, 영토, 인구』.]
83. 자유주의적 통치성 내에서 자유의 끊임없는 생산과 자유 파괴의 위험 사이의 이런 문제적이고 역설적인 관계는 Michael Dillon and Julian Reid, *The Liberal Way of War*와 Thomas Lemke, "The Risks of Security"를 참조.

으로 정상적인 것을 출발점으로 삼는다. 안전 기술은 "통째로 건설되어야 하는 텅 빈 인공적 공간"[84]을 가정하는 규율적 구성주의를 "다수의 물질적 소여", 즉 "물의 흐름, 섬, 대기 등"[85]에 적용되는 실용적 실재론으로 대체한다. 또한 안전 기술은 "현상 자체에 의한 현상의 점진적인 자기 제거"[86]를 통해서 작동한다. 안전 기술은 현실을 미리 규정된 당위적 가치에 맞추기보다는 오히려 통치받는 현실을 특징짓는 변별적 정상 상태들에 조절 노력을 적응시키고자 한다. 안전 기술은 허용된 것과 금지된 것 사이에 절대적 경계선을 긋지 않고 오히려 어떤 특정한 변이 범위 내에서 최적의 중간을 규정한다.[87]

둘째, 안전 기술은 다양한 영역의 과학적 지식과 기술적 전문지식에 의거한다. 안전 기술은 불확실하고 우연적인 것들의 공간 내에서 작동하면서 "우연과 개연성의 합리화"[88]로 미래 사건을 예상하고 통제하는 것을 목표로 삼는다. 안전 기술은 "다가적이고 가변적인 틀 내에서 조절되어야 할 사건들이나 가능한 요소들의 계열, 계열들의 계열"[89]을 처리한다. 또한 안전 기술은 점점 그 수가 증가하는 요소들을 통합하는 "원심적" 경향을 나타내는데, 요컨대 "점점 거대해지는 회로가 발전할 수 있게 한다."[90] 18세기에 출현한 이런 새로운 통치 합리성 내에서 통계학은 국가의 과학에서, 예를 들면, 평균 발병률, 발생률, 출생률, 그리고 사망률처럼 사건들의 수학적 분포에 집중하는 "주요한 기술적 인자"[91]로 변환

---

84. Foucault, *Security, Territory, Population*, 19. [푸코, 『안전, 영토, 인구』.]
85. 같은 곳.
86. 같은 책, 66. [같은 책.]
87. 같은 책, 55~63 [같은 책]. 또한 Tiziana Terranova, "Another Life"를 참조.
88. Foucault, *Security, Territory, Population*, 59. [푸코, 『안전, 영토, 인구』.]
89. 같은 책, 20. [같은 책.]
90. 같은 책, 45. [같은 책.]
91. 같은 책, 104. [같은 책.]

된다.[92] 경제의 결정 요인들뿐만 아니라 인구의 동역학도 경험적으로 규칙적인 것들로서 가시적이게 된다.[93] 또한 통계적 계산과 수학적 양화의 기술적 도구들은 통치 실천을 그 효율성과 유효성에 의거하여 감독하고 평가할 수 있게 하며, 그리하여 통치 실천은 그 성공과 실패를 결정하기 위해 투자와 개입을 비판적으로 검토하는 비용-편익 계산의 대상이 된다.[94]

셋째, 안전 기술은 "넓은 의미에서의 자연적 과정들"[95]을, 그 자체로는 좋거나 나쁜 것으로 평가되지 않고 오히려 내부 논리와 제한 없는 동역학의 지배를 받는 것으로 이해되는 상호작용하는 요소들로 이루어진 집합체로 간주한다. 안전 기술은 별개의 존재자들에 작용하기보다는 오히려 요소들 사이의 관계들에 집중함으로써[96] 회집된 실재를 어떤 목적을 달성하도록 조정하고 적응시키고자 한다. 안전 기술은 상이하고 모순되는 목적들과 전략들을 위해 사용될 수 있을 요소들의 "다기능성"[97]에 주목한다. 안전 기술의 목표는 자기조직화의 과정들을 조율하는 것 — 이차 조절 또는 자기조절의 조절을 부각하는 것 — 이다.[98]

---

92. 통계학의 정치적 역사에 대해서는 Alain Desrosières, *The Politics of Large Numbers* 를 보라.

93. Foucault, *Security, Territory, Population*, 104. [푸코, 『안전, 영토, 인구』.]

94. Seibel, *Cybernetic Government*, 61~4.

95. Foucault, *Security, Territory, Population*, 45. [푸코, 『안전, 영토, 인구』.]

96. 같은 책, 47을 참조. [같은 책.]

97. 같은 책, 19. [같은 책.]

98. Francisco Klauser, Till Paasche, and Ola Söderström, "Michel Foucault and the Smart City," 873~4.
판옵티콘은 종종 권력의 규율적 양식의 전형으로 특징지어지지만 무엇보다도 그것은 더는 외부적 조종에 의지하지 않고 오히려 자기통치의 과정들을 관장하는 기술적 기계이다. "그것은 권력 행사가 그것이 운용하는 기능들에 견고하고 무거운 제약처럼 외부로부터 추가되지 않고 오히려 그런 기능들 속에 극히 교묘하게 스며들어서 그 효율성을 증가시킴으로써 저절로 자신의 접촉점을 증가시키는 그런 방식으로 사물들을 안배한다. 판옵티콘 메커니즘은 단순히 권력 메커니즘과 기능 사이의 접합점이나 교차 안전 기술이라는 푸코의 개념은 조속기를 기술적 체계를 조절하기 위한 물질적 존재자이자 지시하는 정치적 입장으로 이해하는 견해를 승인한다. 다음 절에서 나는 19세기에 이루어진 되먹임 메커니즘에 관한 관념의 중요한 수정과 확장을 규명하는데, 그리하여 결국 소통, 명령, 그리고 통제에 의지하는 사이버네틱스적 통치 형태들의 출현에 관한 설명이 가능해질 것이다.

물리학에서 생물학과 그 너머까지 : 사이버네틱스적 통치를 향하여

푸코에 따르면, 사물의 통치는 자기조절과 자기통제의 메커니즘들을 고려하는 관계적이고 반성적인 권력양식에 의해 규정된다. 그것은 "다른 작용들에 대한 일단의 작용"[99]으로서 작동한다 — 통치자 혹은 피통치자가 인간이어야 함을 요구하지 않은 채로 말이다. 1868년에 출판된 「조속기에 관하여」라는 제목의 논문에서 영국인 물리학자 제임스 클러크 맥스웰은 사회적 및 기술적 되먹임 메커니즘들에 관한 논쟁에 중요한 혁신을 도입했다.[100] 조속기에 대한 맥스웰의 관심은 동적 안정성이라는 쟁점에 의해 촉발되었으며, 그리고 그는 조속기와 '감속기'moderator를 엄밀히 구분할 것을 제안했다. 맥스웰은 와트의 원심적 기기처럼 이전에 조속기로 알려진 대다수 기계가 오히려 감속기로 여겨져야 한다고 주장한다. 맥스웰은 이런 기계들이 모두 공유하는 한계를 주장하는데, 요컨대 그것

로에 불과한 것이 아니다. 그것은 어떤 기능 속에서 권력관계들이 기능하게 하고 또 어떤 기능이 이들 권력관계를 통해서 기능하게 하는 방식이다"(Foucault, *Discipline and Punish*, 206~7 [푸코, 『감시와 처벌』]).

99. Foucault, "The Subject and Power," 341.

100. 조속기에 대한 맥스웰의 관심이 그의 과학적 작업 일반과 관련되는 방식 및 그 논문의 유익한 역사적 맥락화는 Otto Mayr, "Maxwell and the Origins of Cybernetics"를 참조.

들의 교정 작용(예를 들면 저항의 증가 또는 증기 공급의 감소)이 과잉 속도에 정비례하기에 그것들은 일정한 속도를 유지할 수 없다. 맥스웰이 옹호하는 규준에 따르면, 진정한 조속기는 그것이 어떤 출력 오류든 그 출력 오류가 완전히 사라질 때까지 꾸준히 증가하는 교정 행위로 옮길 수 있게 하는 어떤 추가적인 메커니즘을 보유해야 한다.

감속기는 "기계에 직접" 작용하는 반면에 조속기는 "속도가 그 정상 값을 넘어서는 한에서 저항을 계속해서 증가시키고 속도가 그 값에 미치지 못하면 그 작용을 반전시킨다"라고 맥스웰은 규정하며, 그리하여 조속기는 "구동력 또는 저항에서 … 어떤 변이가 생겨나든 간에 속도를 동일한 정상값에 이르게 할 것이다."[101] 둘 다 조절하지만, 감속기는 단지 기계를 사실상 통치하지 않은 채로 감속시킬 수 있을 뿐이다. 이와는 대조적으로 조속기는 "기계에 직접 적용되기보다는 오히려 독립적인 가동부에 적용된다."[102] 이것은 "구동력 또는 저항의 교란이 발생하지 않았던 것처럼 기계가 처한 상태가 동일하다"[103]라는 놀라운 결과를 낳는다. 이런 독해에 따르면 조속기는 기계들 내부의 기계이다. 그리고 조속기는 기계를 감속시키는 대신에 기계에 지시하는 어떤 자율적인 중개자에 의해 또 중개자로서 작동한다.[104]

19세기에 되먹임 통제의 원리는 물리학을 넘어서 생물학 이론과 진

---

101. James Clerk Maxwell, "On Governors," 271.

102. 같은 글, 274.

103. 같은 글, 275.

104. Bernard Dotzler, "Der Zusammenhang der Dinge," 181~3.
　맥스웰의 텍스트가 실제로 "M. Foucault"를 언급하는 것은 상당히 아이러니하더 — 그 속에서 "원심적 부품에 작용하는 힘은 아래로 작용하는 구들의 무게이며, 위로 향하는 힘은 지레들의 조합에 작용하여 구들을 밀어 올리는 경향이 있는 추들에 의해 산출되는" 어떤 배치체를 고안한 영예를 그에게 귀속시킨다(Maxwell, "On Governors," 273). 맥스웰은 속도 조절에 관한 방대한 글을 적은 레옹 푸코를 지칭하고 있음이 확실하다(Mayr, "Maxwell and the Origins of Cybernetics," 428).

화적 사유에도 영감을 주었다.[105] 맥스웰이 조속기에 관한 고전적 텍스트를 적고 있던 시기와 거의 같은 무렵에 프랑스인 생물학자 클로드 베르나르는 유기체의 생체 기능들을 통제하고 건강의 안정성을 유지하는 조절 메커니즘에 관한 개념을 도입했다.[106] 캉길렘이 보여주듯이, 베르나르는 유기체에 영향을 미칠 질병을 고치거나 상쇄하는 어떤 종류의 자발적 메커니즘 혹은 자연적 매개에 관한 유서 깊은 히포크라테스적 관념을 받아들인다. 이런 추리에 따르면, "모든 유기체는 타고난 완화책, 타고난 통제력, 타고난 평형이 있다"[107] — 이는 20세기의 첫 번째 3분기에『인체의 지혜』라는 프로그램적 제목으로 출판된 책에서 월터 B. 캐논이 서술한 조절 기구이다.[108] 또한 캐논은 생리적 조건의 변화에 반응하고 적응할 수 있는 유기체의 역량을 설명하기 위해 '항상성'이라는 과학 용어를 도입했다.[109]

베르나르와 캐논의 작업들은 "기계 속 기계"라는 관념을 드러내었는데, 왜냐하면 이 작업들은 "다른 기능들을 통제하고자 하며, 그리하여 어떤 변이들을 조절함으로써 유기체가 하나의 전체로서 행동할 수 있게 하고자 하는 유기적 기능들이 존재한다"라는 생리학적 지식에 기반을

---

105. 예를 들면 앨프리드 러셀 월리스는 와트의 되먹임 메커니즘을 자연선택의 작용과 비교하였다. "이 원리의 작용은 바로 어떤 불규칙적인 것도 그것이 채 명백해지기도 전에 확인하고 교정하는 증기기관의 원심적 조속기의 작용과 같다. 그리고 마찬가지 방식으로 동물계에서 어떤 불안정한 결함도 두드러진 크기에 결코 이를 수 없는데, 왜냐하면 그것은 바로 최초 단계에서 나타나서 현존하기 어렵게 만들고 곧 멸종될 것임을 확실하게 할 것이기 때문이다"(Alfred Russel Wallace, "On the Tendency of Varieties to Depart Indefinitely from the Original Type," 291).

106. Claude Bernard, *An Introduction to the Study of Experimental Medicine*.

107. Georges Canguilhem, "The Problem of Regulation in the Organism and in Society," 72.

108. Walter B. Cannon, *The Wisdom of the Body*. [월터 B. 캐논,『인체의 지혜』.]

109. Canguilhem, "The Problem of Regulation in the Organism and in Society." 또한 Jakob Tanner, " 'Weisheit des Körpers' und soziale Homöostase"와 Stefan Rieger, *Kybernetische Anthropologie*를 참조.

두기 때문이다.[110] 그러므로 항상성을 보장하는 자기조절적 신체의 개념으로부터 되먹임 통제력이 있는 기술적 기계에 필적하는 것이 나타났다. 분과학문들을 가로지르는 이런 개념적 전이는 조절에 관한 일반 이론의 전개를 촉발했으며, 이 이론은 생물학과 공학에서 정치학을 거쳐 경제학에게까지 이르는 매우 다양한 지식 분야에서 나타나는 동적 과정들을 서술하고자 했다. 궁극적으로 그것은 2차 세계대전 후에 사이버네틱스 혁명을 초래했다.

소통과 통제를 조율함으로써 사이버네틱스 기계를 구상하기 위한 방법을 개척한 것은 감속기와 조속기를 개념적으로 구분한 맥스웰의 중요한 작업이었다. 그리하여 외부로부터의 조정 개입을 전혀 필요로 하지 않은 채로 스스로 조율하는 유연한 기술적 체계를 고안할 수 있게 되었다. 기술적 체계 내부의 소통 채널들에 의존하는 조속기에 관한 맥스웰의 개념은 컴퓨터와 전자 기기의 출현과 더불어 두드러진 적실성을 획득했다. 2차 세계대전 후에 정립된 어떤 새로운 지식 영역을 지칭하기 위해 사이버네틱스라는 용어를 고안한 노버트 위너는 맥스웰의 텍스트를 선구적인 작업으로 분명히 인정했다.[111]

사이버네틱스의 주창자들은 맥스웰의 논문을 그것이 처음 출판된 지 거의 한 세기가 지나서야 발견했지만, 그 용어는 이미 19세기 전반기에 프랑스인 물리학자 앙드레-마리 앙페르가 출판한 텍스트 ― 『과학철학에 관한 시론:모든 인간 인식의 자연적 분류에 대한 분석적 진술』이라는 제목의 텍스트[112] ― 에서 나타난다. 이 시론에서 앙페르는 그가 "시베르네티크"Cybernétique라고 명명하는 새로운 과학을 요청하는데, 이 용어는 "원래 선박의 항해를 나타내는 좁은 의미로 사용되었지만 그리스인들 시이

---

110. Canguilhem, "The Problem of Regulation in the Organism and in Society," 82.
111. Norbert Wiener, *Cybernetics*, 19. [노버트 위너, 『사이버네틱스』.]
112. André-Marie Ampère, *Essai sur la philosophie des sciences*.

에서도 이미 **통치술 일반**l'art de *gouverner* en general이라는 더 넓은 의미를 지
녔던 키베르네티케kybernētike라는 그리스어 낱말에서 유래하였다."113 그
시론의 야망은 당대의 인간 지식 전체를 분류하는 것이다. 이런 광범위
한 맥락에서 앙페르는 사이버네틱스를 '권력 이론'과 연계시키면서 둘 다
를 '엄밀한 의미에서의 정치'politique proprement dite의 차원들로 간주한
다. 그렇게 이해되는 정치는 항구적인 조절에 해당하는데, 요컨대 자기
준거적으로 또 내재직으로 작동하는 통치 형태에 도달하기 위해 목적
을 규정하고 다시 정의하며 인간과 사물에 관한 지식을 취한다. 여기
서 사이버네틱스는 "상이한 체계들을 그것들이 의거하는 원리들과 관
련지어 검토하"114고자 하는 일반적인 통치 형태를 규정한다. 그러므로
앙페르의 경우에 정치는 위기가 최소화되고 "사회적인 것의 개선"115이
이루어지도록 통치되어야 하는 상호작용하는 힘들과 호혜적인 인과작
용들의 복합적 체계들, 인간과 사물의 복합적 체계들을 조절함으로써
작동한다.

　　푸코는 사이버네틱스의 역사에도, 사이버네틱스 이론과 개념에도 깊
이 관여하지 않는다. 단지 푸코는 콜레주드프랑스에서 행한 강의 중 일
부에서 쿠베르네테스kubernētēs의 의미를 간략히 논의할 뿐이다. 1980~81
년 강의는 영혼의 정신적 지도에 관한 그리스도교적 기법에 초점을 맞춘
다. 푸코는 쿠베르네테스가 '통치자'로 여겨진다고 언급하지만, 이 통치자
는 "숙고한 결과 도출된 정확한 기법에 따라 지도받는 자의 품행을 인도
하는 누군가〔라기보다는 오히려〕 신 앞의 또 신과 관련된 자신의 분신, 자

---

113. 같은 책, 140~1.

114. "à examiner les différents systèmes relatifs au principe même sur lequel il
　　repose"(같은 책, 141).

115. "amélioration de l'état social"(같은 곳). 또한 Joseph Vogl, "Regieurung und Re-
　　gelkreis," 67~8과 Burkhardt Wolf, "Das Schiff, eine Peripetie des Regierens," 462~5
　　를 참조.

신의 대리인, 증인, 보증인"이다.[116] 그런데 푸코는 이런 형태의 정신적 지도가 배의 운행을 책임지고 있는 사람을 지칭하는 쿠베르네테스의 더 포괄적인 의미와 연계되어 있음을 잘 알고 있었다.[117] 4장에서 이해되었듯이, 배(예를 들면 폴리스 또는 교회)의 항해는 인간과 사물의 복합체를 통치하기라는 난제를 다루기 위해 고전 텍스트들에서 종종 사용된 비유이다. 1981~82년의 콜레주드프랑스 강의에서 푸코는 이런 선박 이미지를 취하면서 '조종술'pilotage이라는 관념과 그 함의를 논의한다. 푸코는 '조종술'이 "세 가지 종류의 기법…, 첫째, 의학, 둘째, 정치적 통치, 셋째, 자기 자신의 지도와 통치"를 특징짓는다고 지적한다.[118] "고대 그리스 시대, 헬레니즘 시대, 로마 시대의 문헌에서 이 세 가지 활동(치료하기, 타인들을 이끌기, 그리고 자기 자신을 통치하기)은 어김없이 조종술의 이미지에 준거함으로써 분석되었다."[119] 여기서 푸코는 필시 고전 고대의 저작들, 예를 들면 플라톤, 히포크라테스, 그리고 퀸틸리아누스의 텍스트들에서 서술된 의학, 항해, 그리고 정치의 기예들 사이의 다중 연결 관계를 언급하고 있을 것이다.[120]

---

116. Foucault, *On the Government of the Living*, 256.
117. 쿠베르네테스(kubernētēs)라는 용어와 그 의미의 역사는 Eberhard Lang, *Zu einer kybernetischen Staatslehre*, 23~69를 참조.
118. Foucault, *Hermeneutics of the Subject*, 249. [푸코, 『주체의 해석학』.]
119. 같은 곳.
120. 같은 책, 267, 주 7을 참조.
    의학, 자기형성, 그리고 정치를 사이버네틱스와 연계시키는 것에 대한 푸코의 관심은 콜레주드프랑스의 강의에 한정되지 않았다. 한 초기 텍스트가 보여주듯이 1960년대 무렵에 푸코는 사이버네틱스 관념들과 어휘에 익숙했던 것처럼 보였다. 1966년에 출판된 「메시지 혹은 잡음」은 코드, 메시지, 그리고 잡음 같은 용어들로 의료 실천을 논의한다. 그 텍스트는 다음과 같은 진술로 마무리된다. "우리는 의료 실천에 관한 이론이 실증주의적 견지에서 재고될 필요가 없고 오히려 언어 분석이나 정보 처리 같은 실천에서 현재 전개되고 있는 그런 견지에서 재고되어야 하는지 물을 수 있을 것이다"(Michel Foucault, "Message ou bruit?," 560).
    또한 프리드리히 키틀러의 (다소 과장된) 다음과 같은 진술을 보라. "자신의 텍스트에 이런 참조들이 변죽을 울리고 그 논의가 체계적이지 않은 것처럼 보인다는 점을 참작하면, 사이버네틱스에 관한 푸코의 견해를 더 자세히 부연함으로써 사물의 통치라는 분석틀을 더 구체화하는 것이 현명한 일이다.[121] 8장에서 보게 되듯이, 신자유주의적 통치성에 대한 푸코의 분석에서 제시된 '환경성'이라는 개념은 현시대의 신사이버네틱스적 통제양식들을 검토하는 데 유용한 도구를 제공한다. 이 점을 고찰하기 전에 나는 다음 장에서 환경에 관한 푸코의 이해를 논의할 것인데, 그 이해는 인간과 비인간 사이 또는 유기적인 것과 무기적인 것 사이의 존재론적 구분을 횡단한다.

서 짧게 또는 가끔 푸코는 도서관의 안전한 모래톱에서 매체 기술의 열린 바다로 항해하여 메시지에 관한 위너와 섀넌의 수학적 개념이 출현한 대서양 저편의 이론적 지평에 닿았다"(Friedrich Kittler, "Zum Geleit," 8).

121. 또한 사이버네틱스와 그것의 관계적 존재론에 관한 앤드루 피커링의 견해를 참조 (Andrew Pickering, *The Cybernetic Brain*).

6장

인간중심적 틀짓기를 넘어서

환경이라는 관념을 유포하기

자, 이제 우리는 근대 정치사회의 사유와 조직에 본질적인 관념에 도달한 것 같습니다. 정치의 과업은 신에 의해 부과되었거나 인간의 악한 본성 탓에 필요해진 법의 총체를 인간의 행동에까지 연장하는 것이 아니라는 관념 말입니다. 정치는, 중농주의자들이 경제학은 물리학이라고 말했을 때 바로 물리학이라고 일컬었던 현실의 요소에서 작동해야 합니다. 이렇게 말할 때 중농주의자들은 이를테면 '물질'이라는 낱말의 헤겔 이후 통용된 의미에서의 물질성을 겨냥하고 있기보다는 오히려 사실상 정치가 그것에 작용해야 하고 또 그것으로 작용해야 하는 유일한 소여인 현실을 겨냥하고 있습니다.[1]

환경이라는 개념은 생명체의 경험과 현존을 파악하는 보편적이고 필수적인 양식이 되고 있다. 우리는 그것이 이제 현대 사상의 한 범주로서 구성되고 있다고 말해도 무방할 것이다.[2]

도나 해러웨이는 푸코의 비판적 기획이 인간중심주의를 충분히 불안정하게 만들지 않았으며 여전히 인간들 사이의 관계들을 분석하는 데 국한되어 있었다고 주장했다. 대단히 영향력이 있는 이런 견해에 따르면, 푸코의 작업은 그것의 분석적 및 비판적 가치를 줄이는 "종 우월주의"[3]

---

1. Foucault, *Security, Territory, Population*, 47. [푸코, 『안전, 영토, 인구』.]
2. Georges Canguilhem, *Knowledge of Life*, 98. [조르주 캉길렘, 『생명에 대한 인식』.]
3. Haraway, *When Species Meet*, 60 [해러웨이, 『종과 종이 만날 때』]. 또한 Donna Har-

의 방해를 심각하게 받고 있다. 비슷한 취지로 니콜 슈킨은 생명정치의 작용에 대한 푸코의 통찰이 "종의 견지에서 그 자체의 내부적 한계에 부딪힌다"[4]라고 주장했다. 이런 관점에서 바라보면 통치성과 생명정치 같은 개념들은 인구에 중점을 두고 있으며, 그리하여 인간-비인간 관계의 복잡성도 다룰 수 없고 통치 합리성과 기술의 인간 집단을 넘어선 영향도 다룰 수 없다.

이 장에서 나는 푸코의 작업에 대한 대안적 독해를 제시할 것이다. 그것은 그의 저작의 요체에 기반을 두고서 생명정치에 관한 인간-너머의 개념의 윤곽을 부각한다. 나는 유전학과 유전에 관한 푸코의 작업을 분석함으로써 시작할 것이다. 몇몇 학자는 푸코의 견해가 시간성에 관한 발달적 이해와 유기적 신체 개념에 기반을 두고 있다고 주장하는 반면에, 나는 푸코가 물질-기호적 생명 개념을 제시하기 위해 현대 유전학과 분자생물학을 적극 검토했다고 주장할 것이다. 두 번째 절에서는 콜레주드프랑스에서 행한 통치성에 관한 강의에서 푸코가 제시한 '환경'milieu이라는 개념의 의미와 차원들이 탐구된다. 세 번째 절에서 나는 그 용어의 간략한 계보학을 재구성한 다음에 '환경'이 18세기에 우발적인 것들을 통치하고자 하는 자유주의적 통치성이 출현하는 사태에서 중추적인 한 요소를 이룬다고 입증한다. 그다음 절에서는 인구라는 표상이 후속적으로 탐구되며, 그리하여 자유주의적 통치가 집단적 생명을 겨냥할 뿐만 아니라 생명체의 힘에 의존하고 그것을 모방하는 "생기력"도 규정하는 방식이 드러난다. 다섯 번째 절에서는 통치의 매개물로서의 환경에 관한 이해에 의해 특징지어지는 생명정치 개념이 제시된다. 생명정치에 대한 이런 비-인간중심적 틀짓기는 더는 개인과 인구만을 다루지 않고 인

---

away, "Value-Added Dogs and Lively Capital," 107을 참조.
4. Nicole Shukin, *Animal Capital*, 11.

간과 비인간의 공-구성에도 주목한다.

"생명계의 알고리즘"

5장에서 논의된 자유주의적 안전 기술에 관한 푸코의 견해를 당대의 분자생물학에 관한 그의 저작들과 함께, 특히 조르주 캉길렘과 프랑수아 자코브의 작업에 대한 그의 수용과 함께 읽는 것은 매우 유용하다. 푸코는 현대 유전학이 자유주의적 통치성과 마찬가지로 우발적인 것의 계산과 통제로 특징지어진다고 간주한다. 그것은 자코브가 "생명의 논리"라고 일컫는 불안정한 동역학에 의해 활성화된다. 그렇지만 이 논리는 "우리가 알고 있는 대로의"[5] 생명을 훌쩍 넘어서며, 이론적 관여와 경험적 분석의 새로운 양식들을 제시한다. "F. 자코브의 명쾌한 교훈에 귀를 기울여라. '오늘날 생명은 더는 실험실에서 탐구되지 않는다. 우리는 더는 생명의 윤곽을 파악하려고 하지 않는다. 〔생물학〕은 단지 살아 있는 체계들, 그것들의 구조, 기능, 역사를 분석하려고 노력할 뿐이다 … . 어떤 살아 있는 체계를 서술하는 것은 그것의 진화만큼이나 그것의 조직화의 논리를 언급하는 것이다. 오늘날 생물학의 관심을 끄는 것은 생명계의 알고리즘이다'."[6]

몇몇 학자는 푸코의 작업이 하나의 통합적 신체라는 관념과 역사적 과정에 대한 선형적 독법을 옹호한다고 비판하지만[7], 사실상 푸코는 생명에 관한 유기적인 발달적 이해의 한계를 잘 알고 있었다. 푸코는 "살아 있는 체계들"[8]이 더는 "생명의 형이상학"[9]의 대상이 아니고 오히려 프로

---

5. Foucault, "Croître et multiplier," 103.

6. 같은 곳; François Jacob, *The Logic of Life*, 299~300 [프랑수아 자콥, 『생명의 논리』].

7. Haraway, *Modest_Witness*, 11~2 [해러웨이, 『겸손한_목격자』]. 또한 Barad, *Meeting the Universe Halfway*, 200을 참조.

그램과 코드 ─ 유기적인 것 또는 무기적인 것, 기호적인 것 또는 물질적인 것, 인공적인 것 또는 자연적인 것으로의 매끈한 분할을 초월하는 범주들 ─ 에 의거하여 구상되어야 한다고 주장했다. 신체와 생명에 관한 이런 정보적 이해 역시 푸코의 처음 저작에서 마지막 저작에 이르기까지 재현하는 주제들이었던 유전과 유전학에 관한 그의 견해를 형성했다. 스튜어트 엘든은, 푸코가 일찍이 1953년에 정신병을 논의했을 때 유전에 관한 문제를 거론했으며 그 자료 중 일부가 『정신병과 심리학』이라는 그의 첫 번째 저서에 편입되었다고 지적했다. 유전이라는 주제는 1960년대와 1970년대에 인종 정화, 변성, 범죄, 그리고 섹슈얼리티의 쟁점들에 집중한 푸코의 작업에서 계속해서 나타나는데, 그 주제는 창발, 유래, 계통, 그리고 기원을 강조하는 그의 계보학적 이해를 명료화하는 데에도 중요했다.[10] 또한 유전학에 대한 검토는 1984년에 푸코가 사망하기 전에 출판을 허락한 마지막 텍스트 ─ 캉길렘의 『정상적인 것과 병리적인 것』에 대한 개정된 서문 ─ 를 특징지었다.[11]

사실상 1969년에 콜레주드프랑스 교수직의 후보로서 지원했을 때 푸코는 인간 유전학에 대한 집중을 훌쩍 넘어설 유전에 관한 지식savoir과 관련된 포괄적 연구를 구상했다.

그것은 19세기 전체에 걸쳐 발전하였는데, 교배 기법에서 시작하여 종을 개량하려는 시도, 집약 경작의 실험, 동물 및 식물 유행병과 싸우려는 노력을 거쳐 그 발생 시기가 20세기에 자리매김될 수 있는 유전학의 정립에서 절정에 이르렀다. 한편으로 이 지식은 상당히 특수한 경제적 필요

---

8. Foucault, "Croître et multiplier," 103.
9. 같은 곳.
10. Michel Foucault, "Nietzsche, Genealogy, History"; Elden, *Foucault*, 10.
11. 이 텍스트에 관한 논의는 이어지는 글을 참조.

와 역사적 조건에 조응했다. 농촌 토지 경작의 차원과 형태 들, 시장의 평형, 요구되는 수익성 기준, 그리고 식민지 농경 체계에서 이루어진 변화들은 이 지식을 크게 변환시켰다. 이런 변화들은 그 지식 정보의 본질뿐만 아니라 그것의 양과 규모도 변화시켰다. 다른 한편으로 이 지식은 화학 또는 식물 및 동물 생리학 같은 과학들에서 이루어진 새로운 발전을 수용했다.[12]

주지하다시피 푸코는 곧 자신의 연구 초점을 감옥 체계와 범죄로 재조정한다. 그렇지만 이것은 푸코가 그 기획을 완전히 폐기했음을 뜻하지는 않는다. 오히려 유전과 유전학에 대한 푸코의 관심은 환경이라는 개념과 생명정치에 관한 그의 작업을 특징지었다. 그의 연구 계획은 해러웨이가 "교배 체계"[13]와 인간-비인간 경계면에 대한 그 체계의 중요성을 강조하는 사태를 상당 부분 예견케 한다. 또한 그것은 생명정치 개념을 "대단히 시대착오적이고 '인간'과 '비인간' 사이의 경계를 끊임없이 개편하는 새로운 기술과학 실천을 고려할 수 없는 것"[14]으로 간주하는 해석에 이의를 제기한다. 사실상 푸코가 유전학을 직접 검토할 때 그는 사이보그에 대한 해러웨이의 독해[15]와 매우 유사한 신체와 생명에 관한 이해를 고안한다.

현대 유전학의 영향을 직접 논의하는 푸코의 첫 번째 텍스트는 1970년에 처음 출판된 『생명의 논리 : 유전의 역사』라는 자코브의 책에 대한 온전한 서평이다.[16] 자크 모노와 더불어 자코브는 유전체를 '프로그램'이

12. Michel Foucault, "Candidacy Presentation," 7.
13. Haraway, *When Species Meet*, 53. [해러웨이, 『종과 종이 만날 때』.]
14. Barad, *Meeting the Universe Halfway*, 65.
15. Haraway, *Simians, Cyborgs, and Women*, 149~82. [해러웨이, 『영장류, 사이보그 그리고 여자』.]
16. 엘든은, 푸코가 현대 유전학의 계보학을 추구하겠다는 원래 착상을 포기한 이유는

라고, 즉 세포에 지시를 내리는 코드라고 일컬었고 이 때문에 1950년대에 노버트 위너와 클로드 섀넌이 발전시킨 사이버네틱스에서 비롯된 통찰을 받아들인 최초의 사람들에 속했다.[17] 1960년대부터 줄곧 정보적 패러다임의 유전학으로의 이런 비유적 전이 덕분에 유전자를 분자적 알파벳의 '문자' 혹은 '낱말'로 이해할 수 있게 되었다. 자코브의 작업은 유전적 전달이 DNA 코드에 포함된 명령의 소통과 해석을 거쳐 이루어진다는 관념을 뒷받침했다.[18]

　　푸코의 서평은 그가 "여태까지 쓰인 가장 뛰어난 생물학사"[19]라고 서술하는 『생명의 논리』를 높이 평가하면서 우리로 하여금 "생명, 시간, 개체, 우연"[20]을 재고하라고 요청한다. 푸코가 보기에, 유전학은 기만과 실망으로 진전된 지식계에서 혁명을 초래했다. "분자생물학은 세포핵 속 핵산과 단백질 사이의 연결관계가 코드처럼 임의적이라는 것을 발견했다."[21] 그 서평은 생물학 연구에서 개체군과 계열의 중요성을 강조함으로써 개체와 특이성에 대한 관심을 넘어선다. "우리는 거대하고 지속적이며 집중적인 개체들의 창조로서의 생명을 더는 꿈꾸지 말아야 한다. 우리는 생명체를 우연과 재생산의 계산 가능한 연출로 간

푸코가 자코브의 책이 이미 그런 노력의 중요한 결과를 포함하고 있다고 확신하게 되었기 때문이라고 주장한다(Elden, *Foucault*, 18). 『담론의 질서』에서 인용된 다음과 같은 문장을 보라. "이것은 프랑수아 자코브가 비견할 수 없는 박식함과 탁월함으로 막 수행한 작업이다"(Foucault, "The Order of Discourse," 73 [푸코, 『담론의 질서』]).

17. 유전학과 생화학이 새로운 패러다임으로서의 사이버네틱스와 정보 이론에 근거하여 분자생물학으로 변환된 방식에 관한 역사적 설명은 Rheinberger, *Toward a History of Epistemic Things*와 Lily Kay, *Who Wrote the Book of Life?*를 참조. 또한 생명에 대한 정보적 비유들은 Evelyn Fox Keller, *Refiguring Life*를 참조.

18. Philipp Sarasin, *Darwin und Foucault*, 379~84; Samuel Talcott, "Errant Life, Molecular Biology, and Biopower," 263~4.

19. Foucault, "Croître et multiplier," 104.

20. 같은 글, 99.

21. 같은 글, 100.

주해야 한다."[22]

　또한 유전학에 관한 이런 견해는 유전 과정을 이해하는 데 있어서 정보적 개념들의 중요성을 확언한다. "프로그램, 메신저를 통한 지시의 전송, 지시의 번역, 명령의 수행이 참조되었다."[23] 이런 독해에 따르면 DNA는 의미론이 없는 코드, 해석자가 없는 언어인데, 왜냐하면 "해석자는 … 그 자체로 반응이기 때문이다. 독자도 전혀 없고, 의미도 전혀 없으며, 단지 프로그램과 생산물이 있을 뿐이다."[24] DNA를 '생명의 책'으로 간주하고 인간(그리고 비인간) 생명을 유전체 구조들의 표현으로 간주하는 유전자 결정론적 견해와는 대조적으로 푸코는 생명의 수행성을 강조하는데, 그리하여 자연과 양육 또는 유전형과 표현형 사이의 모든 안정적인 개념적 구분의 기반을 약화한다.[25] 언어와 물질, 형태와 실체를 대조하는 대신에 푸코는 유전자와 세포를 물질-기호적 존재자들로 간주하는데, 요컨대 그것들은 유기적 체계들일 뿐만 아니라 "작은 기계들"[26]이자 "계산기들"[27]이다. 유전학에 관한 이런 '사이버네틱스적'

---

22. 같은 글, 103.
23. 같은 글, 102.
24. 같은 글, 103.
25. 생명에 관한 이런 수행적 견해는 신다원주의적 진화관에 대한 비판을 수반하는 동시에 상호작용적 패러다임(예를 들면 자연-양육 문제화)도 넘어선다. 그것은 발달체계 이론(Susan Oyama, *The Ontology of Information* ; Susan Oyama, Russel Gray, and Paul E. Griffiths, *Cycles of Contingency* ; Anne Fausto-Sterling, "The Problem with Sex/Gender and Nature/Nurture")과 팀 잉골드의 인류학적 작업(Tim Ingold, "Beyond Biology and Culture" ; Tim Ingold and Gísli Pálsson, *Biosocial Becomings*)에서 잘 부각된다. 잉골드는 노버트 위너, 존 폰 노이만, 그리고 클로드 섀넌 같은 정보 이론가들의 경우에 '정보'는 "아무튼 어떤 의미론적 가치도 없으며, 그것은 아무것도 뜻하지 않는다"라고 강조했다. "그들에게 정보는 단지 출력에서 차이를 만들어내는, 어느 체계에 대한 입력에서의 그런 차이를 뜻할 뿐이었다. 그렇지만 이 논점은, DNA 분자가 기술적, 정보-이론적 의미에서의 디지털 정보의 한 형태로서 제격임을 깨닫게 되면서 그런 까닭에 그것이 일정한 의미론적 내용을 갖춘 코드로 여겨질 수 있을 것이라는 결론으로 즉시 도약한 분자생물학자들에 의해 철저히 상실된다"(Ingold, "Beyond Biology and Culture," 214).

견해는 "생명 없는 생물학"[28]이라는 놀라운 관념에 요약되어 있다. 그러므로 푸코는 『말과 사물』에서 이미 제시된 인간중심주의에 대한 비판을 반복해서 다시 진술할 뿐만 아니라[29], 또한 생기와 물질의 대립 및 신체에 관한 유기적 이해를 넘어서고자 하는 생명 개념을 제안한다.

몇 년 후 푸코는 자크 뤼피의 『생물학에서 문화로』[30]를 논의하면서 유전학에 관한 이런 정보적 이해를 변전시킨다. 푸코의 서평은 생물학이 인종에 관해 무엇을 말해야 하는지 ─ 콜레주드프랑스에서 1975~76년의 강의를 막 끝낸 그 시점에 그를 사로잡았던 의문 ─ 에 초점을 맞춘다. 『사회를 보호해야 한다』라는 강의록에서 푸코는 인종이라는 범주의 계보학을 탐구하며, 그리고 서양 사회에서 생물학에 기반을 둔 한 특정한 종류의 인종주의가 18세기부터 줄곧 출현했다고 주장한다. 뤼피의 논변에 동조하는 푸코는 '인종'이 안정된 원형에 상응하지 않고 오히려 인구 내 "변이들의 집합체"[31]를 나타낸다고 강조한다. 따라서 개체군은 형태학적 면모들보다 오히려 분자적 특질들에 의해 규정된다 ─ 이는 결국 '인종'이라는 관념을 해체할 수 있게 하는 근본적인 전위이다.[32] 푸코의 경우에 "원초적이고 결정적인 생물학적 사실"[33]로서의 인종에 관한 관념은 오도된 것이다. 인류의 다양성을 구성하는 것으로 추정되는 독특한 불변적 면모들을 갖춘 별개의 개별 인종들을 가정하는 대신에 푸코는 인구 ─ 진화 과정들에 의해 구성되고 해체되는 생물학적 결집체로 이해된다 ─ 내에서 또

---

26. Foucault, "Croître et multiplier," 99.

27. 같은 글, 103.

28. 같은 곳.

29. Foucault, *The Order of Things* [푸코, 『말과 사물』]; Sarasin, *Darwin und Foucault*, 384~93.

30. Jacques Ruffié, *De la biologie à la culture*.

31. Michel Foucault, "Bio-history and Bio-politics," 129.

32. 같은 곳.

33. 같은 곳.

인구들 사이에서 나타난 역사적 변이들과 상호 의존성들을 강조한다. 이런 관계적 독법에 따르면, 현대 유전학은 역사적 상호연결을 고려함으로써 인류를, 푸코가 긍정적으로 인용하는 유전학자 에른스트 마이어의 표현대로, "하나의 '상호 소통하는 유전자들의 풀pool' "[34]로 간주한다. 진화 과정들에 관한 이런 정보적 이해 덕분에 푸코는 궁극적으로 인종주의적 과거와 단절하는 긍정적인 생명정치 - "분열, 자기보존, 그리고 위계의 생명정치가 아니라 오히려 소통과 다형성의 생명정치"[35] - 를 구상할 수 있게 된다.[36]

유전학 지식을 직접 다루는 세 번째 텍스트는 캉길렘이 저술한 『정상적인 것과 병리적인 것』의 영어 번역본[37]에 대한 푸코의 소개 글의 수정본으로, 제목은 「생명 : 경험과 과학」이다.[38] 여기서 또다시, 거의 15년 전에 출판된 자코브의 책에 대한 서평에서 그랬듯이, 푸코는 당대의 분자생물학과 유전학을 설명하기 위해 정보라는 개념을 참조한다. 푸코는 (1943년에 저술되었고 1966년에 실질적인 증보판으로 다시 출판된) 캉길렘의 책의 중요성을 그것이 "정상적인 것과 병리적인 것에 관한 오래된 물음"을 정보적 용어들 - "코드, 메시지, 메신저 등" - 로 다시 표명하는 방식에서 찾아낸다.[39] 캉길렘을 좇아서 푸코는 생명에 관한 이런 이해에서 특히 오류라는 개념에 초점을 맞춘다. "생명의 가장 근본적인 층위에서 코드화와 탈코드화의 과정들은, 어떤 질병이 되기 전에, 어떤 결함이나

---

34. 같은 곳.
35. 같은 곳. 또한 Sarasin, *Darwin und Foucault*, 393~6을 참조.
36. 좌파 정치와 제휴할 가능성을 모색하는 긍정적인 생명정치에 관한 또 다른 기획은 Matthew G. Hannah, "Biopower, Life and Left Politics"를 참조. 또한 Roberto Esposito, *Bios*와 Thomas F. Tierney, "Toward an Affirmative Biopolitics"를 보라.
37. Canguilhem, *The Normal and the Pathological*. [캉길렘, 『정상적인 것과 병리적인 것』.]
38. Foucault, "Life."
39. 같은 글, 475~6.

기형이 정보 체계의 교란 같은 것, '오류' 같은 것이 되도록 우연적인 발생을 겪는다. 이런 의미에서 생명은 오류를 범할 수 있는 것 — 그리고 이것이 생명의 근본적인 면모이다 — 이다."[40]

푸코의 경우에 개념과 언어는 그 속에서 생명체들과 '그들의' 환경이 공-출현하는 상호작용의 관계적 양식들을 규정한다. "개념 형성하기는 삶의 양식이지 생명을 살해하는 양식이 아니다. … 그것은 자신의 환경을 형성하고 자신을 그것에 의거하여 특징짓는 수많은 생명체 가운데서 사소하거나 실질적인 것으로 마음껏 판단될 수 있는 하나의 혁신, 매우 특별한 일종의 정보를 보여주는 것이다."[41] 우리가 알게 되듯이, 캉길렘의 견해를 넘어서면서 사물의 통치라는 푸코의 관념을 더욱더 다듬는 데 도움을 주는 것은 바로 환경에 관한 이런 '사이버네틱스적' 이해인데, 왜냐하면 그것은 인간과 비인간, 유기적인 것과 비유기적인 것 사이의 구분을 가로지르기 때문이다.

환경의 계보학

푸코는 1978년과 1979년에 콜레주드프랑스에서 행한 강의에서 '환경'milieu에 관한 간략한 계보학을 수행했다. 안전 기술과 마찬가지로 환경 역시 자유주의적 통치성의 중추적인 일부인 이유는 그것이 "순환과 인과성의 문제"[42]를 다루기 때문이다. 푸코는 환경의 개념과 실제가 18세기에 처음 나타났다고 주장하면서 그것이 출현한 사태에서 세 가지 상이한 요소를 구분한다.[43]

---

40. 같은 글 476 ; Sarasin, *Darwin und Foucault*, 396~402 ; Talcott, "Errant Life, Molecular Biology, and Biopower," 256~63.

41. Foucault, "Life," 475.

42. Foucault, *Security, Territory, Population*, 21. [푸코, 『안전, 영토, 인구』.]

첫째, 환경은 18세기 말에 서유럽 도시들에서 기술적으로 출현하게 된다.[44] 상이한 요인들 — 무역과 경제적 교환을 촉진하기 위한 도시 장벽의 억제, 심각한 보건 문제를 제기하는 도시 인구의 증가, 그리고 범죄 예방의 난제 — 의 상호작용으로 인해 인간 및 비인간 존재자들의 움직임을 감독하고 관리하는 일이 필요하게 되었다. "관건은 순환을 조직하는 것, 순환의 위험한 요소들을 제거하는 것, 좋은 순환과 나쁜 순환을 구분하는 것, 그리고 나쁜 순환을 감속시킴으로써 좋은 순환을 극대화하는 것이었습니다."[45] 푸코는 환경이라는 용어가 그 당시의 건축가와 도시계획가 들의 프로그램적 텍스트들과 체계적 성찰에서 (아직) 나타나지 않았다고 지적한다. 그렇지만 환경 개념의 "기술적 도식"[46]은 "그 개념이 형성되어 분리되기 이전에도"[47] 그들의 실천과 도시 공간의 실제적 수정을 꽤 명백히 특징지었다. "따라서 환경은 순환이 이루어지는 곳이 될 것입니다."[48]

둘째, 환경이라는 관념은 물리학에서 출현하는데, 요컨대 아이작 뉴턴과 그 추종자들의 작업에서 '원격 작용'을 해명하기 위한 설명적 원천

43. Leonie Ansems de Vries, "Political Life beyond the Biopolitical?"을 참조.
   환경이라는 개념의 광범위한 역사는 Leo Spitzer, "Milieu and Ambiance"와 Canguilhem, *Knowledge of Life*, 98~120 [캉길렘, 『생명에 대한 인식』]을 참조. 또한 Wolf Feuerhahn, " 'Milieu' "와 Florian Sprenger, *Epistemologien des Umgebens*를 참조. 'Milieu'는 푸코 텍스트들의 영어 판본에서 종종 'environment'로 번역된다(예를 들면 Michel Foucault, "The Birth of Social Medicine," 150; Foucault, *Society Must Be Defended*, 245 [푸코, 『사회를 보호해야 한다』]를 참조). 들뢰즈와 과타리의 『천 개의 고원』 번역본에 대한 옮긴이 서문에서 브라이언 마수미는 'milieu'에 관한 프랑스식 이해와 영국식 이해 사이의 차이를 지적한다. 영어에서 그 용어는 단지 그 속에서 또는 그 위에서 유기체들이 살아가는 자연 환경을 가리킬 뿐이지만, 프랑스어로 'milieu'는 '매체'와 '중간'을 또한 시사한다(Brian Massumi, "Translator's Foreword," xvii).
44. Foucault, *Security, Territory, Population*, 21. [푸코, 『안전, 영토, 인구』.]
45. 같은 책, 18. [같은 책.]
46. 같은 책, 21. [같은 책.]
47. 같은 곳.
48. 같은 곳. 또한 Foucault, "The Birth of Social Medicine," 150을 참조.

으로 작용한다. "그러므로 그것은 작용의 매체이자 그 속에서 작용이 순환하는 본령입니다."[49] 푸코는 캉길렘의 작업과 환경에 관한 그의 개념사에 의지한다.[50] 캉길렘은, 뉴턴은 그 개념을 사용하지 않았지만(그 대신에 '유체'라는 용어를 사용했다) 그것은 당대의 역학에서 어떤 문제 – 한 물체가 어떤 직접적인 물리적 접촉도 없이 다른 한 물체를 움직이게 하는 방식에 관한 물음 – 에 대한 해법을 탐색하는 데 있어서 전략적 중요성을 지니고 있었음을 보여준다.[51] 캉길렘에 따르면, 뉴턴은 '유체'를 운동의 매체 속에 현존하는 두 물체(예를 들면, 광원과 눈) – "그것들은 그것의 한가운데에au milieu de lui 자리하고 있다"[52] — 사이에 위치한 중개적 요소로 이해하게 된다.

뉴턴의 기계론적 견해는 주변 또는 배경으로서의 환경에 관한 어떤 실체적 관념도 일축하는데, 이는 그것을 역동적인 힘들에 의거하여 이해하기 위해서이다. 그러므로 "환경 개념은 본질적으로 상대적인 개념이다. 환경에 의해 전달되는 작용을 받는 물체를 별도로 고찰할 때 우리는 환경이 두 중심 사이에 있는 매체라는 점을 망각한다."[53] 그렇지만 환경에 관한 뉴턴의 개념이 지식의 미립자적 범주들을 넘어서는 한에서 그 개념 역시 당대의 역학을 넘어선다. 이 개념 덕분에 뉴턴은 불균질한 일단의 요소 – 물질적 요소들 및 비물질적 요소들, 유형의 요소들 및 무형의 요소들 – 를 자연 현상에 관한 자신의 설명에 편입하게 된다. "여기서 그 온

---

49. Foucault, *Security, Territory, Population*, 20~1 [푸코, 『안전, 영토, 인구』]; Altaminaro, "Three Concepts for Crossing the Nature-Artifice Divide."

50. Canguilhem, *Knowledge of Life*, 98~120 [캉길렘, 『생명에 대한 인식』]과 Foucault, *Security, Territory, Population*, 27, 주 37 [푸코, 『안전, 영토, 인구』]을 참조.

51. Canguilhem, *Knowledge of Life*, 99. [캉길렘, 『생명에 대한 인식』.]

52. 같은 곳.

53. 같은 책, 100 [같은 책]. 또한 Alan Gabbey, "Newton, Active Powers, and the Mechanical Philosophy"를 참조.

전성을 상실하는 것은 단순히 물질이라는 범주만이 아니다. 마음이라는 범주, 심지어 생명이라는 범주도 각각의 엄격한 경계를 상실한다. 뉴턴 이후에 우리는 더는 물질이라는 개념을 품지 않고 오히려 오직 환경이라는 개념을 품을 뿐이다."[54]

셋째, 5장에서 논의된 자기조절이라는 관념의 궤적과 매우 흡사하게도 기계론적 환경 개념은 18세기에 구성된 생물학이라는 분과학문에서 후속적으로 수용되어 변환되었다.[55] 그것은 생명체들과 그것들의 자연적 서식지 사이의 관계를 설명하는 데 사용되는 중심 개념이 되었다. 프랑스인 생물학자 장-바티스트 라마르크는 외부로부터 한 유기체에 작용하는 힘들의 총체로서의 환경에 관한 기계론적 의미를 채택하며[56], 생명을 그 주변환경environment에서 비롯되는 인과적 결정들의 복합체에 의거하여 설명하려는 이런 모형은 환경의 변경된 의미로 점점 더 대체된다. 이것은 유기체를 자신이 서식하는 환경을 적극적으로 창조하고 변환하는 것으로 간주한다. 그러므로 생물학의 연구는 생명체들과 "그것들의" 환경 사이의 상호작용들에 집중하는 경향이 있는데, 예를 들면 19세기 후반기에 클로드 베르나르가 서술한 대로 외부 세계라는 "외부 환경"milieu extérieur과 유기체라는 "내부 환경"milieu intérieur 사이의 불안정한 균형으로서 말이다.[57] 라마르크에 따르면 유기체는 환경에 의해 직접적으로 형성되는 반면에, 푸코는 다윈이 개체군을 일종의 매개적 행위자 또는 '메타-환경' – "환경과 유기체 사이의 매체"[58] – 으로 확립했다고 믿는다.

54. Altaminaro, "Three Concepts for Crossing the Nature-Artifice Divide," 21. 또한 이 글의 19~21을 참조.

55. Foucault, *Security, Territory, Population*, 20. [푸코, 『안전, 영토, 인구』.]

56. 환경을 "시간이 지남에 따라 신체의 모양과 동물 기관의 모양을 구축한 습관, 생활 양식, 그리고 주변환경의 여타 영향들"로 이해하는 라마르크의 견해를 참조(Jean Baptiste Lamarck, *Zoological Philosophy*, 127).

57. Bernard, *An Introduction to the Study of Experimental Medicine*.

이런 독해에 따르면 환경의 효과는 개체군을 거치는데, 이는 "물리적 종류의 관계와 생물학적 종류의 관계 사이의 차이"[59]를 가리킨다. 전자의 경우에 유기체는 한정된 공간 내에서 기계적으로 기능하는 반면에, 후자는 "자신의 환경을 스스로 구축하는 것, 자신의 환경을 합성하는 것은 생명체의 특질이다"[60]라는 점을 고려한다.[61]

우발적인 것을 통치하기

푸코는 캉길렘이 재구성한 환경 개념에 의지하지만, 한편으로 또한 그가 특히 환경이 계산과 통제의 새로운 형식들 내에서 작동하게 되는

---

58. Foucault, *Security, Territory, Population*, 78. [푸코, 『안전, 영토, 인구』.]

59. Canguilhem, *Knowledge of Life*, 111. [캉길렘, 『생명에 대한 인식』.]

60. 같은 책, 111 [같은 책] ; Altaminaro, "Three Concepts for Crossing the Nature-Artifice Divide" ; Maria Muhle, *Eine Genealogie der Biopolitik*, 140~53.

61. 합성(composition)이라는 개념은 Donna Haraway, *Staying with the Trouble* [도나 해러웨이, 『트러블과 함께하기』]을 참조.
환경에 관한 들뢰즈와 과타리의 구상은 동물과 그 '움벨트'(umwelt) 사이의 관계에 관한 야콥 폰 웍스퀼의 작업(Jacob von Uexküll, *A Foray into the Worlds of Animals and Humans with a Theory of Meaning* [야콥 폰 웍스퀼, 『동물들의 세계와 인간의 세계』])에 의지한다. 순수한 관계성으로서의 환경에 관한 폰 웍스퀼의 관념을 좇아서 들뢰즈와 과타리는 내부 환경, 외부 환경, 중간 환경, 그리고 연합 환경을 구분하며, 그것들의 근본적으로 관계적이고 유연하며 가변적인 특징을 강조한다(Deleuze and Guattari, *A Thousand Plateaus*, 51~7 [들뢰즈·가타리, 『천 개의 고원』]; 또한 Altaminaro, "Three Concepts for Crossing the Nature-Artifice Divide"와 de Vries, "Political Life beyond the Biopolitical?"을 참조).
환경의 계보학은 보다 더 확장될 수 있는데, 왜냐하면 환경이라는 용어가 19세기 후반기에 콩트와 뒤르켐의 저작에서 생물학으로부터 사회학으로 이행되었기 때문이다(Tobias Cheung, *Organismen*, 249~77 ; Christina Wessely and Florian Huber, "Milieu"). 더 최근에 이 개념은 사회적 불평등과 차이의 경제적 (그리고 계급중심적) 결정요인들을 넘어서서 유사한 관심사와 생활양식에 의해 특징지어지는 문화적 환경을 고려하는 데에도 사용되었다(예를 들면 Pierre Bourdieu, *Distinction* [피에르 부르디외, 『구별짓기』]을 참조).

방식에 주목할 때 – 캉길렘의 설명에서는 부재하는 시각 – 자기 스승의 역사적 해석에서 벗어난다.[62] 푸코는 물리학과 생물학에서 나타난 환경 개념에 관한 이론적 논쟁을 간략히 언급할 따름인데, 왜냐하면 그의 논의는 그것이 생성하는 "실용적 구조"[63]에 집중하기 때문이다. 푸코는 18세기에 출현한 순환 통제하기에 대한 관심을, 그가 한편으로는 주권과 구분하고 다른 한편으로는 규율과 구분하는 권력의 새로운 배치와 연계시킨다.

5장에서 이해되었듯이, 푸코는 안전 기술을 "사람과 사물 모두의 운동, 이동, 그리고 순환 과정들의 가능성"[64]을 보증하는 자유주의적 자유 개념의 전제조건으로 간주한다. "주권은 영토를 가장 중시하면서 통치의 거처를 주요 문제로 제기하"고 "규율은 공간을 조직하면서 요소들의 위계적인 기능적 분배라는 본질적 문제를 다루는" 한편, "안전은 사건들 혹은 사건들이나 가능한 요소들의 계열들, 가변적인 다가적 틀 내에서 조정되어야 할 계열들에 의거하여 환경을 정비하려고 할 것입니다."[65] 안전 기술은 정적인 이상이나 닫힌 계획에 의해 유도되는 것이 아니라 오히려 정확히 예측할 수도 없고 철저히 통제할 수도 없는 열린 미래로 정향된다.[66]

푸코는 순환들이 이런 통치 체제 내에서 18세기부터 줄곧 강화되고 관리되는 방식의 전형적인 실례로서 서유럽 도시를 제시한다. 애초부터 푸코는 순환이라는 사안이 인간과 사물의 복합체를 통치하기에 관한 문제를 제기한다고 강조한다. 순환은 물질적 인공물들과 담론적 각색들,

---

62. Sprenger, *Epistemologien des Umgebens*, 78~82.

63. Foucault, *Security, Territory, Population*, 21. [푸코, 『안전, 영토, 인구』.]

64. 같은 책, 48~9. [같은 책.]

65. 같은 책, 20. [같은 책.]

66. 같은 곳.

인공적 하부구조와 자연적 환경의 불균질한 집합체를 포함하며, "인간 실존과 공존, 교환과 순환의 미세한 물질성"[67]을 다룬다. 푸코가 순환으로 이해하는 것은 어떤 이동성을 가능하게 하는 "물질적 도구들"[68] – 도로, 하천, 운하, 다리, 광장 등 – 이다. 그렇지만 그 용어는 물질적 존재자에 한정되지 않고 오히려 푸코가 "순환 그 자체"라고 일컫는 것 – "인간과 사물을 순환시킬 수 있게 할 규제, 제약, 그리고 제한, 혹은 촉진책과 장려책의 집합" – 도 포함한다.[69] 요컨대 순환은 물질적인 것일 뿐만 아니라 기호적인 것으로도 여겨지며, 기술적 사안일 뿐만 아니라 사회적 사안으로도 여겨진다. 더욱이 순환은 인간의 이동성뿐만 아니라 재화와 비인간 유기체들의 움직임도 포함한다. 환경은 인간 실존의 지리적·기후적·수로학적 조건들과 사회적 삶의 좌표들을 체계적으로 통합한다.[70] 그러므로 환경은 자연적으로 주어진 공간과 인공적으로 구축된 공간 사이의 연계를, 이 공간들을 체계적으로 구분하지 않은 채로, 부각한다. 환경은 "일단의 자연적 소여 – 하천들, 습지들, 언덕들 – 와 일단의 인공적 소여 – 개인들, 가구들 등등의 밀집체 – "이다.[71]

---

67. 같은 책, 339. [같은 글.]
68. 같은 책, 325. [같은 글.]
69. 같은 곳.
70. Foucault, *Society Must Be Defended*, 245 [푸코, 『사회를 보호해야 한다』]를 참조. 그렇지만 이것은 18세기에 전개된, 순환을 통제하는 새로운 형태들이 단지 도시 공간에 초점을 맞출 뿐임을 뜻하지는 않는다. 오히려 "경제학자들의 문제계에 의해 농업이 합리적 통치성의 근본적인 요소로서 다시 도입됩니다. 이제 대지가 도시 옆에서, 적어도 도시와 같은 정도로, 나아가서 도시보다 더 통치적 개입의 특권적 대상으로 나타납니다"(Foucault, *Security, Territory, Population*, 342 [푸코, 『안전, 영토, 인구』]; 또한 Alex A. Moulton and Jeff Popke, "Greenhouse Governmentality"를 참조). 사회적 환경이라는 관념이 19세기와 20세기의 프랑스에서 도시 계획, 건축 설계, 보건 정책, 그리고 복지 행정을 특징지은 방식에 관한 자세한 설명은 Paul Rabinow, *French Modern*을 참조.
71. Foucault, *Security, Territory, Population*, 21. [푸코, 『안전, 영토, 인구』.] 찬드라 무케리지는 두 가지 별개의 권력 형태, 즉 전략과 물류를 구분할 것을 제안했

이런 이해에 따르면, 환경은 그 속에서 개인들과 인구들이 살아가고 진화하는 '주변환경', '배경', 혹은 '주위' 이상의 것이다. 환경은 그것을 구성하는 요소들을 조성할뿐더러 그 자체가 이 요소들의 종점 또는 결과로서 나타나게 하는 하나의 관계적 네트워크, 상호작용적 장이다. 환경은 조절과 조정의 대상인 한편, 존중받고 강화되어야 하는 자기조절 역량도 보여준다. 환경은 "자신과 영향을 주고받는 일단의 물질적 요소들 속에서 함께 살아가고 노동하며 공존하는 다수 개인 사이의 교차점"[72]을 규정한다. 여기서 푸코는 행위성이 전적으로 인간의 특성인 것은 아니며 오히려 행위적 힘이 인간 및 비인간 존재자들 사이의 관계에서 비롯된다는 관념을 상당히 명료하게 인식한다.

그런데 환경은 공간적 성좌를 규정할 뿐만 아니라 현존하는 시간성도 재설정한다. 환경은 "일련의 가능한 사건에" 관계하는데, "그것은 어느 주어진 공간에 삽입되어야 하는 불확실한 것들과 일시적인 것들에 관련되어 있습니다. 일련의 불확실한 요소들이 전개되는 공간이 … 대충 우리가 환경이라고 일컬을 수 있는 것입니다."[73] 이런 의미에서 환경 역시 과거 사건들과 열린 미래 사이의 '중간에' 자리하고 있다. 환경은 통치의 대상 또는 표적이라기보다는 오히려 통치의 '매체'이다.[74] 환경은 미래 궤적

다. 전자는 정치적 지배와 정당화된 지배 형태들로 작동하는 반면에, 후자는 "그 속에서 인간 행위와 인지가 생겨나는 환경(맥락, 상황, 장소)"에 집중한다(Chandra Mukerji, "The Territorial State as a Figured World of Power," 40). 그것은 "집단생활의 가능성의 조건"을 형성하기 위해 물질적 세계를 동원한다(같은 글, 404). "이런 식으로 계발된 물질적 체제는 일부 집단을 그 밖의 집단들보다 선호하지만, 사물의 질서를 통해서 비인격적으로 통치한다"(같은 곳 ; 또한 Sandro Mezzadra and Brett Neilson, *The Politics of Operations*를 참조). 또한 "하부구조적 권력"이라는 마이클 만의 개념을 보라(Michael Mann, "The Autonomous Power of the State").

72. Foucault, *Security, Territory, Population*, 22. [푸코, 『안전, 영토, 인구』.]

73. 같은 책, 20. [같은 책.]

74. Friedrich Balke and Maria Muhle, "Einführung," 18 ; Sprenger, *Epistemologien des Umgebens*.

들을 통제하고 (도시 순환의 경우에 위생, 거래, 교통, 감시, 범죄 예방 등에 대한) 특정한 목표들을 달성하기 위해 동원되는 물질적 존재자들의 혼종 집합체의 시공간적 질서를 규정한다. 환경은 "불확실한 것들의 처리에 관한 문제"[75]를 부각하며, 철저히 통제될 수는 없지만 여전히 통치 실천이 의지할 수 있는 자기조절적 경향을 보유하는 '자연' 현상을 드러낸다.[76]

환경에 관한 이런 시공간적 견해 덕분에 순환 현상을 다룰 수 있게 될 뿐만 아니라 인과성에 관한 모든 단순하고 일방적인 개념도, 인간 행위성에의 배타적인 집중도 피할 수 있게 된다. 푸코에 따르면 환경은 "결과와 원인 사이에 순환적 연계가 산출되는 본령인데, 왜냐하면 한 관점에서 결과인 것이 다른 한 관점에서는 원인이 될 것이기 때문입니다."[77] 달리 말해서, 원인인 것과 결과인 것은 환경을 구성하는 순환들의 가변적인 관계적 네트워크에 의존한다. 이런 환경 개념은 원인과 결과의 모든 매끈한 분리도 선험적 분리도 문제의 소지가 있는 것으로 만들며, 그리고 인과성에 관한 선형적인 직설적 관념들을 교란한다 ─ 이는 인과적 관계들은 선재하지 않고 오히려 행위적 구체화 과정에서 산출된다고 상기시키는 버라드의 입장과 매우 유사한 견해이다.[78]

그러므로 환경이라는 개념은 '순환'에서 동원되는 온갖 종류의 상호 의존적인 요소들과 존재자들 사이의 다중적이고 복합적이고 재귀적이며 언제나 가변적인 관계들에 주목한다.[79] 이런 관계적 본성과 물질적 네트워크의 우연적 질서를 참작하면 환경은 특이한 원인들과 별개의 결과

75. Foucault, *Security, Territory, Population*, 11. [푸코, 『안전, 영토, 인구』.]
76. de Vries, "Political Life beyond the Biopolitical?"
77. Foucault, *Security, Territory, Population*, 21. [푸코, 『안전, 영토, 인구』.]
78. Barad, *Meeting the Universe Halfway*, 236을 참조.
79. Nathaniel O'Grady, "Adopting the Position of Error," 253~6을 참조.

들 사이의 고정된 관계에 의해 특징지어지지 않고 오히려 "상관관계"[80] 혹은 "불안정한 공-인과성"[81]에 의해 특징지어지는데, 왜냐하면 요소들과 그것들이 거주하는 환경이 함께 출현하기 때문이다. 순환 과정은 통계적 지식의 생성과 확률 계산에 도움이 되고 되풀이되는 패턴과 구조적 규칙성을 확립할 수 있게 하는 계열성에 의해 규정된다.[82] 여기서 핵심 논점은 불확실성을 위험률과 확률로 변환하고자 하는 지식의 생산과 순환의 통치 사이의 밀접한 관계이다. 그런데 이런 지식에의 의지는 환경과 "그 속에서 살아가는 모든 것"[83]의 특정한 물질성에 관한 정보를 획득하는 것을 넘어서는데, 또한 그것은 다른 결과들보다 오히려 어떤 결과들을 산출하도록 환경을 능동적으로 형성하고 변환한다. 그러므로 환경은 소여도 아니고 선재하는 시공간도 아니며 오히려 통치의 물질적 조건이자 기술적 매체이다. "이런 환경을 통해서 우리가 도달하고자 하는 것은 바로 이들 개인, 인구, 그리고 집단에 의해 산출되는 일련의 사건과 그것들 주위에서 생겨나는 준-자연적 사건들의 연접입니다."[84]

환경이 어떻게 해서 자유주의적 통치 내부에서의 "개입의 장"[85]으로 고안되는지 분석하기 전에 먼저 물질적 순환과 하부구조에 대한 푸코의 관심은 콜레주드프랑스에서 행해진 통치성에 관한 강의에 한정되지 않음을 인식하자.[86] (도시) 공간들과 건축 설계들의 질서는 푸코의 작업에서 오랫동안 지속된 관심사였는데, 이에 대한 가장 유명한 사례는 판

---

80. Foucault, *Security, Territory, Population*, 11. [푸코, 『안전, 영토, 인구』.]

81. Terranova, "Another Life," 234 ; O'Grady, "Securing Circulation Through Mobility," 516.

82. Foucault, *Security, Territory, Population*, 19를 보라. [푸코, 『안전, 영토, 인구』.]

83. 같은 책, 21. [같은 책.]

84. 같은 곳.

85. 같은 곳.

86. 1961년에 출판된 『광기의 역사』에서 이미 푸코는 환경이라는 관념을 언급했다(Foucault, *Security, Territory, Population*, 27, 주 37 [푸코, 『안전, 영토, 인구』]을 참조).

옵티콘이다.[87] 1970년대 초에 푸코는 들뢰즈, 과타리, 그리고 그 밖의 많은 사람과 공동으로 도시 계획, 주택 등의 문제들에 관해 작업하고 있었다.[88] 순환의 문제는 1974년에 행해진 한 강연에서 이미 부각되었는데[89], 여기서 푸코는 18세기에 출현한 '도시 의학'이라는 분야를 분석했다. 이 기회에 푸코는 도시 의학이 "순환을 통제하기, 개인들의 순환이 아니라 오히려 사물과 요소 들, 주로 물과 공기의 순환을 통제하기"[90]를 목표로 삼은 "정치-의학적 체계"[91]를, "사물의 의학"[92]을 확립했었다고 주장했다. 말년에 이루어진 인터뷰들에서도 푸코는 순환 문제의 중요성을 강조했다. 건축에 관한 한 인터뷰에서 푸코는 "다리, 도로, 고가, 철도"[93]가 어떻게 "공간 속에 사람들의 일정한 배분, 그들의 순환의 특정한 경로 형성, 게다가 그들의 호혜적 관계들의 코드화"[94]를 가능하게 했는지 지적했다.[95]

---

87. 예를 들면 Foucault, *Discipline and Punish* [푸코, 『감시와 처벌』]; Foucault, "The Birth of Social Medicine"을 참조.

88. Elden, *Foucault*, 168~77; Mark Usher, "Veins of Concrete, Cities of Flow."
엘든은 리옹 무라르와 프랑수아 푸케가 주도한 「권력의 설비」(Les équipements du pouvoir)라는 제목의 공동연구과제에의 푸코의 관여를 서술한다. 그 결과물은 (들뢰즈와 과타리뿐만 아니라) 푸코도 논의 부분에서 기여한 한 권의 책이었다. "이 책에서 분석되는 권력의 '설비'는 부제에 나열된 세 가지 항목, 즉 도시, 영토, 그리고 '공공 설비' — équipements collectifs — 이다. 푸케와 무라르가 이것들로 뜻하는 바는 사회의 하부구조 또는 공공시설과 유사한 것이다. 이것들은 집단적으로 활용되는 도구들 — 도로, 교통망 및 통신망, 그리고 도시의 더 정적인 기구 — 이다. 사람들, 재화, 그리고 화폐로서의 자본의 유동 및 흐름과 더불어 순환은 필연적으로 중요한 역할을 수행한다"(Elden, *Foucault*, 169).

89. Foucault, "The Birth of Social Medicine"을 참조.

90. 같은 글, 147~8.

91. 같은 글, 146.

92. 같은 글, 150.

93. Foucault, "Space, Knowledge, and Power," 354.

94. 같은 글, 361.

95. 한 가지 예시로는 20세기 전반기에 건축가 로버트 모지스가 뉴욕주 롱아일랜드에 세운 일련의 고속도로에 관한 랭던 위너의 고전적 사례를 보라(Langdon Winner, "Modern Technology"). 위너의 분석은 고가도로가 대중 버스가 지나갈 수 없도록 지

자유주의적 통치 형태들을 특징짓는 것은 바로 순환의 '코드화'와 '특정한 경로 형성'에 대한 이런 관심이다.

자유주의적 통치성과 생기적 정치

5장에서 이해되었듯이, 자유주의적 통치성은 "경계와 국경을 확정하는 것이나 부지를 확정하는 것을 관건으로 삼지 않고 오히려, 무엇보다도 또 본질적으로, 순환을, 사람, 상품, 그리고 공기 등의 순환을 가능하게 하고 확보하는 것을 관건으로 삼는 환경의 조절자"[96]로서 작용한다. 자유주의는 "사물이 자신의 경로를 밟도록"[97] 내버려두는 것이 불가피하다는 일반적인 관념을 용인한다. 그렇다면 모든 종류의 개입은 "현실이 … 현실 자체의 법칙, 원리, 그리고 메커니즘에 따라 전개된다"[98]라는 사실을 존중해야 한다. 순환 통제에 대한 이런 관심을 참작하여 푸코는 자유주의를 경제 이론으로도 정치 이데올로기로도 간주하지 않고 오히려 특정한 통치술로 간주한다. 자유주의는 인구라는 인식적 표상을 목표로 삼으며, 그리고 주요한 지식 형태로서의 정치경제학에 의지한다.

그러므로 인구라는 개념은 자유주의적 통치에서 핵심 역할을 담당한다. "인구와 환경은 항구적인 생동적 상호관계를 맺고 있고, 따라서 국가는 그런 두 유형의 생명체 사이의 그런 생동적 상호관계를 관리해야

상에서 매우 낮게 의도적으로 건설되었다는 테제로 시작한다. 위너에 따르면, 그러한 교량 설계는 가난한 흑인들이 해변 유원지에 쉽게 접근하지 못하게 막는 사회적·정치적 효과를 낳았다 가난한 흑인들은 대중교통에 의존해야 했지만, 중 상층 계급들은 자가용으로 그곳에 갈 수 있었다(정치적 관계와 기술 발전 사이의 관계에 관한 또 다른 설명은 Thomas P. Hughes, *Networks of Power*를 참조).

96. Foucault, *Security, Territory, Population*, 29. [푸코, 『안전, 영토, 인구』.]

97. 같은 책, 48. [같은 책.]

98. 같은 곳.

한다."[99] 인구는 18세기에 이르러서야 나타난 "완전히 새로운 정치적 인물"[100]에 해당한다.[101] 푸코에 따르면, 인구는 이중의 모호성으로 특징지어진다. 통치 실천에서 "주체-객체"[102]로서 작용하는 것 이외에(4장을 참조) 또한 인구는 특정한 생명-사회적 지위를 명확히 표명한다. "[인구]는 사회적·정치적 관계들에 엮여 있으면서도 하나의 종으로서 기능합니다."[103] 정치경제학자들의 텍스트들에서 인구는 더는 법적 견지에서 주권자의 의지와 마주하는 "권리 주체들의 집단으로" 규정되지 않고 오히려 "일련의 과정, 자연적인 것의 층위에서 또 그에 의거하여 관리되어야 하는 과정들의 집합"으로 규정된다.[104] 그렇다면 인구는 새로운 생명정치적 표상을 나타내면서 "인공적인 환경 내부에서 인간 종의 '자연성' 문제의 출현"[105]을 포함한다.[106] 인구를 "일종의 빽빽한 자연적 현상"[107]으로 이

---

99. Michel Foucault, "The Political Technology of Individuals," 415~6, 번역이 수정됨.

100. Foucault, *Security, Territory, Population*, 67. [푸코, 『안전, 영토, 인구』.]

101. 인구 개념의 간략한 역사는 Foucault, *Security, Territory, Population*, 81~2, 주 13 [푸코, 『안전, 영토, 인구』]을 참조. 미셸 머피는 20세기의 '경제'와 '인구' 사이의 관계에 집중함으로써 "생명의 경제화"에 관한 유익한 설명을 제공한다(Murphy, *The Economization of Life*). 머피는 통치성과 생명정치에 관한 푸코의 작업을 자신의 작업에 대한 "중대한 영감"(같은 책, 149, 주 17)으로 간주하는 반면에 푸코가 통치성 강의에서 수행한 인구수 분석은 명시적으로 검토하지 않는다.

102. Foucault, *Security, Territory, Population*, 44, 77. [푸코, 『안전, 영토, 인구』.]

103. 같은 책, 22. [같은 책.]

104. 같은 책, 70. [같은 책.]

105. 같은 책, 21~2. [같은 책.]

106. 우테 텔만은 푸코가 자유주의적 통치성의 계보학 내에서 토머스 로버트 맬서스의 『인구론』이 나타낸 근본적인 인식적 단절을 대체로 무시했다고 지적했다. 맬서스는 항구적인 희소성 위험을 낳는, 인구 증가와 생계 수단 사이의 체계적 불균형을 가정했다. 이런 파국적 시나리오는 현재주의적이고 위험한 '야생적 삶'과 미래지향적이고 경제적인 '문명화된 삶'를 변별하는 식민주의적 위계와 연계되어 있다(Ute Tellmann, "Catastrophic Populations and the Fear of the Future"; 또한 Mitchell Dean, *The Constitution of Poverty*; Stoler, *Race and the Education of Desire*; Matthias Bohlender, *Metamorphosen des liberalen Regierungsdenkens*을 참조).

107. Foucault, *Security, Territory, Population*, 71. [푸코, 『안전, 영토, 인구』.]

해하는 이런 견해는 자연 위에서 또는 자연에 맞서서 작용하지 않고 오히려 자연에 의해 그리고 자연을 통해서 작용하는 사물의 통치의 한 중추적 요소이다. "우리 앞에 놓인 인구의 자연[본성]은 주권자가 그 안에서, 그것의 도움으로, 그것에 대하여 숙고된 통치 과정들을 전개해야만 하는 그런 자연[본성]입니다."[108]

사실상 자유주의적 통치는 인구들의 생명을 목표로 삼을 뿐만 아니라 또한 "생명에 실정적인 영향력을 행사하는"[109] '활력'을 규정하는데, 요컨대 생명체의 역능에 의지하고 그것을 모방한다.[110] 마리아 뮬이 주장하는 대로 푸코는 생물학의 역사에 관한 캉길렘의 견해를 좇는데, 그 견해는 생물학의 독창성을, 그것이 살아 있는 물질을 특정한 생기적 규범 — 자연과학의 법칙과는 엄격히 구분되어야 하는 규범 — 의 생산에 의해 특징지어지는 것으로 확립하는 방식에서의 규율로 간주한다. 이런 독법에 따르면, 생물학은 유기체를 외부의 물리적 주변환경에 의해 전적으로 결정되는 것으로 이해하거나 아니면 모든 개별 유기체에 기입되는 내부의 텔로스telos(라는 아리스토텔레스주의적 관념)의 결과로 이해하는 두 가지 형태의 환원주의와 결별한다. 캉길렘은 유기체의 생기적 규범을 가변적이고 역사적인 것으로 간주한다. 유기체는 단순히 자신의 환경에 거주하지도 않고 적응하지도 않으며 오히려 그것을 조성하고 수정한다 — 그리하여 자신도 변화시킨다. 환경에 관한 이런 관계적 견해를 참작하여 뮬은 생명이 통치 권력의 대상일 뿐만 아니라 그것의 작동방식이기도 하다고 강조한다. 자유주의는 인구의 '내부' 규범에 집중함으로써

108. 같은 책, 75 [같은 책]. 또한 Terranova, "Another Life"를 참조.

109. Foucault, *The History of Sexuality, Vol. 1*, 137. [푸코, 『성의 역사 1』.]

110. 생명 과정들에 의지하고 그것들을 활용하는 '활력'에 관한 이런 이해는 '사물-권력'이 라는 베넷의 개념과 매우 다르다(Bennett, *Vibrant Matter* [베넷, 『생동하는 물질』]). 왜냐하면 그것은 '활력'을 사물의 고유한 특성으로 간주하는 대신에 행위성과 생기라는 개념들을 정치적 견지에서 재규정하기 때문이다.

인구를 통치하려고 한다.[111]

순환의 '자연적' 비결정성이라는 자유주의적 원리는 경제 과정들을 억제하거나 한정하려는 모든 시도에 명확한 한계를 설정한다. 그렇지만 정치경제학은 자연을 "원래적이고 유보된 영역"[112]으로 더는 간주하지 않는 독특한 자연 개념을 도입한다. 오히려 정치경제학은 "이해 가능한 메커니즘의 결과로서 필연적으로 생겨나는 현상, 과정, 그리고 규칙성의 현존"[113]을 밝혀낸다. 자유주의자들의 경우에 자연은 통치 실천이 적용되는 물질적 기체가 아니라 오히려 그 실천의 "항구적인 상관물"[114]이다. 정치경제학은 통치 실천과 더불어 공-출현하는 지형에서 작동하는 "통치적 자연성"[115]을 고려한다. "자연은 통치성의 행사 아래서, 그를 통해서, 그리고 그 속에서 전개되는 것입니다. 말하자면 자연은 통치성의 필수적인 피하조직입니다. 자연은 통치자들 자신의 행위로서, 통치자들이 볼 수 있도록, 가시화되는 무언가의 이면입니다. 통치자들의 행위는 보이지 않는 면이 있습니다. 더 정확히 말하자면 그것은 또 다른 측면이 있으며, 그리고 통치성의 이런 이면, 그것의 특정한 필연성이 바로 정치경제학이 연구하는 것입니다."[116] 그러므로 자유주의는 직접적인 국가 개입을 축소하려고 하지 않고 오히려 어떤 영역과 쟁점들을 정치적 영역에서 제거한다 ― 그것들을 자연적·기술적·경제적 문제로 간주한다.

---

111. Muhle, *Eine Genealogie der Biopolitik*, 252~60; Bruno Quélennec, "Review of *Eine Genealogie der Biopolitik*, by Maria Muhle."
생물학의 역사에 관한 캉길렘의 견해는 Pierre Macherey, "Towards a Natural History of Norms"; Paul Rabinow and Carlo Caduff, "Life ― After Canguilhem"; Stuart Elden, *Canguilhem*을 참조.

112. Foucault, *The Birth of Biopolitics*, 15. [푸코, 『생명관리정치의 탄생』.]

113. 같은 곳.

114. 같은 책, 16. [같은 책.]

115. 같은 책, 61; 또한 15쪽을 보라. [같은 책.]

116. 같은 책, 16. [같은 책.]

"간소한 통치"[117]라는 자유주의적 원리는 그 자체로 통치적 개입을 확대하고 심화하는 중요한 조작자이다. 재화, 노동, 그리고 자본의 '자유' 시장 또는 '자유' 순환의 발명은 "어떤 회로들은 가능하게 하고 그 밖의 회로들은 불가능하게 하는 거대한 정치적 기구가 필요했다."[118] 그것은 자연적 과정을 "자유롭게 내버려 두는 것"과도 인공적 제약을 제거하는 것과도 아무 관계가 없는데, 오히려 그것은 "식량 부족 같은 자유 시장의 부정적 결과가 시장 자체가 해결해야 하는 비정치적 문제가 되게 한, 덜 통치하기"의 체계를 능동적으로 구성하고 의도적으로 창출하는 작업을 필요로 한다.[119]

자유주의적 통치성에 관한 푸코의 견해는 자연적 사실 또는 인류학적 불변항으로서의 자유라는 관념을 추방한다. 오히려 자유주의에서 "행동의 자유는… 조절자로서의 역할을 수행합니다."[120] 자유주의는 이 동성과 움직임에 특권을 부여하고 안전 메커니즘에 철저히 의존하는 매우 특정한 자유 개념이 통용되게 한다. "자유는 다름 아닌 안전장치 전개의 상관물입니다. … 바로 이런 순환의 선택권에 의거하여 우리는 자유라는 낱말을 이해해야 하고, 그것을 안전장치 전개의 국면, 양상, 혹은 차원 중 하나로 이해해야 합니다."[121] 순환의 통치에 대한 이런 집중은 두 가지 특별한 분석적 강점을 지닌다. 첫째, 그것은 순환이 그것을 통제하고 유도하는 기술 및 합리성과 체계적으로 연계된 방식을 강조한다. 둘째, 그것은 이동성/비이동성 이분법을 우회함으로써 어떻게 해서 어떤 움직임들은 가능하거나 고무되는 반면에 그 밖의 다른 움직임들은 사

---

117. 같은 책, 28. [같은 책.]
118. Mark B. Salter, "To Make Move and Let Stop," 9.
119. 같은 곳.
120. Foucault, *The Birth of Biopolitics*, 65. [푸코, 『생명관리정치의 탄생』.]
121. Foucault, *Security, Territory, Population*, 48~9, 번역이 수정됨. [푸코, 『안전, 영토, 인구』.]

실상 불가능하거나 금지되는지 탐구하는 접근법들을 넘어선다. 순환에 관한 푸코의 이해는 분석적 주의의 방향을 (비)이동성에서 벗어나도록 조정함으로써 구체적인 움직임과 순환이 일어나기 이전의 저 너머의 환경 – 그것들이 우선 출현할 수 있게 하고 "움직이게 하고 멈추게 두라"[122]라는 원리에 따라 작동하는 어떤 생성적 모체 – 을 다루게 한다.[123]

인간-너머의 생명정치의 요소들

자유주의적 통치성 내에서 환경이 수행하는 전략적 역할에 대한 푸코의 분석은 그의 작업에서 나타난 중요한 이론적 전환과 동시에 이루어진다. 1978년과 1979년에 콜레주드프랑스에서 행한 강의에서 푸코는 "자유주의를 생명정치의 일반적 틀로"[124] 규정한다. 이것은 『감시와 처벌』과 『성의 역사 1』에서 수행된 푸코 자신의 분석이 인구 조절과 개인 신체들의 육체적 규율을 포함하는 과정들만 다루었다는 자기비판적인 성찰에서 비롯된다.[125] 인간과 '사물'의 순환에 집중하는 통치분석학은 원래의

---

122. Salter, "To Make Move and Let Stop."

123. 마크 B. 솔터는 1978년의 콜레주드프랑스 강의에서 전개된 순환에 관한 푸코의 관념이 "새로운 이동성 전회"(예를 들면 Mimi Sheller and John Urry, "The New Mobilities Paradigm"; Timm Cresswell, "Mobilities I"; Anthony D'Andrea, Luigina Ciolfi, and Breda Gray, "Methodological Challenges and Innovations in Mobilities Research"를 참조)의 심각한 단점들과 분석적 문제점들을 들추어낸다고 주장했다. 그것은 "이동성 전회를 움직임에 대한 방법론적 의존성과 자유를 움직임으로 해석하는 자유주의적 편향에서 해방시킨다. 이동성 연구의 방향을 순환을 중심으로 조정하는 것은 관계적 이동성/비이동성 패러다임에 의해 은폐되거나 최소화된 통제 과정들 – 특수한 개인들이나 인구들을 움직이지 않게 만들지 않은 채로 분리하는 순환 회로들 – 을 포함하게 된다"(Salter, "To Make Move and Let Stop," 16; 또한 O'Grady, "Securing Circulation Through Mobility"를 참조).

124. Foucault, *The Birth of Biopolitics*, 22. [푸코, 『생명관리정치의 탄생』.]

125. 이런 이론적 전환에 관한 더 광범위한 논변은 Thomas Lemke, "Beyond Foucault"를 참조.

연구 의제를 수정할 수 있게 한다. 이제 푸코는 개별적 및 집단적 신체들의 생산에 주의를 기울일 뿐만 아니라 또한 인간 및 비인간 존재자들의 얽힘을 고려하는 생명정치에 관한 더 포괄적인 개념을 제안한다.

생명정치에 관한 이런 더 넓은 이해는 푸코가 장-바티스트 모오의 『인구에 대한 연구』[126]를 논의하는 1978년의 콜레주드프랑스 강의에서 구체화하는데, 그 저자를 "우리가 생명정치라고 일컬을 수 있을 것을 최초로 이론화한 위대한 인물"[127]로 서술한다.[128] 모오의 책은 인구 상태에 관한 지식이 통치 작업에 필수적이라고 확언한 최초의 서적 중 한 권이었다. 그 책은 인구의 특질을 결정하는 다양한 인자를 다루는데, 이 인자들은 '물리적' 요소들뿐만 아니라 '정치적' 혹은 '도덕적' 요소들도 그것들을 거의 구분하지 않은 채로 포괄한다.[129]

푸코는 통치란 "신민의 물리적 및 도덕적 실존을 지배하는"[130] 것을 뜻한다는 모오의 통찰을 수긍하듯 인용함으로써 환경의 핵심적인 중요성에 근거하여 자신의 논변을 전개한다. 모오의 책에서는 그 용어가 언급되지 않더라도 "환경을 다루게 될 정치적 기법"[131]은 여전히 제시된다. 모오에 따르면 심지어 기후적 조건이나 지리적 조건도 통치적 계산과 개입의 대상인데, 왜냐하면 "사태의 추이"[132]를 바꾸는 것이 그것

---

126. Jean-Baptiste Moheau, *Recherches et considerations sur la population de la France*.

127. Foucault, *Security, Territory, Population*, 22. [푸코, 『안전, 영토, 인구』.]

128. 서지 정보와 논란이 벌어진 그 저자의 신원에 관한 논쟁은 Foucault, *Security, Territory, Population*, 27, 주 39 [푸코, 『안전, 영토, 인구』]를 참조. 또한 Joshua Cole, *The Power of Large Numbers*, 31~40을 참조. 푸코는 『성의 역사 1』에서 이미 모오를 언급한다(Foucault, *The History of Sexuality, Vol. 1*, 140 [푸코, 『성의 역사 1』]).

129. Cole, *The Power of Large Numbers*, 38~9.

130. Foucault, *Security, Territory, Population*, 23 [푸코, 『안전, 영토, 인구』]에서 인용됨. 강조가 첨가됨.

131. 같은 곳.

132. 같은 책, 22. [같은 책.]

들의 목적이기 때문이다.[133] 모오가 제시하는 통치 합리성이 사회적인 것의 영역에도 한정되지 않고 인간을 감독하는 데에도 한정되지 않음은 상당히 명백하다. 오히려 그것은 자연적인 것과 인공적인 것 사이의 관계를 겨냥하는, '사물'과 그 '순환'에 관한 광범위한 이해를 부각한다. 모오의 정치적 상상에 따르면, 주권자는 (인간) 자연을 다루기보다는 오히려 "인간 종이 육체와 영혼, 물리적 및 도덕적 현존을 갖추고 있는 한에서 인간 종과 시리적·기후적·물리적 환경의 영속적인 연접, 영속적인 착종"[134]을 다룬다.

생명정치의 개념을 인간-너머의 통치분석학 내에서 다시 정식화하는 것은 두 가지 중요한 차원을 수반한다. 첫째, 우리는 생명정치를 물리적 및 생물학적 현존에 한정된 것으로 이해하는 견해를 넘어서 사물의 통치라는 더 복합적인 관념으로 이행하게 된다. 후자는 환경에 작용하는데, 왜냐하면 그것은 '자연적'인 것과 '인공적'인 것, 물리적인 것과 도덕적인 것 사이의 "절합점"point of articulation[135]을 제공하기 때문이다. 그것은 개인적 및 집단적 신체들을 규율하고 조절하는 것을 넘어서 주체화와 도덕적 문제화의 과정들을 포함한다. 이런 견지에서 인간 본성은 불변적인 인류학적 보편항이 아니라 오히려 실천 – 인간-너머의 과정으로 여겨지는 실천 – 내에서 상이하게 부각된다.

푸코가 초기 저작에서 선호한 생명정치의 개념과 통치성 강의에서 소묘하는 그 개념 사이에는 두 번째 차이점이 있다. 사물의 통치는 물리적 쟁점과 도덕적 쟁점, 생물학적 쟁점과 비생물학적 쟁점의 상호작용에

---

133. 푸코가 모오의 책에서 인용한 더 긴 구절을 (현행 기후위기의 견지에서) 보라. "기온을 변화시키고 기후를 개선하는 것은 통치에 달려 있다. 괴어 있는 물이 흐른다거나, 숲이 조성되거나 태워진다거나, 산이 시간이 흘러 파괴되거나 계속된 경작으로 파괴된다면 새로운 토양과 새로운 기후가 창출된다"(같은 곳).

134. 같은 책, 23. [같은 책.]

135. 같은 곳.

관계할 뿐만 아니라, 또한 생물학적인 것은 어떤 환경 속에서 작용할 수밖에 없다. 이런 관점에서 바라보면, 자연도 생명도 자명하거나 안정된 존재자가 아니고 특성도 아니다. 오히려 푸코는 "그 속에서 자신이 살아가는 물질적인 것과 생물학적으로 얽매여 있고 근본적으로 또 본질적으로 얽매인 채로 현존할 따름인 개체들의 무리"[136]를 언급한다. 이런 관점에서 바라보면, 생명은 소여가 아니라 생물학적 과정들 내부와 그 너머의 물질적 존재 조건에 의존한다.[137] 환경에 관한 이런 이해는 외부성과 외재성에 관한 통상적인 관념들을 교란할 뿐만 아니라 또한 인간으로 하여금 자신의 인간성 속에서 타자성을 인식하도록 촉구한다. 그러므로 비인간 활동들은 인간이 출현하고 현존하기 위한 전제조건이다.[138]

---

136. 같은 책, 21. [같은 책.]

137. 우주생명의학에 관한 발레리 A. 올슨의 연구는 이 논점을 잘 예시한다. 올슨은 환경에 관한 캉길렘의 견해와 생명정치에 관한 푸코의 이해를 조합함으로써 '생태생명정치'라는 개념을 제시하여 생물학적 면모들과 환경적 조건(예를 들면, 우주선 내부 또는 행성 위) 사이의 관계를 포착하려고 한다. '인간'과 '환경'의 공-구성을 분석하는 올슨은 "우주인들이 생물학적 층위라기보다 오히려 근본적으로 환경적인 층위에서 관리되는 상황, 그들의 생물학적으로 병리적인 반응들 역시 우주 공간을 정치적으로 또 사회적으로 정상화하는 방식들로 '정상'화되는 상황, 그리고 인간이 자신이 처해 있는 기술적·환경적 체계들과 동등한 견지에서 예측 가능하고 관리 가능하도록 계산될 수 있는 '위험 체계'로 여겨지는 상황"(Valerie A. Olson, "The Ecobiopolitics of Space Biomedicine," 188~9)을 서술한다.

138. 생물학의 철학자 존 뒤프레는 "기능적인 생물학적 전체, 우리가 주로 유기체로 간주하는 존재자는 사실상 혈통을 형성하는 매우 다양한 존재자가 협동하는 회집체이다"(John Dupré, *Processes of Life*, 126)라고 주장했다. 뒤프레는 한 유기체의 모든 세포가 동일한 종에 속한다는 가정을 거부한다. 오히려 이런 견해에 따르면, "살아있는 사물"(같은 곳)은 "많은 별개의 원천에서 비롯된 요소들의 엄청나게 다양하고 기회주의적인 집성체"(같은 곳)이다. 뒤프레는 유기체를 "협동적 회집체"로 다시 정의할 것을 주장한다. 이런 관점에서 바라보면, 인간 생명은 '인간' 및 '비인간' 생명을 연계하는 공생적 체계들의 결과로서 현존할 따름이다. "기능하는 인간 유기체는 그것들이 없다면 전체가 심각한 기능 장애를 일으키고 궁극적으로 생존할 수 없게 될 다수의 미생물 세포 — 박테리아, 원시세균, 그리고 균류 — 를 포함하는 하나의 공생적 체계이다. 이것들은 대부분 내장 속에 살고 있지만 피부에서도 또 모든 체강에서도 발견된다. 사실상 인체를 구성하는 세포들의 대략 90%가 그런 미생물 공생자들에 속하며, 그리고 그 거

사물의 통치라는 관념은 인간과 비인간의 다중 얽힘에 주목하는 생명정치에 관한 광범위한 이해를 제시한다. 그렇지만 푸코의 사후에 생명정치라는 개념은 대체로 훨씬 더 한정된 의미로 사용되었는데, 오로지 "인간 종의 생명에 고유한 현상"[139]을 다루었다. 주지하다시피 폴 래비나우와 니콜라스 로즈는, 생명권력이라는 개념이 비인간 맥락에서는 적용될 수 없는 이유는 그 개념이 "인간 실존의 필수적인 특질에 개입하려는 다소 합리화된 시도"[140]와 관련되어 있기 때문이라고 주장했다. 이런 해석에 따르면, 생명권력의 작용은 오직 인간 특유의 주체화 양식들과 생명사회성 형태들에 의존한다 ― 이는 동물과 그 밖의 비인간들이 생명권력의 대상이 될 수 없음을 뜻한다.

그렇지만 과거 20년 동안 그 개념의 해석적 틀을 확대하고자 한 학자들의 수가 증가했다. 『종과 종이 만날 때』에서 해러웨이는 인간과 동물 재생산 실천의 다중 상호관계를 강조하면서 가축의 국제적 거래와 교배 관행의 관리 역시 어떻게 해서 우생학과 유전학의 역사를 형성했는지 보여준다.[141] '반려종'이라는 개념을 제안하는 해러웨이는 종 사이의 불안정한 경계를 지적하면서 인간 생명과 비인간 생명이 상호 구성적이고 밀접히 뒤엉켜 있다고 주장한다. 그러므로 생명권력의 작용을 인간 개체와 개체군에 한정시키는 것은 단지 낡은 형태들의 인간중심주의를 되살리고 생명권력이 인간-비인간 종 분열을 항구적으로 뛰어넘는 방식을 가

대한 다양성으로 인해 그것들은 인체 속 유전자들의 대략 99%를 제공한다"(같은 책, 125; 또한 Lynn Margulis, *Symbiotic Planet* [린 마굴리스, 『공생자 행성』]; Haraway, *When Species Meet*, 3~4 [해러웨이, 『종과 종이 만날 때』]; Bennett, *Vibrant Matter*, 113 [베넷, 『생동하는 물질』]을 참조).

139. Foucault, *The History of Sexuality, Vol. 1*, 141. [푸코, 『성의 역사 1』.]

140. Paul Rabinow and Nikolas Rose, "Biopower Today," 196~7; Nikolas Rose, "The Politics of Life Itself"; Nikolas Rose, *The Politics of Life Itself*.

141. Haraway, *When Species Meet*, 53. [해러웨이, 『종과 종이 만날 때』.]

릴 뿐이다. 해러웨이는 비인간 동물이 주체로서 여겨질 수 없다는 가정을 거부할 뿐만 아니라[142], 또한 인간, 동물, 그리고 기술 사이의 역사적 및 현행의 상호작용과 그것들의 체계적인 공–생산을 단언한다.[143]

동물권 이론의 한계와 약점을 지적하는 캐리 울프의 『법 앞에서: 생명정치적 틀 내에서의 인간과 그 밖의 동물들』[144]은 푸코의 생명정치 개념을 참조함으로써 인간 예외주의를 심문하는 또 다른 방식을 제시한다. 울프의 독법에 따르면, 푸코는 인간 개체와 개체군보다 생명의 통치에 관심을 기울이고 정치적 주체보다 '힘'과 '신체'에 집중하는 덕분에 휴머니즘적 틀을 넘어설 수 있게 된다. 아감벤과 에스포지토의 저작들과 비판적 대화를 나누면서 울프는 '그 동물'을 자신의 주요 대상으로 삼는 이런 권력이 생명에 미치는 억압적이고 치명적인 영향을 지적한다. 울프는 공장식 축산 농장의 현행적 관행이 "단지 정치적인 것으로 여겨지지 않고 오히려 사실상 현시대적 형태의 생명정치에 대하여 구성적으로 정치적인 것으로 여겨져야 한다"[145]라는 결론을 내린다. "사실상, 우생학, 인공 수정과 선택적 교배, 약물에 의한 역량 향상, 접종 등을 통한 삶과 죽음에 대한 통제권을 극대화하기의 실천, 푸코의 표현대로 '살게 하기'의 실천은 현시대의 공장식 축산 농장에서 나타나고 있는데, 이는 생명정치 역사에서 그 어디에서도 나타난 적이 없을 것이다."[146]

---

142. 또한 Vinciane Despret, "Sheep Do Have Opinions"; Vinciane Despret, "The Becomings of Subjectivity in Animal Worlds"를 참조.

143. Haraway, *When Species Meet* [해러웨이, 『종과 종이 만날 때』]. 또한 Sarah Franklin, *Dolly Mixtures*를 참조.

144. Cary Wolfe, *Before the Law*.

145. 같은 책, 46.

146. 같은 곳. 또한 Shukin, *Animal Capital*; Rosemary-Claire Collard, "Cougar-Human Entanglements and the Biopolitical Un/Making Safe Space"; Kristin Asdal, Tone Druglitro, and Steve Hinchliffe, *Humans, Animals and Biopolitics*를 참조. 생명정치에 관한 물음이 (사회)지리학에서, 특히 비인간 생명과 관련하여, 수용된 방식에 관

마찬가지로 『야생 생명을 복제하기 : 동물원, 감금, 그리고 멸종 위기 동물의 미래』에서 캐리 프리제는 멸종 위기 동물의 복제가 "기법의 밀거래를 통할 뿐만 아니라 두 종을 함께 생성하는 해당 인간-동물 관계들의 교섭을 통해서도 인간과 동물을 연계하는 생명정치에 휘말리게 되는" 방식을 보여준다.[147] 프리제는 멸종 위기 동물을 복제하기의 실천과 인간 배아줄기세포 연구의 실천 사이의 기술적·기호적 전달을 지적한다. 이런 공-구성의 실천들은 두 가지 "상이하지만 상호 관련된 생명정치 체제"[148]를 낳았고, 그리하여 생명정치를 인간 주체의 영역에 한정시키려는 모든 시도의 기반을 약화시켰다. 동물 복제하기에 관한 프리제의 작업에 덧붙여 학자들은 교배 관행[149], 생물다양성과 종 보존 정책[150], 환경 및 농업 관리[151], 그리고 비인간 생명을 통치하는 데 데이터베이스가 수행하는 역할[152]을 탐구하기 위해 푸코주의적 생명정치 개념을 채택했다.[153]

한 유용한 탐구는 Stephanie Rutherford and Paul Rutherford, "Geography and Biopolitics"를 참조. 클로에 테일러는 비판적 동물 연구 학자들이 농업에서 인간과 비인간 동물 사이의 관계를 분석하기 위해 푸코의 작업에 의지한 방식에 관한 통찰력 있는 설명을 제시한다(Chloë Taylor, "Foucault and Critical Animal Studies" ; 또한 Stephan Thierman, "Apparatuses of Animality"를 참조).

147. Carrie Friese, *Cloning Wild Life*, 14.

148. 같은 곳.

149. Holloway and Morris, "Contesting Genetic Knowledge-Practices in Livestock Breeding."

150. Youatt, "Counting Speices" ; Matthew Chrulew, "Managing Love and Death at the Zoo" ; Srinivasan, "Caring for the Collective" ; Irus Braverman, "Anticipating Endangerment."

151. Jamie Lorimer and Clemens Driessen, "Bovine Biopolitics and the Promise of Monsters in the Rewilding of Heck Cattle" ; Jamie Lorimer and Clemens Driessen, "From 'Nazi Cows' to Cosmopolitan 'Ecological Engineers'."

152. Irus Braverman, "Governing the Wild."

153. 엘리자베스 포비넬리는 생명정치에 관한 고전적 관념에 대한 이런 비판을 확장하였다(Povinelli, *Geontologies* ; Elizabeth A. Povinelli, Mathew Coleman, and Kathryn Yusoff, "An Interview with Elizabeth Povinelli"). 포비넬리에 따르면 '생명정치'는 여전히 생명 형태들에 특권을 부여하는 존재론을 수용함으로써 서양 정치에서 생명의 통

이런 연구 노선은 푸코주의적인 개념적 기구가 동물 생명과 식물 생명을 통치하는 다양한 형태를 연구하는 데 얼마나 생산적으로 사용될 수 있는지에 대한 방대한 경험적 증거를 제공하였지만, 이 책에서 제시된 관점은 한 가지 중요한 점에서 이런 학문과 다르다. 사물의 통치라는 개념적 기획 역시 생명정치적 과정들에 관한 더 포괄적이고 복합적인 이해를 제시하더라도, 나는 푸코의 분석을 그가 자신의 저작에서 다루지 않은 연구 영역으로 확대하는 데 그다지 관심이 없다. 오히려 푸코에게서 나타나는 비인간에 관한 사안에 대한 니의 독해는, 푸코의 작업에 대하여 최근에 이루어진 제프리 T. 닐런의 검토와 유사한 이해를 제시한다. 닐런은 "그의 분석을 그가 연구하지 않은 동물 구성체와 제도(현시대의 기업형 축산 관행, 유전자 조작, 반려동물 현상 등)로 확대하지" 않는 대신에 "푸코 자신의 저작에서 생명권력의 출현 및 동물성과 관련하여 무시된 표명들"에 주목한다.[154] 다른 학자들은 생명정치에 관한 푸코의 설명에서 빠져 있거나 부적절하게 다루어진 것으로 판명되는 것에 주의를 집중한 반면에, 닐런은 이미 존재하지만 푸코의 작업을 수용할 때 종종 간과되는 것을 들추어내고자 한다.[155]

치와 생명을 통한 통치에 집중하는 권력 메커니즘들과 다른 것들을 경시하고 무시한다. 포비넬리는 현시대의 자유주의적 통치 형태들을 형성하고 특징짓는 능동적인 것과 활력 없는 것, 생명과 무생명 사이의 더 근본적인 분열을 포착하기 위해 '무생명존재권력'(geontopower)이라는 용어를 제안한다(또한 Kim TallBear, "Beyond the Life/Not-Life Binary"를 참조).

154. Jeffrey T. Nealon, "The Archeology of Biopower," 141.

155. 닐런의 생명정치의 고고학은 1960년대 푸코의 저서들, 특히 『광기의 역사』와 『말과 사물』에 의지한다. 그 첫 번째 책에 대하여 닐런은 푸코가 광기는 인류 속에 감춰진 은밀한 동물성의 한 형태로 이해됨을 예증한다고 주장한다. 푸코에 따르면 "동물 영역은…인류의 핵심에 숨어 있는 어두운 분노와 무익한 어리석음을 드러내는 데 도움이 된다"(Michel Foucault, *History of Madness*, 19, 또한 같은 책, 147~8을 보라 [미셸 푸코, 『광기의 역사』]). 또한 닐런은 『말과 사물』에 대한 독창적인 독해를 제시하는데, 심지어 푸코가 10년 후에 생명정치라는 개념을 명시적으로 사용하기 전에 이 책에서 이미 생명정치의 해석적 틀을 채택했다고 주장한다. 닐런에 따르면, 푸코의 인간과학의

비슷한 취지로 이 책에서 나는 푸코가 개진한 개념적 도구들과 방법론적 제안들에 의지하면서 새로운 의문들과 현시대 문제들에 조율된 분석적 접근법을 개괄하기 위해 그것들을 후속적으로 전개하고 때때로 왜곡한다. 문제의 '생명'bios을 인간에게서 동물을 거쳐 식물로 확대하는 것도 중요하지만, 생명정치의 대상과 매체를 재고하는 것이 훨씬 더 중요하다. 이어지는 3부에서는 환경에 관한 수정된 이해에 의지하는 현시대의 생명정치적 실천의 궤적들을 분명히 설명하고자 한다.

고고학은 자연사에서 생물학으로의 이행이 "동물이 특권을 부여받은 생명 자체의 형태 또는 표상으로서 식물에 대해 우선권을 갖기 시작하는"(Nealon, "The Archeology of Biopower," 143) 성좌를 낳았다고 예증한다. 이런 해석 노선에 따르면 푸코의 설명 ― 닐런이 "생명권력 1.0"(같은 글, 144)이라고 명명하는 것 ― 에서 "동물 생명은 사실상 19세기의 휴머니즘적 생명권력의 새벽에 버려지지도 않고 비체(卑體)화되지도 않았으며, 오히려 … 동물성은 생명 자체를 위한 주형으로서 생명권력에 완전히 편입된다"(같은 곳; Jeffrey T. Nealon, *Plant Theory*).

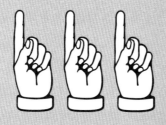

3부 관계적 유물론을 향하여

앞서 이해되었듯이, 푸코의 장치 개념과 기술 및 환경에 관한 그의 이해는 사물의 통치라는 분석틀에 실질적 내용을 부여한다. 그 분석틀은 인간 개체와 집단 들의 지도에 전념하는 행위를 성공적으로 교란하고 주의를 통치 실천을 특징짓는 물질적 하부구조와 정치적 문제로 전환한다.[1] 인간-너머의 통치분석학이 푸코 자신에 의해 적극적으로 추구된 기획이 아니라는 것은 확실하다. 또한 그것은 1990년대 초에 개시된 통치성 연구에서 명확한 형태를 띠지 않았다.[2] 이런 "연구 방향"[3]은 다양한 사회적 체계와 정치적 제도를 분석하기 위해 기술과 합리성에 관한 광범위한 이해를 발전시켰다. 그렇지만 지금까지 이루어진 통치성 연구는 비인간 존재자와 물질적 하부구조의 경험적 상태, 양가적 역할, 또는 논란이 많은 정체성에도, "'경성의' 기술적 체계의 사회적 차원들"에도 충분한 주의를 기울이지 않았다.[4]

이런 "정치적 회집체의 비인간 요소들에 대한 푸코주의적 접근법의 상대적 무지"[5]에 직면하여 그것을 교정하기 위해 이 책의 3부에서 나는 푸코에 따른 통치분석학을 과학기술학(이하 STS), 특히 행위자-네트워크 이론(이하 ANT)과 페미니즘적인 포스트식민주의적 기술과학에서 비

1. 유사한 개념적 수정은 인구에 대한 사안을 '분산된 재생산'이라는 용어로 대체하자는 미셸 머피의 제안을 참조. 이런 이론적 조치는 강조점을 "얼마나 많은 또 어떤 신체들이 재생산하게 되는지에 관한 물음에서 생명 기회의 어떤 **분포**들과 어떤 종류들의 하부구조가 재생산되는지에 관한 물음으로" 이행한다. "그것은 신체, 개인, 또는 이성애를 넘어 자본주의, 국민국가, 그리고 거시경제의 여파로 재구성된 인간-너머의, 생명-너머의 관계들로 뻗어 나간다"(Murphy, *The Economization of Life*, 141~3).
2. 예를 들면 Graham Burchell, Collin Gordon, and Peter Miller, *The Foucault Effect* [그래엄 버첼 외 엮음, 『푸코 효과』]; Andrew Barry, Thomas Osborne, and Nikolas Rose, *Foucault and Political Reason*; William Walters, *Governmentality*를 참조.
3. Michel Foucault, "'Omnes et Singulatim,'" 253.
4. Steve Woolgar and Daniel Neyland, *Mundane Governance*, 29. 또한 Agar, *The Government Machine*, 401; Michael, *Actor-Network Theory*, 76을 참조.
5. Richie Nimmo, "Governing Non-Humans," 91.

롯된 통찰과 조율할 것을 제안한다.[6] 7장에서 나는 존 로와 아네마리 몰이 표명한 "관계적 유물론"에 대한 요청[7]을 수용하여 확장한다. 로와 몰은 STS 작업에 의거하여 (기계든 인간이든, 또는 사회적 기관이든 자연 세계든) 온갖 종류의 '물질'이 그 관계들에 선재하지 않고 오히려 상호작용적으로 (또는 내부-작용적으로) 구성된다고 주장한다. 이런 "기호론의 거침없는 적용"[8]은 기호와 언어에 대한 관심을 넘어서 '물질'이 다른 물질들에 관여함으로써 자신의 특성과 속성을 획득한다고 제안한다 ― 이렇게 해서 "물질적 기호론"[9] 또는 "사물의 기호론"[10]이 구성된다. 푸코의 통찰을 차용하여 "왜곡하"는 관계적 유물론의 기획은 존재론의 전략적 차원에도 주목하는데[11], 요컨대 "전략이 물질성의 수행에 재귀적으로 또 성찰적으로 연루되어 있다"[12]라고 주장한다.[13]

---

6. 니콜라스 로즈, 팻 오말리, 그리고 마리아나 발베르데는 ANT와 통치성 연구 사이의 "세 가지 주요한 수렴점 ― 상세한 경험 연구에 대한 선호, ('이유'와 '누구의 관심' 대신에) '방법' 물음들을 탐구하기에 대한 방법론적 전념, 그리고 이론적 반휴머니즘 ― 을 식별했다. 그렇지만 또한 이들 저자는 여태까지 통치성 연구가 "사물의 행위성을 고려하라는 라투르와 칼롱의 요구를 명시적으로 수용하지 않았"다고 지적했다(Nikolas Rose, Pat O'Malley, and Mariana Valverde, "Governmentality," 93).
로즈와 피터 밀러는 통치성에 관한 그들의 작업을 ANT와, 특히 칼롱과 라투르의 번역 사회학과 연계시키고자 했다(Nikolas Rose, *Powers of Freedom*, 49; Peter Miller and Nikolas Rose, *Governing the Present*, 33~4; 또한 Barry, *Political Machine*을 참조).

7. Law, *Organizing Modernity*; John Law and Annemarie Mol, "Notes on Materiality and Sociality"; John Law, "After ANT"; Mol, "Mind Your Plate!"; 또한 Linnea Bodén, Hillevi Lenz Taguchi, Emile Moberg, and Carol A. Taylor, "Relational Materialism"을 참조.

8. Law, "After ANT," 3.

9. John Law, *After Method*; 또한 Haraway, *Simians, Cyborgs, and Women* [해러웨이, 『영장류, 사이보그 그리고 여자』]을 참조.

10. Bruno Latour, "On Actor-Network Theory," 96.

11. Law, *Organizing Modernity*, 96을 참조.

12. Law and Mol, "Notes on Materiality and Sociality," 274; 또한 Law, *Organizing Modernity*, 96을 참조.

13. 육후이는 관계적 유물론에 관한 또 다른 더 한정된 이해를 제시한다(Yuk Hui, "Mod-

푸코주의적 통치분석학과 STS 작업의 조율 덕분에 현행의 권력 체제를 더 잘 파악할 수 있게 된다. 통치는 지금까지 언제나 비인간을 동원하고 사회-물질적 주변환경을 조종함으로써 작동했음에도 불구하고 현재 관찰될 수 있는 중요한 전환이 존재한다. 8장에서 내가 주장하는 대로, 현시대의 통치 형태들은 개별적 신체나 집단적 신체를 직접 겨냥하기보다는 오히려 특권을 부여받은 개입의 장으로서 사회적·생태적·기술적 삶의 조건에 집중하는 경향이 있다. 이런 형태들은 기술적인 것과 자연적인 것 사이 또는 인간과 비인간 사이의 존재론적 분열을 가로지름으로써 독특한 환경을 고안하고 변조하려고 한다. 주변환경은 원초적 영역 또는 자연적 주변으로 덜 여겨지고, 그리하여 그 자체로 하나의 기술적 기획이 된다. 스테파니 웨이크필드와 브루스 브라운은 이런 통치 형태가 '사물을 배열하는' 독특한 운영 방식을 수반한다고 지적한다. 그것은 "통합되고 고도로 기술화된 사회-생태적 체계들의 통치뿐만 아니라 그런 체계들을 **통한** 통치도 [포함하는데], 그리하여 통치가 어떤 식으로든 이전처럼 주체를 생산하려고 하는지가 더는 분명하지 않다. 이런 관점에서 바라보면, 통치는 개인들을 주조하는 것과 관련되어 있는 것만큼이나 순환을 관리하고 흐름을 변조하는 것과도 관련되어 있다."[14]

---

ulation after Control"). '비물질적'인 것에 관한 프랑수아 리오타르의 관념에 의지하여 육후이는 관계가 비물질적이라고 주장하거나 물질성에 대한 실체주의적 분석을 승인하는 입장들을 넘어서는 '관계적 물질성' 개념을 개괄한다. 육후이에 따르면, 이런 견해 덕분에 디지털 기술이 온갖 종류의 기술을 물질적인 것 — 가시적이고 측정 가능한 것 — 으로 만드는 방식을 비판적으로 탐구할 수 있게 된다.

14. Stephanie Wakefield and Bruce Braun, "Governing the Resilient City," 5.
이 새로운 장치는 고전적인 생명정치적 기술과 다르지만, 예전에 들뢰즈가 "어떤 보편적 변조"(Deleuze, "What Is a Dispositive?," 7)를 통해서 작동하는 통제 메커니즘으로 서술한 것과 유사하다.
들뢰즈와 시몽동의 작업에서 제시된 변조 개념은 Yuk Hui, "Towards A Relational Materialism"을 참조.

브라이언 마수미[15], 벤 앤더슨[16], 제니퍼 가브리스[17], 그리고 에리히 회를[18]을 좇아서 나는 이런 통치 체제를 '환경성'이라고 부를 것을 제안한다. 이런 새로운 권력의 배치를 탐구하고 푸코의 진단을 증보하면서 또한 나는 신유물론적 학술 활동에서 나타나는 역사적 및 정치적 감수성의 특유한 결여에 대한 비판을 확대할 것이다. 나는 환경적 통치양식이 비인간의 행위성에 대한 집중과 우연성, 복잡성, 그리고 비결정적 자연에 대한 강조와 같은 신유물론 담론의 필수적인 분석적 및 개념적 성분들을 활용한다고 주장한다. 현시대의 신자유주의적 체제들은 비인간의 생물학적·지질학적·기술적 변양태들에 의지하면서 인간 생명의 독특한 형태들을 확보하거나 조장하려고 한다. 우리는 비인간 유기체, 지질학적 힘, 그리고 기술적 인공물이 경시되지도 않고 무시되지도 않으며 수동적이고 활기가 없는 것으로 여겨지지도 않음을 알게 될 것이다. 오히려 그것들의 '행함'은 일단의 다양한 정치적·생태적·경제적 전략을 위해 적극적으로 흡수되고 포획될 것이다.

15. Massumi, "National Enterprise Emergency."
16. Ben Anderson, "Population and Affective Perception"; Ben Anderson, "Affect and Biopower."
17. Jennifer Gabrys, "Programming Environments."
18. Erich Hörl, "Introduction to General Ecology"; Erich Hörl, "The Environmentalitarian Situation."

7장

과학기술학과 통치분석학을 조율하기

이 장에서는 정치적 문제들과 규범적 쟁점들을 직접 다루기 위해 최근에 STS에서 이루어진 발전을 검토하고 그 발전에 의지함으로써 사물의 통치라는 개념적 기획을 더욱더 다듬는다.[1] STS 작업과 통치분석학의 개념적 및 경험적 강점들을 조합함으로써 "더 철저히 유물론적인 정치 이론"[2]에 도달할 수 있게 된다.[3] 이런 조치는 이해 충돌이나 공동 의

---

1. 앤드루 핀버그는 최근 STS 작업에서 이루어진 본질적인 전환을 인식했다. "그것의 잠재적인 정치적 비판은 최근에 STS가 그 관심사를 확대하고 강단의 내부 및 외부에서 더 광범위한 청중에게 영향을 미침으로써 기술정치의 발흥에 대응함에 따라 명시화되었다"(Andrew Feenberg, "Critical Theory of Technology and STS," 4 ; 또한 Javier Lezaun, "Actor-Network Theory"를 참조).
   마크 B. 브라운은 STS에서 이루어진 정치에 관한 다섯 가지 독특한 구상을 구분하는데, 각각의 구상은 상이한 경험적·규범적 목적들에 봉사한다(Mark B. Brown, "Politicizing Science"). 또한 Law and Singleton, "ANT and Politics"와 Endre Dányi, "Are Parliaments Still Privileged Sites for Studying Politics and Liberal Democracy, and If They Are, at What Price?"를 참조.
2. Braun and Whatmore, "The Stuff of Politics," x.
3. 리치 님모는 유사한 제안을 제시했는데, 요컨대 "비인간의 **통치**, 즉 이질적인 존재자들을 관리하는 수단으로서의 정치 기술과 이 존재자들이 역사적으로 특정한 방식으로 인간의 통치와 맞물리고, 그것의 기반을 이루며, 그것을 조건 짓는 방법"에 주목하는 "대칭적 통치성"을 이루어내기 위해 통치성에 관한 푸코의 작업과 ANT를 조합할 것을 주장했다(Nimmo, "Governing Non-Humans," 78). 그의 주요 관심사는 통치분석학을 "광범위한 ANT 접근법 내부로"(같은 글, 91) 통합하는 것인 반면에, 나의 제안은 정반대의 관점에서 시작함으로써 STS에서 비롯된 통찰을 통치에 관한 포괄적인 이해로 편입하고자 한다.

사결정으로 특징지어지는 배타적인 인간 영역으로서의 정치의 문제화[4]에 이바지하는 동시에 신유물론 작업의 어떤 한계와 맹점들을 극복하는데, 특히 (정치적 사안들을 희생하는 대가를 치르고서) 윤리학적·미학적 문제들에 집중하는 단점과 인식론적 진리 주장을 강화하는 방식으로서 여러 형태의 과학주의를 수용하는 단점을 극복한다.

이어지는 글에서 나는 이런 이론적 혼종hybrid의 네 가지 중요한 차원 — 존재론에 관한 경험적 탐구, 실천에 대한 분석적 집중, 포스트휴먼-너머의 견해의 규범적 제안, 그리고 과학과 정치에의 실험적 접근법에 대한 불가결한 선호 — 을 탐구할 것이다.

정치적 비존재론으로의 전회

신유물론들은 존재론적 물음들에 대한 관심을 STS 작업 및 푸코의 통치분석학과 공유한다. 그렇지만 이런 공통 기반은 '실재적인' 것에 관한 매우 상이한 이해들을 초래한다. 신유물론 텍스트는 존재론이 "연구의 일종[에서] 연구되는 사물의 일종으로" 변환되는 "탐구의 사물화"에 의해 종종 특징지어진다.[5] 그것은 "실재가 생각한 것보다 더 실재적이라는 활성화된 실재론"[6]을 지지하는 경향이 있는데, 요컨대 실재를 초역사적·초험적·보편적 관점에서 제시한다.[7]

---

4. 흥미롭게도 문제화라는 개념은 ANT뿐만 아니라 푸코의 작업에서도 중대한 역할을 수행한다(Michel Foucault, "Polemics, Politics and Problematizations"와 Callon, "Some Elements of a Sociology of Translation"을 참조).

5. Sergio Sismondo, "Ontological Turns, Turnoffs and Roundabouts," 442.

6. Steve Woolgar and Javier Lezaun, "Missing the (Question) Mark?," 465.

7. Bruining, "A Somatechnics of Moralism."
   스티브 울가와 하비에르 레자운은 인류학의 존재론적 전회를 이런 형태의 사물화에 대한 또 하나의 두드러진 실례로 간주한다. 예를 들면 그들은 '아메리카 원주민 존재론들'의 현존에 관한 비베이루스 지 까스뜨루의 작업(Eduardo Viveiros de Castro,

신유물론적 학술 활동과는 대조적으로 STS 연구는 "새로운 설명적 행위성의 기반을 '물질'에 두지"[8] 않는다. 또한 그것은 어떤 일의적 실체를 상정하고 존재의 근본적인 본성에 관한 형이상학적 물음에 관여하는 전통적인 철학적 견해와는 다르다. 존재론에 관한 이런 사물화되고 환원된 이해와는 대조적으로 STS의 작업은 인식론적 관점주의에서 존재론적 다양성으로의 이행을 제안한다. 그것에 관한 다수의 관점이 존재하는 단일한 실재를 가정하는 대신에 이 연구 노선은 "원래 개념을, 그것을 평범하게 만드는 과정에서 또 그것을 다수로 만듦으로써, 수축시키는"[9] 방식으로 존재론적 쟁점들에 접근한다. STS 학자들은 '존재'에 관한 일반적인 물음에 관심이 없고 오히려 특정한 '생성' 과정들이나 상황적 '행위' 양식들을 검토한다. 그들은 실재가 생성되는 방식과 실재가 실천 속에서 이루어지는 방식을 연구한다 — 심지어 자신의 작업에서 대체로 '존재론'이라는 용어를 사용하지 않은 채로 말이다.[10] 설사 사용하더라도 그들은 "'존재론'이라는 용어를 그 궤적과 변환을 경험적으로 탐구하기 위해 이처럼 의도적으로 반직관적인 방식으로, 장난스럽게 반철학적인 방식으

"Perspectival Anthropology and the Method of Controlled Equivocation")을 참조하면서 "민족지학적 탐구를 통해 생성된 타자성을 결정적인 차이의 형태로 전환하는 경향"(Woolgar and Lezaun, "Missing the (Question) Mark?," 466, 주 2)을 관찰한다. 또한 이런 존재론적 신념은 다른 논평자들에 의해 비판적으로 "다양체 실재론"(Teun Zuiderent-Jerak, *Situated Intervention*) 또는 "존재론적 인류학"(Lucas Bessire and Daid Bond, "Ontological Anthropology and the Deferral of Critique")으로 평가된다. '전회' 비유의 다양한 의미에 대한 유익한 독해는 Bistra Vasileva, "Stuck with/in a 'Turn'"을 참조.

8. Woolgar and Lezaun, "Missing the (Question) Mark?," 466, 주 2. 또한 Mol, "Mind Your Plate!"와 Abrahamsson, Bertoni, Mol, and Martin, "Living with Omega-3"를 참조.

9. Sismondo, "Ontological Turns, Turnoffs and Roundabouts," 442. 또한 Michael Lynch, "Ontography"를 참조.

10. Steve Woolgar and Javier Lezaun, "The Wrong Bin Bag," 324 ; Jensen, "Experimenting with Political Materials," 18~20.

로"11 사용한다.

이런 의미에서의 존재론은 실재적인 것을 찾아내거나 들추어내는 것에 한정되지 않는다. 오히려 그것은 특정한 존재자와 영역이 출현하는 방식과 그것들이 행위적 힘들에 의해 안정화되는 방식을 탐구함으로써 "사물의 '무엇임'을 심문하"12고자 한다. STS 작업의 목표는 인식론과 존재론의 근대주의적 분할을 극복하는 것인데, 이는 "세계(또는 특정한 관심사)가 일의적이거나 아니면 파편적이라고 애초에 가정하지 않은 채로 유사성과 차이의 특수한 배열들의 평범한 우연적 빌생"13을 남┤함으로써 일단의 독특한 실천이 특이한 존재방식들을 생성하는 방식을 검토하기 위함이다. 실천에 대한 이런 이론적 관심은 실재론적 또는 (사회)구성주의적 견해들과는 다른 비유 목록, 개념적 도구, 그리고 방법론적 어휘를 필요로 한다. 초점은 '재현', '관점', 또는 '구성' 대신에 '발명', '수행', 그리고 '발제'에 집중된다.14

푸코의 계보학적 작업은 존재론에 관한 전통적인 철학적 이해를 문제화하고 실천을 중시하는 데 집중하는 STS의 경향을 공유한다. 두 연구 노선은 모두 세계의 구성에 관한 물음이 이론적 쟁점이 아니라 오히려 "'행해진' 것의 관점에서"15 이루어지는 경험적·역사적 탐구의 대상이 될 수 있는 실천적 쟁점이라고 결론짓는다.16 푸코는 역사적 변화 아

---

11. Mol, "Mind Your Plate!," 380 ; Woolgar and Lezaun, "Missing the (Question) Mark?," 465.

12. Woolgar and Lezaun, "Missing the (Question) Mark?," 465.

13. Lynch, "Ontography," 458. 또한 Law, *Organizing Moderinity*를 참조.

14. 예를 들면 Mol, "Ontological Politics," 77 ; Mol, *The Body Multiple*, 32~3 [몰, 『비디 밀티플』] ; John Law, "Actor Network Theory and Material Semiotics," 151을 참조.

15. Michel Foucault, "Foucault by Maurice Florence," 462.

16. 마이클 린치는 '존재도학'(ontography)이라는 개념을 제시하는데, 이 개념으로 그가 이해하는 바는 "일반적인 세계상을 가정함으로써 시작하지 않는, 특정한 세계-형성 및 세계-유지의 실천에 관한 역사적·민족지학적 탐구"이다(Lynch, "Ontography," 444).

래 보편적인 정합적 통일체의 현존을 상정하는 이론적 명제들에 대하여 체계적인 회의주의를 표명하는 유명론적 분석틀을 제시한다.[17] 이런 견지에서 보편자는 더는 분석의 출발점을 제공하지 않고 오히려 실천들—"다소 조절된, 다소 의도적인, 다소 확정된 수행 방식들의 집합체"[18]—의 결과로서 나타난다. 보편자는 역사적 변조를 겪는 단일체적 존재자라기보다는 오히려 근본적인 본질이나 개체화된 종으로 환원될 수 없는 이질적인 요소들의 네트워크이다.[19]

푸코의 작업은 어떤 실천들을 조직하고 정초하는 본연의 존재론적 존재자들이 현존하지 않는다는 방법론적 가정에서 시작된다. 그렇지만

또한 '실천도학'(praxiography)이라는 몰의 용어를 참조(Mol, *The Body Multiple*, 31 [몰, 『바디 멀티플』]).

17. 푸코의 '역사적 유명론'(Foucault, *The Birth of Biopolitics*, 318 [푸코, 『생명관리정치의 탄생』]은 프랑스 인식론과 폴 벤느의 작업(예를 들면 Paul Veyne, "Foucault Revolutionize History"를 참조)에서 비롯된 통찰을 수용하여 급진화함으로써 고전적 유명론과 결별한다. 유명론의 그 두 가지 형태 사이의 차이는 Robert Pfaller, *Althusser*, 178~83을 참조. 이언 해킹은 '정적' 유명론과 '동적' 유명론 사이의 유사한 구분을 제시한다(Ian Hacking, "Making Up People"; Ian Hacking, *Historical Ontology*). 푸코의 역사적 유명론과 알튀세르의 '우발적 유물론'(Althusser, *Philosophy of Encounter*) 사이의 유사점은 Bruce Braun, "The 2013 Antipode RGS-IBG Lecture," 7을 참조.

18. Foucault, "Foucault by Maurice Florence," 463. 또한 Michel Foucault, "What is Enlightenment?" in *Ethics, Subjectivity and Truth*, 317을 참조.

19. 이 논점에 관해서는 벤느의 다음과 같은 진술을 보라. "중대한 어려움은 우리로 하여금 대상화된 것을 마치 그것이 자연적 객체인 것처럼 '사물화'할 수 있게 하는 환상에서 생겨난다. 우리는 최종 결과를 목표로 오인한다. 우리는 한 발사체가 우연히 착륙한 장소를 의도적으로 선택된 그것의 목표로 간주한다. 문제를 그것의 참된 핵심, 즉 실천에서 파악하는 대신에 우리는 주변부, 즉 객체에서 출발하는데, 그리하여 연이은 실천들은 '물질적'이든 '합리적'이든 간에 출발점으로, 하나의 소여로 여겨지는 어떤 단일한 객체에 대한 반응들과 유사하다. … 우리는 연이은 실천들의 탄착점들을 이 실천들이 겨냥하고 있는 선재하는 객체들로, 그것들의 목표들로 간주한다. 여러 세대에 걸쳐 광기와 공동선은 그 '태도들'이 동일하지 않았던 연이은 사회들에 의해 상이하게 겨냥되었다. 그리하여 그것들은 상이한 지점들에서 과녁을 맞췄다"(Veyne, "Foucault Revolutionize History," 161).

고전적인 존재론적 주장을 거부하는 태도는 사회구성주의와도 결합하지 않고 철학적 상대주의와도 결합하지 않는다. 오히려 그것은 대상화와 주체화의 과정들이 "상호 발전과···상호 연계"[20] 속에서 조율되는 방식, 말하자면 그 과정들이 조율된 물질-담론적 실천들을 통해서 생성되는 방식을 분석하는 데 도움이 되는 역사적인 실천학적 견해를 초래한다. 그러므로 푸코는 물질과 의미의 역동적인 집합체들 — 푸코가 "교류적 실재들"[21]이라고 일컫게 된 것 — 이 출현하는 방식을 분석적으로 파악하기 위한 독특한 "방법의 선택"[22]을 제안한다.

> 어떤 구체적인 실천들에 대한 이해 가능성의 필수적인 격자로서의 보편자들로 시작하는 대신에 저는 이런 구체적인 실천들에서 시작하고···이 보편자들을 이 실천들의 격자에 통과시키고 싶습니다.··· 저는 다음과 같은 이론적·방법론적 결단에서 시작합니다. 보편자는 현존하지 않는다고 가정합시다. 그다음에 저는 역사와 역사가들에게 다음과 같은 물음을 제기합니다. 당신이 국가, 사회, 주권자, 그리고 주체 같은 것들의 현존을 선험적으로 수용하지 않는다면, 당신은 어떻게 역사를 저술할 수 있겠습니까?[23]

STS 연구와 푸코의 통치분석학은 둘 다 인식론적 또는 이론적 물음을 강조하는 입장에서 실천적 쟁점을 강조하는 입장으로 이행하는데, 요컨대 '존재론'이라는 용어를 증식시킨다. 더 정확히 말하자면, 그 두

---

20. Foucault, "Foucault by Maurice Florence," 460.
21. Foucault, *The Birth of Biopolitics*, 297. [푸코, 『생명관리정치의 탄생』.]
22. 같은 책, 2 [같은 책]. 또한 Foucault, "Foucault by Maurice Florence," 462를 참조.
23. Foucault, *The Birth of Biopolitics*, 3 [푸코, 『생명관리정치의 탄생』]. 또한 같은 책, 20 [같은 책]을 참조.

연구 노선은 존재론적 '구성', '포화', 또는 '결정'을 탐구하기 위해 '비존재론'으로 시작한다. 푸코의 계보학적 작업에서 통치분석학을 활성화하는 것은 바로 '비-현존'에 대한 이런 분석적 집중이다.[24] "보편자는 현존하지 않는다"라는 가정은 독특한 "사물의 영역"이 생성되는 방식에 관한 물음을 불러일으킨다.[25] "이런 출현의 조건은 무엇이었고, 그것에 대하여 치른 대가는 무엇이었으며 … 그것이 현실에 미친 효과는 무엇이었나?"[26] 반면에 ANT는 오랫동안 상이한 네트워크들이 유지되고 활성화되는 방식에 관한 물음에 주의를 기울이지 않은 채로 이 네트워크들의 지도를 제작하고 탐사하는 데 집중했다.[27] ANT는 권력을 "네트워크의 생산수단이라기보다는 오히려 주로 네트워크의 효과 또는 창발적 특성으로서"[28] 분석했다. 일반적으로 ANT는 독특한 실재들 또는 세계-형성 형태들의 출현, 그것들의 투쟁과 성공을 주변부적인 것, 배제된 것, 그리고 실패한 것을 적절히 다루지 않은 채로 탐구했다. 단지 최근에 들어서야 ANT는 '비존재론적' 물음을 더 명시적으로 수용했다. 존 로와 마리안느 리엔이 지적하는 대로, 초기의 ANT는 "전적으로 현실화되지 않은 실재들"[29]도 포괄하는 존재론적 다양성의 개념을 제시하지 않았다. 연구의 초점이 오랫동안 계속해서 창발에 집중된 상황은 지배적인 타자화 실천을 불안정하게 하고 그 기반을 약화하기보다는 오히려 재생산하고 부활시키는 결과를 초래했다. 로와 리엔이 강조하는 대로, "발제된 존재론들에 주목할 뿐만 아니라 그에 해당

24. 예를 들면 Foucault, "Foucault by Maurice Florence," 463을 참조.

25. 같은 글, 460.

26. 같은 곳.

27. Kaushik Sunder Rajan, *Biocapital*, 290, 주 26 ; 20. [카우시크 순데르 라잔, 『생명자본』.]

28. Nimmo, "Governing Non-Humans," 91.

29. John Law and Marianne E. Lien, "Slippery," 363.

하는 타자들의 그림자 땅에도 주목하는"[30] 것이 중요하다.

그러므로 푸코의 통치분석학과 STS는 둘 다 "비존재론에 의지한다."[31] 그렇지만 존재론에 관한 과정적 이해에 대한 공통적인 이론적 선호가 구체적인 방법론적·개념적 선택들로 현실화되는 방식에는 한 가지 중대한 차이점이 있다. STS 작업은 "경험적 존재론들"[32]을 검토하면서 특이하고 국소적인 실천들과 그것들이 현재 안정화되고 재생산되는 방식에 집중하는 반면에[33], 푸코는 "역사적 존재론들"[34]을 탐구한다. 후자의 계보학적 기획은 포괄적인 실천의 체제들 또는 "실천 체계들"[35]과 대규모의 역사적 변환들을 탐구한다.[36]

이 책에서 제시된 사물의 통치라는 분석틀은 이런 상보적 관심사들을 결합하고, 국소적인 것 속에서 전체적인 것을 파악하며, 미시적인 것 속에서 거시적인 것을 파악하고자 한다.[37] 이런 양날의 "현재의 존재

---

30. 같은 글, 373.

31. Ignacio Farías and Laurie Waller, "A Turn to Nontology?"

32. Noortje Marres, "Why Political Ontology Must be Experimentalized," 435. 또한 Law and Lien, "Slippery"를 참조.

33. Sismondo, "Ontological Turns, Turnoffs and Roundabouts," 445.

34. Foucault, "What is Enlightenment?" in *Ethics, Subjectivity and Truth*, 318을 참조.

35. 같은 글, 317.

36. 또한 앎과 범주화의 양식들 역시 세계-형성의 실천 형태들이라는 푸코의 통찰을 수용하는 해킹의 작업을 보라. '역사적 존재론'에 관한 해킹의 이해(Hacking, *Historical Ontology*)는 인간 종류들의 분류 행위들과 그것들이 개인 및 집단의 재현물들을 생산할 뿐만 아니라 또한 사람들 자체에 영향을 미치는 방식에 관계된다. 그다음에 역사적 존재론은 어떤 존재론적 장들과 존재자들의 출현 및 이해 가능성의 조건들을 밝혀내고자 한다. "해킹의 가장 잘 알려진 사례를 취하면 '다중 인격 장애'라는 범주는 진단 도구들, 다양한 종류의 치료사들의 훈련, 그리고 대중적 재현물들과 더불어 다중 인격 장애를 지닌 사람들의 현존에 이바지한다"(Sismondo, "Ontological Turns, Turnoffs and Roundabouts," 443).

37. 이것은 물론 ANT 감성의 원초적이고 본질적인 부분이다(Michel Callon and Bruno Latour, "Unscrewing the Big Leviathan"을 참조). 그렇지만 "거시적인 것은 단지 그것이 거시적인 것으로 행해지는 한에서만 거시적인 것이 된다"(Law and Singleton, "ANT and Politics," 493)라는 통찰이 경험적 작업에서 어떻게 구체적으로 분명히 표명되는지

론"[38] 덕분에 우리는 존재론적 물음의 정치적 차원을 더 잘 고찰할 수 있게 된다. 그것은 비결정성과 우연성을 강조하는 한편으로 전략적 배열과 재귀적 패턴에도 주목한다. 이런 관계적 존재론 내에서 존재양식들을 확립하는 것은 실천의 체제이지, 존재양식들이 실천의 체제를 확립하는 것은 아니다. 이런 '파생적' 견해[39]에 따르면, 존재론은 실천에서 발제된 관계적 효과 그 이상도 (그 이하도) 아니다.[40]

그렇지만 실재의 다중적 발제가 존재하기에 실천 속에서 부각된 규범을 분석해야 한다. 네덜란드 식단과 식사 관행에 관한 몰의 최근 연구[41]는 규범적 물음을 다루는 한 가지 혁신적인 방식을 제시한다. 몰은 규범적인 것들이 특수한 식단 기법에 묻어 들어가 있는 방식과 이 실천들이 음식과 인체를 매우 상이하게 구성하는 방식을 포착하기 위해 '존재규범'이라는 개념을 도입한다. "당신의 식단을 신경 쓰라"라는 충고를 "당신의 음식을 즐기라는 주변부화된 대안"과 구분함으로써 몰은 "실재의 대조를 이루는 판본들을 평가할 방법"을 탐구한다.[42] "어떤 판본이 살아가기가 더 좋을지? 어떤 판본이 더 나쁠지? 어떻게, 그리고 누구를 위해?"[43] 미리 규정된 규범 목록에 근거하여 실재를 판단하는 대신에 이런

는 종종 불확실한 채로 남아 있다.

38. Michel Foucault, "The Art of Telling the Truth," 148.

39. Sismondo, "Ontological Turns, Turnoffs and Roundabouts," 446.

40. 또한 '비존재론적'인 것에 대한 강한 강조는 존재론이라는 개념이 우리가 실재계의 합성을 다루기를 원한다면 '의지'할 것으로서 더는 유용하지 않을 것이라는, STS에서 점점 커지는 우려에 대응하고자 한다. Mol, "Mind Your Plate!," 380~1 ; Woolgar and Lezaun, "Missing the (Question) Mark?," 465 ; Patrik Aspers, "Performing Ontology"에서 (또한 신유물론의 발흥의 견지에서) 표현된 의구심을 보라. 울가와 레자운이 서술하는 대로, " '존재론'은 우리 세계를 창출하는 실천적 수행의 다양성과 차원성을 축소한다. 그것은 사물의 무엇임 ─ 사물이 존재하는지 (혹은 존재하지 않는지) ─ 에 관한 물음에 대하여 그 물음이 철저히 조사되기 전에 총체적 대답을 제시한다"(Woolgar and Lezaun, "Missing the (Question) Mark?," 465).

41. Mol, "Mind Your Plate!"

42. 같은 글, 381.

경험적 탐구는 규범이 실천의 일부로서 생성되는 방식을 추적하고 이 규범들이 어떻게 다른지(예를 들면 '연료'로서의 음식 대 '쾌락'으로서의 음식) 평가할 수 있게 한다.

　실천적 실행의 다중성을 참작하면 우리는 어떤 존재론적 배치체들을 그 밖의 다른 배치체들보다 ('더 공정하다', '더 녹색이다' 등으로) 지지할 수 있는데, 왜냐하면 그것들은 언제나 이미 "실천의 보이지 않는 이례적인 생산성"[44]의 일부이기 때문이다. 우연성과 이질성에 대한 경험적 감성은 대안적 "세계짓기들"[45]을 부각하거나 또는 공동 세계를 합성하는 데 어떤 존재자들이 (그리고 어떻게) 참여할지 결정하고자 하는 "코스모폴리틱스"[46]의 상이한 판본들을 부각하는 것에 대한 정치적 관심과 연결되어 있다. 몰이 분명히 하는 대로, 신유물론을 STS의 작업과 구분하는 것은 바로 사물이 어떻게 생성되는지에 관한 정치적 물음이다. "존재론이 안정적이고 단일한 것으로 여겨지는 한에서 그것은 접촉되거나 아니면 접촉되지 않을 수 있지만, 좋고 나쁨은 그것과 아무 관계도 없다. 반면에 실재들이 적응적이고 다수의 것이라면, 그것들이 상이한 관계에 관여하고 연루됨에 따라 상이한 형태를 취한다면, 존재론적 정치에 관한 물음들이 중요해진다."[47]

---

43. 같은 곳.

44. Law and Lien, "Slippery," 373.

45. Haraway, *Staying with the Trouble*, 76. [해러웨이, 『트러블과 함께하기』.]

46. Bruno Latour, "Whose Cosmos, Which Cosmopolitics?"; Isabelle Stengers, "The Cosmopolitical Proposal"; Marisol de la Cadena, "Indigenous Cosmopolitics in the Andes"; Mario Blaser, "Is Another Cosmopolitics Possible?"; Endre Dányi and Michaela Spencer, "Un/Common Grounds." 또한 Michael, *Actor-Network Theory*, 125~8을 참조.

47. Mol, "Mind Your Plate!" 381; Sismondo, "Ontological Turns, Turnoffs and Round-abouts," 446; Law, "STS as Method."
주잔네 레토우는 '존재론적 유물론'과 '실천론적 유물론' 사이의 대립이 역사유물론의 전통 내에서 중요한 역할을 수행했음을 보여준다. 엥겔스, 레닌, 그리고 블로흐는 전자

과학주의를 거부하기, 행위성을 퇴치하기 : 관계성에 관한 물질적 견해

사물의 통치라는 개념적 기획은 존재론들의 실천론적·수행적 차원들을 강조하면서 행위성에 관한 한 가지 대안적 이해를 제시한다. 그것은 주의의 방향을 개별 행위자들과 그 역량들에서 출현 조건과 행위양식들로 전환한다. 이십 년도 더 전에 출판된 한 유익한 논문에서 에밀리 고마르와 앙투안 에니옹은 네트워크에 대한 ANT의 관심을 장치에 관한 푸코주의적 이해와 연계시킨다.[48] 고마르와 에니옹은 ANT와 현시대의 몇몇 행위 이론(특히 민속방법론과 상호작용주의) 사이의 중요한 공통점을 강조함으로써 시작한다. 이 연구 노선들은 모두 인간 행위와 비인간 행위를 대칭적으로 서술하고자 하며, 그리고 행위성 대 구조, 능동성 대 수동성, 자유 대 결정을 병렬하는 개념적 틀에 의해 특징지어지는 사회적 분석을 여전히 지배하는 진부한 이원론적 대립쌍들을 넘어서려는 야망을 공유한다.[49] 고마르와 에니옹은, 공통 기반 및 유사한 노력들을 지적하는 한편, ANT가 행위 주체에 대한 더 통상적인 비판 또는 이런 행위 이론들이 승인하는 분산된 행위성에의 집중을 상당히 넘어서는

의 판본들을 제시하는 반면에, 후자의 개념은 맑스의 인간학 비판과 실천에 대한 집중을 자신의 출발점으로 삼는다. 이런 실천론적 판본의 역사유물론은 비판 이론의 초기 프랑크푸르트학파에서 특히 중요했는데, 그 학파 역시 지식 생산의 상황성을 강조했다(Lettow, "Turning the Turn," 112~6).

비판 이론의 이런 전통에서 이루어진 기술만능주의적 이성에 대한 비판과 STS 사이에는 실질적인 중첩이 존재한다(Feenberg, "Critical Theory of Technology and STS"). 또한 자신의 작업과 프랑크푸르트학파의 기획 사이의 유사점에 관한 푸코의 논평을 보라(Michel Foucault, "Critical Theory/Intellectual History," 26~7 ; Michel Foucault, "On Power," 104 ; Michel Foucault, *Remarks on Marx*, 115~29 [미셸 푸코, 『푸코의 맑스』] ; Foucault, "Life," 469).

48. Gomart and Hennion, "A Sociology of Attachment."

49. 같은 글, 222~4.

분석양식을 제안한다고 여전히 단언한다.

> ANT는 행위 이론에 핵심적인 실, 즉 행위와 (그럼에도) 분산된 행위자 사이의 연계를 절단한다. … 솔직히 말하자면 그 접근법은 인간 행위의 모델을 무화하지 않고 오히려 객체로 이동할 수 있는 인간의 인지 역량을 허용한다. 이런 역량들은 결국 효율적인 것, 지적인 것, 조율된 것, 또는 '합목적적'인 것이 된다. … 반면에 ANT는 이질적인 요소들이 미정의 원천으로부터 행위를 창발시기는 네트워크를 합성하는 일에 관해 서술하고자 한다.[50]

고마르와 에니옹에 따르면 ANT는 심지어 가장 정교하고 독창적인 행위 이론들과 비교했을 때에도 더 급진적인 조치를 실행하는데, 왜냐하면 그것은 "무슨 일이 일어나는가"라고 묻는 것을 선호하여 "누가 행위를 하는가"라는 물음을 퇴치하기 때문이다. ANT는 단지 전통적인 행위 개념을 확장하는 대신에 우리에게 행위성의 조건과 성좌를 재고하도록 요청한다 — 또한 '행위성'이 당면 쟁점을 다루기 위한 올바른 개념인지에 관한 물음을 제기한다. 그 저자들은 행위의 문제점을 극복하려는 이론적 조치를 옹호하면서 푸코주의적 장치 개념을 명시적으로 수용하며, 그리하여 금지와 제약의 형태들을 넘어서는 장치의 생산적 차원과 구성적 차원을 강조한다. "'장치'의 권력은 그것이 출현하게 하는 새로운 능력들의 번성에 자리하고 있다."[51]

많은 신유물론자 역시 '창발'과 '사건'의 중요성을 강조하지만, 그들은 종종 행위성 문제를 퇴치하기보다는 오히려 그것에 여전히 구속되어 있

---

50. 같은 글, 224~5. ANT가 제시한 행위성에 관한 견해들의 지도를 제작하는 또 다른 방법은 Michael, *Act-Network Theory*, 67~72에 제시되어 있다.

51. Gomart and Hennion, "A Sociology of Attachment," 221.

다. 앞서 이해되었듯이, OOO와 생기적 유물론은 행위성을 물질적 현존의 성질로 간주한다. OOO는 행위성을 객체가 '행위를 할' 수 있게 하는 객체의 고유한 역량에 직접 위치시키는 반면에, 생기적 유물론은 행위성이 다양한 이질적인 존재자와 과정에 걸쳐 분산되어 있다고 간주하는데, 요컨대 물질의 "지적 활력이나 자기조직화 역량"[52]에서 비롯된다. 행위적 실재론은, 그 칭호에도 불구하고, 행위자의 구상력을 파괴하는 데 더 잘 적응되어 있다. 왜냐하면 그것은 물질의 수행적 실행에 주목하기 때문이다. STS 작업의 입장과 유사하게도 버라드는 행위성을 '속성'으로 간주하기보다는 오히려 '행함'의 견지에서 "내부-작용의 문제"로 간주하는데, "그것은 누군가 또는 무언가가 갖추고 있는 무언가가 아니라 하나의 실행이다."[53] 그러므로 행위적 실재론의 경우를 명백히 제외하고 신유물론자들은 행위성에 관한 전통적 개념을 그것의 핵심적인 전제와 필수 조건은 그대로 남겨 둔 채로 수정하고 확장하고자 한다.[54]

세바스티안 아브라함손과 그의 동료들은 '사물-권력'이라는 베넷의 관념을 검토하면서 이런 비판 노선을 설득력 있게 전개한다.[55] 그들은 행위성을 개별 존재자들의 역량으로 간주하는 이론들이 자유주의적 자

---

52. Rosi Braidotti, *The Posthuman*, 50. [로지 브라이도티, 『포스트휴먼』.]

53. Barad, *Meeting the Universe Halfway*, 178.

54. 레토우는 행위성에 관한 물음이 신유물론 텍스트에서 편재하는 동시에 부재한다는 점을 지적한다. 한편으로 신유물론들은 이전에 배제된 존재자들을 포함하기 위해 행위성의 보편화와 민주화를 주장한다. 다른 한편으로 '행위성'은 파악하기 어렵게 되는데, 왜냐하면 그것은 사회-물질적 관계에서 분리되어서 "물질 또는 생명 같은 익명의 메타역사적 힘으로 전이되기"(Lettow, "Turning the Turn," 111) 때문이다.

이런 확장 조치에 대한 포비넬리의 비판을 보라. "로고스와 데모스에 관한 인간중심적인 이론을 해체하기보다는 오히려 무생물 존재자, 연장물, 그리고 회집체가 데모스의 언어와 습속으로 기꺼이 수용된다. 우리의 의미작용 형태를 모든 존재 형태로 확장하는 관용은 그것들이 우리를 지방화할 가능성을 배제한다"(Povinelli, Coleman, and Yusoff, "An Interview with Elizabeth Povinelli," 180; Elizabeth E. Povinelli, "The Rhetorics of Recognition in Geontopower").

55. Abrahamsson, Bertoni, Mol, and Martin, "Living with Omega-3."

유와 선택을 중시하는 정치적 서사에 의해 특징지어짐을 보여준다.[56] 행위성에 관한 이런 주의주의적 이해는 확정적인 인과적 효과를 강조하는 과학적 연구 방법의 대응물이자 보완물이다. 이 두 견해는 서로 구성하고 안정화하며, "일차적 존재자들(실행자, 행위자)을 해당하는 이차적 맥락들(오염변인, 정상참작 상황)로부터"[57] 분리함으로써 일부 물질적인 것들을 그 밖의 물질적인 것들보다 우선시하는 위계적 지형을 구성한다. 반면에 아브라함손 등은 오히려 다수의 실천과 '행함'의 양식들에 집중하기 위해 행위성과의 연계를 우회하자고 제안한다. "그래서 우리는 사물이 결과를 '초래하'지도 않고 저절로 '행위를 하'지도 않음을 강조하고자 한다. 물질적인 것들은 조율하여 작동한다. 그것들은 관계적이다."[58]

행위성에 관한 신유물론적 개념들과 과학에 관한 실증주의적 이해 사이의 연계는 결코 우연적인 것이 아니다. STS 작업은 "상황적 지식"[59]

---

56. 탈랄 아사드는 현시대 사회과학이 현행의 정치적·사회적 성좌의 배경으로서의 행위성에 사로잡힌 사태를 비판했다. "행위성은 하나의 표어가 된다. 어떻게 보면 '행위성'에 대한 이런 중독은 자유주의적 개인주의의 생산물이다. 개인이 자신을 형성할 수 있는 능력, 자신의 삶을 바꿀 수 있는 능력은 개인 자신이 그 속에서 사실상 형성되고 자리하고 있으며 유지되는 관계들보다 이데올로기적 우선성을 부여받는다"(Talal Asad, "Modern Power and the Reconfiguration of Religious Tradition" ; 또한 Meißner, "Feministische Gesellschaftskritik als onto-epistemologisches Projekt," 166~7을 참조).

(정치적) 행위성의 문제를 탐구하는 사례 연구는 2012년에 브뤼셀에서 발생한 단식 투쟁에 관한 아브라함손과 엔드레 다니의 경험적 분석을 참조. 그 저자들은 " '행위성'에 대한 특정한 역사적·이론적 사고방식을 회피하"고자 한다(Sebastian Abrahamsson and Endre Dányi, "Becoming Stronger by Becoming Weaker," 895). 그들의 연구는 '수동성', '침묵', 그리고 '약함'이 반드시 행위성의 결여를 나타내지는 않고 오히려 정치를 행하는 다른 방식을 낳을 수도 있음을 보여주며, 그리하여 우리로 하여금 민주주의적 참여의 자유주의적 문법을 재고하도록 요청한다.

57. Abrahamsson, Bertoni, Mol, and Martin, "Living with Omega-3," 14.

58. 같은 곳. 아브라함손 등이 오메가-3, 한 특정한 종류의 지방산이 그 자체로 인간의 공격성을 완화한다는 베넷의 주장에 맞서 제기하는 논변에 관한 더 자세한 논의는 이 책의 2장을 참조.

59. Haraway, *Simians, Cyborgs, and Women*, 183~201. [해러웨이, 『영장류, 사이보그 그

을 탐구하면서 인식론적 진리 주장의 주권을 불안정하게 하고 그 기반을 약화하고자 하는 반면에, 신유물론적 견해들은 때때로 과학에 관한 어떤 권위주의적인 보편적 개념을 승인한다. 신유물론적 사유의 배경 또는 근거를 제공하는 과학적 '돌파구' 또는 '발견'에 초점이 집중된다. 행위적 실재론에서 수행되는 보어 양자역학의 역할의 경우에도, 베넷의 생기적 유물론에서 수행되는 20세기 초기 생물학의 역할의 경우에도 상황은 마찬가지이다.[60] 카트린 말라부의 경우에 새로운 정치적 지평을 개방한 것은 "분자생물학과 세포생물학의 혁명적인 발견들"[61]이다. 이런 독법에 따르면, 후성유전학과 재생의학에서 이루어진 최근의 진전은 "생명정치에 대한 생물학의 저항"[62]이 지닌 잠재력을 부각한다. 왜냐하면 이런 진전들은 지금까지 알려지지 않은, 신체를 변형하고 재프로그래밍하는 형태들을 밝혀내기 때문이다. 이런 "놀랍도록 과학주의적인"[63] 분석틀은 신유물론 텍스트에서 과학적 진보에 관한 친숙한 서사를 부추길 위험이 있고, 따라서 인식론적 진리 주장들에 이의를 제기하기보다는 오히려 이런 주장들을 다시 확립하게 될 위험이 있다. 과학적 지식은 종종 존재론적·정치적 주장들을 표명하기 위한 자명하고 참되며 반박 불가능한 토대로서 활용되는 반면에, 논란의 여지가 있고 잠정적인 그 지식의 지위는 거의 인식되지도 않고 분석되지도 않는다.[64] 과학에 대한 신유물론적 검

리고 여자」.]

60. Lettow, "Turning the Turn," 109~11.

61. Catherine Malabou, "One Life Only," 431.

62. 같은 글, 438.

63. Angela Willey, "A World of Materialisms," 998. 또한 Angela Willey, "Engendering New Materializations"를 참조.

64. 안젤라 윌리는 엘리자베스 그로츠, 엘리자베스 윌슨, 다이애나 쿨, 그리고 사만다 프로스트의 작업을 논의하면서 신유물론적 견해들이 포스트식민주의적인 페미니즘적 STS 작업을 무시하는 경향이 있다고 주장한다. "신유물론적 스토리텔링은 인간중심적 유물론을 제국주의적인 과학적 기획으로 서술하지 않고, 오히려 최근에 들어서야

토는 과학에서 비롯된 이론적 언명과 경험적 결과를 "다소 참인 것 — 논쟁의 여지도 맥락도 거의 없으며, 그리고 그런 과학들 내부에서 이루어지는 더 광범위하고 종종 격렬한 인식론적 및 존재론적 논쟁들에 대한 감각이 부재하는 것 — 으로"[65] 간주하는 경향이 있는 " '열광적인' 양식"[66]에 의해 특징지어진다.[67]

과학 그리고/또는 비판 이론에서 이루어진 자연적인 것에 관한 새로운 구상들로 대체된 일단의 보편적 신조로 서술한다. 인간중심주의에 대한 포스트휴머니즘/퀴어적인 생태학적 이의 제기도, 생명/부생명 이진 대립쌍에 대한 신유물론적 이의 제기도 포스트식민주의적인 페미니즘적 과학의 이런 인식론적 통찰로부터 분리될 수 없다. 그 기획들은 함께 뒤얽혀 있다. 그리고 이것은 신유물론이 아직 붙잡지 못한 기획이며, 그리고 어떤 의미에서 이것은 페미니즘적인 포스트식민주의적 비판을 크게 배반하는 사태이다"(Wiley, "A World of Materialisms," 1005).

한편으로는 페미니즘인 포스트식민주의적 이론과 다른 한편으로는 신유물론적 관심사 사이의 유익한 교환을 참작하면, 이런 평가는 약간 불공정할 것임에도 여전히 어떤 문제적 경향을 포착한다. 윌슨 자신은 물질적인 페미니즘적 작업이 종종 신경생물학적 연구의 결과를 무비판적으로 수용한다고 주장한다. "저는 현재 … 매우 직서적인 종류의 방식으로 과학적 데이터의 편을 드는 경향이 있다고 점점 더 염려하게 됩니다. 인문학은 과학적 탐구가 우리 앞에 제시한 데이터를 점점 더 쉽게 믿습니다. 저는 이것이 인간과 동물의 신경학적 기능에 관한 어떤 주장들을 복음으로 받아들이는 신경-인문학 텍스트에서 특히 명백함을 알게 되었습니다"(Vicki Kirby and Elizabeth A. Wilson, "Feminist Conversations with Vicki Kirby and Elizabeth A. Wilson," 233 ; 또한 Willey, "A World of Materialisms"와 "Engendering New Materializations"를 참조).

65. Fitzgerald and Callard, "Social Science and Neuroscience beyond Interdisciplinarity," 11 ; Braun, "The 2013 Antipode RGS-IBG Lecture," 3~4. 또한 Bruining, "A Somatechnics of Moralism," 162~3을 참조.

66. Fitzgerald and Callard, "Social Science and Neuroscience beyond Interdisciplinarity," 11.

67. 데스 피츠제럴드와 펠리시티 캘러드는 특히 카트린 말라부의 작업(Catherine Malabou, *What Should We Do with Our Brain?* ; Catherine Malabou, *The New Wounded*)과 브라이언 마수미의 작업(Brian Massumi, "The Autonomy of Affect")을 검토한다(Fitzgerald and Callard, "Social Science and Neuroscience beyond Interdisciplinarity").

브라운은 『생명, 전쟁, 지구』라는 존 프로데비의 책 — 여기서는 신경학, 생물학, 그리고 기상학에서 비롯된 발견들이 들뢰즈의 철학적 주장들을 확증하는 것처럼 보이고 또 역으로도 그런 것처럼 보인다(John Protevi, *Life, War, Earth*) — 을 검토함으로써 신

사물의 통치라는 이론적 혼종은 다양한 신유물론적 견해의 과학주의를 넘어설 뿐만 아니라 또한 관계성에 관한 더 설득력 있는 이해를 제공한다. 그것은 분석적 주의의 방향을 단순한 역량과 고유한 성질에서 복잡한 네트워크와 배열로 전환하는데, 요컨대 관계를 이차적이거나 파생적인 과정으로 간주하는 대신에 일차적이고 원초적인 힘으로 간주한다. 그렇지만 이런 이론적 조치는 "긍정적 관계성"[68]에 대한 규범적 판단이나 선호를 수반하지 않는데, 그 이유는 "관계의 정치적 낭만화에 빠지지 않는 것"[69]이 중요하기 때문이다. 개별 행위자들과 그 역량들에서 다름 아닌 어떤 특정한 창발들을 가능하게 하는 장치들로의 이행은 관계들이 그 자체로 '좋음'(또는 '나쁨')을 뜻하지는 않는다. 일단 경험적 탐구의 결과가 입수 가능할 때만 평가 과정이 생겨날 수 있기에 그 의문은 사전에 답해질 수 없고 오히려 구체적 관계들의 물질성에 의존한다. 사물의 통치라는 분석틀은 OOO의 관계성 거부와 다를 뿐만 아니라 생기적 유물론과 행위적 실재론의 "관계적 열광"[70]과도 다른 **물질적 관계주의**를 제시한다. 이 책에서 옹호된 통치분석학은 관계성을 그 자체로 수용하면서 관계를 고정된 안정적인 규범적 가치를 지닌 것으로 간주하기보다는 오히려 관계성에 관한 유동적인 물질적 이해를 제시한다. 이렇게 해서 다음과 같은 물음들을 다룰 수 있게 된다. 특수한 존재자들은 어떻게 창발하고, 어떤 맥락에서 작동하며, 어떤 효과를 (공-)생산하는가? 이런

유물론적 학술 활동에서 나타나는 일반적인 "성찰성의 결여"(Braun, "The 2013 Antipode RGS-IBG Lecture," 3)를 비판한다.

또한 다음과 같이 지적하는 아브라함손 등의 비판을 보라. "신유물론의 대다수 텍스트는 실험과학에서 비롯된 통찰들의 상황성을 인식하지도 않고 그 방법들과 결과들의 이전 가능성을 조사하지도 않은 채로 그 통찰들에 의지하거나 그것들을 차용한다"(Abrahamsson, Bertoni, Mol, and Martin, "Living with Omega-3," 5, 주 5).

68. Dolphijn and van der Tuin, *New Materialism*, 127. [돌피언·반 데어 튠, 『신유물론』.]

69. Hörl, "Introduction to General Ecology," 7.

70. 같은 곳.

관계적-유물론적인 견해에 따르면, 관계는 그것이 독특한 동맹을 전략적으로 동원하고 활용할 때 그것의 물질적 짜임새에 의거하여 평가된다.[71] 에리히 회를이 지적하는 대로, 현시대의 통치 실천과 기술은 "관계를 엄청난 정도로 축소하고 조절하고 통제하며 심지어 이용한다."[72] 회를은 "증강된 관계성"[73]이라는 나이절 스리프트의 개념을 참조함으로써 관계들을 "계산 가능한, 합리화할 수 있는, 활용 가능한 비율들"[74]로 재영토화하는 "관계의 신자유주의-자본주의적 파괴"[75]를 진단한다.[76]

그리하여 일반적으로 관계성에 대한 감성을 본질주의적 견해와 대립시키지 않고 오히려 이런 관계성이 가정하는 특정한 형식을 경험적으로 탐구하는 것이 분석적으로 또 규범적으로 중요하다.[77] 4장에서 이해

---

71. "역동성, 복잡성, 또는 불안정성을 강조하는 관계적 사유는 미합중국 군대에서 긴 역사가 있다"라는 점을 상기시켜 주는 벤 앤더슨의 언명을 보라(Anderson, "Population and Affective Perception," 229 ; 또한 Paul N. Edwards, *The Closed World of Computers and the Politics of Discourse in Cold War America*를 참조).

72. Hörl, "Introduction to General Ecology," 8.

73. Nigel Thrift, *Non-Representational Theory*, 165.

74. Hörl, "Introduction to General Ecology," 8.

75. 같은 글.

76. 더 자세한 분석은 이 책의 8장을 참조.
비슷한 의구심이 (특히 생명과학과 신경과학에서) 본질주의 또는 결정론의 형식들에 대한 해독제로 종종 여겨지는 가소성 개념에도 적용된다. 가소성이라는 용어는 가변성, 개방성, 그리고 포괄성을 시사하고, 신체와 인격에 관한 자연주의적 또는 생물학적 견해들을 초월하며, 자연과 문화에 관한 유전자 중심적이거나 신경 중심적인 개념들과 이원적 이해 대신에 관계성을 강조한다. 그렇지만 생물학적 가소성에 관한 관념들은 계급주의적 또는 인종주의적 표식들을 강화하거나 갱신하는 데도 사용될 수 있을 것이다. 사실상 가소성이라는 관념은 과학적 인종주의와 우생학의 역사에서 유익하고 필수적이었으며, 그리고 그것은 확고한 결정과 선명한 개념적 경계에 관한 현시대의 이해들과 흔쾌히 공존할 만큼 충분히 유연하다(Jayna Brown, "Being Cellular" ; Willey, "Engendering New Materializations," 137~9 ; Kyla Schuller and Jules Gill-Peterson, "Introduction" ; 또한 신자유주의적 통치가 가소성의 담론에 어떻게 의지했고 이바지했는지에 관한 분석은 Victoria Pitts-Taylor, "The Plastic Brain"을 참조).

77. STS에서는 이런 실천적 연합과 정렬 들의 역동성을 설명하자는 몇 가지 두드러진 제안이 있다. 카리스 톰슨은 이질적인 존재자들이 결합되는 방식을 분석하는 방법으

되었듯이, 푸코의 장치 개념은 이런 합성들의 전략적 차원을 명시적으로 다룬다. 또한 그것은 '물질적인 것으로 (되)돌아가기' 혹은 '물질적인 것을 되찾기'라는 이론적 주장에 대하여 주의를 시킨다. 이런 신유물론적 요구는, 명백히 역설적이게도, 현시대의 통치 체제들에서 물질적인 것이 "활기 없는 물건"[78]으로도 "수동적이고 불변적인 것"[79]으로도 여겨지기보다는 점점 더 '생동하는 물질'로 여겨지는 역사적 상황에서 부각된다. 현행의 통치 실천은 '디지털화', '분자화', 그리고 '정보화' 과정들에서 비인간 자연의 '행위성'에 의지하고 그것을 등록한다. 앤드루 배리가 강조한 대로 현시대 통치양식들의 한 가지 주요한 차원은 재료의 수행성과 '다사다난함'을 평가하는 것으로, 요컨대 재료를 감시하고 관리하고자 한다. 이런 견지에서 물질적 행위성에 대한 집중은 인간의 통제 기술 및 통치 기술을 넘어서지 않는다. 오히려 그것은 이 기술들의 한 가지 주요한 요소이다. 배리는 현행 장치들의 작동방식과 밀접한 관련이 있는 물질의 '행함'에 대한 이런 새로운 관심에 두 가지 "일반적인 이유"[80]가 있다고 말한다.

첫째, 원료와 에너지의 비용이 상승하는 동시에 소비자와 산업의 수요가 증가하는 맥락에서 재료의 성능을 평가하는 것이 지속적으로 강조되고 있다…. 둘째, 물질적 회집체는 환경 폐기물, 차단방역, 안전성, 그리고 에너지 사용 같은 쟁점들을 관장하는 다양한 규제 요건의 대상

로서 안무법이라는 개념을 제시했다(Charis Thompson, *Making Parents*). "행위성의 춤"(Andrew Pickering, *The Mangle of Practice*)이라는 앤드루 피커링의 관념은 과학 실천에서 인간 행위성과 비인간 행위성의 호혜적 창발을 포착한다. 해러웨이는 "뜻밖의 협동과 조합"(Haraway, *Staying with the Trouble*, 4 [해러웨이, 『트러블과 함께하기』])을 정렬하는 방법으로서 퇴비라는 개념을 제안했다.

78. Bennett and Loenhart, "Vibrant Matter, Zero Landscape," 2.

79. Barad, "Posthumanist Performativity," 801.

80. Barry, *Material Politics*, 14.

이다 … . 그러므로 재료에 관한 정보의 생산은 국가적 및 초국가적 규제 지역들의 증가, 재료가 사람들뿐만 아니라 물질적 환경에도 미치는 영향을 관리하고 측정하며 감시하는 체제들의 증가와 밀접히 관련되어 있다.[81]

물질적 행위성의 경험적 탐구와 통치 실천에 대한 관심을 결합하는 STS의 한 가지 주요한 기여는 『세속적 협치』에 관한 스티브 울거와 대니얼 네일랜드의 작업이다.[82] 다양한 사례 연구에서 이 저자들은 협치 실천과 책임이 폐기물 재활용하기, 자동차 운전하기, 그리고 공항 보안 검색대 통과하기 같은 일상적 활동들과 연결되는 방식을 분석하는데, 특히 이 과정들과 연루된 객체와 기술 들을 다룬다. 그 책은 "객체와 기술에 관한 STS 기반의 재구상은 협치의 본질과 실제에 관한 새로운 이해를 제공할 수 있다"[83]라고 진술한다. 울거와 네일랜드는 객체와 기술에 관한 STS-기반 구상을 수용하는 존재론적 관심사에 주의를 집중하는 협치에 관한 혁신적인 개념을 제안한다. 그들은 통치 과정을 이해하려면 "존재론의 층위에서 이루어지는 정치적 구성에 집중하는"[84] 것이 필요하다고 주장한다. 그들의 목적은 "다양한 사람, 사물, 과정이 협치 관계들을 통해서 결합되거나 또는 심지어 구성되는"[85] 방식을 탐구하는 "존재론적으로 민감한 분석틀"[86]을 개발하는 것이다.

---

81. 같은 곳. 캐스퍼 브룬 젠슨은 STS뿐만 아니라 인류학, 하부구조 연구, 그리고 환경사에서도 나타나는 "정치적 재료"의 상이한 의미들을 탐구한다(Jensen, "Experimenting with Political Materials").

82. Woolgar and Neyland, *Mundane Governance*.

83. 같은 책, 3.

84. 같은 책, 21.

85. 같은 책, 30.

86. 같은 책, 21.

울거와 네일랜드는, 존재론적 구성 과정이 어느 존재자가 어떤 특성들이나 특징들을 갖추고 또 유지하게 되는 방식과 관련되어 있음을 설득력 있게 보여준다. 그들은 인간과 비인간 사이의 구분이 존재론적 결정 과정의 중요한 부분이라고 확언하는 복잡한 개념적 틀을 제시한다. 그렇지만 이런 프로그램적 고찰에도 불구하고 울거와 네일랜드의 서사는 대체로 사회적 영역에의 집중과 인간 행위에 의해 활성화된다. 그들은 신유물론적 학술 활동에 맞서서 "물질성을 강조하는 현행의 태도가 존재자들이 우선 물질적인 것이 되는 방식에 관한 탐구로부터 주의를 돌리게 하는 일종의 행위성을 존재자들에 부여하는 경향이 있다"[87]라고 올바르게 주장하지만, 그들의 설명에서 존재론적 구성에 이바지하는 '사물'의 기여는 여전히 미해결의 의문으로 남아 있다. 존재자의 존재론적 지위가 하나의 소여가 아니라 실천적 성취라는 통찰, 그리하여 강조점을 '있음'에서 '행함'으로 이행하는 통찰은 존재론적 안정성과 내구성을 획득하고 유지하는 이런 과정에 (비인간) 존재자들이 이바지하는 방식에 관한 어떤 분석도 수반하지 않는다.[88]

이 문제는 통치분석학 내에서 비인간이 수행하는 역할을 가리킨다. 다음 절에서 나는 이 사안을 다룰 것이다.

포스트휴먼-너머의 견해

이 책에서 제시된 통치분석학은 신유물론(그리고 그 너머)의 다양한 갈래가 포스트휴머니즘적 신념을 제시하는 방식과 실질적으로 다르다. 인간중심적 사유양식들을 거부하는 태도는 이론적 성취임이 확실하지

---

87. 같은 책, 37, 주 11.
88. Alison Marlin, "Book Review *Mundance Governance*."

만, 포스트휴머니즘적 주장을 개진할 때 다루어져야 하는 단서 조항이 적어도 세 가지가 있다.[89] 그런 주장들은 인간-너머의 의제와 밀접히 연관된 역사적·분석적·규범적 물음들에 관계하지만 신유물론 학문에서는 좀처럼 다루어지지 않는다.

첫 번째 난제는 포스트휴머니즘을 결정적인 역사적 단절로 이해하는 견해와 관련이 있다. 이런 독법에 따르면 현대 세계는 어떤 상이한 이론화 양식을 긴요하게 요구하는 물질적 객체들, 혼종 네트워크들, 그리고 유동적인 동일자들로 이루어져 있다. 따라서 많은 논병자가 포스트휴먼을 이론적으로 재정향되고 재조정되어야 하는 특정한 역사적 조건으로 언급한다. 그렇지만 포스트휴머니즘을 '인간'의 해체 이후의 역사적 국면으로 구상하는 것은 예전의 안정적인 범주로서의 인간을 무심코 다시 도입하게 된다. 그러므로 아이러니하게도 포스트휴먼 조건에 관한 이런 이해는 그것이 그 기반을 약화하고자 하는 개념을 재확인하는 경향이 있다. 인간과 비인간, 자연과 문화라는 범주들은 그것들의 내파 또는 부식을 천명하는 견해들에서도 무의식적으로 계속해서 작동한다. 그것들은 과거에 실제로 작동한 "실재적 구분들에 관한 참된 서술자들"[90]로서 환기되며, 그리하여 기술과학이 출현하고 그와 함께 파편화, 파열, 그리고 재조합의 실천들이 도래하기 이전의 전체론적이고 안정된 세계에 관한 향수 어린 이미지를 산출한다. 사라 왓모어가 우리에게 주지시키는 대로, 우리는 '포스트' 딱지의 유혹적인 힘에 대하여 주의해야 한다. '포스트휴먼'이라는 용어보다 '인간-너머의'라는 용어를 개념적으로 선호하는

---

89. '포스트휴머니즘'이라는 용어는 매우 이질적인 관점과 입장 들에서 제기된다. 포스트휴머니즘적 풍경에 관한 유익한 지도는 Noel Castree and Catherine Nash, "Mapping Posthumanism"을 참조. 고전적 탐구는 N. Katherine Hayles, *How We Became Posthuman* [N. 캐서린 헤일스, 『우리는 어떻게 포스트휴먼이 되었는가』]을 참조.

90. Castree and Nash, "Mapping Posthumanism," 502.

왓모어의 성향은 분석적 관심이 "인간 이후에 오는 것보다 오히려 인간을 넘어서는 것"[91]에 있다는 주장에 근거를 두고 있다.

마찬가지로 브루스 브라운은 우리에게 새로운 시대로 진입한 사태 또는 자연적 세계에서 "포스트자연적 세계"[92]로의 이행과 관련된 흥분이 수반하는 공모에 대해 주의를 환기시킨다.[93] 브라운은 휴머니즘과 포스트휴머니즘이 규범적 평가의 측면에서 상이하더라도 종종 동일한 분석적·이론적 지평 안에 남아 있다고 주장한다. "종종 무심코 간과되는 것은, 포스트휴먼을 역사화함으로써 우리가 결국 인간을 다시 중심에 두게 된다는 점이다. 인간은 '예전에 존재했'지만 '무색하게 되'어 버렸거나 '초월당'해 버린 그런 존재자이다. 핵심은 이렇다. 그런 포스트휴머니즘은 '인간'의 형상figure을 필요로 한다. … 이런 의미에서 포스트휴먼에 대한 포스트휴머니즘의 매우 강한 찬양은 '인간'의 소멸에 대한 휴머니즘의 애도와 동종의 것이다."[94] 그러므로 포스트휴먼 조건은 역사적 사건이라기보다는 오히려 하나의 이론적·정치적 태도이다. 그것은 종결 또는 끝맺음을 나타내지 않고 오히려 미완의 기획과 끊임없는 시작을 나타낸다.

둘째, 처리되어야 하는 분석적 문제도 있다. 단절과 계승의 역사적 틀은 종종 휴머니즘과 포스트휴머니즘 사이의 견고한 위계적 대립과 결합된다. 신유물론적 견해들이 학계 안팎에서 점점 더 통용되고 있기에 현재 휴머니즘은 이론적으로 결함이 있고 마침내 지지받을 수 없는 입장으로 여겨지는 경향이 있다. '인간'을 모든 심의의 중심에 두자는 제안은 식민주의, 가부장제, 그리고 자본주의의 유산과 밀접히 결부되어 있기에

---

91. Sarah Whatmore, "Humanism's Excess," 136.

92. Cecilia Åsberg, "Feminist Posthumanities in the Anthropocene," 186.

93. Bruce Braun, "Modalities of Posthumanism."

94. 같은 글, 1354.

휴머니즘은 "기껏해야 소박하고 최악의 경우에는 지배적이고 폭정적인 것으로"[95] 여겨진다. 신유물론적 담론들(그리고 그 밖의 담론들)에서 휴머니즘은 일반적으로 포스트휴머니즘과 대립하는 위치에 자리하게 된다. 우리가 서로 적대적이고 배타적인 두 가지 분석틀에 직면하게 된다는 것은 명백하다.

이런 이분법적 성좌는 불행하고 비생산적이다 — 특히 이원론을 의문시하고 넘어서자는 신유물론적 주장을 참작하면 말이다. 일단 우리가 포스트휴먼 조건으로 이동하면 휴머니즘 내에서 입수할 수 있는 다양한 비판적·분석적 자원을 간과할 위험이 있다. 경계를 강제하고 단순한 대립을 고수하는 대신에 공통 기반을 탐사하는 것이 더 바람직하다. 사실상 "포스트휴머니즘적 비판자와 논평자 들은 휴머니즘적 관점들을 너무 급하게 내던져 버렸다"[96]라는 것은 사실일 것이다. "그리하여 그들은 휴머니즘의 내부에서 생겨나는 비판적·해방적 실천들에 거의 주목하지 않았다. 이런 견지에서 포스트휴머니즘적 조건은 휴머니즘적 담론들을 통해서 작업함으로써 가장 잘 이해될 수 있다."[97]

휴머니즘적 관심사들에 맞서는 대신에 그 관심사들과 더불어 또 그것들을 통해서 작업하려는 이런 노력은, 인간중심주의를 유럽중심주의의 문제 또는 타자성에 관한 포스트식민주의적 논쟁들에 연계하지 않은 채로 종종 매우 추상적이고 일반적인 비난으로서 표현되는 인간중심주의에 대한 비판에 더 많은 실질도 제공한다. 그런데 관련 논쟁은 '인간'을 균질화하는 경향이 있고, 따라서 '인간'이라는 개념의 내부적 균열과 파열을 무시하게 된다. 그러므로 관심의 초점이 인간-비인간 얽힘 또는 회집체로 이행함에 따라 '인간' 내부의 권력 비대칭성, 지배 형태들, 그리고

---

95. Jonathan Murdoch, "Humanizing Posthumanism," 1356.
96. 같은 글, 1357.
97. 같은 곳. 또한 Neil Badmington, "Mapping Posthumanism"을 참조.

사회적 불평등은 좀처럼 다루어지지 않게 된다.[98] 또다시 버려져야 하고 포스트휴먼 구상물로 대체되어야 하는 '인간'은 무심코 견고하고 안정적인 것으로 재확인된다.[99]

지금까지 제안된 이론적 전환들 — 포스트휴먼 조건을 역사적 사건 또는 결정적 단절로 이해하는 견해에 대한 비판, 그리고 휴머니즘과 포스트휴머니즘을 대안적이거나 배타적인 존재론들로 간주하기보다는 오히려 상보적이거나 상호 교정적인 것들로 간주하자는 제안 — 은 포스트휴머니즘에 관한 통상적인 이해에 포함된 세 번째 문제를 다루는 데 도움이 되는 것으로 판명된다. 포스트휴머니즘으로의 전회는 때때로 인간이 그 밖의 신체들에 영향을 미치는 사실상 특권적인 역할과 행성적 권력을 은폐하는 경향이 있는 규범적 평등주의를 수반한다. 필요한 것은 인간의 비대칭적으로 파괴적인 억압적 권력을 인정하는 "전략적 인간중심주의"[100]이다.[101] "인류학적 모체"[102]를 불안정하게 하고 폐기하는 것은 중요한 일임이 확실하지만 인간-너머의 통치분석학은 한 걸음 더 나아가는데, 왜냐하면 그것은 행성 전체의 생활 조건을 위태롭게 만든 사태에 대한 '인간'의 현행적 책임을 단언하기 때문이다.[103] 인간-너머의 통치분석학은 인간의 형상을

98. Lettow, "Turning the Turn," 111 ; Braunmühl. "Beyond Hierarchical Opposi-tions" ; Frédéric Neyrat, *The Unconstructable Earth*, 19~20.

99. Meißner, "Feministische Gesellschaftskritik als onto-epistemologisches Projekt," 165~6 ; Garske, "What's the Matter?," 122~4 ; Sarah Ellenzweig and John H. Zam-mito, "Introduction : New Materialism," 10~1.

100. Brianne Donaldson, "Introduction," 6.

101. 이 관념은 일단의 정치적 목적을 달성하기 위한 집단적 실천이 형성될 수 있게 하는 것을 목적으로 삼는, '전략적 본질주의'의 역설적인 입장에 대한 가야트리 스피박의 중요한 요구를 수용한다(Gayatri Chakravorty Spivak, "Subaltern Studies").

102. Latour, *We Have Never Been Modern*, 107. [라투르, 『우리는 결코 근대인이었던 적이 없다』.]

103. Coole, "Agentic Capacities and Capacious Historical Materialism," 461 ; Cudworth and Hobden, "Liberation for Straw Dogs?," 144.

지우는 대신에, 인간이 인간뿐만 아니라 비인간에도 가하는 위험, 불의, 그리고 위해를 고려하는 강한 책임에 관한 개념도 여전히 승인하는 동시에 물질적 얽힘의 복잡성을 인정하고 그것에 주목한다.

이런 규범적 난제는 신유물론 학자들에 의해 아주 드물게 타개될 뿐인데, 왜냐하면 그들은 종종 그들이 제시하는 이론적 입장들로 연결될 수 없는 개념적 비정합성과 공백을 산출하기 때문이다. 한 가지 실례는, 인간 행위성과 의식에 관한 개념들이 행위성과 책임의 분산성에 관한 적절한 이해에 의해 교정되어야 하는 오도된 근대주의적 상상의 일부라는 베넷의 주장이다. 이런 주장에도 불구하고 베넷은 정치적 책임을 다룰 때 인간의 의사결정과 개별적 선택의 목록에 의지한다 — 이는 그가 선택하는 포스트휴머니즘적 의제와 상반되는 조치이다. 2장에서 이해되었듯이, 이런 집단적 생성물의 복잡성에 대한 생기론적 통찰은 책임에 관한 근본적으로 개인주의적인 개념을 낳는다. 베넷에 따르면 우리(오로지 인간 집단으로만 암묵적으로 여겨지는 '우리')가 해로운 것으로 식별하는 회집체에서 탈퇴하는 일은 전적으로 가능한 반면, 개인들과 그 행위들에 완전한 책임을 부과하는 일은 불가능하다.[104] 이런 규범적 문제를 극복하는 데는 인간-너머의 실천에서 책임에 관한 개념을 명확히 표현하고 수정하며 확장할 방법을 탐구하기 위해 휴머니즘/포스트휴머니즘 분열을 넘어서는 것이 도움이 될 것이다.

이 문제에는 또 다른 측면이 있다. 포스트휴머니즘적 견해들은 인

---

104. Bennett, *Vibrant Matter*, 37~8. [베넷, 『생동하는 물질』.]
　　보니 워식과 엘리자베스 윈그로브가 표현한 단서 조항을 보라. "포스트휴머니즘적 존재론의 학술적 호소는 대단히 합당하다. 그런데 그 효소가 체계적으로 재생신되는 제약 조건에, 그것의 자명한 윤리에, 그리고 집단 행위의 범위를 우리를 살아가게 하는 '언제나 이미' 네트워크를 이룬 의존물들에 한정시키는 그것의 작용에 거의 주의를 기울이지 않는 한에서 신유물론적 존재론들에 의해 촉발된 학술적 구성물은 정말로 중요하지 않은 정치를 생산할 위험이 있다"(Washick and Wingrove, "Politics that matter," 77).

간뿐만 아니라 그 대자적 표상, 즉 비인간도 균질화하는 경향이 있다. 비인간은 종종 무엇이 아님에 의해, 인간이라는 범주와 다름에 의해 부정적으로 규정된다. 더욱이 비인간에의 준거는 이런 범주 아래 회집된 존재자들의 이질성과 다양성을 은폐하는 경향이 있다. '비인간'이라는 분류는 기술적 인공물이나 물질적 하부구조, 바위나 유인원을 가리킬 것이다. 그것은 매우 다양한 생물과 무생물, 인공적 존재자와 '자연적' 존재사를 포괄한다. 그리므로 "'비인간' 세계는 … 인간/비인간의 구분 외에는 어떤 구분도 하지 않는 용어법을 통해서는 온당하게 다루어질 수 없다."105

사물의 통치라는 개념을 제안하는 것은 "포스트휴먼-너머의"106 견해를 계발함으로써 이런 역사적·분석적·규범적 물음들에 대처한다.107 그것은 인간의 특권과 권력을 의문시하기와 탈중심화하기라는 이중 난제에 대처하기 위해 참신한 접근법과 어휘를 개발할 것을 고무하면서도 여전히 인간 신체의 특정한 책무와 책임을 인정한다. 명백히 역설적이게도 그것은 세계의 파괴적인 사회적·물질적 상황을 바꾸기 위한 인간 행위의 중요성과 사실상 필요성을 단언하는 한편, 이런 파괴적이고 폭력적

---

105. Lettow, "Turning the Turn," 112; Isabelle Stengers, "Including Nonhumans in Political Theory."
   N. 캐서린 헤일스는 신유물론들이 물질적 행위성에 관하여 매우 선택적이고 불완전한 설명을 제공하는 경향이 있다고 주장한다. 그것들은 "물질적 행위성의 종류들 사이의 중대한 구분이 인식되지 않는 명백히 일반적인 분석을 부추기는" 경향이 있는데, "추정상의 이유는 그런 구분을 포함하는 것이 탈중심화 기획을 손상할 것이기 때문이다. 그렇게 추리하는 것은 인간의 탈중심화를 인간의 전적인 제거, 비현실적이고 궁극적으로 자멸적인 기획과 혼동하는 것인데, 탈중심화 기획의 성공은 바로 인간에게 그것의 효험을 납득시키는 데 의존함을 참작하면 말이다"(Hayles, *Unthought*, 66).
106. Jouni Häkli, "The Subject of Citizenship," 8.
107. 요우니 해클리는 "시민사회와 시민권에 관한 포스트휴머니즘적 관념들은 여전히 규범적으로 공허하고, 인간의 의미작용 작업과 결부되어 있으며, 그 자체로 바로 그것들이 넘어서려고 작정한 그런 종류의 휴머니즘적 구상에 기생한다"라고 주장한다(같은 글, 7).

인 실천이 의존하는 바로 그 행위 관념을 거부한다. 그것은 비인간을 인간 행위의 수동적인 희생자 또는 순수한 자원으로 이해하지 않은 채로 인간으로 하여금 자신이 인간 신체 및 비인간 신체에 가하는 지배, 악화, 그리고 고통에 대하여 책임을 져야 한다는 점을 확실히 한다.[108] 사물의 통치라는 관념은 "현재 우리가 처해 있는 얽힌 생태계들에 적합한 비판적 성찰의 형태들(즉, 정의, 자연, 그리고 인간성에 관한 개편된 관념들)"을 전개하고자 하는 "인간화된 포스트휴머니즘"을 구상하는 데 이바지한다.[109]

포스트휴머니즘에 관한 이런 관계적–유물론적인 개념은 인간의 형상 지우려고 하지 않고 오히려 "트러블과 함께하자"[110]라는 해러웨이의 일깨움을 존중하며, 그리하여 인간의 유산을 대체하는 동시에 여전히 그것에 충실한 채로 있게 된다. 해러웨이는 언제나 인간중심주의 비판에 관여했지만, 동시에 강한 포스트휴머니즘적 주장에 거리를 두면서 이런 이중 부정의 정치적 의의를 강조했다.

나는 포스트페미니스트이기를 원했던 적이 없었던 것과 마찬가지로 포스트휴먼이나 포스트휴머니스트이기를 원했던 적도 결코 없다. 한 가지 확실한 것은 여성과 인간이라는 문제 많은 범주들에 자리해야 하는 사람들과 관련하여 행해져야 하는 긴급한 작업이 여전히 남아 있다는 점이다. 이 범주들은 복수화되고, 재정식화되며, 그 밖의 비대칭적 차이들과 구성적으로 교차되어야 한다. 그렇지만 근본적으로…재고할 필요가 있는 것은 관계성의 패턴들이지, 한 가지 문제 많은 범주를 훨씬 더 문제

---

108. Neimanis, "Alongside the Right to Water, a Posthumanist Feminist Imaginary," 10 을 참조.

109. Murdoch, "Humanizing Posthumanism," 1359.

110. Haraway, *Staying with the Trouble*. [해러웨이, 『트러블과 함께하기』.]

가 많을 더 나쁜 범주로 대체하는 것이 아니다.[111]

이런 "포스트휴먼-너머의" 분석틀이 처한 정치적 곤경은 아스트리다 네이마니스가 유엔 총회에 의해 진척된 '물에 대한 인간의 권리'에 대한 법적 주장을 비판적으로 검토하는 사례에서 잘 드러난다. 네이마니스는 인간의 권리 담론에서 사회적 정의에 대한 신념이 물을 인간의 생명과 복지를 위한 필수적인 도구이자 교환 가능하고 수량화될 수 있는 자원으로 이해하는 견해와 연계되어 있음을 보여준다. 양자택일의 성좌가 있는 것처럼 보이는데, 왜냐하면 인간 자연에 대한 돌봄은 물 자연에 대한 관심을 능가하는 것처럼 보이기 때문이다. 그러므로 인간의 권리에 관한 담론은 물의 '행함'을 부정할 위험을 무릅쓴다. 네이마니스는 이런 대립적 접근법을 극복하려면 물 자연을 능동적이고 인간 자연과 연속적인 것으로 이해함으로써 물에 대한 권리 패러다임을 확장하고 보완하는 새로운 정치적 구상을 전개해야 한다고 주장한다.

전 지구적 맥락에서 이런 사회적 정의 담론이 얻어낸 치열한 정치적 견인력을 부정하지 않은 채로 '인간의 권리'의 존재론적 전제와 가정에 대하여 비판적일 수 있다. … 우리는 인간의 권리가, 웬디 브라운이 (가야트리 스피박의 진술을 환언하여) 주장한 대로, 우리가 "원하지 않을 수 없는" 것이라고 인정할 수 있는데, 심지어 또한 우리가 그 권리와 나란히 더 확고한 것, 우리 자신의 자아의 한계를 넘어서는 것을 상상할 때에도 말이다.[112]

---

111. Haraway, *When Species Meet*, 17 [해러웨이, 『종과 종이 만날 때』]. 또한 Donna Haraway, "Ecce Homo, Aint (Ar'n't) I a Woman, and Inappropriate/d Others," 49 ; Sarah Franklin, "Staying with the Manifesto," 50~1 ; Meißner, "Feministische Gesellschaftskritik als onto-epistemologisches Projekt," 166~7을 참조.

여기서 중요한 것은 인간들 사이의 공평하고 더 공정한 관계들에 대한 관심을 인간이 중추적인 부분을 이루는 더 포괄적인 공동체 ― 하나의 '우리' ― 에 대한 관심과 결부시키는 방법이다. 이런 정치적 난제가 '우리'를 조사와 협상의 공간으로 규정하는 "우리 자신에 관한 비판적 존재론"[113] 에 대한 푸코의 요구를 특징짓는다. 그것은 오로지 인간 집단만을 참조하는 것이 아니라 오히려 진행 중인 열린 기획, 미정의 물음, 또는 움직이는 표적으로 여겨져야 한다. 푸코가 진술하는 대로,

> 문제는 바로 누군가가 인정하는 원리들과 누군가가 수용하는 가치들을 단언하기 위해 '우리' 안에 자기 자신을 위치시키는 것이 실제로 적절한지 여부를 결정하는 것입니다. 또는 오히려 그 물음을 다듬음으로써 미래에 '우리'의 형성을 가능하게 하는 것이 불필요한지 여부를 결정하는 것입니다. 왜냐하면 제가 보기에는 '우리'가 그 물음에 앞서지 말아야 하기 때문입니다. 그것은 그 물음의 결과 ― 그리고 필연적으로 잠정적인 결과 ― 일 수밖에 없습니다. 왜냐하면 그 물음은 우리가 그것을 정식화하는 새로운 견지에서 제기되기 때문입니다.[114]

그러므로 사물의 통치라는 개념적 기획은 인간의 범주들이 정치 실천과 과학 실천을 특징짓는 방식들에 계속해서 주목하는 "비판적 포스트휴머니즘"[115]을 진전시킨다. 그것은 근대의 개념적 이원론들이나 인간중심적 실천들을 의문시하는 데 한정되지 않고 "또한 기술과학의 수사법과

---

112. Neimanis, "Alongside the Right to Water, a Posthumanist Feminist Imaginary," 24.

113. Michel Foucault, "What is Enlightenment?" in *The Foucault Reader*, 50.

114. Foucault, "Polemics, Politics and Problematizations," 385.

115. Noel Castree and Catherine Nash, "Posthuman Geographies," 502.

개조된 존재자들에 대응하여 인간을 새롭게 환기하는 행위들을 추적하는 새로운 과업을 제시한다."[116] 이런 정치적 기획은 사회적 운동 내의 포스트휴머니즘적 관심사들에 기반을 두고 그것들을 확장함으로써 현시대의 기술과학적 문화와 자본주의적 생태에 이의를 제기한다. 그것은 "반란적 포스트휴머니즘" 또는 "정치적 포스트휴머니즘"으로 인간중심주의에 대한 주류 비판에 대항하는데[117], 요컨대 정치적 제도와 사회적 영역을 넘어서는 동원과 논쟁의 형태들을 구상한다. 이런 물질의 정치는 저항과 시위의 전통적인 형태들을 확장한다. 왜냐하면 그것은 인간과 비인간 공존의 새로운 양식들을 실제로 생성하고자 하기 때문이다. 그것은 "제도화된 권력을 우회하고 대안적 존재양식들을 생성하는 대안적 구상과 대안적 실천을 부각하기 위한 조건을 창출하려고 시도하"는 "사회-너머의 운동"을 초래한다.[118]

실험적 풍조를 진작하기

앞서 이해되었듯이, 사물의 통치라는 분석틀은 과학과 정치를 행하는 실험적 양식들의 전망을 강조하는 상이한 유형의 비판적 탐구를 요청한다. STS에서 실험활동의 검토는 오랫동안 지속된 주제였으며, 그리고 1970년대와 1980년대에 처음부터 그 분야를 형성하는 데 이바지했다. STS 연구자들은 실험 문화의 출현에 관한 역사적 연구를 시도했고[119], 과학적 논쟁에서 실험이 수행한 역할을 탐구했으며[120], 실험실 실천의 민

---

116. 같은 곳.

117. Dimitris Papadopoulos, *Experimental Practice*, 95.

118. 같은 책, 198.

119. 예를 들면 Hacking, *Representing and Intervening* [해킹, 『표상하기와 개입하기』]와 Shapin and Schaffer, *Leviathan and the Air-Pump*를 참조.

120. 예를 들면 Harry M. Collins and Trevor J. Pinch, *Frames of Meaning*을 참조.

족지학적 조사를 실행했다.[121] 더 최근에 STS 연구는 공중公衆의 참여와 개입의 실험적 형식들도 분석했다.[122] 하비에르 레자운과 그의 동료가 지적하는 대로, STS 연구는 실험이 과학, 기술, 그리고 공중을 결합하는 데 주요한 역할을 담당한다는 방대한 증거를 제공했다. 그것은 "실험활동이 독특한 과학적 탐구 방법을 수반할 뿐만 아니라 하나의 장르, 하나의 기구, 그리고 어떤 특정한 형태의 공공성 또는 사회성도 수반한다는 포괄적 견해"[123]를 제시했다.

STS에서 실험적인 것을 계속해서 강조하는 것은 "대안-존재론들"[124]을 요구하기 위해 더 통상적인 정치적 구상을 넘어서고 싶은 욕망을 부각한다. 그렇지만 과학과 정치를 행함에 있어서 실험적 차원에 집중하는 것은, 저명한 신유물론 학자들이 주장한 대로(이 책의 「서론」을 보라), 비판적 탐구를 부정하거나 비난함을 뜻하지는 않는다. 오히려 그것은 비판적 노력의 창조적·혁신적·긍정적 차원들을 강조함으로써 이런 노력을 되살리고 재발명한다. 실험적 감수성은 인간-비인간 마주침을 사유하고 언급하는 더 시험적인 방식들을 제안하고 우리로 하여금 협동과 공존의 새로운 형태들을 구상하도록 요청한다.

어딘가 다른 곳에서 내가 보여준 대로[125], 푸코는 마찬가지로 비판적 주목의 대상을 정언적 판단에서 현존하는 규범적 지평을 확장하고 변

121. 예를 들면 Latour and Woolgar, *Laboratory Life* [라투르·울거, 『실험실 생활』]; Karin Knorr-Cetina, *The Manufacture of Knowledge*; Sharon Traweek, *Beamtimes and Lifetimes*를 참조.
122. 예를 들면 Michel Callon, Pierre Lascoumes, and Yannick Barthe, *Acting in an Uncertain World*; Noortje Marres, *Material Participation*; Javier Lezaun, Noortje Marres, and Manuel Tironi, "Experiments in Participation"을 참조.
123. Lezaun, Marres, and Tironi, "Experiments in Participation," 200~1.
124. Papadopoulos, *Experimental Practice*; Dimitris Papadopoulos, "Alter-ontologies."
125. Lemke, "Critique and Experience in Foucault." 또한 Thomas Lemke, *Foucault, Governmentality, and Critique*를 참조.

환하고자 하는 '실험' 실천으로 전환할 것을 제안한다.[126] 푸코는 비판의 목록을 도덕적 탐구에서 특정한 장치가 작동하는 방식을 분석하는 실용적 탐구로 이행할 것을 제안한다. 그러므로 그 야망은 현시대의 통치 지형들에 관한 지도를 제공하는 것이다. 이런 실험 환경은 자신들이 비판적으로 관계하는 사회적·역사적 현실의 일부를 이루는 규범적 잣대들을 부정하지 않고 오히려 주의 깊게 조사하는 발명적인 탐구적 성향을 계발한다. "제가 '비판적'이라고 말할 때 저는 파괴 작업, 거부 또는 거절의 작업을 뜻하지 않고 오히려 시험하고 평가할 때 우리가 참조하는 가치들의 체계를 최대한 보류함으로써 이루어지는 검토 작업을 뜻합니다."[127]

이런 실험적 비판은 외견상 모순적인 두 가지 차원으로 이루어져 있다.[128] 푸코는 경험을 지배적 구조이자 변형력으로, 실천의 기성 배경이자 초월적 사건으로, 이론적 탐구의 대상이자 역사적 한계를 넘어서기라는 목적으로 간주했다. 그것은 "변화가 가능하고 바람직한 지점들을 파악할 뿐만 아니라 또한 이런 변화가 취해야 하는 정확한 형식을 결정하기 위해 현실의 시험, 당대 현실의 시험에 놓이게 되는"[129] 어떤 특정한 태도

---

126. Foucault, "What is Enlightenment?" in *Ethics, Subjectivity and Truth*, 316.

127. Foucault, "On Power," 107.

128. 프랑스어에서 expérience라는 낱말이 뜻하는 '실험'과 '경험'이라는 이중 의미를 주목하라. 티머시 오리어리는 "그 용어에 대한 푸코의 용법에 담긴 모호성"을 강조한다. "한편으로 … 경험은 어떤 역사적 시기에 사유될 수 있는 것으로서의 존재가 부여되는 일반적인 지배적 형식이다. 다른 한편으로 경험은 우리를 우리 자신으로부터 분리하여 우리가 생각하고 행동하는 방식을 변화시킬 수 있는 것이다"(Timothy O'Leary, "Foucault, Experience, Literature," 14). 또한 다음과 같은 푸코의 진술을 보라. "내가 한 편의 이론적 글을 적으려고 시도할 때마다 그것은 나 자신의 경험에 기반을 두고 있었다. 언제나 내가 내 주변에서 전개되고 있는 것을 목격한 과정들과 연계되어 있었다"(Michel Foucault, "So Is It Important to Think," 458). 푸코의 이론적 작업의 이런 자전적 차원은 Didier Eribon, "…quelque fragment d'autobiographie"를 참조.

129. Foucault, "What is Enlightenment?" in *Ethics, Subjectivity and Truth*, 316.

또는 실험적 "풍조"130를 부각한다. 그렇지만 실험에 대한 선호는, 이론적 선택이라기보다는 오히려 '급진적' 또는 '전체적'이라고 주장되지만 종종 역사적 진보에 관한 기술지배주의적 시각과 목적론적 궤적에 구속된 전통적인 비판 형식들과 관련된 역사적 경험의 결과이다. "경험으로부터 우리는 다른 사회의, 다른 사유 방식의, 다른 문화의, 다른 세계관의 전반적인 프로그램들을 생산하기 위해 당대 현실에서 벗어나자는 주장이 단지 가장 위험한 전통들의 회귀를 초래했을 뿐이라는 것을 알고 있다."131

비판적 관어에 관한 이런 국소적이며 잠정적인 이해는 근대적 실험 실천의 주요 측면들을 잘 포착하고 있다. 과학사가 한스-외르크 라인베르거는 우리에게 각각의 실험 체계는 차이와 전위의 연출에 의해 관장된다고 주지시킨다. 해체에 관한 데리다의 작업과 차연différance이라는 그의 개념을 수용함으로써 라인베르거는 실험 조치가 예기치 않은 미지의 것을 허용해야 하는 까닭에 필연적으로 재현 불가능하며 불안정하다고 주장한다. 물질적 구성의 꼼꼼한 설계와 포괄적 통제는 놀랍도록 불확실한 국면을 생성하는 데 동원된다. 그러므로 실험 체계는 언제나 어떤 형태의 '과잉'을 포함한다. 그것은

---

130. 푸코가 자신의 저작에서 제시한 풍조 개념에 관한 논평을 보라. "이런 철학적 풍조는 한계-태도로 특징지어질 수 있을 것이다. 우리는 거부의 몸짓에 관해 이야기하고 있지 않다. 우리는 외부/내부 양자택일을 넘어서야 한다. 우리는 경계에 있어야 한다. 사실상 비판은 한계를 분석하고 성찰하는 것으로 이루어진다"(Foucault, "What is Enlightenment?" in *The Foucault Reader*, 45).

131. Foucault, "What is Enlightenment?," in *Ethics, Subjectivity and Truth*, 316.
마틴 제이는 experience[경험]의 어원론적 뿌리를 지적한다. "그 영어 낱말은 '시도, 증명, 혹은 실험'을 나타내는 라틴어 experientia에서 직접 유래된 것으로 이해된다. … '시도하다'('to try'/expereri)라는 낱말이 periculum, 즉 '위험'과 같은 어근을 포함하는 한에서 경험과 위험 사이에도 은밀한 관련성이 있으며, 이는 경험이 위험에서 살아남아서 그 마주침으로부터 무언가를 배운 것에서 비롯됨을 시사한다(여기서 ex-는 '무언가에서 나오다'를 뜻한다)"(Martin Jay, *Songs of Experience*, 10 [마틴 제이, 『경험의 노래들』]).

어느 주어진 순간에 한 실험자가 그것으로 말하려고 시도하고 있는 것보다 말할 이야기가 더 많이 있다.… 실험 체계는 이전 서사의 잔류물들뿐만 아니라 아직 말해지지 않은 서사의 단편들도 포함한다. 미지의 것을 파악하기는 만지작거리기를 꾀하는 어떤 팅커링tinkering 과정이다. 그것은 낡은 요소들을 완전히 제거하고 새로운 요소들을 도입하기보다는 오히려 이 요소들을 다시-움직임으로써, 전례 없는 일련의 가능한 것(들)에 의해 진전된다. 그것은 달라진다 / 기다린다.[132]

이런 실험적 태도는 인류세 시대에 "기후변화의 집단적 실험"[133] 내에서 과학과 정치를 행하는 데 각별히 중요하다.[134] 제시 리먼과 사라 넬슨은 지구에서 삶의 조건이 위태로워지고 미래 궤적의 불확실성이 증식함에 따라 어떤 실험적 성향이 요구되는 것은 불가피한 일이라고 말한다.[135]

---

132. Hans-Jörg Rheinberger, "Experimental Systems," 77~8. 또한 Rheinberger, *Towards a History of Epistemic Things*를 보라.
STS에서 활용된 팅커링 개념은, 예를 들면, Annemarie Mol, Ingunn Moser, and Jeanette Pols, *Care in Practice*를 참조.

133. Jennifer Gabrys and Kathryn Yusoff, "Arts, Sciences and Climate Change," 18. 또한 Wolfgang Krohn and Johannes Weyer, "Society as a Laboratory"와 Bruce Clarke, *Neocybernetics and Narrative*를 보라.

134. 지리학과 사회학에서 '실험법'을 둘러싸고 벌어진 동시대 논쟁들에 관한 논의는 Matthias Gross, Holger Hoffman-Riem, and Wolfgang Krohn, *Realexperimente*; Angela Last, "Experimental Geographies"; Tanja Bogusz, "Kritik, Engagement oder Experimentalismus?"를 참조.
역사적 관점에서는 마티아스 그로스와 볼프강 크론이 20세기 초 미국의 사회학자들, 특히 시카고학파와 관련된 학자들이 실험이라는 개념의 주요 역할을 강조한 방식을 탐구한다(Matthias Gross and Wolfgang Krohn, "Society as Experiment"). 실험활동에 관한 이런 사회학적 이해는 자연과학에 바탕을 두지 않았고 통제된 연구 환경에서 과학적 가설을 시험하기라는 관념과 실험실의 영역을 넘어섰다. 오히려 그들은 사회를 근대 세계의 불확실성과 우연성에 대처하는 방식들을 개발하는 자기실험적 지형으로 간주한다 - 자연적 요소들뿐만 아니라 사회적 요소들도 신중히 편입하는 실험활동에 관한 하나의 관념이다.

135. Jessi Lehman and Sara Nelson, "Experimental Politics in the Anthropocene."

그들은 우리가 이런 실험적 노력을 실험 설계를 위한 경로와 선택지를 협상하면서 "투쟁 속에서 또 투쟁을 통해서 그 목표"를 규정하는 난제를 처리하는 '정치적 기획'으로 이해해야 한다고 주장한다.[136] 세계-형성에 관한 기술중심주의적 견해들(예를 들면 지구공학 또는 테라포밍)과 자본주의 체제들 내에서 외견상 자연적인 자기변형적 동학을 부정하고 전복하는 이런 "실험활동의 정치"는 "더 공평한 다른 방식들로 실행되는 실험 실천"을 위한 여지를 만들어낸다.[137]

이런 "실험적 풍조"[138]는 누가 탐구 중인 과정의 일부인지, 누가 그 과정의 영향을 받게 되는지, 그리고 누가 필시 그 과정으로부터 이익을 보거나 부정적인 영향을 받게 될지 결정하는 것을 필요로 한다. 이런 난제는 특히 어려운 일인데, 왜냐하면 이런 실험 실천들은 인간의 이해관계를 조율하고 협상하는 어려움에 직면할 뿐만 아니라 또한 비인간 존재자들과 과정들을 포함하는 다수의 실천에 주목해야 하기 때문이다. 실험 양식은 인간 실천의 대안적 활용이나 상이한 재배치를 검토하는 것 이외에 인간 및 비인간의 책임, 동맹, 그리고 연대를 설명하는 문제들로 또한 확대된다.[139] 그러므로 실험 실천은 인간의 경계를 넘어서는 집단을

---

136. 같은 글, 445.

137. 같은 글, 446.

138. 같은 곳.

139. 같은 글, 447. 실험법에 관한 리먼과 넬슨의 견해는 제이미 로리머와 클레멘스 드리센이 서술한 재야생화의 실천들과 다종적 반려관계의 형식들에 의지한다(Lorimer and Driessen, "Bovine Biopolitics and the Promise of Monsters in the Rewilding of Heck Cattle" ; Jamie Lorimer and Clemens Driessen, "Wild experiments at the Oost-vaardersplassen" ; 또한 Lorimer and Driessen, "From 'Nazi Cows' to Cosmopolitan 'Ecological Engineers'"를 부라). 이 저자들은 '야생 실험'을 보호주의적 패러다임을 넘어서는 새로운 양식의 정치생태학이라고 일컫는다. 그것은 창발적 사건에 주목하고 생태계 변화를 방지하기보다는 오히려 강화하는데, 요컨대 인간과 비인간 사이의 끊임없는 협상에 관여한다. 로리머와 드리센에 따르면, 실험적 관여로의 이런 이행은 보호 정책의 영역을 훌쩍 넘어서는 중요한 것이다. 왜냐하면 그것은 인간-너머의 세계에서 잘 살기 위한 틀을 제공하기 때문이다.

구축해야 하고 결과적으로 구축하게 되며, 그리고 민주주의적 과정에서 식별된 실험 궤적을 탐사한다. 이런 비판적 풍조는 비대칭적인 권력관계 및 지배와 배제의 형태들에 민감하고, 또한 현존하는 통치 형태들에 대하여 논쟁하고 이의를 제기하는 "대항품행"[140]의 실천에 주목한다 — 필시 자본주의 체제들과 기술지배주의적 가상들을 넘어서는 새로운 물질적 배치체들을 낳을 것이다. 그렇지만 실험 기획은 결말이 정해지지 않고 불확정적이기에 어떤 긍정적인 생산적 결과가 보증되지 않는다. 실험적 마주침은 좌절과 실패로 귀결될 수도 있을 것이다.

이런 실험적 태도는 개별 분과학문들 내에서 지배적인 사유양식들의 기반을 약화하는 다양한 형태의 협동적 탐구와 연구를 생성한다. "실험적 얽힘"[141]으로의 전회는 과학적 분과학문들과 기성의 전문지식적 분업 내에서 지배권을 지닌 서사들을 문제화하고 학제적 교류를 추구한다. 그것은 이런 분과학문들 내에서 이루어지는 인식론적·존재론적 논의들을 취하여 다른 분과학문들에서 이루어지는 개념적·방법론적·경험적 논쟁들과 탐구들에 연결시킨다.[142]

---

140. Foucault, *Security, Territory, Population*, 201. [푸코, 『안전, 영토, 인구』.]

141. Fitzgerald and Callard, "Social Science and Neuroscience beyond Interdisciplinarity," 16.

142. Astrida Neimanis, Cecilia Åsberg, and Johan Hedrén, "Four Problems, Four Directions for Environmental Humanities."
피츠제럴드와 콜라드는 "실험적 얽힘"을 "실험실의 안팎에서 잠재적인 참신성의 특정하고 종종 우연적인 계기를 동원하도록 작용하는 수수하고, 종종 어색하며, 전형적으로 불평등한 마주침"으로 규정한다(Fitzgerald and Callard, "Social Science and Neuroscience beyond Interdisciplinarity," 18). 그들은 "설명을 필요로 하는 것은 '규율'이지 문란함이 아니다"(같은 글, 23)라는 전제에 의거한다. "확고하게 '문화적' 혹은 '사회적' 지식으로 여겨질 수 있는 것은 생물학적 (그리고 그 밖의) 과학들과의 협업의 **생산물**이다. 그것은 그런 협업에 선행하는 것이 아니다"(같은 곳).
앤드루 배리와 조지나 본은, 한편으로는 자연적인 것 또는 기술적인 것과 다른 한편으로는 사회적 영역들 사이에서 이루어진 상이한 종류들의 협업에 관한 경험적 탐구들에 의거하여 세 가지 독특한 학제성의 양식을 구분했다(Andrew Barry and Georgina

이런 "실험적 명령"[143]의 영향은 강단과 연구 기관에 한정되지 않는다. 그것은 학자들과 그 밖의 공중을 가로질러 또 그들 사이에서 이루어지는 협동의 형태들을 포함하고 조장하는데, 요컨대 과학적 분과학문들의 경계를 의문시하고 넘어선다. 그것은 상이한 형태들의 전문지식과 청중들의 공통 영역을 제공하며, 현재에의 비판적·창의적·'급진적' 개입들을 조합한다. 여기서 현세적인 "존재의 기예", 정치적 활동주의, 그리고 예술 실천에 대한 푸코의 분석적 관심은 자신들의 작업을 공적 참여의 다른 권역들과 연결하는 점에 대한 STS 학자들의 최근 관심과 조율된다.[144] 이런 발전들은 "다른 감각적·신체적·정동적 등록기들을 증폭함으로써 연구 주제 구성자들의 무리와 양태를 확장하는 실험 실천을 통해서 강연과 텍스트를 생성하는 활동에 의지하는"[145] 과학적 소통의 통상적인 형태들을 보완한다. 이런 개념적·규범적·정동적 자원은 개별 분과학문들과 연구 문화들 사이의 경계를 개방할 뿐만 아니라 과학적 세계와 비과학적 세계 사이의 경계도 개방하며, 그리하여 다양한 공중을 과학적 연구의 소비자로서만 연관시키지 않고 생산자로서 다시 연관시키는 것이 가능하게 된다.[146] 그들은 비판적 심문과 개입의 양식들 ― 이것들을

Born, *Interdisciplinarity*, 또한 Fitzgerald and Callard, "Social Science and Neuroscience beyond Interdisciplinarity"; Jörg Niewöhner, "Epigenetics"; Neimanis, Åsberg, and Hedrén, "Four Problems, Four Directions for Environmental Humanities," 86~90; Séverine Marguin, Henrike Rabe, Wolfgang Schäffner, and Friedrich Schmidgall, *Experimentieren*을 참조).

143. Whatmore, "Humanism's Excess," 1362.

144. 예를 들면 Beatriz da Costa, "Reaching the Limit"를 참조.
레자운은 "ANT 학자들이 사회 운동, 설계 작업이나 예술 행위에 점점 더 연루되는 상황, 즉 협업적 실천 형태들을 향한 과학학의 더 넓은 성향의 일부는 그 이론을 더 실험적이고 덜 정언적인 방향으로 견인하고 있다"라고 지적한다(Lezaun, "Actor-Network Theory," 328).

145. Whatmore, "Humanism's Excess," 1362.

146. Neimanis, Åsberg, and Hedrén, "Four Problems, Four Directions for Environmental Humanities," 88~90.

통해서 전문지식을 능동적으로 재분배하려는 동시대의 노력과의 생산적인 교류가 강화된다 ─ 을 제공하는데 요컨대 지식과 기술의 역할을 재고하고 민주주의 문화를 재규정한다.[147]

또다시 우리는 물질적 객체의 공적인 정치적 차원에 관한 STS 기반 작업이 신유물론적 설명과 두드러지게 다름을 인식한다. 객체지향 존재론은 자신을 통제하고 조종하려는 모든 시도에서 벗어나는 '객체'의 기이함을 소중히 여기는 데 만족하는 반면에, STS 학자들은 물질적 기기, 인공물, 그리고 배경이 공적 참여 과정과 정치적 의제에 연루되는 방식을 탐구한다.[148] 이런 맥락에서 "물질적 참여"의 객체중심적 전략들에 관한 누르츠 마레의 작업은 매우 중요하다.[149] 환경정치에 집중하는 마레는 요리, 난방, 또는 원예 같은 평범한 실천들이 어떻게 해서 기후변화 같은 문제들과 지속 가능성의 쟁점들을 검토하기 위한 중요한 현장이 되는지를 분석한다. 생태적 주전자에서 에코-쇼 홈까지 걸쳐 있는 마레의 사례연구는 물질적 인공물이 정치적 행위를 매개할 뿐만 아니라 또한 정치적 참여를 가능하게 하고 실행하도록 명시적으로 고안된 방식을 규명한다. 이런 '실험 존재론'은 "도덕적·정치적 역량들을 갖춘 비인간의 주도면밀한 투입"[150]으로 작동하며, 그리고 우리로 하여금 정치적 관여를 물질적 참여, 기술 혁신, 그리고 사회적 변화의 형태들과 밀접히 연계된 것으로 다시 생각하도록 요청한다.

레자운 등이 지적하는 대로[151], 실험적인 것에 대한 STS 관심의 이

---

147. 통치를 "하나의 실험 실천"으로 이해하는 견해와 외부 세계에 관한 가정들을 시험하는 "학습 상태"라는 개념은 John Law and Karel Williams, "A State of Unlearning"을 참조.

148. Lezaun, Marres, and Tironi, "Experiments in Participation."

149. Marres, *Material Participation* ; Marres, "Why Political Ontology Must be Experimentalized."

150. Marres, "Why Political Ontology Must be Experimentalized," 423.

런 확장은 과학과 기술을 탐구할 때 일반적 대칭성의 원리를 적용해야 한다는 그 분야의 원초적 신념의 심화와 결합되어 있다. 연구의 초점을 물리적 참여에 맞추는 것은, 민주주의적 쟁점들과 대안적 형식들과 관련된 새로운 실험활동의 양식들을 과학과 기술에 대한 공중의 이해 및 관여활동을 증진시키는 방안들로 활용할 수 있으리라는 전망을 펼친다. 그러므로 현행의 STS 작업은 "실험 및 공중과 관련된 이중 운동"에 의해 특징지어지는데, "공적인 사회적 삶에서 실험활동의 역할을 조사함으로써 그것은 과학, 기술, 그리고 공중이 현대 사회에서 서로 관계를 맺거나 관계를 맺어야 하는 방식에 관한 물음을 교란한다. 동시에 STS 연구자들은 실험을 공적인 사회적 탐구를 위한 자원 또는 도구로서 채택하며, 그리하여 그들은 기술 사회에서 민주주의의 바로 그 의미를 규명하고 어쩌면 심지어 변경할 독자적인 실험 기법들을 개발한다."[152]

그렇지만 정치적 참여와 연루의 실험 양식들을 검토할 때 이 쟁점에 관한 STS 작업을 푸코주의적 통치 해석학에 더 밀접히 연결시키는 것이 유익할 것이다. 그런 통합적 접근법은 어떤 배경과 현장 들을 그 밖의 것들보다 체계적으로 우선시하는 실험 실천의 물질적 조건에 관한 더 포괄적인 구상을 제공한다. 니콜라 뵈레가 지적하는 대로, 우리는 실험 공간과 역량을 불균등하게 배치하는 규제 패턴과 통치 체제를 철저히 탐구해야 한다. "법률로 정해진 규제 프로그램을 통해서 실험 작업을 위해 개방된 공간을 비롯하여, 실험에 필요한 자원은 결코 균등하게 분배되어 있지 않고, 실험 역량에 두드러진 영향을 미치며, [실험의] 자율성을 산출한다."[153] 그러므로 사물의 통치라는 개념은 일반적 대칭성의 원리에서 시작하여 민주주의적 실험을 위한 조건이 변별적으로 생산되고 분배되

151. Lezaun, Marres, and Tironi, "Experiments in Participation."
152. 같은 글, 201.
153. Nicholas Beuret, "Review of *Experimental Practice*."

는 방식을 탐구한다.

　물질적 참여에 관한 마레의 분석에 대해서도 비슷한 주장이 제기될 수 있다. 경험적 사례 연구는 해당 기기와 객체 들이 정치적 참여를 수행하는 방식을 설득력 있게 보여주는 반면에, 애초에 무엇이 그것들로 하여금 물의를 빚게 하는지에 관한 이론적 논쟁을 위한 여지는 거의 없다. 폴-브라이언 매키너르니가 주장하는 대로, 마레의 사례들은 모두 이미 잘 확립된 정치적 쟁점인 환경주의적 관심사와 관련이 있는 반면에 마레의 분석은 "물질적 객체들이 물질의 참여가 출현하는 데 필요한 정치적 적실성을 창출함에 있어서 어떤 역할을 수행하는 방식"[154]에 관한 물음을 다루지 않는다. 이런 점에서, 아무튼 어떤 쟁점들이 정치적 문제가 될 수 있게 하는 (그리고 다른 문제들은 정치적 문제가 될 수 없게 하는) 성좌와 맥락을 탐구하는 데는 어떤 관계적-유물론적인 견해가 필요하다. 또한 그런 견해는 이와 같은 "정치의 존재론화"[155]의 다중 궤적을 탐구하는 데 도움이 된다. 물질적 기기와 객체 들은 매우 상이한 방식들로 또 때때로 심지어 상충하는 방식들로 공적 숙의와 논쟁을 형성할 수 있을 것이고, 따라서 그것들은 정치화 효과뿐만 아니라, 예를 들면 공적 문제를 사적 관심사로 틀 지음으로써 비정치화 효과도 초래할 수 있을 것이다.[156]

---

154. Paul-Brian McInerney, "Book Review *Material Participation*," 717.

155. Marres, "Why Political Ontology Must be Experimentalized," 423.

156. 이 논점을 예시하기 위해 매키너르니는 식단을 추적하고 활동을 감시하기 위한 새로운 기기들의 의학적·사회적 중요성이 증가한 사태와 미합중국의 보건 정책을 언급한다. 이 물질적 객체들은 참여 형태들을 강화하고 증진하기보다는 오히려 정반대의 효과를 초래할 수도 있다. "건강과 보건 정보의 사적 본성은 정치적 참여를 개인적 층위에 한정할 것이며, 그리하여 엄연한 정치적 체계들에 영향을 미치는 데 필요한 집단 행동들을 방지하거나 그 기반을 약화한다. 달리 말해서, 행위자들을 그런 개인적 상호작용적 층위에 한정시킴으로써, 물질적 객체들은 정치의 개인화와 지배적인 정치적 체계들의 유지에 이바지할 수 있을 것이다"(McInerney, "Book Review *Material Participation*," 717).

요컨대 사물의 통치라는 개념적 기획은 실험 작업에 관한 현행의 STS 연구에 한 가지 중대한 분석적 층위를 추가할 것이다. 왜냐하면 그것은 "실험 존재론"[157]의 물질적 조건에 주목하기 때문이다. 더욱이 그것은 우리가 사회과학에서 또 푸코 작업의 수용에 있어서 매우 두드러진 주체화의 과정들과 자기의 기술들에 대한 집중을 재고하도록 요청한다. 우리의 주의를 "특수한 종류들의 정치 주체들의 구성에 대한 배타적인 몰입"[158]에서 "주체와 객체의 상관적 구성을 위한 인식 가능성 열쇠를 제공하는"[159] 통치 실천에 대한 분석으로 전환해야 한다. 이런 관점은 사물들이 정치 주체들, 공간들, 또는 전략들을 형성하고 그것들에 영향을 미치는 방식을 탐구하는 데 한정되는 것이 아니라 "사물들의 독자적인 정치적 역량들에도 적용된다"[160] — 이는 현시대의 통치양식들을 탐구하는 데 특히 유용한 분석틀이다.

---

157. Marres, "Why Political Ontology Must be Experimentalized," 423.
158. Marres and Lezaun, "Materials and Devices of the Public," 491.
159. Foucault, "Foucault by Maurice Florence," 463 ; Michel Foucault, "Preface to *The History of Sexuality, Vol. II*," 334.
160. Marres and Lezaun, "Materials and Devices of the Public," 495.

8장

환경성

현시대의 정치 지형도를 제작하기

"권력은 유물론적인 것이 되었다." Le pouvoir est devenu matérialiste. 1

환경성[2]이라는 개념은 푸코가 1978~79년 콜레주드프랑스 강연에서 그 당시에 구체화되기 시작하고 있던 신자유주의적 통치 기술을 특징짓는 작동방식을 규정하기 위해 도입하였다.[3] 푸코에 따르면, 그 용어는 "환경에 작용하여 그 변량들을 체계적으로 수정할 통치성"[4]을 나타낸다. 그것은 "주체들"과 "객체들"에 직접 작용하기보다는 오히려 인간 및 비인간 존재자들의 "주변환경"을 통치하고자 한다.[5] 우리가 이해하게 되듯이 이런 환경성은 '사물을 통치하기'의 고전적 양식들의 두드러진 변환을 나타

---

1. Michel Foucault, "Les mailles du pouvoir," 194.
2. 『생명관리정치의 탄생』의 영어판 번역자인 그레이엄 버첼이 제안한 용어는 "환경주의"(environmentalism)이다(Foucault, *The Birth of Biopolitics*, 261). 제니퍼 가브리스는 올바르게도 프랑스어로 "environnementalité"(Michel Foucault, *Naissance de la Biopolitique*, 266)라는 원래의 개념이 통치성의 주제에 더 쉽게 접속하며 또 환경적 쟁점을 다루는 사회 운동이나 정치 조직과 혼동될 위험을 포함하지 않는다고 지적한다(Gabrys, "Programming Environments," 35, 주 2 ; 또한 Lorimer, "Probiotic Environmentalities," 16을 참조).
3. Foucault, *The Birth of Biopolitics*, 261. [푸코, 『생명관리정치의 탄생』.]
4. 같은 책, 271, 번역이 수정됨. [같은 책.]
5. Anderson, "Population and Affective Perception," 232와 Anderson, "Affect and Biopower," 39를 참조.

내는데, 왜냐하면 그것은 새로운 기술적 구성방식들에 관여하여 변경된 환경 개념을 발제하기 때문이다.

중요한 것은, 환경성에 관한 푸코주의적 이해가 "환경정치를 분석하기 위한 특정한 시각"[6]을 제공하는 그 용어의 더 특정하고 한정된 용법과 구분되어야 한다는 점이다. 이런 방법론은 환경 의식을 갖춘 주체의 구성이나 지속 가능한 경제를 관리하는 데 있어서 환경 조직의 역할 같은 물음들을 탐구한다.[7] 푸코의 환경성 개념은 이런 독특한 주제적 집중을 넘어서 환경적인 것에 관한 광범위한 이해를 제시한다. 그것은 현시대 신자유주의적 통치양식들의 본질적인 면모 – "변동하는 과정들의 관리"[8] – 를 포착하고자 한다. 그러므로 이런 의미에서의 환경성은 환경적 목적들에 대처하는 전략들을 가리킬 것이지만 그와 같은 특수한 정책 분야에 한정되지는 않는다. 오히려 그것은 환경을 구성하는 이질적인 것들과 상이한 것들에 작용하고 그것들을 통제함으로써 수행과 순환을 조종하고 관리하고자 한다.

'환경성'이라는 용어는 1979년 3월 21일 콜레주드프랑스에서 행해진 강의에서 푸코가 범죄성에 관한 신자유주의적 견해를 논의하는 중에 처음으로 제시된다.[9] 이 강의는 시카고학파와 시장의 경제적 형식을 사회적 장 일반으로 확대하자는, 시카고학파의 제안에 관한 분석에 집중된

6. Arun Agrawal, *Environmentality*, 226. 또한 Robert Fletcher, "Neoliberal Environmentality"; Robert Fletcher, "Environmentality Unbound"; Jevgenity Bluwstein, "Creating Ecotourism Territories"를 참조.

7. Agrawal, *Environmentality*; Jose A. Cortes-Vazquez and Esteban Ruiz-Ballesteros, "Practising Nature."

8. Foucault, *The Birth of Biopolitics*, 259. [푸코, 『생명관리정치의 탄생』.]

9. 회틀이 지적하는 대로 '환경성'이라는 용어는 하이데거의 『존재와 시간』의 영어 번역본에서 이미 나타났는데, 요컨대 'Umweltlichkeit'라는 하이데거의 개념을 가리켰다. 그렇지만 그 용어에 대한 푸코의 용법은 세계성에 관한 하이데거의 분석과 실질적으로 다르다.

다. 이런 신자유주의적 프로그램에서 푸코는 조절 전략들을 실행하기 위해 개인적 행동이나 일탈적 인구를 겨냥하는 데 관여하기보다는 오히려 물질적 조건과 맥락을 변경하고자 하는 새로운 통치 합리성의 요소들을 인식한다. 푸코에 따르면, 이런 "환경 기술"[10]은 더는 전반적인 규율사회의 기획을 추구하지 않는다. 오히려 그것은 개인과 인구의 환경에 작용함으로써 "차이의 체계의 최적화"[11]를 조장하기 위해 "규격화" 또는 "표준화" 기술[12]을 대체한다. "작용은 게임 참가자들과 관련되기보다는 오히려 게임의 규칙들과 관련됩니다 … 개인의 내적 예속화 대신에 환경적 유형의 개입이 존재합니다."[13]

푸코는 이후 강의에서 이런 통치 체제를 더 자세히 논의하겠다고 약속한다. 그렇지만 그는 환경성이라는 개념을 결코 재론하지 않는다. 푸코가 환경성에 관한 자신의 이해를 개관한, 그 강의들에 대한 어떤 축약된 판본의 여섯 쪽의 예비 요지가 해당 강의록에 각주로 포함되어 있다.[14] 환경성이라는 용어는 개념적 명료성과 깊이가 없음이 확실함에도 불구하고 여전히 "사유를 자극하는 것"[15]이다. 그것은 현행의 신자유주의적 기술이 "미지의 것들과 횡단적 현상들에 열려"[16] 있는 환경적 통치양식들을 발제하고 의지하는 방식을 탐구하기 위한 추상적인 분석틀을 제공한다. 사실상 환경성이라는 개념은 '사물을 통치하기'의 새로운 장치를 포착하는데, 요컨대 환경적인 것을 기술적인 것이자 자연적인 것 ─ "그것

---

10. Foucault, *The Birth of Biopolitics*, 259. [푸코, 『생명관리정치의 탄생』.]

11. 같은 곳.

12. 같은 책, 261. [같은 책.]

13. 같은 책, 260 [같은 책]; Gabrys, "Programming Environments," 34~5; Hörl, "Introduction to General Ecology"; Sprenger, *Epistemologien des Umgebens*, 82~4.

14. Foucault, *The Birth of Biopolitics*, 260~1. [푸코, 『생명관리정치의 탄생』.]

15. Gabrys, "Programming Environments," 35.

16. Foucault, *The Birth of Biopolitics*, 261. [푸코, 『생명관리정치의 탄생』.]

이 자연적 환경이 아닐 정도까지의 환경의 문제"[17] — 으로 이해하는 어떤 독특한 생태적 견해를 제시한다.

이 장에서는 이런 현시대적 통치양식의 구성요소들이 논의된다. 첫 번째 절에서 회복력 있는 생명정치와 신新사이버네틱스적 통제 체제의 부상이 소개된 다음에, 두 번째 절에서는 일단의 새로운 정치 기술의 출현이 집중적으로 검토된다. 이 기술들은, 한편으로는 제대로 기능하지 않는 사회-생태적 체계들을 재조정할 수 있고 다른 한편으로는 비상사태를 예상함으로써 집단생활의 조건을 유지하는 것을 목적으로 삼는 필수 체계 안전 메커니즘들을 재조정할 수 있는 비인간의 역량을 가동시키는 실천들로 이루어져 있다. 나는 푸코의 환경성 개념을 수용하여 다듬는 것이 현시대의 정치 지형도에 대한 더 복잡한 분석틀에 이바지한다고 주장한다. 이 장의 마지막 절에서 내가 보여주듯이, 이런 기획은 자본주의 실천들을 분석하고 비판하기 위한 새로운 방법들을 개척하고, 게다가 그것은 인류세 서사의 중요한 한계를 식별하는 한편으로 인간-너머의 견해와 정치경제학의 비판에 집중하는 견해 사이의 생산적인 대화를 생성한다.

두 가지 가능한 오해를 해결하자. 나는 이어지는 절들에서 회복력 있는 생명정치, 신사이버네틱스적 통제, 친생적probiotic 생태들, 그리고 필수 체계 안전을 간략히 소묘한다. 하지만 그럼으로써 내가 오직 그것들만이 현시대의 통치 형태들을 조직하고 구성한다고 주장하고자 하는 것은 아니다. 환경성의 장치는 (아직) 주도권을 장악하지 않았음이 확실하지만 대안적 통치양식들과 공존하고 있다. 그런데 그것은 오늘날의 인간-비인간 관계와 통제 체제를 이해할 뿐만 아니라 미래의 통치 기획 및 행로의 경향과 궤적을 평가하는 데에도 이론석으로 또 정지적으로 중요하다.[18]

---

17. Foucault, *Society Must Be Defended*, 245, 번역이 수정됨. [푸코, 『사회를 보호해야 한다』.]
18. 또한 Lorimer, "Probiotic Environmentalities," 28을 참조.

마찬가지로 현시대의 통치 형태들에서 환경적인 것에 주목하는 것은 역사적 단절과 결정적 파열을 특별히 강조하는 것으로 해석되지 말아야 한다. 나는 주체들을 규격화하고 훈육하거나 객체들을 불활성의 수동적인 것으로 간주함으로써 작동하는 '구식의' 또는 '낡은' 통치 형태들이 단적으로 폐기되고 더 정교하고 간접적인 통치양식들로 대체된다고 주장하고 싶지 않다. 오히려 서로 상충하거나 보완하면서 (또는 상충되게 보완하면서) 나란히 작동하는 복수의 이질적인 장치의 동시적 상호작용을 설명하는 것이 적절하다 ─ 이 장치들은 '적절함'이나 '낡음'에 대한 규준을 그것들 자신의 작동의 일부로서 규정한다. 그러므로 "겹침, 상호작용, 그리고 반영"[19]에 주목하면서 통치 기술의 복잡성과 특정성을 검토하는 역사적으로 민감하고 경험적으로 정통한 분석이 필요하다.

회복력 있는 생명정치와 신사이버네틱스

브라운이 지적하는 대로[20], 신유물론자들은 비결정론적 자연과 복잡성에 관한 관념들이 정치적 전환과 경제적 배치에 관계하는 방식을 좀처럼 탐구하지 않는다. 한편으로는 안정성, 선형적 발전, 그리고 항성성이라는 개념들에 대한 신자유주의적 비판과 다른 한편으로는 유동성, 비선형성, 그리고 우연성이라는 관념들을 포용하는 신유물론들의 발흥 사이의 주목할 만한 역사적 교착국면이 존재한다. 역사적 평행주의에 관한 이런 주장은 신유물론적 개념들을, 근저에 자리하는 더 근본적인 자본의 '논리'의 문화적 부수현상 또는 이데올로기적 표현으로 환원함을 뜻하지는 않는다. 신유물론적 신념과 현시대 자본주의 사이의 필연적이

---

19. Foucault, *The History of Sexuality, Vol. 1*, 149. [푸코, 『성의 역사 1』.]

20. Braun, "The 2013 Antipode RGS-IBG Lecture."

고 일방적인 인과적 연결 관계에 관한 관념은 확실히 매우 단순하고 환원주의적일 것이기에 우리가 신자유주의적 통치와 신유물론들이 확정적이지만 우연적인 역사적 성좌들 내에서 공-출현하는 방식과 전자가 후자의 비판적 충동을 포획했거나 흡수했을 방식을 탐구하고 싶다면 보다 역사적인 감성이 여전히 필요하다.[21]

환경적 통치양식을 향한 이행은 1970년대 이후 이루어진 복잡성 과학의 창발 및 생태적인 것들의 확산과 연계되어 있다. 이런 맥락에서 '회복력'이라는 개념은 중대한 역할을 수행한다. 1970년대에 생태학자 크로퍼드 S. 홀링이 처음 채택한[22] 이 관념은 지난 수십 년 동안에 "생명을 관리하기 위한 지배적인 패러다임"[23]이 되었다. 그것은 과학적 분과학문뿐만 아니라 국제 개발, 공중 보건, 금융 규제, 기업 위험 분석, 정신적 외상의 심리학, 도시 계획, 그리고 환경 정책처럼 다양한 정책 영역도 특징짓는다. 회복력 담론 덕분에 매우 다양한 조작적 절차와 전략적 방식을 공통의 지평과 단일한 분석틀을 향해 재정향할 수 있게 되는데, 요컨대 그것들을 위기의 논리와 실행 계획에 종속시킨다. 그것은 비상사태의 사건과 위기관리의 방법을 다루기 위해 통치 실천, 조직 과정, 그리고 제도적 환경을 재고하는 데 중요한 개념적 열쇠를 제공한다.

회복력이라는 개념은 포드주의적 축적 체제의 명백한 정치-경제적 실패가, 『성장의 한계』[24]에 관한 로마클럽 보고서로 표현됨으로써 널리 알려진 생태위기의 중대성에 대한 통찰의 발전과 결합한 역사적 국면에

---

21. 같은 글. 또한 Sara Holiday Nelson, "Resilience and the Neoliberal Counter-Revolution"을 참조.

22. 예를 들면 Crawford S. Holling, "Resilience and Stability of Ecological Systems"를 참조.

23. Nelson, "Resilience and the Neoliberal Counter-Revolution," 2.

24. Donella H. Meadows, Denis L. Medows, Jørgen Randers, and William W. Behrens III, *The Limits to Growth*.

서 출현했다. 새로운 사회 운동들과 환경주의자 집단들에 의해 정식화된 비판은 환경 파괴와 자원 고갈에 대한 의식의 고양을 예증했다. 또한 그것은 생태적 문제와 경제적 문제의 연결 관계를 부각했는데, 특히 포드주의의 환경 파괴 효과와 케인스주의의 분명한 조절 문제를 부각했다.[25] 홀링의 작업과 그가 회복력 개념을 채택한 사태는 이런 이중 위기에 대한 특정한 해결책을 뒷받침했다. 많은 현시대 생태학자와 경제학자는 지구를 하나의 닫힌 열역학적 체계로 이해함으로써 유한한 자원과 환경적 한계의 견지에서 안정성을 재확립하기 위해 "정상상태 경제"[26]에 대한 필요성을 강조하는 반면에, 홀링은 전적으로 다른 궤적을 제시했다. 홀링은 주위 환경을 선형적이고 예견할 수 있는 발전 경로를 따라 진전하는 안정적인 정적 존재자들로 구성되어 있다고 여기기보다는 오히려 그것을 예측할 수 없는 역동성을 갖춘 하나의 통합적이면서도 열린 복잡계로 구상했다. 홀링은 체계 내에서 수행되는 자기조직화의 역할과 극단적인 교란을 겪은 이후에도 여전히 정합적일 수 있는 체계의 능력을 강조했다. 이런 접근법에 따르면 체계는 자신의 주변환경에 능동적으로 개입함으로써 질서를 산출하는데, 요컨대 자신의 "자기생성"[27]을 위해 필요한 입력물을 선택함으로써 자신의 구성적 관계와 경계를 유지한다. 홀링은 예측 불가능하고 종종 격동적인 생태적 체계에 의거하여 환경을 이해하는 견해를 제시한다. 그렇지만 그는 이런 역동성을 최소화하거나 제거되어야 할 위협으로 간주하기보다는 오히려 그것을 존중하고 그것에 적

25. Melinda Cooper, *Life as Surplus*, 15~50 [멜린다 쿠퍼, 『잉여로서의 생명』]; Sara Holiday Nelson, "Beyond *The Limits to Growth*," 466~71.

26. Herman Daly, "Introduction to the Steady-State Economy."

27. 자기생성이라는 개념과 생물학에서 그것이 수행하는 중대한 역할에 관한 탐구는 움베르또 마뚜라나와 프란치스코 바렐라의 작업을 참조(예를 들면 Humberto Maturana and Francisco Varela, *Autopoiesis and Cognition* [움베르또 R. 마뚜라나·프란시스코 J. 바렐라, 『자기생성과 인지』]을 참조).

응하는 새로운 통치방식을, "비선형적 역동성에 의해 생성된 불확실성을 혁신과 성장을 위한 촉매로서"[28] 활용하는 방식을 제안한다.[29]

회복력이라는 개념은 통상적인 안정성의 개념과 항상성의 규범적 이상을 문제화하면서 체계가 극단적인 스트레스 또는 충격 상황을 겪으면서도 구조적 통합성과 응집성을 유지할 수 있는 방식을 파악하게끔 한다. 안정성이 평형으로의 귀환이라는 친숙한 관념을 가리킨다면 생태적 회복력은 "교란에 직면하여 자신의 구조와 행동 패턴을 유지할 수 있는 체계의 능력"[30]을 지칭한다.[31] 홀링은 회복력에 관한 이런 이해에서 비롯되는 한 특정한 유형의 통치를 옹호한다. 그것은 방지와 예측 대신에 오히려 기회주의와 즉응 태세를 강조함으로써 전후 정치적·경제적 전략들을 특징지었던 지식 기반 계획에 관한 관념과 결별한다.

---

28. Nelson, "Resilience and the Neoliberal Counter-Revolution," 5.
29. 적응적 순환에 관한 홀링의 개념의 주요한 역할과 회복력 담론의 기원은 Jeremy Walker and Melinda Cooper, "Genealogies of Resilience"; Nelson, "Resilience and the Neoliberal Counter-Revolution," 2~7; Andreas Folkers, *Das Sicherheitsdispositiv der Resilienz*를 참조.

에릭 스빙에다우와 헨릭 에른스트손은 홀링이 1970년대 초에 생태학에서 비평형 이론을 제안한 최초의 저자도 아니고 유일한 저자도 아니라고 지적한다. 특히 그들은 맑스주의적 틀 내에서 이 접근법을 후속적으로 발전시킨 리처드 르원틴의 초기 작업(Richard C, Lewontin, "The Meaning of Stability")을 가리킨다. 다른 한편으로 홀링은 신자유주의적 자본주의에 부합하는 회복력에 관한 관리적 견해를 진전시켰다(Erik Swyngedouw and Henrik Ernstson, "Interrupting the Anthropo-ObScene," 24).

또한 지구를 통합적이고 복잡하며 예측 불가능한 하나의 역동적 체계로 이해하는, 제임스 E. 러브록과 린 마굴리스가 제시한 가이아 가설(James E. Lovelock and Lynn Margulis, "Atmospheric Homeostasis by and for the Biosphere")을 참조(그들의 작업에 관한 비판적 논의는 Cooper, *Life as Surplus*, 34~6 [쿠퍼, 『잉여로서의 생명』]을 참조).
30. Crawford S. Holling, "The Resilience of Terrestrial Ecosystems," 76; Holling, "Resilience and Stability of Ecological Systems," 17.
31. 홀링은 회복력을 "체계의 끈질김의 척도이자 우연과 교란을 흡수하면서도 여전히 인구들 사이 또는 국가 변량들 사이에 동일한 관계를 유지할 수 있는 체계의 능력의 척도"(Holling, "Resilience and Stability of Ecological Systems," 14)로 규정한다.

회복력에 기반을 둔 관리 접근법은 … 선택지가 계속 열려 있을 필요성과 … 이질성을 강조할 필요성을 역설할 것이다. 이로부터 비롯되는 것은 충분한 지식의 추정이 아니라 우리의 무지에 대한 인정일 것이다. 미래 사건이 예상된다는 가정이 아니라 미래 사건이 예상되지 않을 것이라는 가정일 것이다. 회복력 틀은 이런 관점 전환을 수용할 수 있는데, 왜냐하면 그것은 미래를 예측할 수 있는 정확한 역량을 요구하지 않고 단지 미래 사건이 어떤 뜻밖의 형태를 취하더라도 그 사건을 흡수하여 수용할 체계를 고안할 수 있는 어떤 질적 역량만을 요구하기 때문이다.[32]

회복력이라는 개념은 정책 방향을 재조정하게 되었는데, 왜냐하면 그것은 문제를 안정성의 (재)확립으로부터 불확실한 생태에서 적응 역량을 뒷받침하고 강화할 방법에 관한 물음으로 전환하기 때문이다. 그것은 "전반적인 통치의 만연하는 어법"[33]을 제공하며, 안전 문제를 환원 불가능한 불확실성과 불가피한 위협의 조건 아래 유연한 적응의 문제로 재규정한다. 파괴적 사건과 계산 불가능한 위험의 주변환경에 직면했을 때의 난제는, 원칙적으로 불가피하고 예견 불가능한 미래 충격에 적응하여 그로부터 혜택을 받을 수 있는 체계들을 고안할 방법이다. 회복력은 정신외상적 경험과 격렬한 생태에 적응하는 개인 및 조직의 적합성을 가늠하기 위한 잣대가 되었는데, 왜냐하면 그것은 두 가지 중요한 강점을 갖추고 있기 때문이다. 첫째, 회복력은 명백히 낡은 항상성 모형을 고수함으로써 또 생태계를 사회적 체계에서 분리함으로써 사회-경제적 변화에 대처하는 관행적인 관리 실천과 전통적인 전후 정책의 문제점 및 실패를 가리키기 때문이다. 둘째, 또한 홀링은 혁신과 역동성의 바로 그 원천으

---

32. Holling, "Resilience and Stability of Ecological Systems," 21.
33. Walker and Cooper, "Genealogies of Resilience," 144.

로서 비선형 과정을 동원하는 새로운 방식을 제시했다.[34]

　예측 불가능한 위기의 궤적과 사건을 경제 성장의 추동력으로 간주하는 신자유주의적 전략은 재난 채권에서 날씨 파생상품까지 새로운 시장의 출현과 불확실한 환경적 미래에 관한 지식의 생산을 전문으로 하는, 지금까지 알려지지 않은 분과학문의 출현을 강화한다.[35] 더욱이 복잡성 이론과 회복력 개념은 환경의 기능과 서비스를 수익성이 높은 자본 투자처로 재배치하는 데 유용했다. 그것들은 자연적 한계와 유한한 자원에 대한 우려를 자본의 회로에 통합하는 일종의 신자유주의적 환경주의를 위한 무대를 설정했으며, 그리하여 자본주의 생태에 대한 (환경적) 비판을 자본주의 팽창의 새로운 양식으로 변환했다. "회복력 기반 관리 기법을 통해서 자연을 '서비스 제공자'로 구성함으로써 자본이 비인간 자연을 순환하는 방식의 주요한 전환 ― 물질적 자원의 재고보다 생태적 역량들의 가격을 책정하고 이들 역량을 교환하기 ― 이 이루어질 수 있게 되었다."[36] 이런 시장 기반 환경주의는 동물, 우림, 그리고 유역의 하부구조적 기능과 생명 유지 기능(예를 들어 곡물을 수분하기, 이산화탄소를 격리하기, 또는 물을 정화하기)을 인정하지만 이런 역량들을 '자연자본' ― 생물다양성 상실, 기후변화, 그리고 자원 고갈에 대처하기 위해 사유화되고 금전화되며 상품화되어야 하는 자산 ― 으로 간주한다. '자연자본'과 '생태계 서비스'라는 개념들은 이제 주류 경제학과 환경정치의 중추적인 부분이 되었으며, 생태적 작업의 경제적 가치를 식별하고 평가하기 위한 다양한 시장과 정책, 프로그램을 산출한다.[37]

---

34. Nelson, "Beyond *The Limits to Growth*."

35. Cooper, *Life as Surplus* [쿠퍼, 『잉여로서의 생명』]; Melinda Cooper, "Turbulent Worlds"; Walker and Cooper, "Genealogies of Resilience."

36. Nelson, "Resilience and the Neoliberal Counter-Revolution," 10; Braun, "The 2013 Antipode RGS-IBG Lecture," 9.

37. Walker and Cooper, "Genealogies of Resilience"; Alyssa Battistoni, "Bringing in the

복잡계 이론과 이차 사이버네틱스는 항상성과 안정성이라는 개념들을 중심으로 한 케인스주의 경제학과 냉전 정치에 대한 비판으로 출발했지만, 그것들은 곧 새로운 자본주의 체제의 중추적인 요소가 되었다. 회복력 이론의 출현은 평형에 관한 고전 열역학과 기계론적 개념들이 주요한 역할을 수행한 전후 성좌와의 극명한 대조를 나타낸다. 2차 세계대전 이후에 그런 개념들은 교란 후에 이전 상태로 되돌아가는 예견 가능하고 측정 가능한 궤적에 관한 규제적 관념에 의해 견인되는 경제적·생태적 조직을 위한 모델을 제공했다. 홀링의 작업은 이런 친숙한 서사를 불안정하게 만들고 마침내 전복한다. 그것은 "환경의 표상이 자연적 균형의 조화에서 항구적으로 형성 중인 위기의 부글거리는 온상으로 변화하는"[38] 주요한 전환의 시작을 나타낸다.

멜린다 쿠퍼가 보여준 대로, 매우 오랫동안 경제 이론을 관장해온 가공의 항상성은 최근 수십 년에 걸쳐 진화생물학과 복잡성 이론의 요소들을 수용하는 경제 성장과 혁신에 관한 매우 상이한 개념들로 대체되었다. 고전적 자유주의는 경제를 한 평형에서 다른 한 평형으로의 정상운동으로 개념화한다 — 이는 자연선택이 보이지 않는 손으로서 안정성과 적응 역량을 제공하는 균일한 조절 기능을 충족하는, 자연에 관한 다윈의 개념이 공유하는 시각이다. 반면에 현시대의 신자유주의는 경제적 번영과 성장을 진화에 관한 평형 및 정상상태 개념들의 규범으로부터 분

Work of Nature."
예를 들면 1990년대 초 이후로 미합중국의 많은 지역에서 생태계 서비스의 시장이 창출된 상황에 대한 모건 로버트슨의 분석을 참조(Morgan Robertson, "The Nature that Capital Can See"; 또한 Morgan Robertson, "Measurement and Alienation"을 참조). 1970년대 이후 신자유주의 의제 내의 생태계 서비스 경제에 관한 철저한 검토는 Jessica Dempsey and Morgan M. Robertson, "Ecosystem Services"와 Nelson, "Beyond *The Limits to Growth*"를 참조.

38. Massumi, "National Enterprise Emergency," 154 ; Walker and Cooper, "Genealogies of Resilience."

리하는 경향이 있다. 오히려 신자유주의자들은 몇 가지 기본 가정에 의지하는 경제적·생물학적 진화에 대한 복잡성 접근법을 승인한다. "첫째, 복잡계는 평형에서-멀리-떨어진 조건에서 가장 잘 진화한다. … 게다가 그런 체계는 외부 규제로부터 자유로울 때 가장 생산적으로 진화하는데, 달리 말해서 복잡계는 자기조직화를 선호한다. 마지막으로, 각각의 개별적인 복잡계는 계속 분화할 자체의 가능성을 마침내 소진하게 되더라도 복잡성의 진화 자체에 대한 본질적인 한계는 존재하지 않는다. 경제와 마찬가지로 자연에서도 복잡성의 법칙은 주기적인 위기 국면으로 단속되는 수확체증의 법칙이다."[39]

그러므로 신자유주의적 의제는 규제적 평형 개념과의 결별뿐만 아니라 위기의 재평가도 수반한다. 위기는 회피해야 하는 예외적이고 일시적인 것이 더는 아니다. 오히려 위기는 혁신과 변화의 창조적인 자원이자 필수적인 전제 조건으로 여겨진다. 이로부터 당연하게도 전략적 명령은 사건이 발생하지 못하도록 막는 것이 아니라 오히려 위기가 편재적이라는 점을 참작하여 파국적 결과가 나타날 미래에 대한 준비를 하는 것이라는 결론이 도출된다. 현시대의 통치 형태들은 만연하는 위기와 항상 존재하는 위험의 견지에서 안전 기술을 재규정하고 재고안한다. 안전은 혁신과 변화를 제약하는 경향이 있으므로 규범적 견지에서 문제적인 것으로 여겨질 뿐만 아니라, (경제적 위기에서 기후변화에 이르기까지) 다중의 난제와 위기 경험의 견지에서는 사실상 달성될 수 없기도 하기에 이런 새로운 장치는 모든 위기를 넘어설 미래에 대한 약속 없이 인간과 비인간을 통치한다.[40] 그러므로 브라운은 "중요한 측면에서 회복력은 우리 시대의 생명정치의 형태를 가리키는 이름이다"[41]라고 진술한다. "가상 팡

---

39. Cooper, *Life as Surplus*, 44. [쿠퍼, 『잉여로서의 생명』.]
40. Wakefield and Braun, "Governing the Resilient City," 4~5.
41. Bruce Braun, "A New Urban Dispositif?," 61.

범위한 렌즈를 통해서 바라보면 우리는 회복력이 신자유주의 특유의 통치양식이라고 가정할 수 있을 것이다. 여기서 통치는 처벌하려고 하지도 않고 방지하거나 훈육하려고 하지도 않고 오히려 '환경'을 창출함으로써 '자연적 과정'을 변조하려고 한다."[42]

그렇지만 사라 넬슨이 적절히 지적하듯이, 회복력의 기술은 더는 생명정치에 관한 푸코의 초기 서술에 해당하지 않는다.[43] 푸코의 고전적 분석에서 생명정치적 개입의 두 가지 주요한 요소 ─ 개별적 신체의 훈육과 인구라는 집단적 신체의 조절 ─ 는 안정적인 유대에 의해 특징지어진다. 그런 유대의 메커니즘은 그 두 요소를 연결하고 그것들을 두 가지 별개의 영역으로 갈라놓는데, 그리하여 인간과학과 새로운 통계적·인구학적 지식 내에서 규범을 생성할 수 있게 한다. 이런 의미에서의 생명정치는 개인에 초점을 맞춘 규율 메커니즘과 "이런 포괄적 인구와 그것의 우발적 장 내에서 평형을 정립하고, 평균을 유지하고, 일종의 항상성을 확립하며, 변동을 보상하"기 위해 인구의 층위에서 개입하는 "조절 메커니즘"이 수렴하는 형태를 취한다.[44]

반면에 회복력의 메커니즘은 차이와 변이를 활용하고 강화한다. 이런 메커니즘은 "타자성을 완화하기보다는 오히려 이용하고자 한다."[45] 회복력의 기술은 더는 예측하거나 방지한다고 주장하지 않고 오히려 파괴적인 미래 사건에 적응하거나 순응하고자 한다. 수량화할 수 있는 발생률, 통계적 평균이나 정규분포 곡선에 의존하는 대신에 그런 기술은 한 체계를 규정하는 정성적 특성, 구조적 패턴, 복잡한 관계성을 참조한다. 이런 환경적 통치양식은 생명의 포괄적인 자연적·기술적 하부구조들을

---

42. 같은 곳.
43. Nelson, "Resilience and the Neoliberal Counter-Revolution," 8.
44. Foucault, *Society Must Be Defended*, 246. [푸코, 『사회를 보호해야 한다』.]
45. Nelson, "Resilience and the Neoliberal Counter-Revolution," 8.

통제하고자 하며, 그리하여 생물학적 생명뿐만 아니라 어떤 "삶의 양식들"[46] 또는 "삶의 형태들"[47]을 유지하고 강화하는 데 필요한 물질적 조건도 다룬다.[48]

그러므로 환경성은 생태적인 것의 증식 및 탈자연화로 동시에 규정된다.[49] 오늘날에는 생태적 견지에서 틀지어질 수 없는 분야도 객체도 거의 없는 한편, 그 개념은 자연에의 어떤 준거와도 점점 더 분리되고 있다. 생태에 관한 이런 갱신된 이해는 자연과 기술 사이의 차이를 불안정하게 만든다. "생태라는 개념은 복수화되고 산종散種된다. 그것은 비자연적 생태에 관한 개념으로 개관되고 공고화된다. 그것은 심지어 기술생태로 변화한다."[50] 이처럼 탈자연화되고 기술화된 생태 개념은 이전에 통치 대상으로 여겨진 요소들을 통합하는 새로운 "환경적 통제 문화"를 허용하는데, 요컨대 "움벨트Umwelt 또는 '주변환경'이라고 일컬어지곤 했던 것도 환경적인 것으로"[51] 만든다.[52]

회를은 이런 환경적 통치양식의 전개에서 "세 가지 주요한 단계"[53]를 구분한다. 첫 번째 단계는 1900년 무렵에 개시되어 2차 세계대전 이후 일

46. Michel Foucault, "Friendship as a Way of Life," 137을 참조.

47. Michel Foucault, "Sex, Power, and the Politics of Identity," 164.

48. 유사한 주장은 Gabrys, "Programming Environments"와 Andreas Folkers, "Politik des Lebens jenseits seiner selbst"를 참조.

49. Hörl, "Introduction to General Ecology."

50. 같은 글, 2.

51. 같은 글, 5.

52. 회를이 보기에는 체계와 환경 사이에 이루어진 루만의 체계 이론적 구분이 새로운 생태적 힙리싱의 진조기 되는 시유 형뻬를 게공한다(같은 글, 6; 또한 Walker and Cooper, "Genealogies of Resilience," 157; Robertson, "The Nature that Capital Can See"; Clarke, *Neocybernetics and Narrative*를 참조).
   인공 환경의 고안과 그것의 생명정치적 차원에 관한 포괄적인 역사는 Sprenger, *Epistemologien des Umgebens*를 참조.

53. Hörl, "Introduction to General Ecology," 9.

차 사이버네틱스까지 계속된다. 그것은 '통제', '정보처리', 그리고 '소통'이라는 개념들에 의존하고 주로 적응 문제에 관심을 기울였으며, 합리화를 통제의 증가와 동일시했다. 1960년대 말에 이차 사이버네틱스에 의해 개시된 두 번째 단계는 컴퓨터과학, 지구 시스템 연구, 그리고 진화론에서 이루어진 혁신들로 활성화되었다. 그것은 학습 문제에 집중했는데, 특히 자기통제와 자기생성의 형식들을 동원했다. 세 번째, 신사이버네틱스 단계는 21세기에 접어들 무렵에 개시되었으며, 현재 자연적 권역과 기술적 권역 둘 다로 구성되는 '생태적인' 것의 개념을 확장했다. 이 단계는 알고리즘 실천뿐만 아니라 감지 실천도 포함하여 생명기술에서 나노기술과 지구기술에까지 이르는 환경적 힘들을 측정하고 통제하려는 일단의 새로운 기술의 발흥에 의해 특징지어진다.[54] 이런 환경적 통치양식의 주요 문제는 "그 범위가 궁극적으로 우주의 경계인 환경 (매체) 기술에 의한 행동, 정동, 관계, 강도, 그리고 힘의 포획과 통제, 관리, 변조"[55]이다.[56]

이런 환경 합리성이 통치 실천을 특징짓는 방식을 예시하는 두 가지 실례를 간략히 살펴보자. 브라운은 현행의 자동차 모델들이 종종 연료

---

54. 이런 전환의 일례는 포스트게놈 시대에 지식과 개입의 새로운 분야로서 (환경적) 후성유전학이 발흥한 사태로, 요컨대 자연과 양육 사이의 전통적인 양극화를 불안정하게 하고 전복시켰다. 그것은 신체를 환경적 과정들에 열려 있는 것으로 간주하며, 사회-경제적 지위, 운동 습관, 식이 요법, 또는 정신외상적 경험이 분자적 층위의 생물학적 과정들에 관여하는 방식을 탐구한다(Ruth Müller et al., "The Biosocial Genome?"; 또한 Maurizio Meloni, "Biology Without Biologism"를 참조).
환경 감지 기술에 관한 포괄적인 분석은 Jennifer Gabrys, *Program Earth*를 참조.
55. Hörl, "Introduction to General Ecology," 10.
56. 지질학자 피터 해프의 작업(Peter Haff, "Humans and Technology in the Antropocene"; "Technology as a Geological Phenomenon")에 의지함으로써 회를은 암석권에서 대기권과 수권을 거쳐 생물권에 이르기까지의 지질학적 역사의 이전 단계들을 보충하는 '기술권'을 새로운 환경성의 장치라고 지칭한다. 그것은 인류세라는 칭호에 비판적으로 대응하며, 기술이 지질학적 힘이 되고 있는 사실을 강조한다. 시몽동과 캉길렘을 참조함으로써 회를은 "기술권의 기술이 환경의 환경, 일종의 메타환경 또는 초환경이 된다"라는 결론을 내린다(Hörl, "Introduction to General Ecology," 11).

효율을 측정하는 새로운 기술적 기기를 포함한다는 사실을 논의한다.[57] 통상적인 연료계는 단지 연료통을 다시 채울 때를 알려주었을 뿐이지만, 새로운 연료 소비 측정기는 운전 행위 자체를 겨냥함으로써 운전자가 연료 사용을 '절약'하도록 고무한다. "중요한 점은 이런 일이 법을 통해서도 구속이나 규율을 통해서도 일어나지 않고 오히려 운전자의 주변환경에 대한 작용을 통해서, 이 경우에는 장치 자체의 설계를 통해서 일어난다는 것이다. 사실상 여기서 운전자는 사유하는 주체라기보다는 오히려 자동차 자체 내부의 중계 회로의 부분으로서 배치된다."[58] 브라운에 따르면, 우리는 주체에서 개인의 의지 또는 합리적 선택에 대한 집중을 넘어서야 하는 "자동차-운전자 회집체"[59]로의 전환을 목격하고 있다. 여기서 주체는 권력관계에 선행하는 본질로도 그 결과로도 여겨지지 않고 오히려 권력의 환경으로 여겨진다고 결론 내릴 수 있다. 운전자는 단순히 자신의 주변환경에서 비롯되는 어떤 자극과 신호에 반응하지 않는다. 오히려 "이 신호들 역시 전개체적인 정동적 층위에 점점 더 등록되고, 그리하여 개인의 반응은 점점 더 기계의 '자동' 반응에 근접하게 된다."[60]

---

57. Braun, "A New Urban Dispositif?"
58. 같은 글, 53.
59. 같은 글, 52.
60. 같은 글, 54.
또한 다양한 사업 환경에서의 소비자 경험을 관리하고 정동을 형성하기 위해 다양한 방향(芳香)을 제공하는 향수 마케팅 회사 센트에어 유케이(ScentAir UK)에 대한 벤 앤더슨의 간략한 분석을 참조. 공기조절 체계에 묻어 들어간 방향은 가치 창출의 새로운 형태들을 "주변환경 설계"와 결합한다. "행위의 환경은 신체 역량을 연행하거나 인구를 조절하는 것이라기보다는 오히려 개입의 대상이자 목표이다"(Anderson, *Encountering Affect*, 31).
그렇지만 환경적 전략은 인간의 행동과 정동을 통제하는 것에 한정되지 않는다. 만 바루아는 생명정치와 사목 권력에 대한 푸코의 분석을 확장하면서 "대기정치"(Maan Barua, "Affective Economies and the Atmospheric Politics of Lively Capital")라는 용어를 제안했는데, 이는 잉여가치를 생성하기 위해 비인간 노동을 동원하는 상이한 일단의 전략을 설명하기 위함이다. 이런 형태의 정치는 동물의 신체와 개체군에 작용하기 이런 환경적 통치양식의 또 다른 실례는 MIT와 시스코가 개발한, 연결된 지속 가능 도시(이하 CSC) 기획에 관한 제니퍼 가브리스의 사례 연구이다.[61] 가비리스의 분석은 지속 가능한 스마트 도시에 관한 그 기획의 구상이 환경적 감성과 경제 성장을 조화시키고자 한다는 것을 보여준다. 그 기획은 "더 녹색의" 미래를 설계하기 위한 참여적 디지털 매체와 컴퓨터 네트워크에 크게 의존하기에 가브리스는 개인과 인구의 생명을 통치하기에 대한 강조가 "생명정치 2.0"으로 이행되는 경향을 지적한다.[62] 가브리스는 푸코의 통치성 개념을 수용하여 더욱더 다듬는데, 그것을 "환경적 주체의 생산으로 [이해하지] 않고 오히려 주위 환경, 기술, 그리고 삶의 방식을 통한 권력의 물질-공간적 분배와 관계성으로"[63] 이해한다. 가브리스는 이런 환경적 통치양식이 '개인'과 '인구'를 제거하지 않는다고 주장한다. 오히려 그것은 개인과 인구를 독특한 별개의 통치 주체-객체로 대체한다. "환경적 책임을 지고 있는 시민"은 CSC 내에서 여전히 중요한 작용자이지만, 그것은 "환경체ambividual, 즉 컴퓨터 환경의 표현물인 주변의 가변적인 도시 작용자를 생성할 과정들을 겪는" 반응적 결절점으로서 대상화되는데, "환경체는 단독으로 구획되지도 제거되지도 않고 오히려 정보 실천을 통해서 관리되는 변동 사건들에 다양하게 의존하고 반응한다."[64] 이로부터 이런 '도시 작용자'는 오직 인간 주체에만 한정되

보다는 오히려 "동물의 환경"(같은 글, 15)을 겨냥하면서 생리학적 과정, 소통 패턴, 건축 설계, 그리고 정동적 성향에 개입한다. 자이언트 판다에 집중함으로써 바루아는 동물원에서 판다 생활세계의 환경을 변조하는 개입이 어떻게 해서 이들 상징적인 동물이 속박 상태에서 수행하는 정동적·생식적 노동의 가치를 평가할 수 있게 하는지 보여준다(생동적 자본이라는 개념은 Haraway, *When Species Meet*[해러웨이, 『종과 종이 만날 때』]; Kaushik Sunder Rajan, *Lively Capital*을 참조).

61. Gabrys, "Programming Environments."
62. 같은 글, 37.
63. 같은 글, 32.
64. 같은 글, 42~3.

지 않는다는 결론이 당연히 도출된다. 왜냐하면 "행위와 반응의 절합은 인간에서-기계로 또 기계에서-기계로 가해지는 작용의 장들을 가로질러 생겨나기 때문이다."[65]

친생적 생태와 필수 체계 안전

비인간 자연을 등록하고 생태적·사회적 체계들의 자기조직화 경향을 증진하기와 활용하기에 대한 새로운 전망을 제시하는 환경 기술의 두 번째 집합에는 친생적probiotic 전략과 필수 체계 안전이 포함된다. 2017년에 출판된 한 논문에서 제이미 로리머는 "이전에 금기시된 존재자들을 우리의 신체, 집, 도시, 그리고 더 넓은 시골에"[66] 도입한 매우 다양한 일단의 최근 실천을 규명한다. 그는 광범위한 의미에서의 '친생적'이라는 칭호를 제안함으로써 이들 개입 형태를 항생적antibiotic 접근법으로 특징지어지는 건강 유지와 환경 관리의 통상적인 실천과 구분하고자 한다. 실례들은 "'친생적' 식단의 발흥"에서 "해충 통제를 위한 '유기' 농법과 '생물학적' 수단의 확립된 형태들 … 자연보호에서 '재야생화'의 발흥 … 그

---

65. 같은 글, 43. 오늘날 알고리즘은 검색 엔진, 개인화된 온라인 광고, 교육 평가, 시장의 작동, 그리고 정치 캠페인의 고안에서 투자 결정과 사회 서비스의 관리에 이르기까지 매우 다양한 영역에서 "환경체"를 통치하고 순환을 관리하는 중요한 역할을 수행한다. 이런 알고리즘은 강력한 작용자와 의사결정 도구가 되었지만, 검색, 순위 정렬, 그리고 추천을 가능하게 하는 계산 실천은 여전히 불투명한 채로 있다(Malte Ziewitz, "Governing Algorithms"; Taina Bucher, If ... Then; 또한 Antoinette Rouvroy and Thomas Berns, "Algorithmic Governmentality and Prospects of Emancipation Disparateness as a Precondition for Individuation Through Relationships?"를 참조).
또한 '프로토콜'을, 상황을 통치하는 새로운 형식적이고 탈중심화된 형태의 기술적 통제 — "불균질한 물질적 환경 내에서 통제가 이루어질 수 있는 하나의 분산된 관리 체계"(Alexander R. Galloway, Protocol, 8) — 로 이해하는 알렉산더 갤러웨이의 견해를 참조.
66. Lorimer, "Probiotic Environmentalities," 28.

리고 홍수 방지에서 '관리된 재조정'의 실천에까지"[67] 이른다. 로리머의
분석은 두 가지 경험적 사례 – 늑대의 생태계로의 도입과 보건 프로그램에
서 다양한 인간 질환과 조건에 대처하기 위한 기생충의 사용 – 에 집중된다.
로리머에 따르면 재야생화와 재기생충화의 전략들은 "친생적 '환경성'"[68]
에 의해 특징지어지는데, 이는 전통적인 자연보호 정책과 상당히 다를
뿐만 아니라 미생물을 주로 '병리적' 매개물로 처리하는 보건과 위생의
통상적인 실천과도 두드러지게 다르다.

　　로리머에 따르면, 친생적 전회는 항생적 세계의 존재론적 체제와 매
우 다른 존재론적 체제에 의존한다. 첫째, 그 체제가 제시하는 전략은
"그 구성 형태들의 본질적 특질과 조성에 관여하기보다는 오히려 운동,
순환, 그리고 상호작용의 과정들에 관여한다."[69] 그러므로 비인간 종들
은 그것들의 강한 개성, 희귀성, 또는 진정성으로 가치가 있기보다는 오
히려 특정한 생태계 혹은 환경 내에서 그것들이 제공하는 기능과 서비
스로 가치가 있다고 여겨진다. 둘째, 친생적 환경성에 의해 특징지어지는
개입책은 평형에서-멀리-떨어진 생태에서 작동한다. 이 개입책들은 이
런 양태를 회복력 기술과 공유하지만 한 가지 중요한 차이점이 있다. 현
시대의 많은 전략은 "기대의 체제"[70]와 밀접히 연관되어 있어서 도래할
것들에 대해 준비를 하는 반면에, 친생적 합리성은 현재를 파괴적인 과
정들의 영향을 이미 받고 있는 것으로 간주한다. "재야생화와 재기생충
화의 대상인 생태는 이미 재난 상태에 접어들어서 선제적 전환이 필요하
다."[71] 셋째, 교란과 파괴에 대한 책임이 있는 것으로 여겨지는 것은 어떤

67. 같은 곳.
68. 같은 곳.
69. 같은 글, 32.
70. Vincanne Adams, Michelle Murphy, and Adele E. Clarke, "Anticipation," 247.
71. Lorimer, "Probiotic Environmentalities," 33.

존재자들과 종들의 과도한 현존이 아니라 오히려 두드러진 부재이다. 해당 체계에서 기능 장애를 유발하는 것은 특정한 생태의 (바람직한) 작동에 필수적인 '행함'의 결여이다. 친생적 견해는 "핵심종의 행위성을 조정하는 행위의 부재로 인해 체계가 엉망이 되어 버리고 불균형 상태가 초래된다"[72]라고 주장한다. 넷째, 친생적 생태는 종들 사이의 상호관계를 유도하고 변조하는데, 요컨대 상호 복지에 대한 종들의 중요성을 인정한다. 이 개입책들은 다종의 얽힘을 강조하는 인간-너머의 존재론을 발제하는 한편, 또한 그것들은 "가치를 지닌 인간 생명[삶]의 판본들을 확보하는 데 여전히 중점을 두고 있"[73]기에 인간중심적 모체를 되살리고 복원한다.

이런 새로운 환경적 유형의 관리는 통제를 포기하지 않음이 확실하다. 오히려 그것은 통제 메커니즘의 독특한 전환을 수반한다. 그것은 "생태적 통제의 제어된 탈통제화"[74]를 실행하는데, 왜냐하면 그것은 바람직한 체계적 결과를 제공하는 데 필수적이라고 여겨지는 특수 종의 전략적 사용을 강화한다. 친생적 전략은 "계몽된 인간중심주의"[75]를 낳으며, 비인간의 역량을 등록함으로써 오작동하는 사회-생태적 체계를 인간 미래를 위한 '기능'과 '서비스'를 전달할 수단으로 재생하거나 반전시킨다. 동물과 그 밖의 비인간들의 기여는 (생물학적) 다양성을 본질적으로 높이 평가하는 윤리적 접근법을 조장하기보다는 오히려 그 기능적 양태들과 생태적 서비스 제공자로서의 하부구조적 역할로 환원된다.[76] 로리머

72. 같은 곳.

73. 같은 글, 34.

74. Irene Klaver, Josef Keulartz, Henk van den Belt, and Bart Gremmen, "Born to be Wild," 14. Josef Keulartz, "The Emergence of Enlightened Anthropocentrism in Ecological Restoration," 60에서 인용됨.

75. Keulartz, "The Emergence of Enlightened Anthropocentrism in Ecological Restoration," 49.

76. Lorimer, "Probiotic Environmentalities," 39. 또한 Keulartz, "The Emergence of Enlightened Anthropocentrism in Ecological Restoration," 65를 참조.

는 친생적 전회와 연관된 이런 환경적 통치양식을 개인 신체의 훈육이나 인구의 조절에 관여하는 생명정치적 체제와 대조한다. "늑대들은…(그리고 훨씬 덜한 정도로) 기생충들은 개체로서 훈육되고 종으로서 통치되는 반면에(생명정치), 그것들의 재도입에 관여하는 사람들은 주로 그 것들의 생태적 또는 '환경적' 행위성에 관심을 기울인다. '생태적 엔지니어' 또는는 '내장 동료'로서의 그것들은 기능 장애의 생태를 변조하거나 재조정할 수 있는 능력으로 높이 평가받게 된다."[77]

친생적 전략이 작동하는 방식에 관한 또 하나의 실례는 현시대의 "'생태사이버네틱스적'"[78] 형태들의 도시 홍수 관리에 대한 브라운의 분석이다.[79] 이런 환경 정책들은 자연에 맞서 작동하기보다는 오히려 자연과 그 특성들을 통해서 통치함으로써 인간이 유발한 기후변화로 초래된 '자연재해'의 위험을 중화하고자 한다. 로리머와 마찬가지로 브라운은, 이 전략들이 윤리학적 관심에 의해 특징지어지지 않고 오히려 "지구온난화, 폭풍 급증, 혹은 두 현상의 조합으로 인한 해수면 상승에 직면하여 비인간 자연이 제공할 수 있을 서비스"[80]에 대한 관심에 의해 특징지어진다고 강조한다. 이 전략들은 도시 생활을 환경적 사건들의 예측 불가능한 역동성에 적응시키기보다는 오히려 그것들을 통치 실천에 포함하고자 한다. 가장 중요한 것은, 이런 친생적 개입책들이 인간 생명의 환경적 조건을 한정하고 수정하며 포함하는 외부적 작동방식으로 작용하

77. Lorimer, "Probiotic Environmentalities," 36.
    로리머는 "환경적 생명권력"(같은 글, 35)에 관한 이런 이해가 미생물 관계들의 통치를 가리키는 "미시생명정치"(Heather Paxson, "Post-Pasteurian Cultures") 혹은 "공생생명정치"(Stefan Helmreich, *Alien Ocean*)라는 개념들과 공명한다고 주장한다.
78. Braun, "A New Urban Dispositif?," 50.
79. 브라운의 분석은 2010년에 뉴욕 현대미술관(MoMA)에서 개최된 '부상하는 경향들'(Rising Currents) 전시회에 초점을 맞춘다.
80. Braun, "A New Urban Dispositif?," 58.

지 않고 오히려 그 조건을 조율하고 유도하며 등록함으로써 작용한다는 점이다. 이런 질서 속에서 자연은 '자신의 고유한 행로'를 따를 수 있게 되는 동시에 자연적 영역과 사회적 영역, 인간 영역과 비인간 영역을 더는 구분하지 않는 더 복잡한 체계의 통합적 부분으로서 동원된다.

그런 '자연적' 설계 요소들의 이점 중 한 가지는 그 밖의 자연적 과정들을 상쇄할 수 있는 능력이다. 예를 들면 섬들과 연안 부두들의 네트워크는 베라자노Verrazano 해협을 통과하면서 가속되는 파도의 속도를 줄이는 것으로 여겨지는데, 그리하여 파도가 항구 가장자리를 때리기 전에 에너지를 분산시킨다. … 폭풍의 에너지는 격퇴되지 않고 오히려 흡수된다. … '자연의 자연성'은 사회와 자연이 단일한 통합적 체계로 여겨지게 되는 특정한 역사적 국면에서 통치의 대상이자 수단으로서 나타난다 … .[81]

스티븐 콜리어와 앤드루 레이코프는 포괄적인 체계 구축에 관한 이런 관념이 "중대한 하부구조"를 보호하는 대책에서 구체화하는 방식을 탐구했다.[82] 이런 대규모의 상호의존적인 체계들은 이질적인 물질적 요소들로 구성되며, 전력망, 교통 및 통신 네트워크들, 물과 식량 체계들, 그리고 산업 생산의 사슬을 포함한다. 그들의 공동 저작에서 콜리어와 레이코프는 이 중대한 하부구조들에 대한 최근의 정치적 관심이 하부

---

81. 같은 글, 58, 60.
　　요제프 쾰라르츠는 네덜란드의 홍수 관리와 1990년대에 네덜란드 정부가 제방 보강이라는 전통적인 물 관리 정책 — 과거에 홍수 통제의 필수적인 요소였던 정책 — 을 폐기하기로 내린 결정을 간략히 논의한다. "새로운 홍수 위험 감소 정책은 강을 제방의 구속에 한정하는 대신에 오히려 강을 위한 여지를 더 많이 창출하는 것과 역동적인 과정들이 또다시 자유롭게 굴러갈 수 있게 함으로써 물 체계의 자기조절 역량을 회복시키는 것을 목표로 삼는다"(Keulartz, "The Emergence of Enlightened Anthropocentrism in Ecological Restoration," 59).
82. Stephen Collier and Andrew Lakoff, "The Vulnerability of Vital Systems."

구조를 설계하고 관리하는 작업에의 통치적 개입의 훨씬 더 긴 역사의 일부라고 주장한다. 그렇지만 또한 그것은 그들이 '필수 체계 안전'이라고 규정하는 새로운 생명정치적 성좌를 가리킨다. 필수 체계는 현대 사회에서 살아가는 데 불가결한 것으로 여겨지는 기능과 서비스를 제공하는 물질적 순환 회로이다. 게다가 인구 안전을 유지하고 증진하도록 발명된 필수 체계는 경제적·사회적 삶에 중요한 체계를 교란하는 예측 불가능하고 잠재적으로 파괴적인 사건에 취약하다. 현시대의 안전 정책은, 필수 체계가 자연재해와 산업사고에서 테러리스트 공격과 팬데믹 사건에 이르기까지 많은 가능한 사건의 위협을 받게 된다고 간주한다.[83]

필수 체계 안전의 계보학은 적의 산업적 체계 내에서 미래 폭격을 위한 필수 중심지들을 식별하고 그 지도를 제작하는 것에 집중한 전간기 유럽의 전략적 폭격 이론으로까지 거슬러 올라갈 수 있다.[84] 이런 전략들은 냉전 시기 동안 더욱더 발전되면서 개선되었다. 미합중국의 정책 전문가들과 군사 기획자들은 "시민의 생산 역량이 공격을 견뎌낼 수 있게 하고 실행 가능한 반격을 뒷받침할 수 있게 할 분산된 준비태세 체계"[85]를 구축함으로써 소련과 그 동맹국들이 가할 수 있는 핵 공격에 대응하고자 했다. 1960년대와 1970년대에 민방위와 핵 공격 준비태세의 방법들

---

83. Andrew Lakoff and Stephen Collier, "Infrastructure and Event"; Collier and Lakoff, "Vital Systems Security." 또한 Andrew Baldwin, "Vital Ecosystem Security"와 Sven Opitz, "Regulating Epidemic Space"를 참조.

84. Stephen Collier and Andrew Lakoff, "Distributed Preparedness."
콜리어와 레이코프의 분석은 미합중국에서의 전개 상황에 집중된다. 캐나다와 독일에서 전개된 필수 체계 안전의 계보학은 각각 Philip J. Boyle and Shannon T. Speed, "From Protection to Coordinated Preparedness"와 Folkers, "Politik des Lebens jenseits seiner selbst"를 참조.

85. Lakoff and Collier, "Infrastructure and Event," 249. 또한 Collier and Lakoff, "Distributed Preparedness"를 참조.

은 그 밖의 정책 영역들로 유입되어 "다중 형태의 위협을 향해 정향된 더 일반적인 정치적 기술"[86]에 통합되었다. 군사적 공격에 대응하는 것에 덧붙여 비상대책은 자연재난과 산업사고에 점점 더 관여하게 되었다.[87] 일단의 다양한 취약점을 관리하고 누그러뜨리고자 하는 구체적인 필수 체계 안전 프로그램을 구축하려는 정치적 계획은 1990년대까지 거슬러 올라가지만, 그런 계획은 2000년 9월 11일에 일어난 공격 이후에야 비로소 통치 전략의 주요 부분이 되었다. 이것에는 법안(예를 들면 전염병 및 모든 위험 대비법)의 통과, 새로운 제도적 구조와 행정 기관(예를 들면 미합중국 국토안보부)의 출현, 그리고 다양한 형태의 전문지식과 정책 틀(예를 들면 체계적 위험 규제)의 개발이 포함된다. 2000년대의 첫 번째 십 년이 지날 무렵에 필수 체계 안전에 전략적으로 중요한 것으로 여겨진 부문들에는 "농업과 식량, 방위산업 기지, 에너지, 공중보건, 은행과 금융, 식수와 물 관리, 화학공장, 댐, 정보기술, 우편 체계와 해운업, 교통 체계, 그리고 정부 시설"[88]이 포함된다.[89]

콜리어와 레이코프는 "필수 체계 안전의 출현을 생명정치적 근대성에

---

86. Lakoff and Collier, "Infrastructure and Event," 257.

87. 필수 체계 안전의 발흥에서 주요한 한 사건은 1979년에 미국의 연방재난관리청(FEMA)이 설립된 일이었다. 이 기관은 "연방 재난 관리와 민방위 기능을 포괄적 위험 대책이라는 규정 아래" 통합했다. "모든 위험 대책은 … 다양한 종류의 재난이 동일한 방식으로 처리될 수 있을 것이라고 가정했다. 지진과 홍수, 주요 산업사고, 적 공격은 어떤 공통의 특징들을 참작하여 동일한 조작 공간에 유입되었다. 조기 경고, 다수 기관의 대응 조율, 공황 상태를 진정시키기 위한 공공 소통, 그리고 복구 과정의 효율적인 구축 같은 긴요한 일들은 이런 다양한 종류의 재해에 걸쳐 공유되었다. 그러므로 모든 위험 대책은 특정한 위협을 평가하는 일에 주안점을 두지 않고 오히려 다수의 위협 영역을 가로질러 기능할 수 있는 역량을 구축하는 데 집중했다"(같은 글, 258).

88. 같은 글, 247. 또한 Collier and Lakoff, "Vital Systems Security"를 참조.

89. 레이코프와 콜리어는 2006년에 미합중국 국토안보부가 발표한 국가 하부구조 보호 프로그램에서 "중대한 하부구조와 핵심 자원"로 여겨진 일단의 부문을 언급한다(Department of Homeland Security, *National Infrastructure Program*; Lakoff and Collier, "Infrastructure and Event," 247).

서 나타난 중요한 변이로"[90] 간주한다. 그것은, 한편으로는 주권 권력과 다르고 다른 한편으로는 고전적 생명정치와 다른 새로운 일단의 정치적 기술에 의해 특징지어진다. 주권 권력은 내부 및 외부 위협에 직면하였을 때 안정성을 확보하고자 하는 국가라는 정치체에 관계하는 반면에, 고전적 생명정치는 인구라는 사회체와 그것의 복지 및 번영을 향상할 메커니즘들에 관여한다. 필수 체계 안전은 취약성과 위험의 원천으로서 점점 더 문제적인 것이 된 고전적 생명정치의 기술과 도구를 겨냥하며, 그리하여 "성찰적 생명정치"[91]를 위한 무대를 설정한다. 고전적 생명정치와 마찬가지로 성찰적 생명정치도 인구의 복지와 보건을 강화하고자 하지만, 그것은 하나의 새로운 대상 – 집단적 삶을 유지하는 데 필수적이라고 여겨지는 물질적 하부구조, 기능, 그리고 서비스 – 을 다룸으로써 그렇게 한다.[92] 필수 체계 안전은 전통적인 형태들의 인구 안전을 넘어서는데, 왜냐하면 그것은 자연재해, 테러리스트 공격, 전염병 발생, 그리고 중요한 하부구조의 파괴 같은 다양한 종류의 비상사태에 대처하고 이 사태들을 통치하려고 노력하기 때문이다.

이 두 가지 형태의 생명정치적 안전은 관심 대상, 지식 실천, 그리고 규범이 서로 다르다. 인구 안전은 예측 가능한 방식으로 인구에 걸쳐 분포되어 있는, 정기적으로 발생하는 사건들을 처리하는 반면에, 필수 체계 안전은 그 확률은 정확히 계산될 수 없지만 그 결과는 잠재적으로 파국적인 사건들을 다룬다. 필수 체계 안전은 안전 위협에 관한 지식을 생성하

---

90. Collier and Lakoff, "Vital Systems Security," 21.

91. 같은 곳.

92. 하부구조의 정치에 관해서는 Nikhil Anand and Hannah Appel, and Akhil Gupta, *The Promise of Infrastructure*와 Kregg Hetherington, *Infrastructure, Environment, and Life in the Anthropocene*을 보라.

기 위해 과거 사건들에 대한 통계적 분석에 의존하지 않고 오히려 잠재적 미래 사건들의 모의실험이나 시연에 의존한다. 그것의 개입은 중요한 체계들의 회복력을 증진하고 미래 비상사태들에 대한 준비태세를 강화하고자 한다.[93]

이런 해석에 따르면, 필수 체계 안전은 어느 정치체 또는 사회체의 안전에 대한 관여에 한정되지 않는다. 오히려 그것은 교란, 파괴, (생물학적 바이러스와 디지털 바이러스에 의한) 감염, 그리고 전 지구적 상호의존성과 환경적 노출을 통한 취약성의 위험 ─ 인구에 집중된 현존하는 안전 기술의 집적체를 넘어선다고 여겨지는 위험 ─ 에 직면한 복잡한 이질적 체계들의 상호관계들에 의해 특징지어지는 사회-기술-생태적 혼종을 규정한다.[94] 레이코프와 콜리어는 필수 체계 안전과 연관된 기술로 미래 재해를 관리하고 그 지도를 제작할 방법을 이해하는 어떤 참신한 방식을 식별한다. 그들은 '준비태세'를 "예측 불가능하지만 잠재적으로 파국적인 사건들의 대책 수립이라는 통치 문제에 대응하는" 정치적 기술로 규정하며[95], 그리하여 그것을 예방의 원칙과 구분한다. 둘 다 파국적 사고는 예측될 수도 없고 계산될 수도 없다는 관념을 공유하지만, 후자는 사건이 발생하지 못하도록 막고자 하는 반면에 전자는 "오히려 사건이 일어날 것이라고 가정한다."[96] '준비태세'는 필수 체계들이 파괴적인 사건을 겪으면서도 또 그 사건 이후에도 계속해서 작동함을 보장하기 위해 취약성을 줄이는 일단의 조작적 대응책을 개발한다.

93. Collier and Lakoff, "Vital Systems Security," 22.
94. 같은 글 ; Collier and Lakoff, "Distributed Preparedness" ; Folkers, *Das Sicherheits-dispositiv der Resilienz*, 214~21, 343~52.
95. Lakoff and Collier, "Infrastructure and Event," 244.
96. 같은 글, 263.

필수 체계 안전의 메커니즘들은 환경성의 장치를 구성하는 중추적인 요소이다. 앞서 이해되었듯이, 환경적 통치양식들은 생명정치적 준거틀을 인구 안전에서 필수 체계 안전으로 전환하고 친생적 생태로 항생적 생태를 보완한다. 통치분석학 덕분에 환경적 개입들이 발제하는 선택적 형식들과 불균등한 취약점들의 지도를 제작할 수 있게 되며, 그리하여 그것들이 초래하는 "생물학적 연속체 내부의 중간 휴지들"에 주목하게 된다.[97] 고전적 생명정치와 마찬가지로 성찰적 생명정치도 어떤 형태들의 인간-비인간 공존을 유지하고 뒷받침하는 한편으로 타자들을 배제하거나 주변부화할 수 있거나, 아니면 이 타자들이 죽임을 당하거나 "죽게 내버려둘"[98] 수 있다고 단적으로 주장한다.[99] 푸코가 자신의 저작에서 서술한 인종주의적 유산과 일치하게도 더 최근에 나타난 인종주의의 생명정치적 변양태는 (인간 종과 그 너머의 내부에서) '열등한' 존재 형태와 '우월한' 존재 형태를 구분한다. 현시대의 생명정치 실천은 주도적인 사회-기술-생태적 체계들의 온전함을 지키기 위한 면역학적 동인에 의해 여전히 활성화되는데, 요컨대 일부의 생명을 다른 존재자들의 현존을 희생시키면서 안전하게 한다.[100] 그러므로 우리는 이런 환경성이 특정한

---

97. Foucault, *Society Must Be Defended*, 255 [푸코, 『사회를 보호해야 한다』]. 또한 Connor J. Cavanagh, "Biopolitics, Environmental Change, and Development Studies"를 참조.

98. Foucault, *Society Must Be Defended*, 255 [푸코, 『사회를 보호해야 한다』].

99. 푸코가 "모든 형태의 간접적인 살해, 즉 누군가를 죽음에 노출시키는 것, 어떤 사람들에 대하여 죽음의 위험을 증대시키는 것, 혹은 아주 단순하게 정치적 죽음, 추방, 배척 등의 사실"(같은 책, 256 [같은 책])을 포함하는 '죽임'에 관한 매우 광범위한 이해를 채택함을 인식하자.

100. Esposito, *Bios* ; Roberto Esposito, *Immunitas* [로베르토 에스포지토, 『임무니타스』] ; Swyngedouw and Ernstson, "Interrupting the Anthropo-ObScene," 14~21.
에릭 스빙에다우와 헨릭 에른스트손은 (자가)면역학적 반응들이 비인간 힘들을 포괄하고 허용하는 사회-기술-생태적 배치체들에서 한층 더 증가하고 중요해진다고 주장했다. "이런 인간-너머의 교란들은 면역 논리를 약화하기보다는 바로 면역주의적 반응들이 먹고 사는 그런 종류의 불안으로 충만한 파괴적인 사건들이다. 그래서 자연의 이

존재 형태들의 가치 유무를 어떻게 평가하는지 그리고 그것이 자연화와 인종화, 젠더화 과정들과 함께 어떻게 절합되는지 탐구해야 한다. 사물의 통치라는 관계적-유물론적인 틀은 (버라드의 개념을 취하면) 이런 존재론적·규범적 '절단들'에 대한 비판적 검토를 요청하는데, 왜냐하면 그것들은 어떤 형태들의 집단적 삶과 세계-형성을 다른 형태들을 희생시키면서 변별적으로 소중히 여기기 때문이다.

파나키적 통치 : 인류세 시대의 돌봄

사물의 통치라는 이런 분석틀은 자본주의 실천에 비판적으로 관여하기 위한 새로운 방법도 개척한다. 그것은 인간-너머의 견해와 정치경제학 쟁점들을 탐구하는 견해 사이에서 이루어지는 유익한 대화에 이바지하며, 그리하여 '구유물론적' 관심사들을 신유물론적 책무들과 결합한다. 환경적인 것에 대한 집중은 기술적인 것과 자연적인 것, 사회적인 것과 물질적인 것 사이의 존재론적 구분을 불안정하게 할 뿐만 아니라, 또한 '경제적인 것'을 '생태적인 것'에 외재적인 상이한 권역으로 이해하는 전통적인 견해의 기반을 약화한다. 만 바루아와 그 밖의 학자들이 강조한 대로, "경제적인 것은 세계를 개조하고 재생하는 인간-너머의 과정과 관계 들에 의해 배치되고 그것들에 의존한다."[101]

질적인 작용은 인간중심적인 존재론과 인간-비인간 혼합체 ─ 사람과 사물 들을 다시 정렬하는 허리케인에서 폭발하는 원자로, DNA를 활성화하는 GMO, 또는 출현하는 새로운 바이러스 종류에 이르기까지 ─ 의 매끈한 작동을 교란하는 한편으로 또한 이런 과잉적 수행성이 바로 위험과 면역화에 관한 관심을 요성한다. 간단히 서술하면, 그런 교란들은 면역 논리의 기반을 약화하기보다는 오히려 자가면역화의 양식들, 메커니즘들, 그리고 주체들을 강화할 수 있을 것이다"(Swyngedouw and Ernstson, "Interrupting the Anthropo-ObScene," 22).

101. Maan Barua, "Animating Capital," 664. 또한 Jason W. Moore, *Capitalism in the Web of Life* [제이슨 W. 무어, 『생명의 그물 속 자본주의』]; Battistoni, "Bringing in

생명권력은 자본주의 경제의 발전에 필수적인 요소였다고 환기하는 푸코의 언명[102]을 진지하게 고려함으로써 "자연-자본 동역학을 해부하기 위한 [이런] 관계적 문법"[103]은 자본주의적 축적이 언제나 이미 비인간 힘과 특성 들의 통제를 조건으로 하는 상이한 방식들을 검토한다. 그것은 (그 자체가 일의적이지도 안정적이지도 않은) 경제적인 것의 범주가 애초에 비인간 생명과 노동으로 구성되는 방식을 부각하는데, 요컨대 '자연'을 단지 그 위에서 경제 실천이 수행되는 이미 주어진 무대일 뿐이라고 간주하기보다는 오히려 그런 실천에서 핵심적인 역할을 수행하는 것으로 간주한다.

맑스주의적 페미니스트들[104]과 페미니즘 STS의 연구자들[105]은 아이돌봄 또는 여성의 신체 역량처럼 종종 '자연적'인 것으로 여겨지는 활동들을 재생산 또는 재생 노동의 형태들로 인식할 필요성을 옹호하는 주장을 개진했다. 노동의 고전적 범주를 확대하려는 이런 노력은 '자연적' 생산을 인간 권역을 넘어서는 것으로 간주하는 중요한 통찰을 제공한다. 비인간 힘들의 생산적 역할을 인정하기 위해 최근에 학자들은 "혼종노동"[106]과 "비인간 노동"[107]이라는 개념들을 동원함으로써 인간 영역을 넘어서거나 그 영역의 외부에 있는 힘들과 잠재적인 것들을 인식한다.[108]

---

the Work of Nature"를 참조.

102. Foucault, *The History of Sexuality, Vol. 1*, 140~1. [푸코, 『성의 역사 1』.]

103. Barua, "Animating Capital," 650.

104. 예를 들면 Maria Mies, "World Economy, Patriarchy and Accumulation"; Silvia Federich, *Caliban and the Witch* [실비아 페데리치, 『캘리번과 마녀』]; Tithi Bhattacharya, *Social Reproduction Theory*를 참조.

105. 예를 들면 Thompson, *Making Parents*; Melinda Cooper and Catherine Waldby, *Clinical Labor* [멜린다 쿠퍼·캐서린 월드비, 『임상노동』]를 참조.

106. Battistoni, "Bringing in the Work of Nature," 6.

107. Maan Barua, "Nonhuman Labour, Encounter Value, Spectacular Accumulation," 275.

108. 또한 Haraway, *When Species Meet* [해러웨이, 『종과 종이 만날 때』]를 참조.

이런 생산성의 한 가지 중요한 차원은 "동물 노동"[109]과 관련이 있다. 바루아는 동물의 작업이 자본주의적 축적에 이바지하는 세 가지 다른 방식을 식별하는데, 물질대사적 노동(예를 들면 잉여가치를 실현하기 위해 집약적으로 사육되는 동물 신체들의 세포 과정들을 수정하고 심화하며 가속화하는 작업), 생태적 노동(예를 들면 벌들이 수행하는 수분 작업), 그리고 정동적 노동(예를 들면 코끼리와 여타 동물의 쇼 출연)으로 구분한다.[110] 이들 노동 형태는 인간 행위에 대한 반항과 저항을 도입할 뿐만 아니라 경제적 생산의 필수적인 요소이기도 하다.[111]

또다시 한 가지 가능한 오해를 해결해야 한다. 비인간 생산성을 포함하기 위해 노동에 관한 인간중심적인 개념을 넘어서는 것은 인간 노동과 비인간 노동 사이, 또는 인간과 그 밖의 "일꾼들"[112] 사이의 분석적 차이나 규범적 차이를 무시하거나 부정하거나 또는 없애는 것을 뜻하지는 않는다. 정반대로 그것은 단지 인간 노동과 비인간 노동이 자본주의적 가치를 생성하는 상이한 (위계적) 방식들을 분석할 수 있게 하는, 이런 노동들 사이의 "구조적 유사점들"[113]에 대한 진단일 뿐이다.[114] 비인간 생산

---

109. Jocelyne Porcher, "Animal Work."

110. 이 목록은 최종적이지 않을 것이다. 왜냐하면 이런 유형학이 포착하지 못한 '동물 노동'의 차원이 필시 있을 것이기 때문이다. 예를 들면 그것은 몇몇 유기체가 수행하는 '기술 노동'을 포함하지 않는다. 멜린다 쿠퍼가 지적한 대로, 생명기술의 출현과 재조합 DNA의 사용은 박테리아를 성공적으로 노동하게 하는 일련의 조치로 이해될 수 있을 것이다. 박테리아는 DNA 파편의 벡터 또는 운반체로 작용하며, 그리하여 생물학자들이 유전 정보의 순서열을 한 유기체에서 다른 한 유기체로 이전시킬 수 있게 됨으로써 종 경계를 넘어서게 된다. "재조합 DNA는 박테리아의 특정한 재생산 과정들을 새로운 생명 형태들을 생성하는 방식으로 동원하려는 첫 번째 시도를 이룬다"(Cooper, *Life as Surplus*, 33 [쿠퍼, 『잉여로서의 생명』]).

111. Barua, "Animating Capital," 652~6. 또한 Rosemary-Claire Collard and Jessica Dempsey, "Capitalist Natures in Five Orientations"를 참조.

112. Battistoni, "Bringing in the Work of Nature," 22.

113. Collard and Dempsey, "Capitalist Natures in Five Orientations," 81.

114. 그렇지만 그런 포괄적인 개념적 기획의 이론적 및 정치적 위험을 염두에 두는 것이 중

성을 (자연)'자본'으로 간주하지 않고 오히려 노동의 범주에 속하는 것으로 간주하는 것은 자연의 비자연화를 향한 중요한 한 걸음을 나타낸다. 비인간 활동을 '노동'의 견지에서 이해함으로써 자연을 경제적 범주로 명백히 환원하고 자연의 윤리적 가치를 '평가절하'하는 것은 사실상 자연에 관한 물음을 재정치화하고 비인간의 규범적 지위에 관한 문제를 부각하는 데 이바지한다. 관계적-유물론적인 견해는 자연을 언제나 이미 경제적인(그러므로 정치적인) 영역으로 간주하고, 따라서 비인간 힘들의 경제적 현출성salience을 무시하는 인간 예외주의에 대한 유용한 교정책을 제공한다. 그것은 비인간 '행위들'을 낭만화하지도 않고 동화하지도 않은 채로 인식하면서 "보상, 돌봄, 그리고 가치의 적절한 사회적 관계들에 관한 물음들을 제기한다. 그 견해는 우리로 하여금 우리의 공동 목적들과 그것들에 대한 우리의 기여를 고려하지 않을 수 없게 하면서도 그것들이 언제나 완전히 조율되지는 않을 것이라는 점을 인정한다."[115]

그렇지만 자본주의 경제의 진행 중인 '환경화'에서는 회복력의 논리와 자기조직화에 대한 집중에 의해 육성되는, 돌봄에 관한 꽤 다른 개념이 출현하고 있다. 이런 현시대적 성좌를 설명하려면 사목 권력이라는 푸코의 개념을 재고하여 확장하는 것이 유용한데, 원래 그 개념은 그리스

요하다. 로즈마리-클레어 콜라드와 제시카 뎀시는 "인간의 착취가 흔히 어느 정도는 착취당하는 인간의 비인간화 또는 동물화에 의존하기에 인간/비인간 경계를 가로지르는 착취에 관해 생각하고자 하는 어떤 분석도 주의 깊게 수행되어야 한다"라고 경고한다(같은 글, 80, 주 2). 그런 분석의 위험은 그것이 인종차별적이거나 여성혐오주의적인 비교를 사물화하거나 강화한다는 것이다.

115. Battistoni, "Bringing in the Work of Nature," 21 ; Barua, "Animating Capital," 664. 이미 출현하고 있는 인간-너머의 '경제윤리'를 기후변화의 견지에서 개관하는 소묘는 J. K. Gibson-Graham and Gerda Roelvink, "An Economic Ethics for the Anthropocene"을 참조. "이 실천들은 각각 공동체 경제를 구축하는 데 연루되는데, 이런 경제에서는 유지와 상호의존성이 핵심 가치들이고 윤리적 협상은 필요성, 잉여, 소비, 그리고 공통장에 관한 상호연계된 쟁점들을 중심으로 이루어진다"(같은 글, 343 ; 또한 Nick Bingham, "Bees, Butterflies, and Bacteria"를 참조).

도교적 "영혼의 통치"의 바탕이 된 목자와 무리 사이의 돌봄 관계를 가리켰다.[116] 학자들은 대체로 주체화 과정의 상이한 차원들을 분석하기 위해 사목 개념을 활용했지만, 또한 그 개념은 인간 생명과 비인간 생명을 감독하는 양식들 사이의 여태까지 탐구되지 않은 혁신적인 개념적 연계를 제공하며, 그리하여 책임과 돌봄이라는 개념들을 부각한다.[117]

사목적 상상은 목자와 무리 사이의 직접적인 관계에 의해 절대 소진되지 않고 오히려 더 복잡한 비인격적 통치 형태들도 특징지을 수 있을 것이다. 크로퍼드 S. 홀링, 랜스 H. 건더슨, 그리고 개리 D. 피터슨은 사회와 경제, 생물권을 통합할 수 있는 일반 체계 이론을 진전시키기 위해 '파나키'panarchy라는 개념을 고안했다.[118] 파나키는, 사회적 체계와 생태적 체계 내의 또는 그것들 사이의 하향식 구조, 경직된 통제 형태들, 그리고

---

116. 예를 들면 Foucault, *Security, Territory, Population*, 163~90 [푸코, 『안전, 영토, 인구』]와 Foucault, "Omnes et Singulatim"을 참조.

117. 사목 권력에 관한 물음과 연계된 한 연구 분야는, 한편으로는 교배와 목축 실천을 조직하는 상호작용적 틀과 호혜적 패턴에 관여하고 다른 한편으로는 사회적 구조와 정치 체제에 관여한다. 1960년대에 이미 프랑스인 인류학자 앙드레-조르주 오드리쿠르는 인간이 비인간 동물 및 식물과 맺는 관계들이 인간들 사이의 사회적 관계들의 반영이나 투사에 불과한 것이 아니라(예를 들면 사목주의와 군사 조직 사이의 구조적 연계에 관한 주장은 Bruce Chatwin, "Nomad Invasions"를 참조), 오히려 이 관계들은 모두 공통의 논리 또는 공동의 실천 체제에 의해 특징지어진다고 주장했다(André-Georges Haudricourt, "Domestication of Animals, Cultivation of Plants and Human Relations"). 오드리쿠르는 이런 구조적 연결 관계의 두 가지 "극단적 유형"을 구분한다(같은 글, 164). 첫째, 길들여진 존재자와 인간 사이의 물리적 접촉 없는 "'간접적인 부정적' 작용"이 있다(예를 들면 누벨칼레도니에서 이루어진 참마의 재배). 이런 실천은 장애물을 제거하고 길들여진 존재자의 본성을 존중하고자 한다. 둘째, "'직접적인 긍정적' 작용"이 있는데, 이것은 목동과의 영구적인 접촉과 양치기에 의한 돌봄을 필요로 하는 지중해 지역의 양 교배로 예시된다. 오드리쿠르는 이런 직접적인 통제가 "양―자기방어 역량과 본능적 행동 역량을 상실할 정도로 길들여진 동물―의 과잉-가축화"와 구조적 의존성을 낳을 위험이 있다고 주장한다(같은 글, 164 ; Philippe Descola, "Wahlverwandtschaften," 18 ; Carlos Emanuel Sautchuk, "Eating (with) Piranhas").

118. Holling, Gunderson, and Peterson, "Sustainability and Panarchies."

수직적 권위에 의해 특징지어지는 위계적 조직 대신에 유연한 조율의 순환들, 복잡한 체계들의 진화적 역량들과 상이한 층위들 사이의 유동적인 상호접속성을 불러일으킨다. 생태계 특유의 특성으로서의 회복력에 관한 초기 작업[119]에 의존하는 파나키라는 개념은 적응 순환으로부터 창조와 파괴의 동역학을 포착하고자 한다. 홀링과 그의 공저자들은 야생, 양치기, 그리고 양 떼의 고대 그리스 신 판[Pan]을 생태적·경제적·사회적 체계들에서 나타나는 관계성과 변화의 패턴들을 이해하는 한 방식으로서 환기한다. 판은 창조력을 상징하지만 "그 신의 역설적 개성의 한 측면에서 비롯된 panic[공황]이라는 낱말에서 반영되는 불안정하게 하는, 창조적으로 파괴적인 역할이 있을 수 있다."[120] 판에 대한 참조는 초학제적 이론을 전개하려는 시도의 본질적인 부분인데, 왜냐하면 판은 반은 염소이고 반은 인간일 뿐만 아니라 또한 "자연의 보편적인 영적 힘"[121]을 나타내기 때문이다.[122]

파나키라는 개념은 인간 및 비인간 과정들의 상호작용성, 비선형성, 그리고 복잡성을 적응적 진화를 조종하는 방식들로 강조함으로써 이 과정들의 뒤얽힌 궤적들을 파악하고자 한다. 파나키적 통치는, 회복력과 지속 가능성을 강화함으로써 변화를 능동적으로 관리하는 데 이바지하리라 약속한다. 그것은 생태적·사회적 과정들에 대한 포괄적인 통제를 겨냥하지 않고 오히려 교란과 파괴를 수용하는 체계의 능력을 개선하

---

119. Holling, "Resilience and Stability of Ecological Systems."

120. Holling, Gunderson, and Peterson, "Sustainability and Panarchies," 74.

121. 같은 곳.

122. 판이라는 이름의 어원학적 기원과 그 신의 신화학적 궤적을 재구성한 J. 도널드 휴즈의 글을 보라(J. Donald Hughes, "Pan"). "현대 학문은 판(Pan)이라는 이름의 진정한 파생이 '양육자', 양과 염소의 '무리들을 기르는 자', 즉 '목자'를 나타내는 파온(paōn)에서 비롯된다고 증명했다"(같은 글, 8). 사례 연구와 경험적 탐구를 위해 파나키 개념을 사용하는 연구 문헌에 관한 개관은 Craig R. Allen et al., "Panarchy"를 참조.

기 위한 제도 고안과 정책 대응을 옹호한다. 목자와 무리의 사적 관계처럼 파나키는 돌봄의 윤리를 실행하는데, "구원"과 "안전"[123]에 집중하지 않고 불안정성을 통치하고 회복력을 증진하는 것에 집중하는 윤리이지만 말이다. 사목적 돌봄의 대상은 더는 개별적 양과 집단적 양 떼가 아니다.[124] 오히려 기후변화, 생물다양성 상실, 물 오염, 그리고 집약농업의 영향을 받는 복잡한 사회-기술-생태적 '흐름들'이다.[125]

파나키적 통치는 '세계'에 관계하고 '세계'를 유지하는 새로운 사변적 기법과 실천을 구상하는 상황적이고 신체화된 "돌봄의 문제"[126]와 다르다. 그것은 회복력의 논리로 특징지어지는 독특한 규범적 문법을 실행하고 윤리적 책임을 미래의 파국적 사건들에 대응할 수 있는 진화적 능력으로 전환하며, 그리하여 정의와 평등에 관한 정치적 물음들을 제거한다. 생산과 소비의 패턴들을 변화시키고 "손상된 행성에서 삶"[127]의 조건을 개선하는 대신에 우리는 그것들에 적응하도록 요청받는다. "회복력 있는 것이 되라는 명령을 수용한다는 것은 우리가 위험으로부터 더 자

123. Foucault, *Security, Territory, Population*, 126. [푸코, 『안전, 영토, 인구』.]

124. 같은 책, 128 [같은 책]과 Foucault, "Omnes et Singulatim"을 참조.

125. Lance H. Gunderson and Crawford Stanley Holling, *Panarchy* ; Ulrich Bröckling, "Von Hirten, Herden und dem Gott Pan," 40~2.
   권터 안데르스는 주체화의 형태들에도 집중하지 않고 인간 자연과 비인간 자연 사이의 공-진화에도 집중하지 않는 사목적 지도에 관한 매우 다른 이해를 제시했다. 안데르스는 인간을 "존재의 목자"로 간주하는 하이데거주의적 관념이 인간중심적이라고 비판한다(예를 들면 Günther Anders, *Die Antiquiertheit des Menschen II*, 129 ; 461, 주 20을 참조). 그는 "객체 목자"(Objekthirte)라는 개념을 하나의 대안으로 제안하는데, 왜냐하면 인간은 더는 기술적 기구를 관리하지 않고 오히려 그것의 조수이기 때문이다(같은 책, 95 ; 또한 같은 책, 30을 참조). 안데르스에 따르면 기술은 "역사의 주체"가 되어 버렸다(같은 책, 279 ; Paul van Dijk, *Anthropology in the Age of Technology*, 101~3).

126. Maria Puig de la Bellacasa, *Matters of Care*. 또한 Mol, Moser, and Pols, *Care in Practice*를 참조.

127. Anna Lowenhaupt Tsing et al., *Arts of Living on a Damaged Planet*.

유로운 보다 나은 삶을 살 수 있을 세계에 관한 어떤 정치적 구상도 희생함을 뜻하는데, 요컨대 설계상 위험하고 불안정한 파국의 고유한 지형으로서의 미래를 바라본다는 것이다."[128]

파국적 사건들의 그림자 속에서 적응 기법과 생존 전략에 대한 파나키적 집착은 우리로 하여금 인류세[129]라는 현재 대중적인 명칭을 비판적으로 검토하도록 촉구한다. 인류가 필시 하나의 행성적인 지구물리학적 힘이 되어 버린 새로운 시대를 일컫는 이 용어는 지질학자들, 지구 시스템 과학자들, 그리고 인문학과 사회과학의 학자들 사이에서 점점 더 통용되고 있다.[130] 인류세 서사는 자연의 근대주의적 전유와 결별하고 지속 가능한 미래와 서로 뒷받침하는 인간-비인간 교류에 대한 전망을 육성하는 더 겸손한 존재론을 시사한다. 많은 신유물론자는 인간중심적인 궤적들을 넘어서는 이런 조치가 종간 수평적 개입에 의해 특징지어지는 '더 녹색의' 또는 더 민주적인 정치와 어느 정도 결합하여 있는 것으로 간주하지만, 이런 식의 갱신된 존재론적 틀짓기는 사실상 인간 자연과 비인간 자연의 자본주의적 등록을 심화하고 증대시킬 것이다.[131] 대칭적 존재론을 소중히 여기고 자연과 문화 사이의 근대적 분할을 폐기하는 것은 포스트자본주의적 미래를 반드시 보증하는 것도 아니고, 생태적 관리에 대한 기술지배주의적 전망의 기반을 자동으로 약화하는 것도 아니다.

---

128. Brad Evans and Julian Reid, "Dangerously Exposed," 95.

129. Paul Crutzen and Eugene E. Stoermer, "The 'Anthropocene.'"

130. Elizabeth Johnson and Harlan Morehouse, "After the Anthropocene"; Christophe Bonneuil and Jean-Baptiste Fressoz, *The Shock of the Anthropocene*; Arianne Françoise Conty, "The Politics of Nature."

131. Swyngedouw and Ernstson, "Interrupting the Anthropo-ObScene," 11; Neyrat, *The Unconstructable Earth*.

주요 논점은 물질과 생명의 비결정성 또는 끊임없는 생성, 인간 행위성에 관한 탈중심화된 — 포스트휴머니즘적 또는 반휴머니즘적 — 견해, 그리고 물질과 인지 사이의 모든 근본적인 분리에 대한 논쟁이 포스트구성주의적 학자들에 의해 인간 행위자뿐만 아니라 비인간 행위자에 대해서도 '해방적' 의미를 품은 것으로 가정된다는 것이다. 실재의 구성요소들이 고정되어 있지 않다면 — 논변은 그렇게 전개된다 — 정치는 '존재론적인' 것이 되고 변화를 위한 새로운 기회가 개방된다. 그렇지만 소박한 실재론이나 데카르트주의적 실재론의 이원론들을 목표로 삼은 이런 논변은 이 신조들에 정확히 근거하는 자연의 신자유주의화에 내장된 존재론의 정치를 놓치거나 경시한다.[132]

"비인간적 전회"[133], 즉 인간중심적 존재론을 넘어서는 조치는 결코 기술-관리적 기획 및 자본주의적 상상과 양립할 수 없는 것은 아니다. 유진 F. 스토머와 함께 인류세라는 용어를 고안한 파울 크뤼천 역시 기후 관리와 지구공학 전략을 옹호한 것은 우연적인 일이 아니다.[134] 물질을 뒤얽히고 비결정적인 것으로 간주하는 신유물론적 견해와 그 견해의 다종 간 얽힘에 대한 집중은 적응적 통제와 회복력 관리의 환경적 전략들에 수용되어 활용된다. 이 프로그램은 대칭적인 존재론적 관계의 전망을 조장하지만 그것 자체로 자본주의 모체를 초월하는 정치적 전환을 보증하지는 않는다. 오히려 신유물론적 존재론에 대한 요청은 "과거에 저지른 죄들의 사함을 받으면서 인간의 지구물리학적 힘뿐만 아니라 비인간의 물질적 작용도 진지하게 고려하는 생태적으로 민감하고 갱신

---

132. Luigi Pellizzoni, *Ontological Politics in a Disposable World*, 8.

133. Richard Grusin, *The Nonhuman Turn*,

134. 예를 들면 Paul Cruzen, "Geology of Mankind," 23과 Paul Cruzen, "Albedo Enhancement by Stratospheric Sulfur Injections"를 참조.

된 '초-반성적' 자본주의"[135]에 이바지할 위험이 있다.[136] 세계의 근본적인 관계성에 대한 통찰이 언제나 이미 정치적으로 차이를 만들어낸다는 잘못된 결론과는 대조적으로, 중요한 것은 − 구유물론적 통찰을 수용하여 − 정치적인 것을 새롭게 부각하고 그것을 달리 실행함으로써 세계를 "변화시키는 것"(맑스)이다.[137]

135. Swyngedouw and Ernstson, "Interrupting the Anthropo-ObScene," 13 ; Neyrat, *The Unconstructable Earth*.

136. 예를 들면 하나의 독립적인 존재자이자 자율적인 힘으로서의 자연은 더는 현존하지 않고 인간의 궁리와 설계로 대체되어 버렸다는 생태근대주의적 확신을 보라. 이 견해에 따르면, 인류세는 위기와 위험의 국면을 나타내지 않고 오히려 행성 관리에 대한 인간의 책임을 확인한다. "좋은 인류세, 또는 적어도 보다 나은 인류세가 우리 손안에 있다. 그런 미래를 창출하는 것은 자연적 한계를 넘어서기의 두려움과 어떤 목가적이거나 원시적인 시대로 돌아가기의 향수적 희망을 극복함을 뜻한다. 무엇보다도 우리는 인류세를 위기로 간주하지 말고 오히려 인간 주도의 기회가 성숙한 새로운 지질학적 시대의 시작으로 간주해야 한다"(Erle C. Ellis, "The Planet of No Return," 41~2 ; 생태근대주의적 담론에 관한 비판적 분석은 Clive Hamilton, "The Theodicy of the Good Anthropocene"과 Neyrat, *The Unconstructable Earth*를 참조).

137. 맑스의 포이어바흐에 관한 테제를 보라. "철학자들은 세계를 다양하게 해석해 왔을 뿐이다. 그러나 중요한 것은 세계를 변화시키는 것이다."

다중의 유물론

주지하다시피 푸코가 자신의 후기 저작에서 전개한 통치의 개념은 그 용어의 통상적인 의미를 넘어서는, 통치에 관한 역사적으로 정통하고 포괄적인 이해를 제시했다. 통치는 대체로 정치적 의사결정과 행정에 의거하여 이해되었지만, 푸코는 주체화의 형태들과 지식 실천에도 주목한다. 푸코는 주체화와 국가-형성을 두 가지 독립적인 별개의 과정으로 간주하지 않고 오히려 이 과정들을 어떤 단일한 분석적 관점에서 분석하는 주체화 개념의 "매우 넓은 의미"[1]를 제안한다. 그러므로 "근대 국가의 계보"[2]는 "주체의 역사"[3]이기도 한데, 왜냐하면 푸코는 근대 국가를 중앙 집중화된 구조물로 간주하지 않고 오히려 "동일한 정치적 구조물들에서 이루어지는 개체화 기법들과 총체화 절차들의 교묘한 조합"[4]으로 간주하기 때문이다.

이 책에서 나는 통치에 관한 전통적인 개념을 수정하고 확장하는 또 하나의 시도를 옹호했다. 사물의 통치라는 분석틀은 통치 실천을 특징짓는 기술적 하부구조와 필수 환경으로 주의를 이행시키기 위해서, 개인과 인간 집단의 지도에 몰입하는 경향을 물리친다. 그 분석틀은 인간중심적

---

1. Foucault, "The Subject and Power," 341.
2. Foucault, *Security, Territory, Population*, 354. [푸코, 『안전, 영토, 인구』.]
3. 같은 책, 184. [같은 책.]
4. Foucault, "The Subject and Power," 332.

인 사유양식들의 한계를 드러냄으로써 정치의 우발적 경계와 물질적 회로를 보이게 한다. 이런 인간-너머의 통치분석학은 인간 주체를 비인간의 외부에 있거나 비인간에 선행하는 무언가로 간주하기보다는 오히려 비인간과 공-출현하고 공-생산하는 실천의 결과로 간주한다. 그것은 다양한 새로운 이론적 및 경험적 물음을 불러일으킨다. 정치 집단은 어떻게 구성되고, 누가 (또는 무엇이) 정치적 행위자로 인정받는가(동물, 산[ⅲ], 알고리즘, 드론 등)?[5] 비인간의 통치는 어떻게 부각되고, 그것은 어떻게 인간의 통치를 조건 짓는가?[6] 우리는 수동성을 재기입하거나 능동성 대 수동성의 대립을 다시 공고화하는 것처럼 보이는 '저항' 또는 '반항' 같은 개념들에 의지하지 않은 채로 인간 및 비인간 신체들의 "행위들", 그리고 그것들의 파란만장함과 비결정성을 어떤 식으로 구상해야 하는가?[7]

관계적 유물론을 향한 이런 개념적 조치는 통치의 영토를 확대하고 통치의 구성요소들을 증식할 수 있게 할 뿐만 아니라, 또한 인간 세계와 비인간 세계 사이의 경계가 협상되고 발제되며 안정화되는 다양한 방식에 주목한다. 그것은, 저쪽의 자연적인 것과 이쪽의 사회적인 것 사이의 분열, 물질과 의미 사이의 분열을 통치 합리성과 기술의 독특한 도구이자 결과로서 검토한다. 마지막으로, 이런 이론적 입장은 사회 이론과 정치 이론의 다양한 견해가 현시대 사회에서 환경적 통치 형태들의 수용이 증가하는 현상을 다룰 때 직면하는 한계와 맹점을 노출시키고 극복하는 데 이바지한다. 만연하는 정치적 상상 속에서 정치는 담론, 소통, 의지 등에 근거를 두고 있다고 여겨지는 반면에[8], 기술적 문제와 생태적 문제

---

5. Law, *Organizing Modernity*, 193~4 ; Kristin Asdal, Christian Borch, and Ingunn Moser, "Editorial," 6.

6. Richie Nimmo, *Milk, Modernity and the Making of the Human*.

7. Braun and Whatmore, "The Stuff of Politics," xx~xxii.

8. Asdal, Christian Borch, and Ingunn Moser, "Editorial" ; Marres and Lezaun, "Materials and Devices of the Public."

는 "그 위에서 정치가 이루어지는 수동적인 안정된 토대로"9 여겨진다.10 너무나 많은 사회 이론가와 정치 이론가가 여전히 "당면한 존재자들의 존재론적 지위"11를 당연하게 받아들인다. 이와는 대조적으로 사물의 통치라는 분석틀은 통치의 문제와 물질의 통치 사이의 연계를 부각함으로써 정치의 물질성을 강조한다.

앞서 이해되었듯이, 푸코의 장치 개념과 기술 및 환경에 관한 이해는 우리가 환경 합리성과 현시대의 통치 실천을 비판적으로 탐구할 수 있게 하는 분석 도구를 제공한다. 푸코의 통치분석학을 ANT에서 비롯된 통찰 및 페미니즘적인 포스트식민주의적 STS와 통합함으로써 사물의 통치라는 개념적 기획은 우리로 하여금 물질과 존재론에 관한 관념들을 결정론적 견해나 본질주의적 견해로부터 분리하도록 권유한다. 그리하여 그것은 자연을 견고하고 안정적이며 정적인 것으로 간주하는 관념을 의문시함으로써 정치적 구상과 비판적 어휘에 이의를 제기한다. 이런 분석틀은 신유물론 학문의 중요한 통찰과 이론적 성취를 받아들인다. 그것은 물질을 재구상하기에 대한 관심과 인식론적·존재론적·정치적·윤리적 쟁점들의 상호작용에 대한 집중을 공유하며, 그리고 인간중심적인 사유양식들의 한계를 강조한다. 그렇지만 과학적 토대주의를 일관되게 거부하고 존재생성의 정치적 차원에 면밀히 주목하는, 물질성에 관한 관

---

9. Barry, *Material Politics*, 1. 또한 Braun and Whatmore, "The Stuff of Politics"를 참조.

10. 앤드루 배리가 지적하는 대로, 이런 정치적 상상은 민주주의에 관한 개선된 관념도 낳는다. "그런데 급진적인 민주주의 이론가들은 정치적 삶에서 불화의 중요성은 지적하지만, 빈번히 공적 지식 논쟁을 활성화하게 되는 물질 및 객체의 현존과 중요성은 거의 언급하지 않는다. 그런 논쟁은 인간 행위자의 권리 및 이해관계와 사회적 집단의 정체성에 관한 의견 불일치를 중심으로 전개될 뿐만 아니라 … 또한 기후변화의 원인, 유전자 조작 유기체의 안전성, 질병의 원인, 홍수의 위험, 그리고 핵 사고의 결과에 관한 의견 불일치를 중심으로 전개된다"(Barry, *Material Politics*, 8 ; 또한 Bruno Latour, *Politics of Nature*를 참조).

11. Woolgar and Neyland, *Mundane Governance*, 52.

계적인 수행적 이해를 제시할 때 사물의 통치라는 개념적 렌즈는 신유물론의 중요한 갈래들을 또한 넘어선다.

이 책은 신유물론 분야에서 영향력이 대단하지만 매우 상이한 세 가지 입장 – 객체지향 존재론OOO, 생기적 유물론, 그리고 회절적 유물론 – 을 검토했다. 앞서 보여주었듯이, OOO는 객체의 물러서 있는 본질을 포용하기 위해 관계성에 대한 어떤 감각도 회피한다. 그것은 일종의 갱신된 주관주의에 시달리는 "확고히 비관계적인 합리론"[12]을 제시한다. OOO의 야심은 인간의 합리성, 인지, 그리고 지식 너머에 자리하고 있는 것을 다루기 위해 객체를 그 자체의 견지에서 검토하는 것이다. 그런데 인간중심주의와 "인간의 오만"과 관련하여 만연하는 문제들에 대한 우리의 감수성을 증진시키기 위해 "이론적 겸양을 계발하려는 [OOO의] 욕망"[13]은 OOO와 사변적 실재론의 주창자들이 채용하는 자기홍보적인 수사법과 극명한 대조를 이룬다. 브랜드 구축과 혁신적 어휘가 만연하는데, 이를테면 "학문의 새로운 시대"[14]를 광고하거나 "사상가의 새로운 유형"[15]의 출현을 홍보한다.

더욱이 하먼, 모턴, 그리고 그 밖의 (사변적 실재론을 포함한) OOO 대표자들은 "근친상간적인 상호 인용하기"[16]에 관여하는 경향이 있으며, 그리하여 명백한 차이와 불화 아래 원리와 목적을 공유하는 운동이라는 인상을 조장하려는 의도가 있는 것 같다. 이런 종류의 자기준거성과 자기폐쇄성은 "다소 밀폐된 연구 환경"[17]을 가리키는데, 이런 환경은 OOO라는 표제어 아래 글을 쓰는 저자들이 주장하는 원리와 관념 들

---

12. Gamble, Hanan, and Nail, "What is New Materialism?," 122.
13. Bennett, "Systems and Things," 232.
14. Morton, *Hyperobjects*, 159. [모턴, 『하이퍼객체』.]
15. Bryant, Srnicek, and Harman, *The Speculative Turn*, 3.
16. Taylor, "Close Encounters of a Critical Kind," 205.
17. Norris, "Speculative Realism," 195.

을 교정하거나 보완하는 데 도움이 되는 중요한 이론적 논쟁들을 무시하거나 경시하는 경향이 있다. 이런 의도적인 이론적 격리는 비관계성을 옹호하는 주장을 반영하고 강화한다. 그런데 격리된 객체를 중시하는 것은 다음과 같은 단점도 있다. 상당히 한정된 텍스트들과 사상가들의 정전을 거듭 참조함으로써 OOO의 작업은 (자기)비판을 모면할 위험이 있다. 그 결과는 종종 지루하고 반복적이며 과도한 이론적 주장들이다. OOO 학자들의 글은 독자에게 자신이 새로운 철학의 탄생을 목격하고 있음을 언제나 확신시키며, 그리고 우리는 실재적인 것의 물러섬을 서술하는 데 사용되는 자신만만하고 상상력이 풍부한 낱말들에 그저 놀랄 뿐이다.[18]

OOO와는 대조적으로 생기적 유물론은 물질에 관한 본질주의적 개념을 명시적으로 거부한다. '사물의 생동성'이라는 베넷의 개념은 인간-너머의 정치를 향한 중요한 한 걸음을 나타낸다. 그 개념 덕분에 비인간 존재자들의 '행위들'을 설명할 수 있게 되며, 그리고 그것은 별개의 개별 행위자들 대신에 연합체와 회집체 들에 집중하기에 정치에 관한 자유주의적 개념들의 한계를 가리킨다. 그렇지만 앞서 보여주었듯이, 베넷의 생기적 유물론 역시 심각한 개념적 모호성과 분석적 결점에 의해 특징지어진다. 어떤 구식의 어휘로 표현하면, 베넷은 유물론에 관한 관념론적 견해를 승인한다. 왜냐하면 베넷은 정동적 윤리와 대안적 정치 사이의 비결정적임에도 근본적인 연계를 구상하는 것처럼 보이기 때문이다. 베넷은 물질의 생기에 주목함으로써 결국 "인간과 비인간의 복잡한 얽힘에 관한 더 큰 이해"[19]에 이를 것이라고 주장한다. 이런 독법에 따르면, "우리

---

18. 예를 들면 자신의 개념들이 "존재자들의 분류학[이 아니라] 오히려 언제 어디서나 발견되는, 실재 일반의 네 가지 구조이다"(Harman, *The Quadruple Object*, 96 [하먼, 『쿼드러플 오브젝트』])라는 하먼의 주장을 보거나, 또는 모턴이 자신의 논문 중 하나에 대하여 선택한 외관상 아이러니하지 않은 제목 「모든 것이 온다: 객체지향 존재론의 약속」을 참조.

19. Bennett, *Vibrant Matter*, 112. [베넷, 『생동하는 물질』.]

의 부득이한 낯섦"[20]에 대한 경험이 현시대의 경제적 및 정치적 실천들을 변화시킬 강한 동기와 정동적 힘을 제공한다. '생동하는 물질'에 관한 점 증하는 인식이 다른 정치를 낳을 것이라는 주장은 상당히 미심쩍고 실로 대단히 비개연적인데, 왜냐하면 이 관점은 (인간-너머의) 회집체를 무시하면서 (인간의) 성찰성과 정동성을 지나치게 신뢰하기 때문이다. 그러므로 베넷은 자신의 작업에서 서양의 정치적 전통의 통합적 요소라고 비판적으로 폭로하는 이원론, 즉 "활동적인 정신과 불활성의 물질"[21] 사이의 대립을 다시 거론하고 소생시킨다. 아주 이상하게도 정치적 변화에 관한 이런 이해는, 정치가 성찰과 합리적 통찰에 의해 결정되기보다는 오히려 (정치적) 회집체의 행위적 힘들에 의해 결정된다고 간주하는 생기적 유물론의 핵심 주장들과 상충한다.

회절적 유물론은 생기적 유물론과 마찬가지로 인간-비인간 얽힘을 강조한다. 둘 다 관계적 견해의 중요성을 강조하지만, 그것들은 기실 상이한 의미를 내포한다. 생기적 유물론은 물질 자체와 관련된 어떤 근본적인 행위성 또는 생동성을 여전히 가정한다. 반면에 회절적 유물론은 물질에 대하여 본래의 특성 또는 이미 주어진 행위적 성향에 관한 생각을 중단하는 더 관계적인 이해를 진작한다. 버라드의 행위적 실재론 덕분에, 특히 기구 개념 덕분에 시간성, 공간성, 그리고 물질성이 상호적으로 구성되는 방식을 탐구할 수 있게 된다(그것들을 절대적인 외부 조건으로 간주하는 대신에 말이다). 그 덕분에 인간 신체와 비인간 신체 사이 경계의 (재)배치를 검토하는 것을 넘어서는, 이 신체들의 형성/표식에 대한 더 구체적인 분석도 가능하게 된다.

행위적 실재론은 관계적 유물론을 향한 중요한 한 걸음을 나타내지

---

20. 같은 책, 113. [같은 책.]
21. Bennett, "In Parliament with Things," 135.

만, 급진적인 이론적 영향력을 차단하거나 감소시키는 두 가지 심각한 문제, 즉 과학적 실증주의와 정치적 환원주의를 생기적 유물론 및 신유물론의 여타 변양태와 함께 공유한다.

첫 번째 문제는 신유물론 학자들이 과학적 지식을 평가하는 방식과 관련되어 있다. 그들은 종종 과학에 '관여'하는 '비판적' 혹은 '추출적' 접근법들을 넘어선다고 주장한다.[22] 신유물론자들은 연구 대상들의 구성을 비판하지도 않고 사회적 짜임새를 이해하기 위해 과학적 개념들을 활용하지도 않으면서 "과학과의 대담, 대화, 그리고 협업"[23]을 승인하는데, 요컨대 "과학적으로 생성된 이론들과 데이터에 맞서기보다는 오히려 그것들로 작업하"[24]고자 한다. 분과학문적 경계들을 의문시하고 적극적으로 넘어가서 다양한 형태의 과학적 지식을 결합하는 것은 확실히 중요하지만, 보다 "과학-친화적인"[25] 이런 입장은 푸코주의적인 STS 학자들, 특히 페미니즘적인 포스트식민주의적 과학학 학자들의 비판적인 인식론적 개입을 무시하거나 탈구시킬 위험이 있다.

안젤라 윌리는 과학에의 "신유물론적 관여를 축하하는 진보 서사"[26]가 주로 물질에 관한 낡거나 쓸모없는 이해로 추정되는 것들을 교정하고 대체하는 데 활용된다—그리하여 더 나은 (더 포괄적이고 더 복잡한) 과학을 제공한다—고 주장했다. 이런 독법에 따르면, 신유물론적 학술 활동은 안정적인 자연법칙 및 직접적인 인과적 유대에 관한 결정론적 개념들과 이론적 견해들을 버리고자 하는 과학적 노력에 조율된다. 그렇지만

---

22. Hird, "Feminist Engagements with Matter." 또한 Alaimo and Hekman, *Material Feminisms*을 참조.

23. Hird, "Feminist Engagements with Matter," 331.

24. Kirby and Wilson, "Feminist Conversations with Vicki Kirby and Elizabeth A. Wilson," 233.

25. Kirby, "Matter Out of Place," 11.

26. Willey, "Engendering New Materializations," 135.

비결정론적인 행위적 자연이라는 개념은 "또 하나의 자연법칙이 될 위험이 있다."[27] 우연성의 원리는 새로운 과학적 신조로 번역되고, 비결정성을 옹호하는 주장은 어떤 새로운 형태의 독단을 낳을 수 있을 것이다.[28] 신유물론들은 과학적 진보에 관한 통상적인 이야기들에 이의를 제기하는 한편으로 이들 이야기가 인식론적 권위를 되찾고 강화함에 따라 그것들을 공고화하는 데에도 이바지할 수 있을 것이다 ― 그 권위의 출현 조건과 그것이 발제하는 "가치증식의 체제"[29]를 보여줌으로써 그것을 문제화하거나 불안정하게 하거나 또는 전복시키는 대신에 말이다.

신유물론적 학술 활동의 "신新실증주의적 의제"[30]에 대한 윌리의 비판은 그 자체로 환원주의적인 것으로 여겨질 만하다. 왜냐하면 그것은 이런 사유양식의 이질성과 복잡성을 충분히 고려하지 않기 때문이다. 그런데도 윌리의 비판적 개입은, 과학적 진보에 관한 친숙한 이야기와 유명한 발견의 논리를 수용할 뿐만 아니라 또한 과학적 전문지식의 꽤 통상적인 고착된 위계를 갱신할 위험을 감수하는 한 가지 문제적 경향을 가리킨다. 신유물론자들은 종종 물질에 관하여 대단히 선택적이고 대체로 인정되지 않은 이해를 조장한다. 과학적 경계를 개방하고 학제적 노력에 관여하라는 요구는 호혜적이지 않다. 오히려 신유물론자들은 사회과학자와 인문학자 들이 전통적으로 자연과학에 자리하고 있는 사안들을 포함하도록 그들의 연구 의제를 갱신하거나 또는 심지어 파기하리라 기

---

27. Willey, "A World of Materialisms," 1000.
28. 브라운은 신유물론적 학술 활동에서 작동하는 어떤 '아이러니'를 인식했다. "많은 신유물론자가 비결정론적이고 비목적론적인 존재론을 제안하더라도 그들은 특수하기보다는 오히려 보편적인 것으로, 또 우연적이기보다는 오히려 필연적인 것으로 여겨지는 자신의 관념의 창발에 대하여 매우 상이한 인식론적 입장을 종종 취한다. 세계는 비결정성과 우연성으로 특징지어지는데, 단 비결정성과 우연성에 관한 이론은 제외하고 말이다!"(Braun, "The 2013 Antipode RGS-IBG Lecture," 4~5).
29. Murphy, *The Economization of Life*, 5~6, 148~9.
30. Willey, "Engendering New Materializations," 149.

대한다.[31] 신유물론자들은 특정한 분과학문적 성향을 지지하는데, 왜냐하면 그들은 물질성을 자연과학에 의해 주로 규정된 견지에서 이해하는 경향이 있기 때문이다. 물질성은 자연과학에서 진정으로 연구되는 현상으로 여겨지기에, 이런 추리에 따르면, 구체화 과정들에 관심이 있는 사람들은 생물학적·화학적·물리학적 지식을 검토해야 한다. 그러므로 과학과의 대담에 능동적으로 관여하라는 요구는 종종 본연의 물질을 설명하라는 요구와 연결된다. 그리하여 물질은 "자연과학 문제"[32]가 되고, 따라서 사회과학 및 인문학 연구 의제들과 더 밀접히 관련된 구체화 과정들은 배제하거나 도외시하게 된다.

물질을 회복시키는 동시에 '자연과학 문제'로 한정시키는 이런 태도는 전문지식의 일부 형태들에 그 밖의 형태들이 갖지 못한 특권을 부여하는 대단히 비난받는 규범적·인식론적 위계를 재현한다. 자연과학에 관여하는 유물론적 견해는 '새로운' 것, 즉 흥미롭고 혁신적이며 적절한 것으로 여겨지는 반면에, 지식 생산의 여타 유물론적 형태들 – 예를 들면 인종화 과정, 젠더, 또는 계급관계를 탐구하는 형태들 – 은 정말로 중요한 것을 다루지 못하는 것처럼 보이거나 아니면 '친숙한', '전통적인', '구식의', 또는 심지어 '낡은' 것으로 치부된다.[33] 그러므로 여기서는 물질에 관한 이해를 규정하고 한정하는 경향이 있는 '물질성의 정치'가 작동하고 있는데, 요컨대 '경성'과학과 '연성'과학 사이의 비대칭적 권력관계를 재생산할 위험이 있다 – 그리하여 그것들에 동반되는 대단히 젠더화된 속성들을 되살릴 위험이 있다.[34] 필요한 것은 한 특정한 형태의 물질성에 여타

---

31. Sari Irni, "The Politics of Materiality," 356.

32. 같은 글, 351.

33. 같은 글, 354~5.

34. Willey, "Engendering New Materializations," 139.
　　다음과 같은 윌리의 주장을 보라. "우리가 '자연'에 관한 재고찰을 '과학'으로의 재/전회로 서술할 때 페미니즘화된 자연은 지식의 원천으로 재평가되지 않고 오히려 그것을

의 형태들이 갖지 못한 특권을 부여하지도 않고 그 형태를 발탁하지도 않고 오히려 다중의 물질성에 주목하는, 물질성에 관한 철저히 관계적인 견해이다.

신유물론들은 "진실의 지위와 그것이 수행하는 경제적·정치적 역할"[35]에 이의를 제기하는, 푸코가 한때 "진실의 정치"[36]라고 일컬은 것에 관여하기보다는 오히려 '진실의 분석학'을 승인하는 경향이 있다. 그것들은 현존하는 진실 체제와 그것에 기입된 비대칭성 및 위계를 전복하고 제거하는 대신에 "물질에 관한 진실 말하기"[37]에 전념한다. 그렇지만 푸코가 우리에게 주지시키는 대로, 정치적 의문은 참된 지식과 거짓된 지식을 구분하는 것이 아니라 오히려 "그 자체로는 참도 아니고 거짓도 아닌 담론 내에서 진실의 효과가 어떻게 산출되는지"[38] 물음으로써 정치적 규칙과 과학적 권위를 형성하는 데 있어서 진실의 역할을 조사하는 것이다.

(첫 번째 쟁점과 밀접히 연계된) 두 번째 쟁점은 정치에 관한 환원주의적 이해 또는 미숙한 이해를 용인하는 신유물론들의 경향과 관련되어 있다. 이 문제에는 다양한 측면이 있다. 신유물론의 몇몇 판본은 주의를 정치적 의문에서 윤리적 관심사로 옮겨 가게 하며, 그리하여 급진 민주주의적 정책을 위한 적대의 역할을 무시한다.[39] 또한 그것들은 종종 비결정

지정하는 과학의 지배력과 권위가 공고화된다"(같은 글, 146).

과학과 젠더 사이의 관계에 관한 고전적 견해들에는 Evelyn Fox Keller, *Reflections on Gender and Science*; Sandra Harding, *The Science Question in Feminism* [샌드라 하딩, 『페미니즘과 과학』]; Londa Schiebinger, *The Mind Has No Sex?*가 포함된다.

35. Michel Foucault, "Truth and Power," 74.

36. Michel Foucault, "The End of the Monarchy of Sex," 220.

37. Willey, "A World of Materialisms," 1001.

38. Foucault, "Truth and Power," 60.

39. Hoppe and Lemke, "Die Macht der Materie"; Rekret, "A Critique of New Materialism"; Katharina Hoppe, "Politik der Antwort"를 참조.

성과 우연성이라는 개념들에 실정적인 정치적 효과와 바람직한 윤리적 가치를 부여한다. 신유물론적 학술 활동은 한 가지 두드러진 역설에 의해 특징지어진다. 한편으로 그것은 비목적론적 동역학과 우연적 궤적들을 강조하지만, 다른 한편으로 그것은 종종 존재론과 정치 사이의 상당히 결정론적인 파생적 연계 관계를 가정하는 경향이 있다. 이런 관점에 따르면, 달리 구상된 존재론에서 어떤 대안 정치 또는 급진 정치가 어느 정도 직접 도출된다. 그렇지만 우연성의 원리를 진지하게 여기는 것이 중요한데, 왜냐하면 물질을 '행위자'로 산주하는 관념과 해방 정치 또는 급진 정치 사이에는 어떤 필연적인 인과적 연계도 없기 때문이다. 에릭 스빙에다우와 헨릭 에른스트손이 지적하듯이, "지구의 다면적인 행위의 내재주의적 존재론은 그 자체로는 어떤 정치적 전환을 보증하지 못한다. 그런 전환은 정치적인 것을 재고하고 재발제하는 실천도 필요로 한다."[40]

신유물론자들은 비결정성과 가소성이 매우 상이하고 상충하는 실천 체제들 내에서 부각될 수 있다는 사실을 무시하는 "우연성의 낭만화"[41]를 조장한다. 그것들의 정치적 의미는 고정되고 안정적이라기보다는 오히려 유연하고 유동적이다. 신유물론자들로 하여금, 특히 권력과 지배의 관계들에 관한 한, 반복적인 패턴들의 안정성, 견고성, 그리고 지속성을 설명하는 것을 더 어렵게 만드는 것은 바로 불안정성과 유동성에 대한 이런 일관된 선호이다.[42] 8장에서 이해되었듯이, 이런 자축적인 태도는

---

40. Swyngedouw and Ernstson, "Interrupting the Anthropo-ObScene," 12. 또한 Zammito, "Introduction : New Materialism," 9와 Willey, "Engendering New Materializations," 149를 보라.

41. Willey, "A World of Materialisme," 1000 ; Willey, "Engendering New Materializations," 138.

42. 유동성과 비결정성을 체계적으로 우선시하기보다는 오히려 행위성의 상이한 종류들을 경험적으로 구분하는 것이 중요한데, 그리하여 균형과 응집, 예측 가능성, 지속성의 국면들이, 그리고 심지어 "결정론적으로 작용하는 물질적 힘들"이 등장할 수 있게 된다 ─ 이는 많은 신유물론자가 애초에 배제하거나 또는 인정하기를 꺼려하는 것처럼 보

우연성과 비결정성이 현시대의 환경 전략에 등록되는 다양한 방식을 보지 못하게 한다.

이와는 대조적으로 이 책에서 제시된 사물의 통치라는 분석틀은 정치적 존재론을 더 진지하게 고려한다. 그것은, 신유물론 학자들이 대개 가정하듯이, 정치를 인식적-존재론적 배치체들의 직접적인 결과와 즉각적인 효과로 이해하지 않고 오히려 뚜렷한 현상이 출현할 수 있게 하는 물질적 네트워크들에 주목함으로써 정치의 영역을 수정하고 확장한다. 존재론적 정치에 대한 관계적-유물론적인 관심은 "관계의 관념론"[43]과는 실질적으로 다르다. 관계적 유물론은 관계들이 물질적으로 구성되고 회집되며 조율되는 방식을 탐구하는 반면에, 관계의 관념론은 관계성 자체를 수용한다. 후자는 관계항들을 어떤 외부도 잔류물도 알지 못하는 어떤 보편적 네트워크에 고정하는 일반적인 상호연결성에 관한 신사이버네틱스적 관념을 조장한다. 관계성에 관한 이런 환경적 이해는 최근에 "이론적·경제적·정치적 덫"[44] 혹은 "구속복"[45]이 되어 버렸는데, 왜냐하면 관계적 네트워크의 보편성과 직접성을 참작하면 그런 이해는 우리로 하여금 실질적으로 다른 경로들과 대안적 궤적들을 구상하고 실행할 수 없게 하기 때문이다.[46] 관계성을 총체화하는 이런 이해에 맞서서 프레데릭 네야라는 양날의 개입에 놓여 있는 "분리의 생태학"[47]을 제안한다. 한편으로 그것은 본질주의적 개념들의 지속에 맞설 뿐만 아니라 자연과 문

이는 가능성이다.

43. Julian Jochmaring, "Das Unbehagen in der (Medien-)Ökologie," 100. 또한 Sprenger, *Epistemologien des Umgebens*를 참조.

44. Neyrat, *The Unconstructable Earth*, 12.

45. Swyngedouw and Ernstson, "Interrupting the Anthropo-ObScene," 4.

46. 해러웨이의 일깨워주는 언명을 보라. "모든 것과 연결된 것은 전혀 없다. 모든 것은 무언가와 연결되어 있다"(Haraway, *Staying with the Trouble*, 31 [해러웨이, 『트러블과 함께하기』]).

47. Neyrat, *The Unconstructable Earth*, 14.

화 사이, 인간과 비인간 사이의 존재론적 분열에도 맞서서 관계성을 옹호하고 긍정하며, 다른 한편으로 그것은 보편적인 절대적 상호연결 가능성이라는 관념을 부정하고 거부하는데, 요컨대 "분리의 대항원리"[48]로 관계성 개념을 보완한다. 이런 전략은 어느 주어진 관계적 배치체 내부의 그리고 그 너머의 외부성과 타자성을 긍정함으로써 내재적 거리두기의 자세를 표명한다.

이 책에서 제시된 관계적 유물론은 존재론의 역사적 및 정치적 차원들을 고려하므로 물질적 관계주의이기도 하다. 그것은 "도주선"[49]에 주목하며, 그리고 "과잉과 공제"[50]를 긍정함으로써 닫힌 합리성 또는 유한한 합리성의 개념들을 제거한다. "그것은 모든 관계적 배치체가 어떤 분리와 거리두기를 수반하고, 따라서 현존하는 관계 배치체들을 약화하거나 변환하거나 또는 대체하는 작용 형식들의 항구적인 내재적 가능성을 수반한다고 주장한다."[51] 이런 물질적 관계성 개념을 동원함으로써 정치적인 것에 관한 물음이 재개된다. 그리하여 더 공정하거나 평등한 인간-비인간 마주침을 가능하게 하는 새로운 "감각적인 것의 분배"[52]가 이루어지게 된다.

여기서 제시된 관계적 유물론이 여전히 소묘에 불과하고 후속적으로 전개되어야 한다는 점은 분명하다. 그것은 유한한 프로그램이 아니라 오히려 영원한 자극이다.[53] 사물의 통치라는 분석틀은 개념적 건설 현장인데, 그것은 완벽한 기획이 아니라 오히려 잠정적인 것 – 생각의 도구이

48. 같은 곳.

49. Deleuze and Guattari, *A Thousand Plateaus*, 3. [들뢰즈·가타리, 『천 개의 고원』.]

50. Swyngedouw and Ernstson, "Interrupting the Anthropo-ObScene," 6.

51. 같은 곳.

52. Rancière, *Dis-agreement* [랑시에르, 『불화』]; Swyngedouw and Ernstson, "Interrupting the Anthropo-ObScene," 21.

53. Murphy, *The Economization of Life*, 7.

자 달리 생각하라는 초대장 – 이다. 통치분석학은 우연한 마주침의 물질적 효과를 탐구하며, 배치체를 달리 구성할 가능성을 탐색하기 위해 관계들이 안정적인 배치체가 되는 방식을 검토한다.[54] 그것은 실험적 태도를 진작하며(7장을 보라), 그리고 관계적 틀의 안정성과 온전성을 대체하거나 약화하는 과잉의 실천 또는 교란적 실천에 주목한다. 사물의 통치라는 개념적 기획은 신유물론들의 분석적·비판적 자원을 (더) 급진적인 정치와 비-자본주의석 기획을 위해 해방시키는 데 이바지힌다. 그것은 인간-너머의 민주주의적 실천을 실행할 사회-기술-생태적 미래들의 대안적이고 필시 상충할 궤적들의 부각을 촉진하는 논쟁, 불화, 그리고 의견 차이의 정치적 공간을 열어준다.

한편으로, 현시대의 환경적 통치 형태들에 대한 진단은 보편적인 총체화 형태의 지배에 관한 징후를 알려주지 않는다. 현행의 환경성 장치는 보편적 적응 가능성과 통제 가능성에 관한 관념을 더욱더 조장하는 한편, 또한 그것은 신사이버네틱스적 권력을 넘어서는 생태에 관한 더 포괄적인 이해를 낳는다. "일반 생태학"[55]이라는 이런 개념은 자연과 문화, 인간과 비인간의 근대적 대립도 문제화하는 어떤 통합적 견해를 지지하며, 나아가서 현행의 환경적 통치 형태들에 기입된 선택성을 해부하는데, 특히 이런 선택성이 인간 자연과 비인간 자연의 자본주의적 등록과 연결된 관계를 해부한다. 에리히 회를이 서술하는 대로, 일반화된 생태에 관한 이런 이해는 "관계의 비-철학적 정치"[56]를 시행함으로써 관계성을 비-근대적 및 비-이론적 견지에서 근본적으로 재고하게 된다. 이런 "신新비판

---

54. "마주침의 유물론"(Althusser, *Philosophy of Encounter*)이라는 알튀세르의 개념과 "우연한 마주침의 필연화"(Braun, "The 2013 Antipode RGS-IBG Lecture," 7)에 관한 그의 관념을 보라.
55. Hörl, "Introduction to General Ecology."
56. 같은 글, 7.

적 기획"은 현행의 기술지배주의적·자본주의적 통치 형태들을 넘어서는 존재론적 정치에의 관여에 이바지한다. 비슷한 취지에서 사라 넬슨은 회복력 담론과 그 담론의 적응 가능성에의 집중에서 드러나는 아이러니한 긴장 상태를 지적했다. 회복력 이론의 출현은 유연한 축적 메커니즘들과 밀접히 연계되어 있고 1970년대 이후 신자유주의 발흥의 중추적인 요소를 이루지만, 그 이론은 신자유주의적 전략의 기반을 약화하여 자본주의적 통제를 넘어서는 사회-생태적 공통장을 조장하는 중대한 도구로서 전환되거나 (재)정립될 수 있다. 회복력 담론의 비판적 전유는 "반-자본주의적 생태 정치를 위한, 그 담론이 현재 형성하는 자본주의적 생태들을 이해할 뿐만 아니라 이 생태들에서 벗어나는 출구 전략을 개발하기 위한 [매우 중요한] 이론적 도구"[57]를 제공한다.[58]

우리가 현시대의 환경성 장치를 넘어서는 (더) "현세적인 세계 짓기 [들]"을 위해 구상하고 분투하기를 원한다면, 인식론적 물음과 존재론적 물음을 연계하기에 대한 신유물론적 관심을 수용하여 확장하는 것이 긴요하다. 다만 과학적 주장을 재확인하지 않고 정치가 존재론에서 직접 도출된다는 관념을 되풀이하지 않은 채로 말이다. 사물의 통치라

---

57. Nelson, "Resilience and the Neoliberal Counter-Revolution," 16.
58. 스테파니 웨이크필드와 브루스 브라운은 아감벤의 세속화 개념(Agamben, "What Is an Apparatus?" [『장치란 무엇인가?』]) 또는 탈정립적 권력 개념(Giorgio Agamben, "What Is a Destituent Power?")에 의지하여 장치의 통치적 차원을 탈구시키는 난제를 처리하고, 그 차원을 구성하는 별개의 요소들이 작용하지 못하게 하며, 그리고 그것이 발제하는 관계들을 해체한다(Wakefield and Braun, "Governing the Resilient City"). 아감벤은 세속화(profanization)라는 용어의 라틴어 기원을 참조한다. '봉헌하다/바치다'(consecrate)라는 용어는 인간 법의 영역에서 사물을 끄집어내는 것을 가리켰고, 그 반대로 '세속화하다'(profane)라는 용어는 사물을 인간이 자유롭게 사용할 수 있게 되돌리는 것을 뜻했다. 이런 의미에서 세속화는 희생제의가 분리·분할해 버린 것을 공동으로 사용할 수 있게 되돌리는 일종의 대항-장치이다(Agamben, "What Is an Apparatus?," 17~9 [『장치란 무엇인가?』]). 그렇지만 그 용어에 대한 아감벤의 용법은 제한적임이 분명한데, 왜냐하면 그것은 오로지 인간 공동체를 위해 유보되어 있기 때문이다.

는 분석틀은 유물론적 이론 구상에서 경이와 놀라움의 계기 ─ 신유물론적 견해들에서 종종 나타나지 않는 계기 ─ 를 계발할 것을 제안한다. 이것은 객체의 '불투명성'을 소중히 여기는 것과도 사물의 '생동성'을 받아들이는 것과도 아무런 관계가 없고 오히려 호기심과 개방성이 정치적 문제라고 역설한다.

이런 "비판적 유물론"[59]은 신유물론적 의제를 유물론 전통의 풍부한 개념적·이론적 자원 및 레퍼토리와 더 긴밀하게 조율하는 데 관심을 둔다. 지금까지 신유물론 학문은 역사적 단절을 강조하는 경향이 있었지만, 현행의 물질적 전회를 초기 유물론 사상의 관심사들과 관련시키고 비판 이론을 수정하고 확대하게 하는 그 전회의 잠재력을 탐구하는 것이 더 적절한 것처럼 보인다.[60] 또한 강조점을 단절과 파열에서 연속성과 가능한 동맹으로 이행함으로써 유물론적 견해와 포스트구조주의 이론(특히 ANT와 포스트식민주의적인 페미니즘적 STS) 사이의 연계를 강조하는 것이 유익할 것이다. 그것은 행위적 실재론에 관한 버라드의 견해를 푸코와 버틀러의 작업에 비판적 거리를 두고서 해석하기보다는 오히려 그들의 통찰을 "자연과학 문제"[61]로 확대하는 것으로 여겨질 수 있을 것이다.

이 책은 신유물론적 의제를 일축하거나 또는 그것을 푸코와 STS 학자들의 작업과 대립시키기보다는 오히려 신유물론적 관심사를 확대하는 데 기여하는 것을 목표로 삼았다. 『사물의 통치』는 신유물론적 존재론들을 정치적 변화에 대한 비판적 관심과 경험적 탐구로 특징지어지는 통치분석학과 더 밀접히 연계시킬 것을 제안한다. 이 책은 물질적 전회를 푸코와 함께 생각하자고 하는 하나의 초대장으로, 요컨대 존재론의 정

---

59. Lettow, "Turning the Turn," 118; Willey, "Engendering New Materializations," 149.
60. Lettow, "Turning the Turn."
61. Irni, "The Politics of Materiality," 349.

치적 차원에 주목하고 물질 또는 전문지식의 한 형태에 그 밖의 형태들이 갖지 못한 특권을 부여하지 않은 채로 자연과학에 생산적으로 관여할 것을 제안한다. 더욱이 이 책은 다중의 유물론을 요구하는 동시에, 유물론적 의제를 확장함으로써 유물론적 관심사들을 분할하고 위계화하는 진실 게임에 관여하기보다는 오히려 그 관심사들을 증식할 것을 주장한다. 이런 관계적 유물론은 유물론 사상가들이 언제나 갖추었던 감성 — 철학적 의문과 이론적 관심사를 인간 및 비인간 고통을 다루는 정치적 기획과 연계시킴으로써 이런 고통을 토로하고 그것을 종식하기 위한 투쟁에 관여하는 감성 — 을 새롭게 하고 재부각한다.

: : 감사의 글

이 책의 출판은 불안하게 만드는 교착 국면으로 특징지어진다. 2020년 봄에 내가 원고 작업을 막 끝내려던 참에 코로나-19 위기가 전 지구적 재난으로 전환하기 시작하고 있었다. 그 팬데믹은 세계 전역의 사회생활과 경제활동에 심각한 영향을 끼쳤고 보건 체계를 붕괴 직전까지 몰고 갔다. 그 바이러스의 확산을 억제하기 위해 많은 국가의 정부는 전례가 없는 대규모의 조치를 취했으며, 개인과 인구 들의 삶에 철저히 개입했다. 이 위기가 얼마나 오랫동안 지속될지 또 얼마나 많은 생명을 잃게 될지 아무도 모르지만, 그 유산이 여러 해 동안 우리와 함께 남아 있을 것이라는 점은 전적으로 확실하다. 유력한 사실은 그것이 이 책에서 내가 구체화하고자 하는 사물의 통치라는 개념적 기획을 전형적으로 보여준다는 것이다. 코로나-19 팬데믹은 인간과 비인간의 경계를 역사적으로 또 체계적으로 넘어서는데, 요컨대 '사물-권력'이 생명정치와 만나는 공통 기반을 규정한다.

이 책의 야심만만한 목표와 그 바이러스의 궤적이 이런 식으로 기묘하게 일치하는 사태는 당황스럽고 많은 것을 생각하게 하지만, 『사물의 통치 : 푸코와 신유물론들』이라는 책에 대한 착상은 훨씬 더 오래되었다. 그것은 신유물론적 학술 활동의 이론적·정치적 전망에 대한 나의 관심에서 비롯되었고, 2015년에 『시어리, 컬처 & 소사이어티』*Theory, Culture & Society*라는 저널에서 출판된 한 논문에서 처음 논의되었다. 그 후로 나는 통치성과 생명정치에 관한 푸코의 작업에서 비롯된 요소들을 과학기술학에서 비롯된 중요한 통찰들과 조율함으로써 사물의 통치라는 분석틀을 구체화하려고 노력했다.

『사물의 통치 : 푸코와 신유물론들』의 목표는 어떤 관계적 유물론의 기획에 실질을 부여하는 것이지만, 그 자체가 물질적 관계들의 풍성한 그물의 결과이다. 그 기획에는 대단히 다양한 학내적·제도적·재정적 자원이 동원되었다. 그 원고 작업은 폭스바겐 재단의 오푸스 마그눔Opus Magnum 연구비를 지원받아 이루어졌다. 나는 그 재정 지원과 그 재단의 엄청난 인내에 대해 대단히 감사하는데, 왜냐하면 나의 원고 작업은 애초에 계획했던 것보다 훨씬 더 오랜 시간이 걸렸기 때문이다.

대다수 책의 경우에 기여한 사람들이 많이 있다고 확실히 진술할 수 있지만, 이 책은 특히 그러하다. 나의 논변은 많은 학자 – 적어도 이 책에서 거론되는 학자들 – 의 작업에 기반을 두고 있다. 그들의 영감과 착상이 없었다면 이 책은 구체화되지 못했을 것이다. 나는 이 책에서 언급된 자료를 다양한 학술회의에서 발표하였는데, 이를테면 2013년 보고타에서 개최된 생명정치에 관한 라틴아메리카 학술회의, 2014년 부에노스아이레스와 2016년 바르셀로나에서 개최된 과학사회학회 연례 학술회의, 2015년 시드니에서 개최된 오스트레일리아 대륙철학회 연례 학술회의, 2017년 파리에서 '자연과 문화를 탈식민화하기의 윤리학'이라는 제목으로 개최된 신유물론 연례 학술회의, 그리고 2018년 괴팅겐에서 개최된 독일 사회학회의 정례 학술회의에서 발표하였다. 나는 활발한 논의, 적극적인 논평, 그리고 유익한 비평을 제기한 모든 참가자에게 감사한다.

또한 운이 좋게도 나는 이 책에서 제시된 관념들을 지난 몇 년 동안 여러 세미나와 워크숍에서 논의할 기회가 있었다. 나는 다음과 같은 대학들과 연구소들 – 어배너-섐페인 소재 일리노이대학교, 케임브리지대학교, 상파울로대학교, 예일대학교, 프랑크푸르트 소재 사회연구소, 뮌헨 공과대학교, 시드니 소재 뉴사우스웨일스대학교, 에를랑겐-뉘른베르크대학교, RWTH 아헨대학교, 아우크스부르크대학교, 시드니대학교, 부다페스트 소재 중부유럽대학교, 뉴욕시 소재 사회연구 뉴스쿨, 코펜하겐대학교, 그리고 오슬로대학교 — 에서 재직하는 나의 동료들과 청중에게 그들이 보여준 후한 환대와 그들과 나눈 생산적인 대화에 대하여 감사한다.

많은 사람이 이 책의 출간 기획에 관한 일반적인 착상과 다양한 판본의 원고에 관한 논평을 제시했다. 나는 그들의 꼼꼼한 독해와 건설적인 되먹임에 대해 대단히 감사한다. 요세프 바클라, 만 바루아, 엔드레 다니, 카타리나 호페, 비키 클루직, 루자나 리부르키나, 도리스 슈바이처, 에바 슬레신게로바, 그리고 프레데릭 반덴베르크헤는 각각 장들의 초기 원고를 읽었고, 그들의 통찰력 있는 논평들은 내가 전반적인 논변을 수정하고 개선하는 데 도움이 되었다. 이 책을 형성한 영감, 논평, 비평, 착상, 그리고 추가적인 도움에 대하여 내가 감사하고 싶은 그 밖의 사람들은 안드레아스 폴케르스, 사만다 프로스트, 페타 힌튼, 팀 잉골드, 라이너 켈러, 비키 커비, 바네사 렘, 게사 린데만, 플로리안 스프렝거, 그리고 미구엘 바터이다. 물론, 이 책의 최종 판본에 대한 책임은 온전히 나에게 있다.

또한, 나는 이 책의 언어를 꼼꼼히 편집해준 점에 대해 제라드 홀든에게 감사한다. 내가 이 책의 출간 기획을 실행하고 있을 때 종종 소중한 도움을 제공하고 중요한 의견을 제안한 나의 조교 프란지스카 폰 페르슈에르와 이라 쵤러에게도 감사하며, 그리고 내가 폴크스바겐 재단의 후원을 받고 있는 동안 교육과 행정 업무를 각각 처리한 에바 생거와 레나테 우리히에게도 감사한다. 나는 이 책의 출간기획을 지속적으로 격려하고 지원해준 점에 대해 뉴욕대학교출판부의 아일린 칼리시에게 감사한다.

◇

1장과 2장은 이전에 출판된 자료 — "Materialism Without Matter : The

Recurrence of Subjectivism in Object-Oriented Ontology," *Distinktion : Journal of Social Theory*, vol. 18, no. 2 (2017) : 133~52와 "An Alternative Model of Politics? Prospects and Problems of Jane Bennett's Vital Materialism," *Theory, Culture & Society*, vol. 36, no. 6 (2018) : 31~54 — 에 바탕을 두고 있다. 이 논문들의 내용은 해당 출판사의 허가를 받아 재수록되었다.

:: 참고문헌

Abadía, Oscar Moro, "¿Qué es un dispositivo?" *Empiria : Revista de Metodología de Ciencias Sociales*, vol. 6 (2003) : 29~46.

Abrahamsson, Sebastian, Filippo Bertoni, Annemarie Mol, and Rebeca Ibánez Martin, "Living with Omega-3 : New Materialism and Enduring Concerns," *Environment and Planning D : Society and Space*, vol. 33, no. 1 (2015) : 4~19.

Abrahamsson, Sebastian and Endre Dányi, "Becoming Stronger by Becoming Weaker : The Hunger Strike as a Mode of Doing Politics," *Journal of International Relations and Development*, vol. 22, no. 4 (2019) : 882~98.

Ach, Jada L., "Review of *Hyperobjects : Philosophy and Ecology after the End of the World*, by Timothy Morton," *Clio : A Journal of Literature, History, and the Philosophy of History*, vol. 45, no. 1 (2016) : 127~32.

Adams, Vincanne, Michelle Murphy, and Adele E. Clarke, "Anticipation : Technoscience, Life, Affect, Temporality," *Subjectivity : International Journal of Critical Psychology*, vol. 28, no. 1 (2009) : 246~65.

Agamben, Giorgio, *Homo Sacer : Sovereign Power and Bare Life*, trans, Daniel Heller-Roazen (Stanford : Stanford University Press, 1998). [조르조 아감벤, 『호모 사케르 : 주권 권력과 벌거벗은 생명』, 박진우 옮김, 새물결, 2008.]

_____, "What Is an Apparatus?" in *"What Is an Apparatus?" and Other Essays*, trans. David Kishik and Stefan Pedatella (Stanford : Stanford University Press, 2009), 1~24. [조르조 아감벤, 「장치란 무엇인가?」, 『장치란 무엇인가? 장치학을 위한 서론』, 양창렬 옮김, 난장, 2010, 15~48.]

_____, "What Is a Destituent Power?" *Environment and Planning D : Society and Space*, vol. 32, no. 1 (2014) : 65~74.

Agar, Jon, *The Government Machine : A Revolutionary History of the Computer* (Cambridge : MIT Press, 2003).

Agrawal, Arun, *Environmentality : Technologies of Government and the Making of Subjects* (Durham : Duke University Press, 2005).

Ahmed, Sarah, "Open Forum Imaginary Prohibitions : Some Preliminary Remarks on the Founding Gestures of the 'New Materialism'," *European Journal of Women's Studies*, vol. 15, no. 1 (2008) : 23~39.

Alaimo, Stacy, "Thinking as the Stuff of the World," *O-Zone : A Journal of Object-Oriented Studies*, vol. 1, no. 1 (2014) : 13~21.

Alaimo, Stacy and Susan J. Hekman, eds., *Material Feminisms* (Bloomington : Indiana University Press, 2008).

Allen, Craig R., David G. Angeler, Ahjond S. Garmestani, Lance H. Gunderson, and C. S. Holling, "Panarchy : Theory and Application," *Ecosystems*, vol. 17 (2014) : 578~89.

Altamirano, Marco, "Three Concepts for Crossing the Nature-Artifice Divide," *Foucault Studies*, vol. 17 (2014) : 11~35.

Althusser, Louis, "Ideology and Ideological State Apparatuses," in *Lenin and Philosophy and Other Essays*, trans. Ben Brewster (New York : Monthly Review Press, 1971), 121~76. [루이 알튀세르, 「이데올로기

와 이데올로기적 국가 기구」, 『레닌과 철학』, 이진수 옮김, 백의, 1997.]

_____, *Philosophy of the Encounter: Later Writings, 1978-1987*, trans. G. M. Goshgarian (London: Verso, 2006).

_____, *On the Reproduction of Capitalism: Ideology and Ideological State Apparatuses* (London: Verso, 2014). [루이 알튀세르, 『재생산에 대하여』, 김웅권 옮김, 동문선, 2007.]

Ampère, André-Marie, *Essai sur la philosophie des sciences ou exposition analytique d'une classification naturelle de toutes les connaissances humaines* (Paris: Bachelier, 1834).

Anand, Nikhil, Hannah Appel, and Akhil Gupta, *The Promise of Infrastructure* (Durham: Duke University Press, 2018).

Anders, Günther, *Die Antiquiertheit des Menschen II: Über die Zerstörung des Lebens im Zeitalter der dritten industriellen Revolution* (München: Beck, 1980).

Anderson, Ben, "Time-Stilled Space-Slowed: How Boredom Matters," *Geoforum*, vol. 25 (2004): 739~54.

_____, "Population and Affective Perception: Biopolitics and Anticipatory Action in US Counterinsurgency Doctrine," *Antipode*, vol. 43, no. 2 (2010): 205~36.

_____, "Review of *Vibrant Matter: A Political Ecology of Things*, by Jane Bennett," *Dialogues in Human Geography*, vol. 1, no. 3 (2011): 393~6.

_____, "Affect and Biopower: Towards a Politics of Life," *Transactions of the Institute of British Geographers*, vol. 37, no. 1 (2011): 28~43.

_____, *Encountering Affect: Capacities, Apparatuses, Conditions* (Farnham: Ashgate, 2014).

Appadurai, Arjun, *The Social Life of Things: Commodities in Cultural Perspectives* (Cambridge: Cambridge University Press, 1998).

Aradau, Claudia, "Security That Matters: Critical Infrastructure and Objects of Protection," *Security Dialogue*, vol. 41, no. 5 (2010): 491~514.

Aradau, Claudia and Rens van Munster, "Governing Terrorism Through Risk: Taking Precautions, (un)Knowing the Future," *European Journal of International Relations*, vol. 13, no. 1 (2007): 89~115.

Asad, Talal, "Modern Power and the Reconfiguration of Religious Traditions: Interview by Saba Mahmood," *SEHR*, vol. 5, no. 1 (1996). www.stanford.edu/group/SHR/5-1/text/asad.html.

Åsberg, Cecilia, "The Timely Ethics of Posthumanist Gender Studies," *Feministische Studien*, vol. 31, no. 1 (2013): 7~12.

_____, "Feminist Posthumanities in the Anthropocene: Forays into the Postnatural," *Journal of Posthuman Studies*, vol. 1, no. 2 (2018): 185~204.

Åsberg, Cecilia, Kathrin Thiele, and Iris van der Tuin, "Speculative before the Turn: Reintroducing Feminist Materialist Performativity," *Cultural Studies Review*, vol. 21, no. 2 (2015): 145~72.

Asdal, Kristin, "Enacting Things Through Numbers: Taking Nature into Account/ing," *Geoforum*, vol. 39 (2008): 123~32.

Asdal, Kristin, Christian Borch, and Ingunn Moser, "Editorial: The Technologies of Politics," *Distinktion: Scandinavian Journal of Social Theory*, vol. 9, no. 1 (2008): 5~10.

Asdal, Kristin, Tone Druglitro, and Steve Hinchliffe, *Humans, Animals and Biopolitics: The More-Than-Human Condition* (New York: Routledge, 2017).

Aspers, Patrik, "Performing Ontology," *Social Studies of Science*, vol. 45, no. 3 (2015): 449~53.

Badmington, Neil, "Mapping Posthumanism," *Environment and Planning A*, vol. 36, no. 8 (2004): 1344~51.

Baldwin, Andrew, "Vital Ecosystem Security: Emergence, Circulation, and the Biopolitical Environmental Citizen," *Geoforum*, vol. 45 (2013) : 52~61.

Balibar, Étienne, "Foucault and Marx : The Question of Nominalism," in *Michel Foucault, Philosopher*, ed. Timothy J. Armstrong (Hemel Hempstead : Harvester Wheatsheaf, 1992), 38~56.

Balke, Friedrich and Maria Muhle, 2016. "Einführung," in *Räume und Medien des Regierens*, eds. Friedrich Balke and Maria Muhle (Paderborn : Wilhelm Fink, 2016), 8~23.

Bannon, Bryan, "Book Review : *Vibrant Matter : A Political Ecology of Things*," *Environmental Philosophy*, vol. 5, no. 1 (2011) : 1~4.

Barad, Karen, "Getting Real : Technoscientific Practices and the Materialization of Reality," *Differences*, vol. 10, no. 2 (1998) : 87~128.

―――, "Posthumanist Performativity : Toward an Understanding of How Matter Comes to Matter," *Signs : Journal of Women in Culture and Society*, vol. 28, no. 3 (2003) : 801~31.

―――, *Meeting the Universe Halfway : Quantum Physics and the Entanglement of Matter and Meaning* (Durham : Duke University Press, 2007).

―――, "Quantum Entanglements and Hauntological Relations of Inheritance : Dis/continuities, Space-Time Enfoldings, and Justice-to-Come," *Derrida Today*, vol. 3, no. 2 (2010) : 240~68.

―――, "Erasers and Erasures : Pinch's Unfortunate 'Uncertainty Principle'," *Social Studies of Science*, vol. 41, no. 3 (2011) : 443~54.

―――, "Intra-active Entanglements ― An Interview with Karen Barad by Malou Juelskjær and Nete Schwennesen," *Kvinder, Køn & Forskning*, vol. 1~2 (2012) : 10~24.

―――, "Interview with Karen Barad," in *New Materialism : Interviews & Cartographies*, eds. Rick Dolphijn and Iris van der Tuin (Ann Arbor : Open Humanities Press, 2012), 48~70. [카렌 바라드, 「카렌 바라드와의 인터뷰」, 『신유물론 : 인터뷰와 지도제작』, 박준영 옮김, 교유서가, 2021, 65~100.]

―――, "On Touching ― The Inhuman That Therefore I Am," *Differences*, vol. 23, no. 3 (2012) : 206~23.

―――, "Nature's Queer Performativity," *Kvinder, Køn & Forskning*, vol. 1~2 (2012) : 25~53.

―――, "Diffracting Diffraction : Cutting Together-Apart," *Parallax*, vol. 20, no. 3 (2014) : 168~87.

Barla, Josef, *The Techno-Apparatus of Bodily Production : A New Materialist Theory of Technology and the Body* (Bielefeld : transcript, 2019).

Barnwell, Ashley, "Method Matters : The Ethics of Exclusion," in *What If Culture Was Nature All Along?* ed. Vicki Kirby (Edinburgh : Edinburgh University Press, 2017), 26~47.

Barry, Andrew, *Political Machines : Governing a Technological Society* (London : The Athlone Press, 2001).

―――, *Material Politics : Disputes along the Pipeline* (Malden : Wiley Blackwell, 2013).

Barry, Andrew, Thomas Osborne, and Nikolas Rose, eds., *Foucault and Political Reason : Liberalism, Neoliberalism and Rationalities of Government* (London : UCL Press, 1996).

Barry, Andrew and Georgina Born, *Interdisciplinarity : Reconfiguration of the Social and Natural Sciences* (New York : Routledge, 2013).

Barua, Maan, "Nonhuman Labour, Encounter Value, Spectacular Accumulation : The Geographies of a Lively Commodity," *Transactions of the Institute of British Geographers*, vol. 42, no. 2 (2017) : 274~88.

―――, "Animating Capital : Work, Commodities, Circulation," *Progress in Human Geography*, vol. 43, no. 4 (2019) : 650~69.

―――, "Affective Economies and the Atmospheric Politics of Lively Capital," Draft Paper (2020).

Bath, Corinna, Hannah Meißner, Stephan Trinkhaus, and Susanne Völker, eds., *Geschlechter Interferenzen. Wissensformen-Subjektivierungsweisen-Materialisierungen* (Berlin : LIT Verlag, 2013).

Battistoni, Alyssa, "Bringing in the Work of Nature," *Political Theory*, vol. 45, no. 1 (2017) : 5~31.

Baudry, Jean-Louis, "Le dispositif : Approches métapsychologiques de l'impression de réalité," *Communications*, vol. 23 (1975) : 56~72.

Behrent, Michael C., "Foucault and Technology," *History and Technology*, vol. 29, no. 1 (2013) : 54~104.

Bell, Vikki, "New Scenes of Vulnerability, Agency and Plurality : An Interview with Judith Butler," *Theory, Culture & Society*, vol. 27, no. 1 (2010) : 130~52.

Bennett, Jane, "The Force of Things : Steps Toward an Ecology of Matter," *Political Theory*, vol. 32, no. 3 (2004) : 347~72.

_____, *The Enchantment of Modern Life : Attachments, Crossings and Ethics* (Princeton : Princeton University Press, 2001).

_____, "The Force of Things : Steps Toward an Ecology of Matter," *Political Theory*, vol. 32, no. 3 (2004) : 347~72.

_____, "In Parliament with Things," in *Radical Democracy : Politics between Abundance and Lack*, eds. Lars Tønder and Lasse Thomassen (Manchester : Manchester University Press, 2005), 133~48.

_____, "Edible Matter," *New Left Review*, vol. 45 (2007) : 133~45.

_____, *Vibrant Matter : A Political Ecology of Things* (Durham : Duke University Press, 2010). [제인 베넷, 『생동하는 물질 : 사물에 대한 정치생태학』, 문성재 옮김, 현실문화, 2020.]

_____, "Thing-Power," in *Political Matter : Technoscience, Democracy and Public Life*, eds. Bruce Braun and Sarah J. Whatmore (Minneapolis : University of Minnesota Press, 2010), 35~62.

_____, "Response to Thomas Princen's Review of *Vibrant Matter : A Political Ecology of Things*," *Perspectives on Politics*, vol. 1 (2011) : 120.

_____, "Author Response," *Dialogues in Human Geography*, vol. 1, no. 3 (2011) : 404~6.

_____, "Systems and Things : On Vital Materialism and Object-Oriented Philosophy," in *The Nonhuman Turn*, ed. Richard Grusin (Minneapolis : University of Minnesota Press, 2015), 223~9.

_____, "Ontology, Sensibility, and Action," *Contemporary Political Theory*, vol. 14, no. 1 (2015) : 82~9.

_____, "Whitman's Sympathies," *Political Research Quarterly*, vol. 69, no. 3 (2016) : 607~20.

_____, *Influx & Efflux : Writing Up with Walt Whitman* (Durham : Duke University Press, 2020).

Bennett, Jane and Klaus Loenhart, "Vibrant Matter, Zero Landscape," *GAM Architecture Magazine*, vol. 7 (2011) : 1~7.

Bennett, Tony and Patrick Joyce, eds., *Material Powers : Cultural Studies, History and the Material Turn* (London : Routledge, 2010).

Benton, Ted, "Biology and Social Science : Why the Return of the Repressed Should Be Given a (Cautious) Welcome," *Sociology*, vol. 25, no. 1 (1991) : 1~29.

Bergson, Henri, *Creative Evolution* (New York : Dover, 1998). [앙리 베르그손, 『창조적 진화』, 황수영 옮김, 아카넷, 2005.]

Bernard, Claude, *An Introduction to the Study of Experimental Medicine*, trans. Henry Copley Greene (New York · Dover Publications, 1957).

Bessire, Lucas and David Bond, "Ontological Anthropology and the Deferral of Critique," *American Ethnologist*, vol. 41, no. 3 (2014) : 440~56.

Beuret, Nicholas, "Review of *Experimental Practice*, by Dimitris Papadopoulos," *Sociological Review*, February 26, 2019. www.thesociologicalreview.com/book-review-experimental-practice-by-dimitris-papadopoulos/.

Beuscart, Jean-Samuel and Ashveen Peerbaye, eds., "Histoires de dispositifs (Introduction)," *Terrains & travaux*, vol. 11, no. 2 (2006) : 3~15.

Bhandar, Brenna and Jonathan Goldberg-Hiller, eds., *Plastic Materialities : Politics, Legality, and Metamorphosis in the Work of Catherine Malabou* (Durham : Duke University Press, 2015).

Bhattacharya, Tithi, ed., *Social Reproduction Theory : Remapping Class, Recentering Oppression* (London : Pluto Press, 2017).

Bijker, Wiebe, Thomas P. Hughes, and Trevor Pinch, *The Social Construction of Technological Systems : New Directions in the Sociology and History of Technology* (Cambridge : MIT Press, 1987).

Binding, Karl and Alfred Hoche, *The Release of the Destruction of Life Devoid of Value, Its Measure and Its Form*, with comments by Robert L. Sassone (Santa Ana : Life Quality, 1975).

Bingham, Nick, "Bees, Butterflies, and Bacteria : Biotechnology and the Politics of Nonhuman Friendship," *Environment and Planning A*, vol. 38, no. 3 (2006) : 483~98.

Blaser, Mario, "Is Another Cosmopolitics Possible?" *Cultural Anthropology*, vol. 31, no. 4 (2016) : 545~70.

Bluwstein, Jevgeniy, "Creating Ecotourism Territories : Environmentalities in Tanzania's Community-Based Conservation," *Geoforum*, vol. 83 (2017) : 101~13.

Bodén, Linnea, Hillevi Lenz Taguchi, Emilie Moberg, and Carol A. Taylor, "Relational Materialism," in *Oxford Research Encyclopedias : Education* (New York : Oxford University Press, 2019).

Bogost, Ian, *Alien Phenomenology : What It's Like to Be a Thing* (Minneapolis : University of Minnesota Press, 2012). [이언 보고스트, 『에일리언 현상학, 혹은 사물의 경험은 어떠한 것인가』, 김효진 옮김, 갈무리, 2022.]

Bogusz, Tanja, "Kritik, Engagement oder Experimentalismus? STS als pragmatistische Soziologie kritischer Öffentlichkeiten," in *Pragmatismus und Theorie sozialer Praktiken : Vom Nutzen einer Theoriedifferenz*, eds. Hella Dietz, Frithjof Nungesser and Andreas Pettenkofer (Frankfurt am Main : Campus, 2017), 283~300.

Bohlender, Matthias, *Metamorphosen des liberalen Regierungsdenkens : Politische Ökonomie, Polizei und Pauperismus* (Weilerswist : Velbrück, 2007).

Bolt, Barbara and Estelle Barrett, eds., *Carnal Knowledge : Towards a New Materialism Through the Arts* (London : IB Tauris, 2013).

Bonneuil, Christophe and Jean-Baptiste Fressoz, *The Shock of the Anthropocene : The Earth, History and Us* (London : Verso, 2016).

Booth, Rob, "Review of *The Nonhuman Turn* edited by Richard Grusin," in *Anthropocene Review* (2015). Accessed 12 December 2016. www.theanthropocenereview.com.

Bourdieu, Pierre, *Distinction : A Social Critique of the Judgement of Taste* (Cambridge : Harvard University Press, 1987). [피에르 부르디외, 『구별짓기 : 문화와 취향의 사회학 상·하』, 최종철 옮김, 새물결, 2005.]

Boyle, Philip J. and Shannon T. Speed, "From Protection to Coordinated Preparedness : A Genealogy of Critical Infrastructure in Canada," *Security Dialogue*, vol. 49 (2018) : 217~31.

Braidotti, Rosi, *Metamorphoses : Towards a Materialist Theory of Becoming* (Cambridge : Polity Press, 2002). [로지 브라이도티, 『변신 : 되기의 유물론을 향해』, 김은주 옮김, 꿈꾼문고, 2020.]

——, *Transpositions : On Nomadic Ethics* (Cambridge : Polity Press, 2006). [로지 브라이도티, 『트랜스포지션 : 유목적 윤리학』, 김은주·박미선·이현재·황주영 옮김, 문화과학사, 2011.]

——, *The Posthuman* (Cambridge : Polity Press, 2013). [로지 브라이도티, 『포스트휴먼』, 이경란 옮김, 아

카넷, 2015.]

⸺, "A Theoretical Framework for the Critical Posthumanities," *Theory, Culture & Society*, vol. 36, no. 6 (2018) : 31~61.

Brassier, Ray, Iain Hamilton Grant, Graham Harman, and Quentin Meillassoux, "Speculative Realism," *Collapse : Philosophical Research and Development*, vol. 3, ed. Robin Mackay (Falmouth : Urbanomic, 2007), 307~450.

Braun, Bruce, "Modalities of Posthumanism," *Environment and Planning A*, vol. 36, no. 8 (2004) : 1352~5.

⸺, "Environmental Issues : Inventive Life," *Progress in Human Geography*, vol. 32, no. 5 (2008) : 667~79.

⸺, "Review of *Vibrant Matter : A Political Ecology of Things*, by Jane Bennett," Dialogues in Human Geography, vol. 1, no. 3 (2011) : 390~3.

⸺, "A New Urban Dispositif? Governing Life in the Age of Climate Change," *Environment and Planning D : Society and Space*, vol. 32 (2014) : 49~64.

⸺, "The 2013 Antipode RGS-IBG Lecture : New Materialism and Neoliberal Natures," *Antipode*, vol. 47, no. 1 (2015) : 1~14.

Braun, Bruce and Sarah J. Whatmore, "The Stuff of Politics : An Introduction," in *Political Matter : Technoscience, Democracy, and Public Life*, eds. Bruce Braun and Sarah J. Whatmore (Minneapolis : University of Minnesota Press, 2010), ix~xl.

Braun, Hermann, "Materialismus-Idealismus," in *Geschichtliche Grundbegriffe : Historisches Lexikon zur politisch-sozialen Sprache in Deutschland*, eds. Otto Brunner, Werner Conze and Reinhart Koselleck (Stuttgart : Klett-Cotta, 1982), 977~1019.

Braunmühl, Caroline, "Beyond Hierarchical Oppositions : A Feminist Critique of Karen Barad's Agential Realism," *Feminist Theory*, vol. 19, no. 2 (2018) : 223~40.

Brauns, Jörg, "Schauplätze," *Untersuchungen zur Theorie und Geschichte der Dispositive visueller Medien*, Dissertation, Bauhaus-Universität Weimar, 2003. https://e-pub.uni-weimar.de/opus4/files/75/Brauns.pdf.

Braverman, Irus, "Governing the Wild : Databases, Algorithms, and Population Models as Biopolitics," *Surveillance & Society*, vol. 12, no. 1 (2014) : 15~37.

⸺, "Anticipating Endangerment : The Biopolitics of Threatened Species Lists," *BioSocieties*, vol. 12, no. 1 (2017) : 132~57.

Bricker, Brett, "Hyperobjects : Philosophy and Ecology after the End of the World," *Philosophy and Rhetoric*, vol. 48, no. 3 (2015) : 359~65.

Bröckling, Ulrich, "Von Hirten, Herden und dem Gott Pan. Figurationen pastoraler Macht," in *Gute Hirten führen sanft : über Menschenregierungskünste* (Berlin : Suhrkamp, 2017), 15~44.

Brown, Jayna, "Being Cellular : Race, the Inhuman, and the Plasticity of Life," *GLQ : A Journal of Lesbian and Gay Studies*, vol. 21, no. 2~3 (2015) : 321~41.

Brown, Mark B., "Politicizing Science : Conceptions of Politics in Science and Technology Studies," *Social Studies for Science*, vol. 45, no. 1 (2015) : 3~30.

Brown, Nathan, "The Speculative and the Specific : On Hallward and Meillassoux," in *The Speculative Turn : Continental Materialism and Realism*, eds. Levi Bryant, Nick Srnicek and Graham Harman (Melbourne : re.press, 2011), 142~63.

Bruining, Dennis, "A Somatechnics of Moralism : New Materialism or Material Foundationalism," *Somatechnics*, vol. 3, no. 1 (2013) : 149~68.

Brunner, Eric J., Peter J. S. Jones, Sharon Friel, and Mel Bartley, "Fish, Human Health and Marine Ecosystem Health : Policies in Collision," *International Journal of Epidemiology*, vol. 38, no. 1 (2009) : 93~100.

Bryant, Levi R., *The Democracy of Objects* (Ann Arbor : Open Humanities Press, 2011). [레비 R. 브라이언 트, 『객체들의 민주주의』, 김효진 옮김, 갈무리, 2021.]

───, "The Ontic Principle : Outline of an Object-Oriented Ontology," in *The Speculative Turn : Continental Materialism and Realism*, eds. Levi Bryant, Nick Srnicek, and Graham Harman (Melbourne : re. press, 2011), 261~78.

Bryant, Levi R., Nick Srnicek, and Graham Harman, eds., *The Speculative Turn : Continental Materialism and Realism* (Melbourne : re.press, 2011).

Bucher, Taina, *If ... Then : Algorithmic Power and Politics* (New York : Oxford University Press, 2018).

Bührmann, Andrea D., "Vom 'Discursive Turn' zumum 'Dispositive Turn'? Folgerungen, Herausforderungen und Perspektiven für die Forschungspraxis," in *Verortungen des Dispositiv-Begriffs : Analytische Einsätze zu Raum, Bildung, Politik*, eds. Johanna Caborn Wengler, Britta Hoffarth and Łukasz Kumięga (Wiesbaden : Springer VS, 2013), 20~34.

Bührmann, Andrea D. and Werner Schneider, *Vom Diskurs zum Dispositiv. Eine Einführung in die Dispositivanalyse* (Bielefeld : transcript, 2008).

Burchell, Graham, "Translator's Note," in *Michel Foucault, Psychiatric Power : Lectures at the Collège de France 1973-1974*, ed. Jacques Lagrange (Hampshire : Palgrave Macmillan, 2006), xxiii~xxiv.

Burchell, Graham, Colin Gordon, and Peter Miller, eds., *The Foucault Effect : Studies in Governmentality* (Hemel Hempstead : Harvester Wheatsheaf, 1991). [그래엄 버첼·콜린 고든·피터 밀러 엮음, 『푸코 효과 : 통치성에 관한 연구』, 이승철·심성보·이규원·유진·전의령·최영찬 옮김, 난장, 2014.]

Bussolini, Jeffrey, "What Is a Dispositive?" *Foucault Studies*, vol. 10 (2010) : 85~107.

Butler, Judith, *Gender Trouble : Feminism and the Subversion of Identity* (New York : Routledge, 1990). [주디스 버틀러, 『젠더 트러블 : 페미니즘과 정체성의 전복』, 조현준 옮김, 문학동네, 2008.]

───, *Bodies that Matter : On the Discursive Limits of Sex* (New York : Routledge, 1993). [주디스 버틀러, 『의미를 체현하는 신체』, 김윤상 옮김, 인간사랑, 2003.]

Callon, Michel, "Some Elements of a Sociology of Translation : The Domestication of the Scallops and the Fishermen of St. Brieuc Bay," in *Power, Action & Belief : A New Sociology of Knowledge?* ed. John Law (London : Routledge & Kegan Paul, 1986), 196~233.

Callon, Michel and Bruno Latour, "Unscrewing the Big Leviathan : How Actors Macrostructure Reality and How Sociologists Help Them to Do So," in *Advances in Social Theory and Methodology : Toward an Integration of Micro and Macro-Sociologies*, eds. Aaron V. Cicourel and Karin Knorr-Cetina (Boston : Routledge & Kegan Paul, 1981), 277~303.

Callon, Michel and Fabian Muniesa, "Les marchés économiques comme dispositifs collectifs de calcul," *Réseaux*, vol. 6, no. 122 (2003) : 189~233.

Callon, Michel, Yuval Millo, and Fabian Muniesa, eds., *Market Devices* (Oxford : Blackwell, 2007).

Callon, Michel, Pierre Lascoumes, and Yannick Barthe, *Acting in an Uncertain World : An Essay on Technical Democracy* (Cambridge : MIT Press, 2009).

Campbell, Norah, Stephen Dunne, and Paul Ennis, "Graham Harman, Immaterialism : Objects and Social Theory," *Theory, Culture & Society*, vol. 36, no. 3 (2019) : 121~37.

Canguilhem, Georges, *The Normal and the Pathological* (New York : Zone Books, 1991). [조르주 캉길렘,

『정상적인 것과 병리적인 것』, 여인석 옮김, 그린비, 2018.]

_____, "Machine and Organism : The Living and its Milieu," in *Knowledge of Life* (New York : Fordham University Press, 2008), 75~120.

_____, *Knowledge of Life* (New York : Fordham University Press, 2008). [조르주 캉길렘, 『생명에 대한 인식』, 여인석·박찬웅 옮김, 그린비, 2020.]

_____, "The Problem of Regulation in the Organism and in Society," in *Writings on Medicine* (New York : Fordham University Press, 2012), 67~78.

Cannon, Walter B., *The Wisdom of the Body : How the Human Body Reacts to Disturbance and Danger and Maintains the Stability Essential to Life* (New York : Norton, 1963). [월터 B. 캐논, 『인체의 지혜』, 정혜영 옮김, 동명사, 2003.]

Casper, Monica J., "Reframing and Grounding Nonhuman Agency : What Makes a Fetus an Agent?" *American Behavioral Scientist*, vol. 37, no. 6 (1994) : 839~56.

_____, *The Making of the Unborn Patient : A Social Anatomy of Fetal Surgery* (New Brunswick : Rutgers University Press, 1998).

Castree, Noel, "A Post-Environmental Ethics?" *Ethics, Place & Environment*, vol. 6, no. 1 (2003) : 3~12.

Castree, Noel and Catherine Nash, "Mapping Posthumanism : An Exchange," *Environment and Planning A*, vol. 36, no. 8 (2004) : 1341~63.

_____, "Posthuman Geographies," *Social & Cultural Geography*, vol. 7, no. 4 (2006) : 501~4.

Cavanagh, Connor J., "Biopolitics, Environmental Change, and Development Studies," *Forum for Development Studies*, vol. 41, no. 2 (2014) : 273~94.

Chandler, Katherine, "Political Environments," *Qui parle*, vol. 19, no. 2 (2011) : 299~308.

Chatwin, Bruce, "Nomad Invasions," in *What Am I Doing Here?* (London : Picador, 1989), 216~29.

Cheah, Pheng, "Mattering. Judith Butler : *Bodies That Matter*. Elizabeth Grosz : *Volatile Bodies*," *diacritics*, vol. 26, no. 1 (1996) : 108~39.

Cheung, Tobias, *Organismen. Agenten zwischen Innen-und Außenwelten 1780-1860* (Bielefeld : transcript, 2014).

Chrulew, Matthew, "Managing Love and Death at the Zoo : The Biopolitics of Endangered Species Preservation," *Australian Humanities Review*, vol. 50 (2011) : 137~57.

Clarke, Bruce. *Neocybernetics and Narrative* (Minneapolis : University of Minnesota Press, 2014).

Cohen, Lawrence, "Operability, Bioavailability, and Exception," in *Global Assemblages : Technology, Politics, and Ethics as Anthropological Problems*, ed. Aihwa Ong (Malden : Blackwell, 2005), 79~90.

Cole, Andrew, "The Call of Things : A Critique of Object-Oriented Ontologies," *Minnesota Review*, vol. 80 (2013) : 106~18.

_____, "Those Obscure Objects of Desire : Andrew Cole on the Uses and Abuses of Object-Oriented Ontology and Speculative Realism," *Artforum*, vol. 6 (2015) : 318~23.

Cole, Joshua, *The Power of Large Numbers : Population, Politics, and Gender in Nineteenth-Century France* (Ithaca ; Cornell University Press, 2000).

Colebrook, Claire, "On Not Becoming Man : The Materialist Politics of Unactualized Potential," in *Material Feminisms*, eds. Stacy Alaimo and Susan Hekman (Bloomington : Indiana University Press, 2008), 52~84.

Coles, Romand, "Walt Whitman, Jane Bennett, and the Paradox of Antagonistic Sympathy," *Political Research Quarterly*, vol. 69, no. 3 (2016) : 621~5.

Collard, Rosemary-Claire, "Cougar-Human Entanglements and the Biopolitical Un/Making of Safe Space," *Environment and Planning D: Society and Space*, vol. 30 (2012): 23~42.

Collard, Rosemary-Claire and Jessica Dempsey, "Capitalist Natures in Five Orientations," *Capitalism Nature Socialism*, vol. 28 (2017): 78~97.

Collier, Stephen and Andrew Lakoff, "The Vulnerability of Vital Systems: How 'Critical Infrastructure' Became a Security Problem," in *The Politics of Securing the Homeland: Critical Infrastructure, Risk and Securitisation*, eds. Myriam Dunn Cavelty and Kristian Søby Kristensen (London: Routledge, 2008), 17~39.

Collier, Stephen and Andrew Lakoff, "Distributed Preparedness: The Spatial Logic of Domestic Security in the United States," *Environment and Planning D: Society and Space*, vol. 26 (2008): 7~28.

Collier, Stephen and Andrew Lakoff, "Vital Systems Security: Reflexive Biopolitics and the Government of Emergency," *Theory, Culture & Society*, vol. 32, no. 2 (2015): 19~51.

Collins, Harry M. and Trevor J. Pinch, *Frames of Meaning: The Social Construction of Extraordinary Science* (London: Routledge & Kegan Paul, 1982).

Comte, Auguste, *Early Political Writings*, ed. H. S. Jones (Cambridge: Cambridge University Press, 1988).

Connolly, William E., "The 'New Materialism' and the Fragility of Things," *Millennium: Journal of International Studies*, vol. 41, no. 3 (2013): 399~412.

Conty, Arianne Françoise, "The Politics of Nature: New Materialist Responses to the Anthropocene," *Theory, Culture & Society*, vol. 35, no. 7~8 (2018): 73~96.

Coole, Diana, "Agentic Capacities and Capacious Historical Materialism: Thinking with New Materialisms in the Political Sciences," *Millennium: Journal of International Studies*, vol. 41, no. 3 (2013): 451~69.

Coole, Diana and Samantha Frost, *New Materialisms: Ontology, Agency and Politics* (Durham: Duke University Press, 2010). [다이애나 쿨·사만타 프로스트, 『신유물론 패러다임: 존재론, 행위자 그리고 정치학』, 박준영·김종갑 옮김, 그린비, 2023.]

──, "Introducing the New Materialisms," in *New Materialisms: Ontology, Agency and Politics*, eds. Diana Coole and Samantha Frost (Durham: Duke University Press, 2010), 1~43.

Cooper, Melinda, *Life as Surplus: Biotechnology and Capitalism in the Neoliberal Era* (Seattle: University of Washington Press, 2008). [멜린다 쿠퍼, 『잉여로서의 생명: 신자유주의 시대의 생명기술과 자본주의』, 안성우 옮김, 갈무리, 2016.]

──, "Turbulent Worlds," *Theory, Culture & Society*, vol. 27, no. 2~3 (2010): 167~90.

Cooper, Melinda and Catherine Waldby, *Clinical Labor: Tissue Donors and Research Subjects in the Global Bioeconomy* (Durham: Duke University Press, 2014). [멜린다 쿠퍼·캐서린 월드비, 『임상노동: 지구적 생명경제 속의 조직 기증자와 피실험대상』, 한광희·박진희 옮김, 갈무리, 2022.]

Cortes-Vazquez, Jose A. and Esteban Ruiz-Ballesteros, "Practising Nature: A Phenomenological Rethinking of Environmentality in Natural Protected Areas in Ecuador and Spain," *Conservation & Society*, vol. 16, no. 3 (2018): 232~42.

Cresswell, Timm, "Mobilities I: Catching Up," *Progress in Human Geography*, vol. 35, no. 4 (2011): 550~8.

Critchley, Simon, *Unendlich fordernd. Ethik der Verpflichtung, Politik des Widerstands* (Zürich: Diaphanes, 2008).

Crutzen, Paul, "Geology of Mankind," *Nature*, vol. 415 (2002): 23.

──, "Albedo Enhancement by Stratospheric Sulfur Injections: A Contribution to Resolve a Policy Dilemma? An Editorial Essay," *Climatic Change*, vol. 77 (2006) : 211~20.

Crutzen, Paul and Eugene F. Stoermer, "The 'Anthropocene'," *Global Change Newsletter*, vol. 41 (2000) : 27~8.

Cudworth, Erika and Stephen Hobden, "Liberation for Straw Dogs? Old Materialism, New Materialism, and the Challenge of an Emancipatory Posthumanism," *Globalizations*, vol. 12, no. 1 (2015) : 134~48.

da Costa, Beatriz, "Reaching the Limit : When Art Becomes Science," in *Tactical Biopolitics : Art, Activism, and Technoscience*, eds. Beatrice da Costa and Kavita Philip (Cambridge : MIT Press, 2010), 365~85.

Daly, Herman, "Introduction to the Steady-State Economy," in *Economics, Ecology, Ethics : Essays Toward a Steady-State Economy*, ed. Herman Daly (San Francisco : W. H. Freeman & Co, 1980), 1~31.

D'Andrea, Anthony, Luigina Ciolfi, and Breda Gray, "Methodological Challenges and Innovations in Mobilities Research," *Mobilities*, vol. 6, no. 2 (2011) : 149~60.

Dányi, Endre, "Are Parliaments Still Privileged Sites for Studying Politics and Liberal Democracy, and If They Are, at What Price?" in *Routledge Companion to Actor-Network-Theory*, eds. Andreas Blok, Ignacio Farías and Celia Roberts (London : Routledge, 2018), 298~305.

Dányi, Endre and Michaela Spencer, "Un/Common Grounds : Tracing Politics across Worlds," *Social Studies of Science* (2020). doi:10.1177/0306312720909536.

Davis, Noela, "New Materialism and Feminism's Anti-Biologism : A Response to Sara Ahmed," *European Journal of Women's Studies*, vol. 16, no. 1 (2009) : 67~80.

de la Cadena, Marisol, "Indigenous Cosmopolitics in the Andes : Conceptual Reflections Beyond 'Politics'," *Cultural Anthropology*, vol. 25, no. 2 (2010) : 33470.

DeLanda, Manuel, *A Thousand Years of Nonlinear History* (New York : Swerve, 2000).

de Vries, Leonie Ansems, "Political Life beyond the Biopolitical?" *Theoria*, vol. 60, no. 134 (2013) : 50~68.

Dean, Mitchell, *The Constitution of Poverty : Toward a Genealogy of Liberal Government* (London : Routledge, 1991).

———, "Putting the Technological into Government," *History of the Human Sciences*, vol. 9, no. 3 (1996) : 47~68.

Deleuze, Gilles, "What Is a Dispositive?" in *Foucault : Philosopher*, ed. Timothy J. Armstrong (New York : Harvester Wheatsheaf, 1992), 159~68.

———, "Postscript on the Societies of Control," *October*, vol. 59 (1992) : 3~7.

Deleuze, Gilles and Félix Guattari, *A Thousand Plateaus : Capitalism and Schizophrenia* (Minneapolis : University of Minnesota Press, 1987). [질 들뢰즈·펠릭스 가타리, 『천 개의 고원 : 자본주의와 분열 중 2』, 김재인 옮김, 새물결, 2001.]

Delitz, Heike, "Gilbert Simondons Ontologie, philosophische Anthropologie und Gesellschaftstheorie : Ein recht verstandener Bergsonismus," in *Philosophische Anthropologie nach 1945*, eds. Guillaume Plas and Gérard Raulet (Nordhausen : Traugott Brautz, 2014), 277~302.

Demenchonok, Edwards, "Michel Foucault's Theory of Practices of the Self and the Quest for a New Philosophical Anthropology," in *Peace, Culture, and Violence*, ed. Fuat Gursozlu (Leiden : Brill, 2018), 218~47.

Dempsey, Jessica and Morgan M. Robertson, "Ecosystem Services : Tensions, Impurities, and Points of Engagement within Neoliberalism," *Progress in Human Geography*, vol. 36, no. 6 (2012) : 758~79.

Department of Homeland Security, *National Infrastructure Protection Program* (Washington : Department of Homeland Security, 2006).

Descola, Philippe, "Wahlverwandtschaften. Antrittsvorlesung am Lehrstuhl für die 'Anthropologie der Natur'," *Mittelweg*, vol. 36, no. 5 (2013) : 4~26.

Despret, Vinciane, "Sheep Do Have Opinions," in *Making Things Public : Atmospheres of Democracy*, eds. Bruno Latour and Peter Weibel (Cambridge : MIT Press, 2006), 360~70.

_____, "The Becomings of Subjectivity in Animal Worlds," *Subjectivity*, vol. 23 (2008) : 123~39.

Desrosières, Alain, *The Politics of Large Numbers : A History of Statistical Reasoning* (Cambridge : Harvard University Press, 2002).

Devellennes, Charles and Benoît Dillet, "Questioning New Materialisms : An Introduction," *Theory, Culture & Society*, vol. 35, no. 7-8 (2018) : 5~20.

Diaz-Bone, Rainer and Ronald Hartz. *Dispositiv und Ökonomie : Diskurs-und dispositivanalytische Perspektiven auf Märkte und Organisationen* (Wiesbaden : Springer VS, 2017).

Dictionnaire Historique de la Langue Française, Vol. 1, ed. Alain Rey (Paris : Dictionnaires Le Robert, 2006).

Dillon, Michael and Julian Reid, *The Liberal Way of War : Killing to Make Life Live* (London : Routledge, 2009).

Dionisius, Sarah, "Queer Matters : Family-Building Processes of Lesbian Couples Using Donor Insemination," *Distinktion : Scandinavian Journal of Social Theory*, vol. 16, no. 3 (2015) : 283~301.

Dolphijn, Rick and Iris van der Tuin, *New Materialism : Interviews & Cartographies* (Ann Arbor : Open Humanities Press, 2012). [릭 돌피언·이리스 반 데어 튠, 『신유물론 : 인터뷰와 지도제작』, 박준영 옮김, 교유서가, 2021.]

Donaldson, Brianne, "Introduction," in *Beyond the Bifurcation of Nature : A Common World for Animals and the Environment*, ed. Brianne Donaldson (Newcastle upon Tyne : Cambridge Scholars Publishing, 2014), 1~6.

Donzelot, Jacques, *L'invention du social. Essai sur le déclin des passions politiques* (Paris : Seuil, 1984).

Dorrestijn, Steven, "Technical Mediation and Subjectivation : Tracing and Extending Foucault's Philosophy of Technology," *Philosophy & Technology*, vol. 25, no. 2 (2011) : 221~41.

Dotzler, Bernard, "Der Zusammenhang der Dinge. Regulation und Dämonologie von Watt bis Maxwell," in *Kontingenz und Steuerung. Literatur als Gesellschaftsexperiment 1750-1830*, eds. Torsten Hahn, Erich Kleinschmidt and Nicolas Pethes (Würzburg : Königshausen & Neumann, 2004), 177~89.

Dreyfus, Hubert L. and Paul Rabinow, *Michel Foucault : Beyond Structuralism and Hermeneutics*, 2nd ed. (Chicago : University of Chicago Press, 1983).

Driesch, Hans, *The Science and Philosophy of the Organism : The Gifford Lectures*, delivered before the University of Aberdeen in the Year 1907 (London : Adam and Charles Black, 1908).

_____, 1908b. *The Science and Philosophy of the Organism : The Gifford Lectures*, delivered before the University of Aberdeen in the Year 1908 (London : Adam and Charles Black, 1908).

Dupont, Danica and Frank Pearce, "Foucault Contra Foucault : Rereading the 'Governmentality' Papers," *Theoretical Criminology*, vol. 5, no. 2 (2001) : 123~58.

Dupré, John, *Processes of Life : Essays in the Philosophy of Biology* (Oxford : Oxford University Press, 2012).

Edwards, Paul N., *The Closed World of Computers and the Politics of Discourse in Cold War America* (London : MIT Press, 1996).

Elden, Stuart, *Foucault's Last Decade* (Cambridge : Polity Press, 2016).

_____, *Foucault : The Birth of Power* (Cambridge : Polity Press, 2017).

_____, *Canguilhem* (Cambridge : Polity Press, 2019).

Ellenzweig, Sarah and John H. Zammito, "Introduction : New Materialism. Looking Forward, Looking Back," in *The New Politics of Materialism : History, Philosophy, Science* (London : Routledge, 2017), 1~16.

Ellis, Erle C., "The Planet of No Return," *Breakthrough Journal*, vol. 2 (2011) : 37~44.

Engels, Friedrich, *Herr Eugen Dühring's Revolution in Science (Anti-Dühring)* (London : The Electric Book Company, 2000). [프리드리히 엥겔스, 『반듀링론 : 오이겐 듀링씨의 과학혁명』, 김민석 옮김, 새길 아카데미, 2012.]

Eribon, Didier, " ··· quelque fragment d'autobiographie," in *Michel Foucault. Les jeux de vérité et du pouvoir*, ed. Alain Brossat (Nancy : Presses Universitaires de Nancy, 1994), 127~31.

Esposito, Roberto, *Bios : Biopolitics and Philosophy* (Minneapolis : University of Minnesota Press, 2008).

_____, *Immunitas* (Cambridge : Polity Press, 2011). [로베르토 에스포지토, 『임무니타스 : 생명의 보호와 부정』, 윤병언 옮김, 크리티카, 2022.]

_____, *Persons and Things : From the Body's Point of View* (Cambridge : Polity Press, 2015).

_____, "Persons and Things," *Paragraph*, vol. 39, no. 1 (2016) : 26~35.

Evans, Brad and Julian Reid, "Dangerously Exposed : The Life and Death of the Resilient Subject," *Resilience*, vol. 1, no. 2 (2013) : 83~98.

Ewald, François, *L'Etat providence* (Paris : Grasset, 1986).

Farías, Ignacio and Laurie Waller, "A Turn to Nontology? Exploring Environmental Noise in European Cities," Lecture, Technical University Munich, Germany, January 29, 2016.

Fausto-Sterling, Anne, "The Problem with Sex/Gender and Nature/Nurture," in *Debating Biology : Sociological Reflections on Health, Medicine and Society*, eds. Simon J. Williams, Lynda Birke and Gilian A. Bendelow (New York : Routledge, 2003), 123~32.

Federici, Silvia, *Caliban and the Witch : Women, the Body, and Primitive Accumulation* (New York : Autonomedia, 2004). [실비아 페데리치, 『캘리번과 마녀 : 여성, 신체 그리고 시초축적』, 황성원·김민철 옮김, 갈무리, 2011.]

Feenberg, Andrew, "Critical Theory of Technology and STS," *Thesis Eleven*, vol. 138, no. 1 (2017) : 3~12.

Feibleman, James K., *The New Materialism* (The Hague : Martinus Nijhoff, 1970).

Fernandes, Leela, *Producing Workers : The Politics of Gender, Class, and Culture in the Calcutta Jute Mills* (Philadelphia : University of Pennsylvania Press, 1997).

Feuerhahn, Wolf. " 'Milieu' — Renaissance auf den Schultern von Leo Spitzer und Georges Canguilhem?" in *Milieu : Umgebungen des Lebendingen in der Moderne*, eds. Florian Huber and Christina Wessely (Paderborn : Wilhelm Fink, 2017), 18~34.

Fitsch, Hannah, ··· *dem Gehirn beim Denken zusehen? Sicht-und Sagbarkeiten in der funktionellen Magnetresonanztomographie* (Bielefeld : transcript, 2014).

Fitsch, Hannah and Lukas Engelmann, "Das Bild als Phänomen. Visuelle Argumentationsweisen und ihre Logiken am Beispiel von Sichtbarmachungen des 'AIDS-Virus' und der funktionellen MRT," in *Visuelles Wissen und Bilder des Sozialen. Aktuelle Entwicklungen in der Soziologie des Visuellen*, eds. Petra Lucht, Lisa-Marian Schmidt and René Tuma (Wiesbaden : Springer, 2013), 213~30.

Fitzgerald, Des and Felicity Callard, "Social Science and Neuroscience beyond Interdisciplinarity : Experimental Entanglements," *Theory Culture & Society*. vol. 32, no. 1 (2015) : 3~32.

Fletcher, Robert, "Neoliberal Environmentality : Towards a Poststructuralist Political Ecology of the Conservation Debate," *Conservation & Society*, vol. 8, no. 3 (2010) : 171~81.

———, "Environmentality Unbound : Multiple Governmentalities in Environmental Politics," *Geoforum*, vol. 85 (2017) : 311~5.

Folkers, Andreas, "Politik des Lebens jenseits seiner selbst. Für eine ökologische Lebenssoziologie mit Deleuze und Guattari," *Soziale Welt*, vol. 68, no. 4 (2017) : 356~84.

———, *Das Sicherheitsdispositiv der Resilienz. Katastrophische Risiken und die Biopolitik vitaler Systeme* (Frankfurt am Main : Campus Verlag, 2018).

Foucault, Michel, *The Order of Things : An Archaeology of the Human Sciences* (New York : Pantheon Books, 1970). [미셸 푸코, 『말과 사물』, 이규현 옮김, 민음사, 2012.]

———, *The Archaeology of Knowledge* (New York : Pantheon Books, 1972). [미셸 푸코, 『지식의 고고학』, 이 정우 옮김, 민음사, 2000.]

———, *The History of Sexuality, Vol. 1. An Introduction* (New York : Pantheon Books, 1978). [미셸 푸코, 『성 의 역사 : 지식의 의지』, 이규현 옮김, 나남출판, 2020.]

———, *Discipline and Punish : The Birth of the Prison* (London : Allen Lane, 1979). [미셸 푸코, 『감시와 처 벌 : 감옥의 탄생』, 오생근 옮김, 나남출판, 2020.]

———, "Truth and Power," (Interview with Alessandro Fontana and Pasquale Pasquino) in *Power/Knowledge : Selected Interviews and Other Writings 1972-1977*, ed. Colin Gordon (New York : Pantheon Books, 1980), 109~33.

———, "The Confession of the Flesh," in *Power/Knowledge : Selected Interviews and Other Writings 1972-1977*, ed. Colin Gordon (New York : Pantheon Books, 1980), 194~228.

———, "Power and Strategies," in *Power/Knowledge : Selected Interviews and Other Writings 1972-1977*, ed. Colin Gordon (New York : Pantheon Books, 1980), 134~45.

———, "The Order of Discourse," (Inaugural Lecture at the Collège de France, given 2 December 1970) in *Untying the Text : A Post-Structuralist Reader*, ed. Robert Young (Boston : Routledge, 1981), 48~78. [미 셸 푸코, 『담론의 질서』, 허경 옮김, 세창출판사, 2020.]

———, " 'Omnes et Singulatim' : Towards a Criticism of Political Reason," (Lecture at Stanford University, 10 and 16 October 1979) in *The Tanner Lectures on Human Values*, ed. Sterlin M. McMurrin (Salt Lake City : University of Utah Press, 1981), 225~54.

———, "Polemics, Politics and Problematizations : An Interview with Michel Foucault," (Conversation with Paul Rabinow, May 1984) in *The Foucault Reader*, ed. Paul Rabinow (New York : Pantheon, 1984), 381~90.

———, "What is Enlightenment?" in *The Foucault Reader*, ed. Paul Rabinow (New York : Pantheon, 1984), 32~50.

———, "Truth and Power," in *The Foucault Reader*, ed. Paul Rabinow (New York : Pantheon, 1984), 51~75.

———, "Preface to *The History of Sexuality, Vol. II*," (Draft for the foreword to volume 2 of The History of Sexuality) in *The Foucault Reader*, ed. Paul Rabinow (New York : Pantheon, 1984), 333~9.

———, "An Interview with Michel Foucault," *History of the Present*, vol. 1 (1985) : 2~3, 14.

———, *Mental Illness and Psychology* (Berkeley : University of California Press, 1987). [미셸 푸코, 『정신병 과 심리학』, 박혜영 옮김, 문학동네, 2002.]

———, "Critical Theory/Intellectual History," (Conversation with G. Raulet, May 1982) in *Politics, Philosophy, Culture : Interviews and Other Writings 1977-1984*, ed. Lawrence D. Kritzman (New York : Routledge, 1988), 17~46.

_____, "On power," in *Politics, Philosophy, Culture : Interviews and Other Writings 1977-1984*, ed. Lawrence D. Kritzman (New York : Routledge, 1988), 96~109.

_____, "Iran : The Spirit of a World without Spirit," in *Politics, Philosophy, Culture : Interviews and Other Writings 1977-1984*, ed. Lawrence D. Kritzman (New York : Routledge, 1988), 211~26.

_____, "Questions of Method," in *The Foucault Effect : Studies in Governmentality*, eds. Graham Burchell, Colin Gordon and Peter Miller (Hemel Hempstead : Harvester Wheatsheaf, 1991), 73~86. [미셸 푸코, 「방법에 관한 질문들」, 『푸코 효과 : 통치성에 관한 연구』, 그래엄 버첼·콜린 고든·피터 밀러 엮음, 이승철·심성보·이규원·유진·전의령·최영찬 옮김, 난장, 2014, 113~32.]

_____, *Remarks on Marx : Conversations with Ducio Tromadori* (New York : Semiotext(e), 1991). [미셸 푸코, 『푸코의 맑스』, 이승철 옮김, 갈무리, 2005.]

_____, "Prisons et asiles dans le mécanisme du pouvoir," in *Dits et écrits 1954-1988, par Michel Foucault : Vol. II, 1970-1975*, eds. Daniel Defert and François Ewald (Paris : Gallimard, 1994), 523~4.

_____, "La poussière et le nuage," in *Dits et écrits 1954-1988, par Michel Foucault : Vol. II, 1970-1975*, eds. Daniel Defert and François Ewald (Paris : Gallimard, 1994), 10~9.

_____, "Croître et multiplier," in *Dits et écrits 1954-1988, par Michel Foucault : Vol. II, 1970-1975*, eds. Daniel Defert and François Ewald (Paris : Gallimard, 1994), 99~104.

_____, "Dialogue sur le pouvoir," in *Dits et écrits 1954-1988, par Michel Foucault : Vol. III, 1976-1979*, eds. Daniel Defert and François Ewald (Paris : Gallimard, 1994), 464~77.

_____, "Entretien avec Madeleine Chapsal," in *Dits et écrits 1954-1988, par Michel Foucault : Vol. I, 1954-1969*, eds. Daniel Defert and François Ewald (Paris : Gallimard, 1994), 513~8.

_____, "Message ou bruit?" in *Dits et écrits 1954-1988, par Michel Foucault : Vol. I, 1954-1969*, eds. Daniel Defert and François Ewald (Paris : Gallimard, 1994), 557~60.

_____, "The Art of Telling the Truth," in *Critique and Power : Recasting the Foucault/Habermas Debate*, ed. Michael Kelly (Cambridge : MIT Press, 1994), 139~48.

_____, "Les mailles du pouvoir," in *Dits et écrits 1954-1988, par Michel Foucault : Vol. IV*, eds. Daniel Defert and François Ewald (Paris : Gallimard, 1994), 182~201.

_____, "From Torture to Cellblock," in *Foucault Live : Interviews 1961-1984*, ed. Sylvère Lotringer (New York : Semiotext(e), 1996), 146~9.

_____, "The End of the Monarchy of Sex," in *Foucault Live : Interviews 1961-1984*, ed. Sylvère Lotringer (New York : Semiotext(e), 1996), 214~5.

_____, "Technologies of the Self," in *Ethics, Subjectivity and Truth : Essential Works of Michel Foucault, 1954-1984, Vol. I*, ed. Paul Rabinow (New York : The New Press, 1997), 223~51.

_____, "Candidacy Presentation : Collège de France, 1969," in *Ethics, Subjectivity and Truth : Essential Works of Michel Foucault, 1954-1984, Vol. I*, ed. Paul Rabinow (New York : The New Press, 1997), 5~10.

_____, "What is Enlightenment?" in *Ethics, Subjectivity and Truth : Essential Works of Michel Foucault, 1954-1984, Vol. I*, ed. Paul Rabinow (New York : The New Press, 1997), 303~19.

_____, "Friendship as a Way of Life," in *Ethics, Subjectivity and Truth : Essential Works of Michel Foucault, 1954-1984, Vol. I*, ed. Paul Rabinow (New York : The New Press, 1997), 135~40.

_____, "Sex, Power, and the Politics of Identity," in *Ethics, Subjectivity and Truth : Essential Works of Michel Foucault, 1954-1984, Vol. I*, ed. Paul Rabinow (New York : The New Press, 1997), 163~73.

_____, "Life : Experience and Science," in *Aesthetics, Method, and Epistemology : Essential Works of Foucault, 1954-1984, Vol. II*, ed. James D. Faubion (New York : The New Press, 1998), 465~78.

_____, "Different Spaces," in *Aesthetics, Method, and Epistemology : Essential Works of Foucault, 1954-1984, Vol. II*, ed. James D. Faubion (New York : The New Press, 1998), 175~85.

_____, "Nietzsche, Genealogy, History," in *Aesthetics, Method, and Epistemology : Essential Works of Foucault, 1954-1984, Vol. II*, ed. James D. Faubion (New York : The New Press, 1998), 369~91.

_____, "Foucault by Maurice Florence," in *Aesthetics, Method, and Epistemology : Essential Works of Foucault, 1954-1984, Vol. II*, ed. James D. Faubion (New York : The New Press, 1998), 459~63.

_____, "Space, Knowledge, and Power," in *Power : Essential Works of Michel Foucault, 1954-1984, Vol. III*, ed. James D. Faubion (New York : The New Press, 2000), 349~64. [미셸 푸코, 「공간, 지식, 권력 ― 폴 래비나우와의 인터뷰」, 『헤테로토피아』, 이상길 옮김, 문학과지성사, 2014.]

_____, "The Subject and Power," in *Power : Essential Works of Michel Foucault, 1954-1984, Vol. III*, ed. James D. Faubion (New York : The New Press, 2000), 326~48.

_____, "The Birth of Social Medicine," in *Power : Essential Works of Michel Foucault, 1954-1984, Vol. III*, ed. James D. Faubion (New York : The New Press, 2000), 134~56.

_____, "The Political Technology of Individuals," in *Power : Essential Works of Michel Foucault, 1954-1984, Vol. III*, ed. James D. Faubion (New York : The New Press, 2000), 403~17.

_____, "So Is It Important to Think?" in *Power : Essential Works of Michel Foucault, 1954-1984, Vol. III*, ed. James D. Faubion (New York : The New Press, 2000), 454~8.

_____, *Society Must Be Defended : Lectures at the Collège de France 1975-76* (New York : Picador, 2003). [미셸 푸코, 『사회를 보호해야 한다 : 콜레주드프랑스 강의 1975~76년』, 김상운 옮김, 난장, 2015.]

_____, *Naissance de la Biopolitique, Cours au Collège de France, 1978-1979* (Paris : Gallimard/Seuil, 2004). [미셸 푸코, 『생명관리정치의 탄생 : 콜레주드프랑스 강의 1978~79년』, 오트르망 옮김, 난장, 2012.]

_____, *Hermeneutics of the Subject : Lectures at the Collège de France, 1981-82* (New York : Palgrave Macmillan, 2005). [미셸 푸코, 『주체의 해석학 : 1981~1982 콜레주 드 프랑스에서의 강의』, 심세광 옮김, 동문선, 2007.]

_____, *Psychiatric Power : Lectures at the Collège de France, 1973-1974* (Hampshire : Palgrave Macmillan, 2006). [미셸 푸코, 『정신의학의 권력 : 콜레주드프랑스 강의 1973~74년』, 오트르망·심세광·전혜리 옮김, 난장, 2014.]

_____, *History of Madness* (New York : Routledge, 2006). [미셸 푸코, 『광기의 역사』, 이규현 옮김, 나남출판, 2020.]

_____, *Security, Territory, Population : Lectures at the Collège de France, 1977-78* (New York : Palgrave Macmillan, 2007). [미셸 푸코, 『안전, 영토, 인구 : 콜레주드프랑스 강의 1977~78년』, 오트르망·심세광·전혜리·조성은 옮김, 난장, 2011.]

_____, "The Incorporation of the Hospital into Modern Technology," in *Space, Knowledge, Power. Foucault and Geography*, eds. Jeremy W. Crampton and Stuart Elden (Aldershot : Ashgate, 2007), 141~52.

_____, "The Meshes of Power," in *Space, Knowledge, Power. Foucault and Geography*, eds. Jeremy W. Crampton and Stuart Elden (Aldershot : Ashgate, 2007), 153~62.

_____, *The Birth of Biopolitics : Lectures at the Collège de France, 1978-79* (Basingstoke : Palgrave Macmillan, 2008). [미셸 푸코, 『생명관리정치의 탄생 : 콜레주드프랑스 강의 1978~79년』, 오트르망 옮김, 난장, 2012.]

_____, *Introduction to Kant's Anthropology* (Los Angeles : Semiotext(e), 2008). [미셸 푸코, 『칸트의 인간학

에 관하여 : 〈실용적 관점에서 본 인간학〉 서설」, 김광철 옮김, 문학과지성사, 2012.]

———, *Manet and the Object of Painting* (London : Tate Publishing, 2009).

———, *On the Government of the Living : Lectures at the Collège de France 1979-1980* (Basingstoke : Palgrave Macmillan, 2014).

———, "Bio-history and Bio-politics," *Foucault Studies*, vol. 18 (2014) : 128~30.

Fox, Nick J. and Pam Alldred, *Sociology and the New Materialism : Theory, Research, Action* (London : Sage, 2016).

Franklin, Sarah, *Dolly Mixtures : The Remaking of Genealogy* (Durham : Duke University Press, 2007).

———, "Staying with the Manifesto : An Interview with Donna Haraway," *Theory, Culture & Society*, vol. 34, no. 4 (2017) : 49~63.

Franklin, Seb, *Forms of Disposal : Value and the Digital*, Speech, Vanderbilt University, 25 April 2007.

Fraser, Mariam, "What Is the Matter of Feminist Criticism?" *Economy and Society*, vol. 31, no. 4 (2002) : 606~25.

Friese, Carrie, *Cloning Wild Life : Zoos, Captivity, and the Future of Endangered Animals* (New York : New York University Press, 2013).

Frost, Samantha, *Biocultural Creatures : Toward a New Theory of the Human* (Durham : Duke University Press, 2016).

———, "Ten Theses on the Subject of Biology and Politics : Conceptual, Methodological, and Biopolitical Considerations," in *The Palgrave Handbook of Biology and Society*, eds. Maurizio Meloni, John Cromby, Des Fitzgerald and Stephanie Lloyd (London : Palgrave Macmillan, 2018), 897~923.

Fuller, Matthew, *Media Ecologies : Materialist Energies in Art and Technoculture* (Cambridge : MIT Press, 2005).

Gabbey, Alan, "Newton, Active Powers, and the Mechanical Philosophy," in *The Cambridge Companion to Newton*, eds. I. Bernard Cohen and George E. Smith (Cambridge : Cambridge University Press, 2002), 329~57.

Gabrys, Jennifer, "Programming Environments : Environmentality and Citizen Sensing in the Smart City," *Environment and Planning D : Society and Space*, vol. 32, no. 1 (2014) : 30~48.

———, *Program Earth : Environmental Sensing Technology and the Making of a Computational Planet* (Minneapolis : University of Minnesota Press, 2016).

Gabrys, Jennifer and Kathryn Yusoff, "Arts, Sciences and Climate Change : Practices and Politics at the Threshold," *Science as Culture*, vol. 21, no. 1 (2012) : 1~24.

Galloway, Alexander R., *Protocol : How Control Exists After Decentralization* (Cambridge : MIT Press, 2004).

———, "The Poverty of Philosophy : Realism and Post-Fordism," *Critical Inquiry*, vol. 39, no. 2 (2013) : 347~66.

Gamble, Christopher N., Joshua S. Hanan, and Thomas Nail, "What is New Materialism?" *Angelaki*, vol. 24, no. 6 (2019) : 111~34.

Garske, Pia, "What's the Matter? Der Materialitätsbegriff des 'New Materialism' und dessen Konsequenzen für feministisch-politische Handlungsfähigkeit," *Prokla*, vol. 44, no. 1 (2014) : 111~29.

Geerts, Evelien and Iris van der Tuin, "From Intersectionality to Interference : Feminist Onto-Epistemological Reflections on the Politics of Representation," *Women's Studies International Forum*, vol. 41 (2013) : 171~8.

Gesch, C. Bernard, Sean M. Hammond, Sarah E. Hampson, Anita Eves, and Martin J. Crowder, "Influence of Supplementary Vitamins, Minerals and Essential Fatty Acids on the Antisocial Behaviour of Young Adult Prisoners : Randomised, Placebo-Controlled Trial," *The British Journal of Psychiatry*, vol. 181, no. 1 (2002) : 22~8.

Gibson-Graham, J. K. and Gerda Roelvink, "An Economic Ethics for the Anthropocene," *Antipode*, vol. 41 (2010) : 320~46.

Ginsburg, Faye D. and Rayna Rapp, "Introduction," in *Conceiving the New World Order : The Global Politics of Reproduction*, eds. Faye D. Ginsburg and Rayna Rapp (Berkeley : University of California Press, 1995), 1~18.

Goerner, E. A., "On Thomistic Natural Law : The Bad Man's View of Thomistic Natural Right," *Political Theory*, vol. 7, no. 1 (1979) : 101~22.

Gomart, Emilie and Antoine Hennion, "A Sociology of Attachment : Music Amateurs, Drug Users," in *Actor Network Theory and After*, eds. John Law and John Hassard (Oxford : Blackwell, 1999), 220~47.

Gordon, Colin, 1980. "Afterword," in *Power/Knowledge : Selected Interviews and Other Writings 1972-1977*, by Michel Foucault and ed. Colin Gordon (New York : Pantheon Books, 1980), 229~60.

Grant, Iain Hamilton, "Mining Conditions : A Response to Harman," in *The Speculative Turn : Continental Materialism and Realism*, eds. Levi Bryant, Nick Srnicek and Graham Harman (Melbourne : re. press, 2011), 41~6.

Gratton, Peter, *Speculative Realism : Problems and Prospects* (London : Bloomsbury, 2014).

Greco, Monica, "Vitalism Now — A Problematic," *Theory, Culture & Society*, vol. 38, no. 2 (2021) : 47~69.

Gregson, Nicky, "Book Review *Vibrant Matter : A Political Ecology of Things*," *Dialogues in Human Geography*, vol. 1, no. 3 (2011) : 402~4.

Gregson, Nicky, Helen Watkins, and Melania Calestani, "Inextinguishable Fibres : Demolition and the Vital Materialisms of Asbestos," *Environment and Planning A*, vol. 42 (2010) : 1065~83.

Gros, Frédéric, "Course Context," in *The Hermeneutics of the Subject : Lectures at the Collège de France 1981-1982*, eds. Michel Foucault and Frédéric Gros (New York : Palgrave MacMillan, 2005), 507~50.

Gross, Matthias, Holger Hoffman-Riem, and Wolfgang Krohn, *Realexperimente. Ökologische Gestaltungsprozesse in der Wissensgesellschaft* (Bielefeld : transcript, 2005).

Gross, Matthias and Wolfgang Krohn, "Society as Experiment : Sociological Foundations for a Self-Experimental Society," *History of Human Sciences*, vol. 18, no. 2 (2010) : 3~86.

Grosz, Elisabeth, "Darwin and Feminism : Preliminary Investigations for a Possible Alliance," in *Material Feminisms*, eds. Stacy Alaimo and Susan Hekman (Bloomington : Indiana University Press, 2008), 23~51.

Grusin, Richard, ed., *The Nonhuman Turn* (Minneapolis : University of Minnesota Press, 2015).

Gunderson, Lance H. and Crawford Stanley Holling, eds., *Panarchy : Understanding Transformations in Human and Natural Systems* (Washington, DC : Island Press, 2002).

Gutting, Gary, *Michel Foucault's Archaeology of Scientific Reason* (Cambridge : Cambridge University Press, 1989).

Habermas, Jürgen, *Toward a Rational Society : Student Protest, Science, and Politics* (Boston : Beacon Press, 1970). [위르겐 하버마스, 『이성적인 사회를 향하여』, 장일조 옮김, 종로서적, 1980.]

Hacking, Ian, *Representing and Intervening : Introductory Topics in the Philosophy of Natural Science* (Cambridge : Cambridge University Press, 1983). [이언 해킹, 『표상하기와 개입하기 : 자연과학철학의

입문적 주제들』, 이상원 옮김, 한울, 2020.]

_____, "Making Up People," in *Reconstructing Individualism: Autonomy, Individuality, and the Self in Western Thought*, eds. Thomas Heller, Morton Sosna and David E. Wellbery (Stanford: Stanford University Press, 1986), 222~36.

_____, "On Being More Literal about Construction," in *The Politics of Constructionism*, eds. Irving Velody and Robin Williams (London: Sage, 1998), 49~68.

_____, *The Social Construction of What?* (Cambridge: Cambridge University Press, 2000).

_____, *Historical Ontology* (Cambridge: Harvard University Press, 2002).

Haff, Peter, "Humans and Technology in the Anthropocene: Six Rules," *The Anthropocene Review*, vol. 1, no. 2 (2014): 126~36.

_____, "Technology as a Geological Phenomenon: Implications for Human Well-Being," in *A Stratigraphical Basis for the Anthropocene*, ed. A. M. Snelling (London: Geological Society, 2014), 301~19.

Hägglund, Martin, "Radical Atheist Materialism: A Critique of Meillassoux," in *The Speculative Turn: Continental Materialism and Realism*, eds. Levi Bryant, Nick Srnicek and Graham Harman (Melbourne: re.press, 2011), 114~29.

Häkli, Jouni, "The Subject of Citizenship — Can There Be a Posthuman Civil Society?" *Political Geography*, vol. 67 (2018): 166~75.

Hallowell, Irving A., "Ojibwa Ontology, Behavior and World View," in *Culture in History: Essays in Honor of Paul Radin*, ed. Stanley Diamond (New York: Columbia University Press, 1960), 19~52.

Hamilton, Clive, "The Theodicy of the Good Anthropocene," *Environmental Humanities*, vol. 7 (2015): 233~8.

Hannah, Matthew G., "Biopower, Life and Left Politics," *Antipode*, vol. 43, no. 4 (2011): 1034~55.

Haraway, Donna, *Simians, Cyborgs, and Women: The Reinvention of Nature* (London: Routledge, 1991). [도나 해러웨이, 『영장류, 사이보그 그리고 여자: 자연의 재발명』, 황희선·임옥희 옮김, 아르테, 2023.]

_____, "The Promises of Monsters: A Regenerative Politics for Inappropriate/d Others." in *Cultural Studies*, eds. Lawrence Grossberg, Cary Nelson, and Paula Treichler (New York: Routledge, 1992), 295~337.

_____, *Modest_Witness@Second_Millennium: FemaleMan Meets Oncomouse* (New York: Routledge, 1997). [도나 해러웨이, 『겸손한_목격자@제2의_천년.여성인간ⓒ_앙코마우스TM를_만나다: 페미니즘과 기술과학』, 민경숙 옮김, 갈무리, 2007.]

_____, "Ecce Homo, Aint (Ar'n't) I a Woman, and Inappropriate/d Others: The Human in a Post-Humanist Landscape," in *The Haraway Reader*, ed. Donna Haraway (New York: Routledge, 2004), 47~61.

_____, *When Species Meet* (Minneapolis: University of Minnesota Press, 2008). [도나 해러웨이, 『종과 종이 만날 때: 복수종들의 정치』, 최유미 옮김, 갈무리, 2022.]

_____, "Value-Added Dogs and Lively Capital," in *Lively Capital: Biotechnologies, Ethics, and Governance in Global Markets*, ed. Kaushik Sunder Rajan (Durham: Duke University Press, 2012), 93~120.

_____, *Staying with the Trouble: Making Kin in the Chthulucene* (Durham: Duke University Press, 2016). [도나 해러웨이, 『트러블과 함께하기: 지식이 아니라 친척을 만들자』, 최유미 옮김, 마농지, 2021.]

Harding, Sandra, *The Science Question in Feminism* (Ithaca: Cornell University Press, 1986). [샌드라 하딩, 『페미니즘과 과학』, 이박혜경·이재경 옮김, 이화여자대학교출판문화원, 2002.]

_____, ed., *The Feminist Standpoint Theory Reader: Intellectual and Political Controversies* (New York: Routledge, 2004).

Harman, Graham, *Tool-Being: Heidegger and the Metaphysics of Objects* (Chicago: Open Court, 2002).

_____, *Guerrilla Metaphysics: Phenomenology and the Carpentry of Things* (Chicago: Open Court, 2005).

_____, *Heidegger Explained: From Phenomenon to Thing* (Chicago: Open Court, 2007).

_____, "Aesthetics as First Philosophy: Levinas and the Non-Human," *Naked Punch*, vol. 9 (2007): 21~30.

_____, *Prince of Networks: Bruno Latour and Metaphysics* (Melbourne: re.press, 2009). [그레이엄 하먼, 『네트워크의 군주: 브뤼노 라투르와 객체지향 철학』, 김효진 옮김, 갈무리, 2019.]

_____, *Towards Speculative Realism: Essays and Lectures* (Winchester: Zero Books, 2010).

_____, "Time, Space, Essence, and Eidos: A New Theory of Causation," *Cosmos and History*, vol. 6, no. 1 (2010): 1~17.

_____, "I Am Also of the Opinion that Materialism Must Be Destroyed," *Environment and Planning D: Society and Space*, vol. 28, no. 5 (2010): 772~90.

_____, *The Quadruple Object* (Winchester: Zero Books, 2011). [그레이엄 하먼, 『쿼드러플 오브젝트』, 주대중 옮김, 현실문화, 2019.]

_____, "Realism without Materialism," *Sub-Stance*, vol. 40, no. 2 (2011): 52~72.

_____, *Quentin Meillassoux: Philosophy in the Making* (Edinburgh: Edinburgh University Press, 2011).

_____, "On the Undermining of Objects: Grant, Bruno, and Radical Philosophy." in *The Speculative Turn: Continental Materialism and Realism,* eds. Levi Bryant, Nick Srnicek and Graham Harman (Melbourne: re.press, 2011), 21~40.

_____, "Autonomous Objects," *New Formations*, vol. 71 (2011): 125~30.

_____, "The Well-Wrought Broken Hammer: Object-Oriented Literary Criticism," *New Literary History*, vol. 43 (2012): 183~203.

_____, *Bells and Whistles: More Speculative Realism* (Winchester: Zero Books, 2013).

_____, *Bruno Latour: Reassembling the Political* (London: Pluto Press, 2014). [그레이엄 하먼, 『브뤼노 라투르: 정치적인 것을 다시 회집하기』, 김효진 옮김, 갈무리, 2021.]

_____, *Immaterialism: Objects and Social Theory* (Cambridge: Polity, 2016). [그레이엄 하먼, 『비유물론: 객체와 사회 이론』, 김효진 옮김, 갈무리, 2020.]

_____, "Agential and Speculative Realism: Remarks on Barad's Ontology," *rhizomes*, vol. 30 (2017), www.rhizomes.net/issue30/harman.html.

_____, *Object-Oriented Ontology: A New Theory of Everything* (London: Pelican, 2018).

Haudricourt, André G., "Domestication of Animals, Cultivation of Plants and Human Relations," *Social Science Information*, vol. 8, no. 3 (1969): 163~72.

Hawkins, Gay, "Plastic Materialities," in *Political Matter: Technoscience, Democracy and Public Life*, eds. Sarah Whatmore and Bruce Braun (Minneapolis: University of Minnesota Press, 2010), 119~36.

Hayles, N. Katherine, *How We Became Posthuman: Virtual Bodies in Cybernetics, Literature, and Informatics* (Chicago: University of Chicago Press, 1999). [N. 캐서린 헤일스, 『우리는 어떻게 포스트휴먼이 되었는가: 사이버네틱스와 문학, 정보 과학의 신체들』, 허진 옮김, 플래닛, 2013.]

_____, *Unthought: The Power of the Cognitive Unconscious* (Chicago: University of Chicago Press, 2017).

Heidegger, Martin, *Being and Time* (Oxford: Blackwell, 1962). [마르틴 하이데거, 『존재와 시간』, 이기상 옮김, 까치, 1998.]

_____, *What Is a Thing?* (Chicago: Henry Regnery Company, 1967).

_____, "The Question Concerning Technology," in *Basic Writings*, 2nd ed., ed. David Krell (London: Routledge, 1993), 307~41. [마르틴 하이데거, 「기술에 대한 물음」, 『강연과 논문』, 신상희·이기상·박찬국 옮

김, 이학사, 2008.]

Heise, Ursula, "Review of *Hyperobjects: Philosophy and Ecology after the End of the World*, by Timothy Morton," *Critical Inquiry*, vol. 41, no. 2 (2015): 460~1.

Hekman, Susan, "Constructing the Ballast: An Ontology for Feminism," in *Material Feminisms*, eds. Stacy Alaimo and Susan Hekman (Bloomington: Indiana University Press, 2008), 85~119.

Helmreich, Stefan, *Alien Ocean: Anthropological Voyages in Microbial Seas* (Berkeley: University of California Press, 2009).

_____, "What Was Life? Answers from Three Limit Biologies," *Critical Inquiry*, vol. 37, no. 4 (2011): 671~96.

Henare, Amiria J. M., Martin Holbraad, and Sari Wastell, eds., *Thinking Through Things: Theorising Artefacts Ethnographically* (London: Routledge, 2007).

Hennessy, Rosemary and Chrys Ingraham, eds., *Materialist Feminism: A Reader in Class, Difference, and Women's Lives* (New York: Routledge, 1997).

Hetherington, Kregg, ed., *Infrastructure, Environment, and Life in the Anthropocene* (Durham: Duke University Press, 2019).

Hinchliffe, Steve, "Review of *Vibrant Matter: A Political Ecology of Things*, by Jane Bennett," *Dialogues in Human Geography*, vol. 1, no. 3 (2011): 396~9.

Hinton, Peta, "The Quantum Dance and the World's 'Extraordinary Liveliness': Refiguring Corporeal Ethics in Karen Barad's Agential Realism," *Somatechnics*, vol. 3, no. 1 (2013): 169~89.

Hird, Myra J., "Feminist Matters: New Materialist Considerations of Sexual Difference," *Feminist Theory*, vol. 5 (2004): 223~32.

_____, "Feminist Engagements with Matter," *Feminist Studies*, vol. 35, no. 2 (2009): 329~46.

Hobbes, Thomas, *Leviathan* (London: Dent, 1962). [토마스 홉스, 『리바이어던 1·2』, 진석용 옮김, 나남출판, 2008.]

Højgaard, Lis and Dorte M. Søndergaard, "Theorizing the Complexities of Discursive and Material Subjectivity: Agential Realism and Poststructural Analyses," *Theory & Psychology*, vol. 21, no. 3 (2011): 338~54.

Holling, Crawford S., "Resilience and Stability of Ecological Systems," *Annual Review of Ecology and Systematics*, vol. 4, no. 1 (1973): 1~23.

_____, "The Resilience of Terrestrial Ecosystems," in *Foundations of Ecological Resilience*, eds. Lance Gunderson, Craig Allen and C. S. Holling (Washington, DC: Island Press, 2010), 67~118.

Holling, Crawford S., Lance H. Gunderson, and Garry D. Peterson, "Sustainability and Panarchies," in *Panarchy: Understanding Transformations in Human and Natural Systems*, eds. Lance H. Gunderson and Crawford S. Holling (Washington, DC: Island Press, 2002), 63~102.

Holloway, Lewis and Carol Morris, "Contesting Genetic Knowledge-Practices in Livestock Breeding: Biopower, Biosocial Collectivities, and Heterogeneous Resistances," *Environment and Planning D: Society and Space*, vol. 30 (2012): 60~77.

Hoppe, Katharina, "Eine neue Ontologie des Materiellen? Probleme und Perspektiven neomaterialistischer Feminismen," in *Material Turn. Feministische Perspektiven auf Materialität und Materialismus*, eds. Kathrina Volk, Christine Löw, Imke Leicht and Nadja Meisterhans (Leverkusen: Verlag Barbara Budrich, 2017), 35~50.

_____, "Politik der Antwort. Zum Verhältnis von Politik und Ethik in Neuen Materialismen," *Behemoth. A Journal on Civilisation*, vol. 10, no. 1 (2017): 10~28.

Hoppe, Katharina and Thomas Lemke, "Die Macht der Materie. Grundlagen und Grenzen des agentiellen Realismus von Karen Barad," *Soziale Welt*, vol. 66, no. 3 (2015) : 261~79.

Horkheimer, Max, *Critique of Instrumental Reason* (London : Verso, 2012). [막스 호르크하이머, 『도구적 이성 비판 : 이성의 상실』, 박구용 옮김, 문예출판사, 2022.]

Hörl, Erich, "Introduction to General Ecology : The Ecologization of Thinking," in *General Ecology : The New Ecological Paradigm*, eds. Erich Hörl and James Burton (London : Bloomsbury Academic, 2017), 1~73.

_____, "The Environmentalitarian Situation : Reflections on the Becoming-Environmental of Thinking, Power, and Capital," *Cultural Politics*, vol. 14, no. 2 (2018) : 153~73.

Hubig, Christoph, " 'Dispositiv' als Kategorie," *Internationale Zeitschrift für Philosophie*, no. 1 (2000) : 34~47.

Hughes, J. Donald, "Pan : Environmental Ethics in Classical Polytheism," in *Religion and Environmental Crisis*, ed. Eugene C. Hargrove (Athens : University of Georgia Press, 1986), 7~24.

Hughes, Thomas P., *Networks of Power : Electrification in Western Society, 1880-1930* (Baltimore : Johns Hopkins University Press, 1983).

Hui, Yuk, "Modulation after Control," *New Formations*, vol. 82~83 (2015) : 74~91.

_____, "Towards A Relational Materialism," *Digital Culture & Society*, vol. 1, no. 1 (2015) : 131~48.

Husserl, Edmund, *Logical Investigations* (London : Routledge, 2001). [에드문트 후설, 『논리 연구 1·2』, 이종훈 옮김, 민음사, 2018.]

Ingold, Tim, "Beyond Biology and Culture : The Meaning of Evolution in a Relational World," *Social Anthropology*, vol. 12, no. 2 (2004) : 209~21.

Ingold, Tim and Gísli Pálsson, *Biosocial Becomings : Integrating Social and Biological Anthropology* (Cambridge : Cambridge University Press, 2013).

Irni, Sari, "The Politics of Materiality : Affective Encounters in a Transdisciplinary Debate," *European Journal of Women's Studies*, vol. 20, no. 4 (2013) : 347~60.

Jackson, Zakiyyah Iman, *Becoming Human : Matter and Meaning in an Antiblack World* (New York : New York University Press, 2020).

Jacob, François, *The Logic of Life : A History of Heredity* (New York : Pantheon Books, 1973). [프랑수아 자콥, 『생명의 논리, 유전의 역사』, 이정우 옮김, 민음사, 1994.]

Jacquinot-Delaunay, Geneviève and Laurence Monnoyer, eds., "Le dispositif — entre usage et concept," *Hermès*, vol. 25 (1999).

_____, "Avant-propos," in "Le dispositif — entre usage et concept," *Hermès*, vol. 25 (1999) : 9~14.

Jay, Martin, *Songs of Experience : Modern American and European Variations on a Universal Theme* (Berkeley : University of California Press, 2005). [마틴 제이, 『경험의 노래들 : 한 보편적 주제에 대한 근대 미국과 유럽의 변종들』, 신재성 옮김, 글항아리, 2021.]

Jensen, Casper Bruun, 2015. "Experimenting with Political Materials : Environmental Infrastructures and Ontological Transformations," *Distinktion : Scandinavian Journal of Social Theory*, vol. 16, no. 1 (2015) : 17~30.

Jochmaring, Julian, "Das Unbehagen in der (Medien-)Ökologie," *Internationales Jahrbuch für Medienphilosophie*, vol. 2, no. 1 (2016) : 91~112.

Johnson, Elizabeth and Harlan Morehouse, eds., "After the Anthropocene : Politics and Geographic Inquiry for a New Epoch," *Progress in Human Geography*, vol. 38, no. 3 (2014) : 439~56.

Johns-Putra, Adeline, "Environmental Care Ethics : Notes Toward a New Materialist Critique," *symplokē*, vol. 21, no. 1~2 (2013) : 125~35.

Johnston, Adrian, "Hume's Revenge : À Dieu, Meillassoux?" in *The Speculative Turn : Continental Materialism and Realism*, eds. Levi Bryant, Nick Srnicek, and Graham Harman (Melbourne : re.press, 2011), 92~113.

Kafka, Ben, "The Administration of Things : A Genealogy," *West 86th* (2012), www.west86th.bgc.bard.edu/articles/the-administration-of-things-a-genealogy/.

Kaiser, Birgit Mara and Kathrin Thiele, "Diffraction : Onto-Epistemology, Quantum Physics and the Critical Humanities," *Parallax*, vol. 20, no. 3 (2014) : 165~7.

Kammler, Clemens, *Michel Foucault : Eine kritische Analyse seines Werks* (Bonn : Bouvier, 1986).

Kang, Hyo Yoon and Sara Kendall, "Legal Materiality," in *The Handbook of Law and Humanities*, eds. Simon Stern, Maksymilian Del Mar, and Bernadette Meyler (New York : Oxford University Press, 2020), 1~20.

Kant, Immanuel, *Critique of Pure Reason* (Cambridge : Cambridge University Press, 1998). [임마누엘 칸트, 『순수이성비판 1·2』, 백종현 옮김, 아카넷, 2006.]

Kay, Lily, *Who Wrote the Book of Life? A History of the Genetic Code* (Stanford : Stanford University Press, 2000).

Keller, Evelyn Fox, *Reflections on Gender and Science* (New Haven : Yale University Press, 1985). [이블린 폭스 켈러, 『과학과 젠더』, 이현주 옮김, 동문선, 1996.]

_____, *Refiguring Life : Metaphors of Twentieth-Century Biology* (New York : Columbia University Press, 1995).

Keller, Reiner, "New Materialism? A View from Sociology of Knowledge," in *Discussing New Materialism : Methodological Implications for the Study of Materialities*, eds. Ulrike Tikvah Kissmann and Joost van Loon (Wiesbaden : Springer, 2019), 151~69.

Kelly, Mark G. E., "Foucault, Subjectivity, and Technologies of the Self," in *A Companion to Foucault*, eds. Christopher Falzon, Timothy O'Leary and Jana Sawicki (Malden : Blackwell, 2013), 510~25.

Kerin, Jacinta, "The Matter at Hand : Butler, Ontology and the Natural Sciences," *Australian Feminist Studies*, vol. 14, no. 29 (1999) : 91~104.

Kessler, Frank, "La Cinématographie Comme Dispositif (du) Spectaculaire," *Cinémas*, vol. 14, no. 1 (2003) : 21~34.

Keulartz, Jozef, "The Emergence of Enlightened Anthropocentrism in Ecological Restoration," *Nature and Culture*, vol. 7, no. 1 (2012) : 48~71.

Khan, Gulshan, "Agency, Nature and Emergent Properties : An Interview with Jane Bennett," *Contemporary Political Theory*, vol. 8, no. 1 (2009) : 90~105.

Kirby, Vicki, *Judith Butler : Live Theory* (London : Continuum, 2006). [비키 커비, 『주디스 버틀러 : 라이브 이론』, 조고은 옮김, 책세상, 2022.]

_____, *Quantum Anthropologies : Life at Large* (Durham : Duke University Press, 2011).

_____, "Matter out of Place : 'New Materialism' in Review," in *What If Culture Was Nature All Along?* ed. Vicki Kirby (Edinburgh : Edinburgh University Press, 2017), 1~25.

Kirby, Vicki and Elizabeth A. Wilson. "Feminist Conversations with Vicki Kirby and Elizabeth A. Wilson," *Feminist Theory*, vol. 12, no. 2 (2011) : 227~34.

Kittler, Friedrich, "Zum Geleit," in *Botschaften der Macht. Der Foucault-Reader*, ed. Jan Engelmann

(Stuttgart : DVA, 1999), 7~9.

Klaver, Irene, Josef Keulartz, Henk van den Belt, and Bart Gremmen, "Born to be Wild : A Pluralistic Ethics Concerning Introduced Large Herbivores in the Netherlands," *Environmental Ethics*, vol. 24, no. 1 (2002) : 3~23.

Klauser, Francisco, Till Paasche, and Ola Söderström, "Michel Foucault and the Smart City : Power Dynamics Inherent in Contemporary Governing Through Code," *Environment and Planning D : Society and Space*, vol. 32, no. 5 (2014) : 869~85.

Knorr-Cetina, Karin, *The Manufacture of Knowledge : An Essay on the Constructivist and Contextual Nature of Science* (Oxford : Pergamon Press, 1981).

Koschorke, Albrecht, Susanne Lüdemann, Thomas Frank, and Ethel Matala de Mazza, *Der fiktive Staat. Konstruktionen des politischen Körpers in der Geschichte Europas* (Frankfurt am Main : Fischer Taschenbuch-Verlag, 2007).

Krohn, Wolfgang and Johannes Weyer, "Society as a Laboratory : the Social Risks of Experimental Research," *Science and Public Policy*, vol. 21, no. 3 (1994) : 173~83.

Lakoff, Andrew, and Stephen Collier, "Infrastructure and Event," in *Political Matter : Technoscience, Democracy, and Public Life*, eds. Bruce Braun and Sarah Whatmore (Minneapolis : University of Minnesota Press, 2010), 243~66.

Lamarck, Jean Baptiste, *Zoological Philosophy : An Exposition with Regard to the Natural History of Animals* (Cambridge : Cambridge University Press, 2011).

LaMarre, Thomas, "Afterword : Humans and Machines," in *Gilbert Simondon and the Philosophy of the Transindividual*, ed. Muriel Combes (Cambridge : MIT Press, 2013), 79~119.

Lang, Eberhard, *Zu einer kybernetischen Staatslehre. Eine Analyse des Staates auf der Grundlage des Regelkreismodells* (Salzburg : Pustet, 1970).

Lange, Friedrich Albert, *History of Materialism and Criticism of Its Present Importance* (London : Routledge, 2010).

Last, Angela, "Experimental Geographies," *Geography Compass*, vol. 6, no. 12 (2012) : 706~24.

Latour, Bruno, *We Have Never Been Modern*, trans. C. Porter (Cambridge : Harvard University Press, 1993). [브뤼노 라투르, 『우리는 결코 근대인이었던 적이 없다』, 홍철기 옮김, 갈무리, 2009.]

_____, "On Technical Mediation : Philosophy, Sociology, Genealogy," *Common Knowledge*, vol. 3, no. 2 (1994) : 29~64.

_____, "On Actor-Network Theory : A Few Clarifications," *Soziale Welt*, vol. 47, no. 4 (1996) : 369~81.

_____, "Why Has Critique Run Out of Steam? From Matters of Fact to Matters of Concern," *Critical Inquiry*, vol. 30, no. 2 (2004) : 225~48.

_____, "Whose Cosmos, Which Cosmopolitics? Comments on the Peace Terms of Ulrich Beck," *Common Knowledge*, vol. 10, no. 3 (2004) : 450~62.

_____, *Politics of Nature : How to Bring the Sciences into Democracy* (Cambridge : Harvard University Press, 2004).

_____, "Can We Get Our Materialism Back, Please?" *Isis*, vol. 98, no. 1 (2007) : 138~42.

_____, "An Attempt at a Compositionist Manifesto," *New Literary History*, vol. 41 (2010) : 471~90.

Latour, Bruno and Steve Woolgar, *Laboratory Life : The Construction of Scientific Facts* (Princeton : Princeton University Press, 1986). [브뤼노 라투르·스티브 울거, 『실험실 생활 : 과학적 사실의 구성』, 이상원 옮김, 한울, 2019.]

Latour, Bruno and Peter Weibel, *Making Things Public: Atmospheres of Democracy* (Cambridge: MIT Press, 2005).

Law, John, "Technology and Heterogeneous Engineering: The Case of Portuguese Expansion," in *The Social Construction of Technological Systems: New Directions in the Sociology and History of Technology*, eds. Wiebe E. Bijer, Thomas P. Hughes and Trevor Pinch (Cambridge: MIT Press, 1987), 111~34.

_____, "Notes on the Theory of the Actor-Network: Ordering, Strategy, and Heterogeneity," *Systems Practice*, vol. 5 (1992): 379~93.

_____, *Organizing Modernity* (Oxford: Blackwell, 1994).

_____, "After ANT: Complexity, Naming and Topology," *The Sociological Review*, vol. 47, no. 1 (1999): 1~14.

_____, *After Method: Mess in Social Science Research* (New York: Routledge, 2004).

_____, "Actor Network Theory and Material Semiotics," in *The New Blackwell Companion to Social Theory*, ed. Bryan S. Turner (Oxford: Blackwell, 2009), 141~58.

_____, "STS as Method," in *The Handbook of Science and Technology Studies*, eds. Ulrike Felt, Rayvon Fouché, Clark A. Miller, and Laurel Smith-Doerr (Cambridge: MIT Press, 2017), 31~58.

Law, John and Annemarie Mol, "Notes on Materiality and Sociality," *The Sociological Review*, vol. 43 (1995): 274~94.

Law, John and Marianne E. Lien, "Slippery: Field Notes on Empirical Ontology," *Social Studies of Science*, vol. 43, no. 3 (2012): 363~78.

Law, John and Vicky Singleton, "ANT and Politics: Working in and on the World," *Qualitative Sociology*, vol. 36, no. 4 (2013): 485~502.

Law, John and Karel Williams, "A State of Unlearning: Government as experiment," CRESC Workng Paper 134, January, 2014.

Legg, Stephan, "Assemblage/Apparatus: Using Deleuze and Foucault," *Area*, vol. 43, no. 2 (2011): 128~33.

Lehman, Jessi and Sara Nelson, "Experimental Politics in the Anthropocene," *Progress in Human Geography*, vol. 38, no. 3 (2014): 444~7.

Lemke, Thomas, "An Indigestible Meal? Foucault, Governmentality and State Theory," *Distinktion: Scandinavian Journal of Social Theory*, vol. 8, no. 2 (2007): 43~64.

_____, "Critique and Experience in Foucault," *Theory, Culture & Society*, vol. 28, no. 4 (2011): 26~48.

_____, "Beyond Foucault: From Biopolitics to the Government of Life," in *Governmentality: Current Issues and Future Challenges*, eds. Ulrich Bröckling, Susanne Krasmann, and Thomas Lemke (New York: Routledge, 2011), 165~84.

_____, *Foucault, Governmentality, and Critique* (Boulder: Paradigm Publishers, 2011).

_____, "The Risks of Security: Liberalism, Biopolitics and Fear" in *The Government of Life: Foucault, Biopolitics, and Neoliberalism*, eds. Vanessa Lemm and Miguel Vatter (New York: Fordham University Press, 2014), 59~74.

_____, "Varieties of Materialism," *BioSocieties*, vol. 10, no. 4 (2015): 490~5.

_____, "New Materialisms: Foucault and the 'Government of Things'," *Theory, Culture & Society*, vol. 32, no. 4 (2015): 3~25.

_____, *A Critique of Political Reason: Foucault's Analysis of Modern Governmentality* (London: Verso, 2019).

Lemm, Vanessa, *Nietzsche's Animal Philosophy: Culture, Politics, and the Animality of the Human Being*

(New York : Fordham University Press, 2009).

Lettow, Susanne, "Turning the Turn : New Materialism, Historical Materialism and Critical Theory," *Thesis Eleven*, vol. 140, no. 1 (2017) : 106~21.

Levinas, Emmanuel, *Totality and Infinity : An Essay on Exteriority* (Pittsburgh : Duquesne University Press, 1969). [에마뉘엘 레비나스, 『전체성과 무한 : 외재성에 대한 에세이』, 김도형·문성원·손영창 옮김, 그린비, 2018.]

Lewontin, Richard C., "The Meaning of Stability," *Brookhaven Symposia in Biology*, vol. 22 (1969) : 13~23.

Lezaun, Javier, "Actor-Network Theory," in *Social Theory Now*, eds. Claudio E. Benzecry, Monika Krause and Isaak Ariail Reed (Chicago : University of Chicago Press, 2017), 305~36.

Lezaun, Javier, Noortje Marres, and Manuel Tironi, "Experiments in Participation," in *The Handbook of Science and Technology Studies*, eds. Ulrike Felt, Rayvon Fouché, Clark A. Miller and Laurel Smith-Doerr (Cambridge : MIT Press, 2017), 195~221.

Lindemann, Gesa, "Die reflexive Anthropologie des Zivilisationsprozesses," *Soziale Welt*, vol. 52 (2001) : 181~98.

―――, *Die Grenzen des Sozialen. Zur sozio-technischen Konstruktion von Leben und Tod in der Intensivmedizin* (München : Wilhelm Fink, 2002).

―――, "Prinzipiell sind alle verdächtig. Michel Foucaults Vorlesungen über die Bestrebungen der Psychiatrie, der Justiz das Verbrechen zu entwinden," *Frankfurter Rundschau*, 19 August 2003, 27.

Link, Jürgen, "Dispositiv," in *Foucault-Handbuch : Leben—Werk—Wirkung*, eds. Clemens Kammler, Rolf Parr and Ulrich Johannes Schneider (Stuttgart : Metzler, 2008), 237~41.

Lipp, Benjamin, "Analytik des Interfacing : Zur Materialität technologischer Verschaltung in prototypischen Milieus robotisierter Pflege," *Behemoth. Journal on Civilisation*, vol. 10, no. 1 (2017) : 107~29.

Lorimer, Jamie, "Probiotic Environmentalities : Rewilding with Wolves and Worms," *Theory, Culture & Society*, vol. 34, no. 4 (2017) : 27~48.

Lorimer, Jamie and Clemens Driessen, "Bovine Biopolitics and the Promise of Monsters in the Rewilding of Heck Cattle," *Geoforum*, vol. 48 (2013) : 249~59.

―――, "Wild experiments at the Oostvaardersplassen : Rethinking Environmentalism in the Anthropocene," *Transactions of the Institute of British Geographers*, vol. 39, no. 2 (2014) : 169~81.

―――, "From 'Nazi Cows' to Cosmopolitan 'Ecological Engineers' : Specifying Rewilding Through a History of Heck Cattle," *Annals of the American Association of Geographers*, vol. 106, no. 3 (2016) : 631~52.

Lovelock, James E. and Lynn Margulis, "Atmospheric Homeostasis by and for the Biosphere : The Gaia Hypothesis," *Tellus*, vol. 26 (1974) : 2~10.

Luke, Timothy W., "On Environmentality : Geo-Power and Eco-Knowledge in the Discourses of Contemporary Environmentalism," *Cultural Critique*, vol. 31 (1995) : 57~81.

Lundborg, Tom and Nick Vaughan-Williams, "New Materialisms, Discourse Analysis, and International Relations : A Radical Intertextual Approach," *Review of International Studies*, vol. 41, no. 1 (2015) : 3~25.

Lustig, Nicolas Ferris, *Rereading Foucault on Technology, Variegation, and Contemporary Power* (Los Angeles : University of California, 2014).

Lynch, Michael, "Ontography : Investigating the Production of Things, Deflating Ontology," *Social Studies of Science*, vol. 43, no. 3 (2013) : 444~62.

Lyotard, Jean-François, *Des Dispositifs Pulsionnels* (Paris : 10/18, 1973).

Macherey, Pierre, "Towards a Natural History of Norms," in *Michel Foucault: Philosopher*, ed. Timothy J. Armstrong (New York: Harvester Wheatsheaf, 1992), 176~91.

MacKenzie, Donald A. and Judy Wajcman, eds., *The Social Shaping of Technology* (Buckingham: Open University Press, 1985).

Malabou, Catherine, *What Should We Do with Our Brain?* (New York: Fordham University Press, 2008).

_____, *The New Wounded: From Neurosis to Brain Damage* (New York: Fordham University Press, 2012).

_____, "One Life Only: Biological Resistance, Political Resistance," *Critical Inquiry*, vol. 42. no. 3 (2016): 429~38.

Malthus, Thomas Robert, "An Essay on the Principle of Population," in *The Works of Thomas Robert Malthus*, eds. Edward Anthony Wrigley and David Souden (London: William Pickering, 1986). [토마스 로버트 맬서스, 『인구론』, 이서행 옮김, 동서문화동판, 2016.]

Mann, Michael, "The Autonomous Power of the State: Its Origins, Mechanisms and Results," *European Journal of Sociology*, vol. 25, no. 2 (1984): 185~213.

Marcuse, Herbert, *One-Dimensional Man: Studies in the Ideology of Advanced Industrial Society* (Boston: Beacon Press, 1991). [헤르베르트 마르쿠제, 『일차원적 인간: 선진산업사회의 이데올로기 연구』, 박병진 옮김, 한마음사, 2009.]

Marguin, Séverine, Henrike Rabe, Wolfgang Schäffner, and Friedrich Schmidgall, eds., 2019. *Experimentieren. Einblicke in Praktiken und Versuchsaufbauten zwischen Wissenschaft und Gestaltung* (Bielefeld: transcript, 2019).

Margulis, Lynn, *Symbiotic Planet: A New Look at Evolution* (New York: Basic Books, 1998). [린 마굴리스, 『공생자 행성: 린 마굴리스가 들려주는 공생 진화의 비밀』, 이한음 옮김, 사이언스북스, 2007.]

Marlin, Alison, "Book Review Mundane Governance: Ontology and Accountability by Steve Woolgar and Daniel Neyland," *Science & Technology Studies*, vol. 27, no. 3 (2014): 115~7.

Marres, Noortje, "Testing Powers of Engagement: Green Living Experiments, the Ontological Turn and the Undoability of Involvement," *European Journal of Social Theory*, vol. 12, no. 1 (2009): 117~33.

_____, *Material Participation: Technology, the Environment and Everyday Publics* (New York: Palgrave Macmillan, 2012).

_____, "Why Political Ontology Must be Experimentalized: On Eco-show Homes as Devices of Participation," *Social Studies of Science*, vol. 43, no. 3 (2013): 417~43.

Marres, Noortje and Javier Lezaun, "Materials and Devices of the Public: An Introduction," *Economy and Society*, vol. 40, no. 4 (2011): 489~509.

Marso, Lori J., "Freaks of Nature," *Political Theory*, vol. 39, no. 3 (2011): 417~28.

Massumi, Brian, "Translator's Foreword," in *A Thousand Plateaus: Capitalism and Schizophrenia*, by Gilles Deleuze and Felix Guattari (Minneapolis: University of Minnesota Press, 1987), ix~xix.

_____, "The Autonomy of Affect," *Cultural Critique*, vol. 31 (1996): 83~109.

_____, "National Enterprise Emergency: Steps Toward an Ecology of Powers," *Theory, Culture & Society*, vol. 26, no. 6 (2009): 153–85.

Matthewman, Steve, *Technology and Social Theory* (London: Red Globe Press, 2011).

_____, "Foucault, Technology, and ANT," *Techné: Research in Philosophy and Technology*, vol. 17, no. 2 (2013): 274~92.

Maturana, Humberto and Francisco Varela, *Autopoiesis and Cognition: the Realization of the Living* (Dordecht: D. Reidel Publishing, 1980). [움베르토 R. 마뚜라나·프란시스코 J. 바렐라, 『자기생성과 인지: 살

아있음의 실현』, 정현주 옮김, 갈무리, 2023.]

Maxwell, James Clerk, "On Governors," *Proceedings of the Royal Society of London*, vol. 16 (1868) : 270~83.

Mayr, Otto, *Zur Frühgeschichte der technischen Regelungen* (München : Oldenbourg, 1969).

———, "The Origins of Feedback Control," *Scientific American*, vol. 223, no. 4 (1970) : 111~8.

———, "Adam Smith and the Concept of the Feedback System : Economic Thought and Technology in 18th-Century Britain," *Technology and Culture*, vol. 12, no. 1 (1971) : 1~22.

———, "Maxwell and the Origins of Cybernetics," *Isis*, vol. 62, no. 4 (1971) : 424~4.

———, *Authority, Liberty, and Automatic Machinery in Early Modern Europe* (Baltimore : Johns Hopkins University Press, 1986).

Mbembe, Achille, "Necropolitics," *Public Culture*, vol. 15, no. 1 (2003) : 11~40.

McInerney, Paul-Brian, "Book Review *Material Participation : Technology, the Environment and Everyday Publics*, by Noortje Marres," Contemporary Sociology, vol. 43, no. 5 (2014) : 716~8.

McKinlay, Alan and Ken Starke, eds., *Foucault, Management and Organization Theory : From Panopticon to Technologies of the Self* (London : Sage, 1998).

Meadows, Donella H., Dennis L. Meadows, Jørgen Randers, and William W. Behrens III, *The Limits to Growth : A Report for the Club of Rome's Project on the Predicament of Mankind* (New York : Universe Books, 1972).

Meehan, Katharine, Ian Shaw, Graham Ronald, and Sallie A. Marston, "Political Geographies of the Object," *Political Geography*, vol. 33 (2013) : 1~10.

Mehrabi, Tara, *Making Death Matter : A Feminist Technoscience Study of Alzheimer's Sciences* (Linköping : Linköping University, 2016).

Meillassoux, Quentin, *After Finitude : An Essay on the Necessity of Contingency* (London : Continuum, 2008). [퀑탱 메이야수, 『유한성 이후 : 우연성의 필연성에 관한 시론』, 정지은 옮김, 비(도서출판b), 2010.]

Meißner, Hanna, "Feministische Gesellschaftskritik als onto-epistemologisches Projekt," in *Geschlechter Interferenzen. Wissensformen—Subjektivierungsweisen—Materialisierungen*, ed Corinna Bath, Hanna Meißner, Stephan Trinkaus and Susanne Völker (Münster : LIT Verlag, 2013), 163~208.

Meloni, Maurizio, "Biology Without Biologism : Social Theory in a Postgenomic Age," *Sociology*, vol. 48, no. 4 (2014) : 731~46.

Mezzadra, Sandro and Brett Neilson, *The Politics of Operations* (London : Duke University Press, 2019).

Michael, Mike, *Actor-Network Theory : Trials, Trails and Translations* (London : SAGE, 2017).

Mies, Maria, "World Economy, Patriarchy and Accumulation," in *Women in the Third World*, ed. Nelly P. Stromquist (New York : Garland, 1999), 37~45.

Miller, Daniel, ed., *Materiality* (Durham : Duke University Press, 2005).

———, *The Comfort of Things* (Cambridge : Polity, 2008).

Miller, Peter and Nikolas Rose, *Governing the Present : Administering Economic, Social and Personal Life* (Cambridge : Polity, 2008).

Mills, C. Wright, "The Cultural Apparatus," in *Power, Politics and People*, ed. Irving Louis Horowitz (New York : Oxford University Press, 1972), 405~22.

Moheau, Jean-Baptiste, *Recherches et considerations sur la population de la France*, ed. Eric Vilquin (Paris : Inst. National d'Etudes Démographiques, 1994).

Mol, Annemarie, "Ontological Politics. A Word and Some Questions," in *Actor Network Theory and After*, eds. John Law and John Hassard (Oxford : Blackwell, 1999), 74~89.

_____, *The Body Multiple* (Durham : Duke University Press, 2002). [아네마리 몰, 『바디 멀티플 : 의료실천에서의 존재론』, 송은주·임소연 옮김, 그린비, 2022.]

_____, "Mind Your Plate! The Ontonorms of Dutch Dieting," *Social Studies of Science*, vol. 43, no. 3 (2013) : 379~96.

Mol, Annemarie, Ingunn Moser, and Jeanette Pols, eds., *Care in Practice : On Tinkering in Clinics, Homes and Farms* (Bielefeld : transcript, 2010).

Montag, Warren, *Althusser and His Contemporaries : Philosophy's Perpetual War* (Durham : Duke University Press, 2013).

Montesquieu, Charles Louis de Sesondat de, *The Spirit of the Laws*, trans. and eds. Anne M. Cohler, Basia Carolyn Miller and Harold Samuel Stone (Cambridge : Cambridge University Press, 1989).

_____, *De l'esprit des loix*, ed. Catherine de Volpilhac-Auger (Oxford : Voltaire Foundation, 2008). [샤를 드 몽테스키외, 『법의 정신』, 이재형 옮김, 문예출판사, 2015.]

Moore, Jason W., *Capitalism in the Web of Life : Ecology and the Accumulation of Capital* (London : Verso, 2015). [제이슨 W. 무어, 『생명의 그물 속 자본주의 : 자본의 축적과 세계생태론』, 김효진 옮김, 갈무리, 2020.]

Morton, Timothy, "Here Comes Everything : The Promise of Object Oriented Ontology," *Qui Parle : Critical Humanities and Social Sciences*, vol. 19, no. 2 (2011) : 163~90. [티머시 모턴, 「모든 것이 온다」, 『실재론적 마술 : 객체, 존재론, 인과성』, 안호성 옮김, 갈무리, 2023, 400~44쪽.]

_____, "Ecology after Capitalism," *Polygraph*, vol. 22 (2011) : 46~59.

_____, "An Object-Oriented Defense of Poetry," *New Literary History*, vol. 43, no. 2 (2012) : 205~24.

_____, *Hyperobjects : Philosophy and Ecology After the End of the World* (Minneapolis : University of Minnesota Press, 2013). [티머시 모턴, 『하이퍼객체 : 세계의 끝 이후의 철학과 생태학』, 김지연 옮김, 현실문화, 2024.]

_____, "Poisoned Ground," *symplokē*, vol. 21, no. 1~2 (2013) : 37~50.

Moulton, Alex A. and Jeff Popke, "Greenhouse Governmentality : Protected Agriculture and the Changing Biopolitical Management of Agrarian Life in Jamaica," *Environment and Planning D : Society and Space*, vol. 35, no. 4 (2017) : 714~32.

Muhle, Maria, *Eine Genealogie der Biopolitik : Zum Begriff des Lebens bei Foucault und Canguilhem* (Bielefeld : transcript, 2008).

Mukerji, Chandra, "The Territorial State as a Figured World of Power : Strategics, Logistic, and Impersonal Rule," *Sociological Theory*, vol. 28, no. 4 (2010) : 403~24.

Müller, Ruth, Clare Hanson, Mark Hanson, Michael Penkler, Georgia Samaras, Luca Chiapperino, John Dupré, Martha Kenney, Christopher Kuzawa, Joanna Latimer, Stephanie Lloyd, Astrid Lunkes, Molly Macdonald, Maurizio Meloni, Brigitte Nerlich, Francesco Panese, Martyn Pickersgill, Sarah Richardson, Joëlle Rüegg, Sigrid Schmitz, Aleksandra Stelmach, and Paula-Irene Villa, "The Biosocial Genome? Interdisciplinary Perspectives on Environmental Epigenetics, Health and Society," *EMBO reports*, vol. 18 (2017) : 1677~82.

Mumford, Stephen and Rani Lill Anjum, *Getting Causes from Powers* (Oxford : Oxford University Press, 2011).

Murdoch, Jonathan, "Humanising Posthumanism," *Environment and Planning A*, vol. 36, no. 8 (2004) : 1356~9.

Murphy, Michelle, *The Economization of Life* (Durham : Duke University Press, 2017).

Nealon, Jeffrey T., *Plant Theory : Biopower and Vegetable Life* (Stanford : Stanford University Press, 2015).

———, "The Archeology of Biopower : From Plant to Animal Life in The Order of Things," in *Biopower : Foucault and Beyond*, eds. Vernon W. Cisney and Nicolae Morar (Chicago : Chicago University Press, 2016), 138~57.

Neimanis, Astrida, "Alongside the Right to Water, a Posthumanist Feminist Imaginary," *Journal of Human Rights and the Environment*, vol. 5, no. 1 (2014) : 5~24.

Neimanis, Astrida, Cecilia Åsberg, and Johan Hedrén, "Four Problems, Four Directions for Environmental Humanities : Toward Critical Posthumanities for the Anthropocene," *Ethics and the Environment*, vol. 20, no. 1 (2015) : 67~97.

Nel, Noël, "Des dispositifs aux agencements télévisuels 1969~1983," *Hermès, La Revue*, vol. 25 (1999) : 131~41.

Nelson, Sara Holiday, "Resilience and the Neoliberal Counter-Revolution : From Ecologies of Control to Production of the Common," *Resilience*, vol. 2, no. 1 (2014) : 1~17.

———, "Beyond The Limits to Growth : Ecology and the Neoliberal Counterrevolution," *Antipode*, vol. 47, no. 2 (2015) : 461~80.

Neyrat, Frédéric, *The Unconstructable Earth : An Ecology of Separation* (New York : Fordham University Press, 2018).

Niewöhner, Jörg, "Epigenetics : Localizing Biology through Co-Laboration," *New Genetics and Society*, vol. 34, no. 2 (2015) : 219~42.

Nimmo, Richie, "Governing Non-Humans : Knowledge, Sanitation and Discipline in the Late 19th and Early 20th century British Milk Trade," *Distinktion : Scandinavian Journal of Social Theory*, vol. 9, no. 1 (2008) : 77~97.

———, *Milk, Modernity and the Making of the Human : Purifying the Social* (London : Routledge, 2010).

Norris, Christopher, "Speculative Realism : An Interim Report," in *Philosophy Outside-In : A Critique of Academic Reason* (Edinburgh : Edinburgh University Press, 2013), 181~204.

Novas, Carlos, "Ethics as a Pastoral Practice : Implementing Predictive Genetic Testing in the Medical Genetics Clinic," in *Contesting Moralities : Science, Identity, Conflict*, ed. Nanneke Redclif (London : UCL Press, 2005), 75~89.

O'Grady, Nathaniel, "Adopting the Position of Error : Space and Speculation in the Exploratory Significance of Milieu Formulations," *Environment and Planning D : Society and Space*, vol. 31, no. 2 (2013) : 245~58.

———, "Securing Circulation Through Mobility : Milieu and Emergency Response in the British Fire and Rescue Service," *Mobilities*, vol. 9, no. 4 (2014) : 512~27.

O'Leary, Timothy, "Foucault, Experience, Literature," *Foucault Studies*, vol. 5 (2008) : 5~25.

Olson, Valerie A., "The Ecobiopolitics of Space Biomedicine," *Medical Anthropology*, vol. 29, no. 2 (2010) : 170~93.

Ong, Aihwa and Stephen J. Collier, *Global Assemblages : Technology, Politics, and Ethics as Anthropological Problems* (Oxford : Blackwell, 2004).

Opitz, Sven, "Regulating Epidemic Space : The Nomos of Global Circulation," *Journal of International Relations and Development*, vol. 19, no. 2 (2016) : 263~84.

Oral, Sevket Benhur, "Liberating Facts : Harman's Objects and Wilber's Holons," *Studies in Philosophy and Education*, vol. 33, no. 2 (2014) : 117~34.

_____, "Weird Reality, Aesthetics, and Vitality in Education," *Studies in Philosophy and Education*, vol. 34, no. 5 (2015) : 459~74.

Oyama, Susan, *The Ontology of Information* (Durham : Duke University Press).

Oyama, Susan, Russell Gray, and Paul E. Griffiths, *Cycles of Contingency : Developmental Systems and Evolution (Life and Mind)* (Cambridge : MIT Press, 2001).

Paech, Joachim, "Überlegungen zum Dispositiv als Theorie medialer Topik," *Medienwissenschaft*, vol. 4 (1997) : 400~20.

Panagia, Davide, "On the Political Ontology of the Dispositif," *Critical Inquiry*, vol. 45, no. 3 (2019) : 714~46.

Papadopoulos, Dimitris, "Alter-ontologies : Towards a Constituent Politics in Technoscience," *Social Studies of Science*, vol. 41, no. 2 (2010) : 177~201.

_____, *Experimental Practice : Technoscience, Alterontologies, and More-Than-Social Movements* (Durham : Duke University Press, 2018).

Pasquinelli, Matteo, "What an Apparatus Is Not : On the Archeology of the Norm in Foucault, Canguilhem, and Goldstein," *Parrhesia*, vol. 22 (2015) : 79~89.

Paxson, Heather, "Post-Pasteurian Cultures : The Microbiopolitics of Rawmilk Cheese in the United States," *Cultural Anthropology*, vol. 23 (2008) : 15~47.

Peeters, Hugues and Philippe Charlier, "Contributions à une théorie du dispositif," *Hermès, La Revue*, vol. 25 (1999) : 15~23.

Pellizzoni, Luigi, *Ontological Politics in a Disposable World : The New Mastery of Nature* (Farnham : Ashgate, 2015).

Pfaller, Robert, *Althusser — Das Schweigen im Text : Epistemologie, Psychoanalyse und Nominalismus in Louis Althussers Theorie der Lektüre* (München : Fink Verlag, 1997).

Pfeifer, Geoff, "Review of *The Speculative Turn : Continental Materialism and Realism* by Levi Bryant, Nick Srnicek and Graham Harman," *Human Studies*, vol. 35, no. 3 (2012) : 465~9.

Philo, Chris, "A New Foucault with Lively Implications — or 'the Crawfish Advances Sideways'," *Transactions of the Institute of British Geographers*, vol. 37, no. 4 (1995) : 496~514.

Pickering, Andrew, *The Mangle of Practice : Time, Agency, and Science* (Chicago : University of Chicago Press, 1995).

_____, *The Cybernetic Brain : Sketches of Another Future* (Chicago : University of Chicago Press, 2010).

Pickering, Mary, *Auguste Comte : An Intellectual Biography*, Vol. 1 (Cambridge : Cambridge University Press, 1993).

Pierides, Dean and Dan Woodman, "Object-oriented Sociology and Organizing in the Face of Emergency : Bruno Latour, Graham Harman and the Material Turn," *The British Journal of Sociology*, vol. 63, no. 4 (2012) : 662~79.

Pinch, Trevor, "Review Essay : Karen Barad, Quantum Mechanics, and the Paradox of Mutual Exclusivity," *Social Studies of Science*, vol. 41, no. 3 (2011) : 431~41.

Pitts-Taylor, Victoria, "The Plastic Brain : Neoliberalism and the Neuronal Self," *Health*, vol. 14, no. 6 (2010) : 635~52.

Porcher, Jocelyne, "Animal Work," in *The Oxford Handbook of Animal Studies*, ed. Linda Kalof (Oxford : Oxford University Press, 2015), 302~18.

Post, Werner and Alfred Schmidt, *Was ist Materialismus? Zur Einleitung in die Philosophie* (München : Kösel-Verlag, 1975).

Povinelli, Elizabeth A., "The Rhetorics of Recognition in Geontopower," *Philosophy & Rhetoric*, vol. 48, no. 4 (2015) : 428~42.

_____, *Geontologies : A Requiem to Late Liberalism* (Durham : Duke University Press, 2016).

Povinelli, Elizabeth A., Mathew Coleman, and Kathryn Yusoff, "An Interview with Elizabeth Povinelli : Geontopower, Biopolitics and the Anthropocene," *Theory, Culture & Society*, vol. 34, no. 2~3 (2017) : 169~85.

Princen, Thomas, "Book Review *Vibrant Matter : A Political Ecology of Things*, by Jane Bennett," *Perspectives on Politics*, vol. 9, no. 1 (2011) : 118~20.

Protevi, John, *Life, War, Earth : Deleuze and the Sciences* (Minneapolis : University of Minnesota Press, 2013).

Puig de la Bellacasa, María, *Matters of Care : Speculative Ethics in More Than Human Worlds* (Minneapolis : University of Minnesota Press, 2017).

Quélennec, Bruno, "Review of Eine Genealogie der Biopolitik, by Maria Muhle," *Foucault Studies*, vol. 11 (2011) : 222~5.

Rabinow, Paul, *French Modern : Norms and Forms of the Social Environment* (Chicago : University of Chicago Press, 1989).

_____, *Anthropos Today : Reflections on Modern Equipment* (Princeton : Princeton University Press, 2003).

Rabinow, Paul and Carlo Caduff, "Life — After Canguilhem," *Theory Culture & Society*, vol. 23, no. 2~3 (2006) : 329~30.

Rabinow, Paul and Nikolas Rose, "Biopower Today," *Biosocieties*, vol. 1, no. 2 (2006) : 195~217.

Raffnsøe, Sverre, Marius Gudmand-Høyer, and Morten S. Thaning, "Foucault's Dispositive : The Perspicacity of Dispositive Analytics in Organizational Research," *Organization*, vol. 23, no. 2 (2016) : 272~98.

Rancière, Jacques, *Dis-agreement : Politics and Philosophy* (Minneapolis : University of Minnesota Press, 1999).[자크 랑시에르, 『불화 : 정치와 철학』, 진태원 옮김, 길(도서출판), 2015.]

Rayner, Timothy, *Foucault's Heidegger : Philosophy and Transformative Experience* (London : Continuum, 2007).

Reckwitz, Andreas, "The Status of the 'Material' in Theories of Culture : From 'Social Structure' to 'Artefacts'," *Journal for the Theory of Social Behaviour*, vol. 32, no. 2 (2002) : 195~217.

Rekret, Paul, "A Critique of New Materialism : Ethics and Ontology," *Subjectivity*, vol. 9, no. 3 (2016) : 225~45.

_____, "The Head, the Hand, and Matter : New Materialism and the Politics of Knowledge," *Theory, Culture & Society*, vol. 35, no. 7~8 (2018) : 49~72.

Revel, Judith, "Michel Foucault : Penser La Technique. Tracés," *Revue de Sciences humaines*, vol. 16 (2009) : 139~49.

Rheinberger, Hans-Jörg, "Experimental Systems : Historiality, Narration, and Deconstruction," *Science in Context*, vol. 7, no. 1 (1994) : 65~81.

_____, *Toward a History of Epistemic Things : Synthesizing Proteins in the Test Tube* (Stanford : Stanford University Press, 1997).

Richmond, Scott, "Speculative Realism is Speculative Aesthetics," *Configurations*, vol. 23, no. 3 (2015) : 399~403.

Rieger, Stefan, *Kybernetische Anthropologie. Eine Geschichte der Virtualität* (Frankfurt am Main: Suhrkamp, 2003).

Ritter, Joachim and Ludwig J. Pongratz, "Disposition," in *Historisches Wörterbuch der Philosophie*, Vol. 2, ed. Joachim Ritter (Darmstadt: Wissenschaftliche Buchgesellschaft, 1972), 262~6.

Robertson, Morgan, "The Nature that Capital Can See: Science, State, and Market in the Commodification of Ecosystem Services," *Environment and Planning D: Society and Space*, vol. 24 (2006): 367~87.

———, "Measurement and Alienation: Making a World of Ecosystem Services," *Transactions of the Institute of British Geographers*, vol. 37, no. 3 (2012): 386~401.

Roffe, Jon, "Time and Ground: A Critique of Meillassoux's Speculative Realism," *Angelaki: Journal of the Theoretical Humanities*, vol. 17, no. 1 (2012): 57~67.

Rooney, David, "A Contextualising, Socio-technical Definition of Technology. Learning from Ancient Greece and Foucault," *Prometheus: Critical Studies in Innovation*, vol. 14, no. 3 (1997): 399~407.

Rorty, Richard, *Philosophy and the Mirror of Nature* (Princeton: Princeton University Press, 1980). [리처 드 로티, 『철학 그리고 자연의 거울』, 박지수 옮김, 까치, 1998.]

Rose, Nikolas, *Powers of Freedom: Reframing Political Thought* (Cambridge: Cambridge University Press, 1999).

———, "The Politics of Life Itself," *Theory, Culture & Society*, vol. 18, no. 6 (2001): 1~30.

———, *The Politics of Life Itself: Biomedicine, Power, and Subjectivity in the Twenty-First Century* (Princeton: Princeton University Press, 2007).

Rose, Nikolas, Pat O'Malley, and Mariana Valverde, "Governmentality," *Annual Review of Law and Social Science*, vol. 2, no. 1 (2006): 83~104.

Rouse, Joseph, *Knowledge and Power: Toward a Political Philosophy of Science* (Ithaca: Cornell University Press, 1987).

———, "Foucault and the Natural Sciences," in *Foucault and the Critique of Institutions*, eds. John D. Caputo and Mark Yount (University Park: Pennsylvania UP, 1993), 137~64.

———, *How Scientific Practices Matter: Reclaiming Philosophical Naturalism* (Chicago: University of Chicago Press, 2002).

———, "Barad's Feminist Naturalism," *Hypatia*, vol. 19, no. 1 (2004): 142~61.

Rouvroy, Antoinette and Thomas Berns, "Algorithmic Governmentality and Prospects of Emancipation Disparateness as a Precondition for Individuation Through Relationships?" *Réseaux*, vol. 1, no. 177 (2013): 163~96.

Ruffié, Jacques, *De la biologie à la culture* (Paris: Flammarion, 1976).

Rutherford, Paul, "The Entry of Life into History," in *Discourses of the Environment*, ed. Eric Darier (Oxford: Blackwell, 1999), 37~62.

———, *The Problem of Nature in Contemporary Social Theory*, PhD Thesis, Research School of Social Sciences, Australian National University, Canberra (2000).

Rutherford, Stephanie, *Governing the Wild: Ecotours of Power* (Minneapolis: University of Minnesota Press, 2011).

Rutherford, Stephanie and Paul Rutherford, "Geography and Biopolitics," *Geography Compass*, vol. 7, no. 6 (2013): 423~34.

Saar, Martin, "Politik der Natur: Spinozas Begriff der Regierung," *Deutsche Zeitschrift für Philosophie*, vol. 57, no. 3 (2009): 433~47.

Sänger, Eva, *Elternwerden zwischen »Babyfernsehen« und medizinischer Überwachung. Eine Ethnografie pränataler Ultraschalluntersuchungen* (Bielefeld : transcript, 2020).

Salter, Mark B., "To Make Move and Let Stop : Mobility and the Assemblage of Circulation," *Mobilities*, vol. 8, no. 1 (2013) : 7~19.

Sarasin, Philipp, *Darwin und Foucault. Genealogie und Geschichte im Zeitalter der Biologie* (Frankfurt am Main : Suhrkamp, 2009).

Sautchuk, Carlos Emanuel, "Eating (with) Piranhas : Untamed Approaches to Domestication," *Vibrant : Virtual Brazilian Anthropology*, vol. 13, no. 2 (2016) : 38~57.

Sawchuk, Kim, "The Cultural Apparatus : C. Wright Mills' Unfinished Work," *The American Sociologist*, vol. 32, no. 1 (2001) : 27~49.

Sawicki, Jana, *Disciplining Foucault : Feminism, Power, and the Body* (London : Routledge, 1991).

Schiebinger, Londa, *The Mind Has No Sex? Women in the Origins of Modern Science* (Cambridge : Harvard University Press, 1989).

Schmidt, Jeremy J., "The Retreating State : Political Geographies of the Object and the Proliferation of Space," *Political Geography*, vol. 39 (2014) : 58~9.

Schmitt, Carl, *The Concept of the Political* (Chicago : University of Chicago Press, 2007). [카를 슈미트, 『정치적인 것의 개념』, 김효전·정태호 옮김, 살림, 2012.]

Schrader, Astrid, "Diffractive Experiments in the Ethics of Mattering," *Subjectivity*, vol. 28, no. 1 (2009) : 349~53.

_____, "Responding to Pfiesteria piscicida (the Fish Killer) : Phantomatic Ontologies, Indeterminacy, and Responsibility in Toxic Microbiology," *Social Studies of Science*, vol. 40, no. 2 (2010) : 275~306.

Schuller, Kyla and Jules Gill-Peterson, "Introduction : Race, the State, and the Malleable Body," *Social Text*, vol. 38, no. 2 (2020) : 1~17.

Schweber, Silvan S., "Review of *Meeting the Universe Halfway*, by Karen Barad," *ISIS : Journal of the History of Science in Society*, vol. 99, no. 4 (2008) : 879~82.

Schwennesen, Nete and Lene Koch, "Visualizing and Calculating Life : Matters of Fact in the Context of Prenatal Risk Assessment," in *Contested Categories : Life Science in Society*, eds. Susanne Bauer and Ayo Wahlberg (Farnham : Ashgate, 2009), 69~87.

Seibel, Benjamin, *Cybernetic Government. Informationstechnologie und Regierungsrationalität von 1943-1970* (Wiesbaden : Springer, 2016).

Sellin, Volker, "Regierung, Regime, Obrigkeit," in *Geschichtliche Grundbegriffe. Historisches Lexikon zur politisch-sozialen Sprache in Deutschland*, eds. Otto Brunner, Werner Conze and Reinhart Koselleck (Stuttgart : Klett-Cotta, 1984), 361~421.

Senellart, Michel, *Les arts de gouverner : du regimen médiéval au concept de gouvernement* (Paris : Seuil, 1995).

Shapin, Steven and Simon Schaffer, *Leviathan and the Air-Pump : Hobbes, Boyle and the Experimental Life* (Princeton : Princeton University Press, 1985).

Shaviro, Steven, *The Universe of Things : On Speculative Realism* (Minneapolis : University of Minnesota Press, 2014). [스티븐 샤비로, 『사물들의 우주 : 사변적 실재론과 화이트헤드』, 안호성 옮김, 갈무리, 2021.]

Sheldon, Rebekah, "Form / Matter / Chora : Object-Oriented Ontology and Feminist New Materialism," in *The Nonhuman Turn*, ed. Richard Grusin (Minneapolis : University of Minnesota Press, 2015),

193~222.

Sheller, Mimi and John Urry, "The New Mobilities Paradigm," *Environment and Planning A : Economy and Space*, vol. 38, no. 2 (2006) : 207~26.

Shukin, Nicole, *Animal Capital : Rendering Life in Biopolitical Times* (Minneapolis : University of Minnesota Press, 2009).

Silva-Castañeda, Laura and Nathalie Trussart, "Sustainability Standards and Certification : Looking through the Lens of Foucault's Dispositive," *Global Networks*, vol. 16, no. 4 (2016) : 490~510.

Simondon, Gilbert, *On the Mode of Existence of Technical Objects* (Minneapolis : Univocal Publishing, 2017). [질베르 시몽동, 『기술적 대상들의 존재 양식에 대하여』, 김재희 옮김, 그린비, 2011.]

Sismondo, Sergio, "Ontological Turns, Turnoffs and Roundabouts," *Social Studies of Science*, vol. 45, no. 3 (2015) : 441~8.

Smart, Barry, *Foucault, Marxism and Critique* (London · Routledge, 1983).

Smith, Adam, *An Inquiry into the Nature and Causes of the Wealth of Nations*, ed. Edwin Cannan (New York : The Modern Library/Random House, 1937). [애덤 스미스, 『국부론 상·하』, 김수행 옮김, 비봉출판사, 2007.]

Smith, Mick, *Against Ecological Sovereignty* (Minneapolis : University of Minnesota Press, 2011).

Spitzer, Leo, "Milieu and Ambiance : An Essay in Historical Semantics," *Philosophy and Phenomenological Research*, vol. 3, no. 1~2 (1942) : 1~42, 169~218.

Spivak, Gayatri Chakravorty, "Subaltern Studies : Deconstructing Historiography," in *Selected Subaltern Studies*, eds. Ranajit Guha and Gayatri Chakravorty Spivak (New York : Oxford University Press, 1988), 3~32.

Sprenger, Florian, *Epistemologien des Umgebens. Zur Geschichte, Ökologie und Biopolitik künstlicher environments* (Bielefeld : transcript, 2019).

Srinivasan, Krithika, "Caring for the Collective : Biopower and Agential Subjectification in Wildlife Conservation," *Environment and Planning D : Society and Space*, vol. 32, no. 3 (2014) : 501~17.

Stengers, Isabelle, "The Cosmopolitical Proposal," in *Making Things Public : Atmospheres of Democracy*, eds. Bruno Latour and Peter Weibel (Cambridge : MIT Press, 2005), 994~1003.

———, "Including Nonhumans in Political Theory. Opening Pandora's Box?" in *Political Matter : Technoscience, Democracy, and Public Life*, eds. Bruce Braun and Sarah Whatmore (Minneapolis : University of Minnesota Press, 2010), 3~33.

———, "Wondering about Materialism," in *The Speculative Turn : Continental Realism and Materialism*, eds. Levi Bryant, Nick Srnicek, and Graham Harman (Melbourne : re.press, 2011), 368~80.

Stoler, Ann Laura, *Race and the Education of Desire : Foucault's History of Sexuality and the Colonial Order of Things* (Durham : Duke University Press, 1995).

Stollberg-Rilinger, Barbara, *Der Staat als Maschine. Zur politischen Metaphorik des absoluten Fürstenstaats* (Berlin : Duncker & Humblot, 1986).

Suchman, Lucy, *Human-Machine Reconfigurations* (Cambridge : Cambridge University Press, 2007).

Sunder Rajan, Kaushik, *Biocapital : The Constitution of Postgenomic Life* (Durham : Duke University Press, 2006). [카우시크 순데르 라잔, 『생명자본 : 게놈 이후 생명의 구성』, 안수진 옮김, 그린비, 2012.]

———, ed., *Lively Capital : Biotechnologies, Ethics, and Governance in Global Markets* (Durham : Duke University Press, 2012).

Swyngedouw, Erik and Henrik Ernston, "Interrupting the Anthropo-ObScene : Immuno-Biopolitics and

Depoliticizing Ontologies in the Anthropocene," *Theory, Culture & Society*, vol. 35, no. 6 (2018) : 3~30.

Talcott, Samuel, "Errant Life, Molecular Biology, and Biopower : Canguilhem, Jacob, and Foucault," *History and Philosophy of the Life Sciences*, vol. 36, no. 2 (2014) : 254~79.

TallBear, Kim, "Beyond the Life/Not-Life Binary : A Feminist-Indigenous Reading of Cryopreservation, Interspecies Thinking, and the New Materialisms," in *Cryopolitics : Frozen Life in a Melting World*, eds. Johanna Radin and Emma Kowal (Cambridge : MIT Press, 2017), 179~202.

Tanner, Jakob, " 'Weisheit des Körpers' und soziale Homöostase. Physiologie und das Konzept der Selbstregulation," in *Physiologie und industrielle Gesellschaft. Studien zur Verwissenschaftlichung des Körpers im 19. und 20. Jahrhundert*, eds. Philipp. Sarasin and Jakob Tanner (Frankfurt am Main : Suhrkamp, 1998), 129~69.

Taylor, Carol A., "Close Encounters of a Critical Kind : A Diffractive Musing In/Between New Material Feminism and Object-Oriented Ontology," *Cultural Studies*, vol. 16, no. 2 (2016) : 201~12.

Taylor, Chloë, "Foucault and Critical Animal Studies : Genealogies of Agricultural Power," *Philosophy Compass*, vol. 8, no. 6 (2013) : 539~51.

Tellmann, Ute, "Catastrophic Populations and the Fear of the Future : Malthus and the Genealogy of Liberal Economy," *Theory, Culture & Society*, vol. 30, no. 2 (2013) : 135~55.

Terranova, Tiziana, "Another Life : The Nature of Political Economy in Foucault's Genealogy of Biopolitics," *Theory, Culture & Society*, vol. 26, no. 6 (2009) : 234~62.

Teubner, Guenther, "Rights of Non-Humans? Electronic Agents and Animals as New Actors in Politics and Law," *Journal of Law and Society*, vol. 33, no. 4 (2006) : 497~521.

Thiele, Kathrin, "Ethos of Diffraction : New Paradigms for a (Post)humanist Ethics," *Parallax*, vol. 20, no. 3 (2014) : 202~16.

Thierman, Stephan, "Apparatuses of Animality : Foucault Goes to a Slaughterhouse," *Foucault Studies*, vol. 9 (2010) : 89~110.

Thomas, Monique Martinez, "Dispositive, Intermediality and Society : Tales of the Bed in Contemporary Spain," *SubStance*, vol. 44, no. 3 (2015) : 98~111.

Thompson, Charis, *Making Parents : The Ontological Choreography of Reproductive Technologies* (Cambridge : MIT Press, 2005).

Thrift, Nigel, "Overcome by Space : Reworking Foucault," in *Space, Knowledge and Power : Foucault and Geography*, eds. Jeremy W. Crampton and Stuart Elden (Aldershot : Ashgate, 2007), 53~8.

———, *Non-Representational Theory : Space, Politics, Affect* (Abingdon : Routledge, 2008).

Tierney, Thomas F., "Toward an Affirmative Biopolitics," *Sociological Theory*, vol. 34, no. 4 (2016) : 358~81.

Tischleder, Babette Bärbel, *The Literary Life of Things : Case Studies in American Fiction* (Frankfurt am Main : Campus, 2014).

Toscano, Alberto, "Against Speculation, or, A Critique of the Critique of Critique : A Remark on Quentin Meillassoux's After Finitude (After Colletti)," in *The Speculative Turn : Continental Materialism and Realism*, eds. Levi Bryant, Nick Srnicek, and Graham Harman (Melbourne : re.press, 2011), 84~91.

Traweek, Sharon, *Beamtimes and Lifetimes : The World of High Energy Physicists* (Cambridge : Harvard University Press, 1988).

Tsing, Anna Lowenhaupt, Heather Swanson, Elaine Gan, and Nils Bubandt, eds., *Arts of Living on a Damaged Planet : Ghosts and Monsters of the Anthropocene* (Minneapolis : University of Minnesota Press, 2017).

Türk, Klaus, Thomas Lemke, and Michael Bruch, *Organisation in der modernenodernen Gesellschaft. Eine historische Einführung* (Wiesbaden : Springer Fachmedien, 2002).

Usher, Mark, "Veins of Concrete, Cities of Flow : Reasserting the Centrality of Circulation in Foucault's Analytics of Government," *Mobilities*, vol. 9, no. 4 (2014) : 550~69.

van der Tuin, Iris, "Deflationary Logic : Response to Sara Ahmed's 'Imaginary Prohibitions : Some Preliminary Remarks on the Founding Gestures of the 'New Materialism'," *European Journal of Women's Studies*, vol. 15, no. 4 (2008) : 411~6.

_____, "New Feminist Materialisms," *Women's Studies International Forum*, vol. 34 (2011) : 271~7.

_____, "'A Different Starting Point, a Different Metaphysics' : Reading Bergson and Barad Diffractively," *Hypatia*, vol. 26, no. 1 (2011) : 22~42.

_____, "Diffraction as a Methodology for Feminist Onto-Epistemology : On Encountering Chantal Chawaf and Posthuman Interpellation," *Parallax*, vol. 20 (2014) : 231~44.

van Dijk, Paul, *Anthropology in the Age of Technology : The Philosophical Contribution of Günther Anders* (Amsterdam : RODOPI, 2000).

van Wyk, Alan R., "What Matters Now?" *Cosmos and History : The Journal of Natural and Social Philosophy*, vol. 8, no. 2 (2012) : 130~6.

Vasileva, Bistra, "Stuck with/in a 'Turn' : Can We Metaphorize Better in Science and Technology Studies?" *Social Studies of Science*, vol. 45, no. 3 (2015) : 454~61.

Veyne, Paul, "Foucault Revolutionizes History," in *Foucault and His Interlocutors*, ed. Arnold Ira Davidson (Chicago : University of Chicago Press, 1997), 146~82.

Viveiros de Castro, Eduardo, "Perspectival Anthropology and the Method of Controlled Equivocation," *Tipití : Journal of the Society for the Anthropology of Lowland South America*, vol. 2, no. 1 (2004) : 3~20.

Vint, Sherryl, "Entangled Posthumanism," *Science Fiction Studies*, vol. 35, no. 2 (2008) : 313~9.

Vogl, Joseph, "Regierung und Regelkreis," in *Cybernetics—Kybernetik. The Macy-Conferences 1946-1953, Bd. II : Essays und Dokumente*, ed. Claus Pias (Zürich : Diaphanes, 2004), 67~80.

von Justi, Johann Heinrich Gottlob, *Gesammelte politische und Finanz-Schriften über wichtige Gegenstände der Staatskunst, der Kriegswissenschaften und des Kameral-und Finanzwesens*, Vol. 3 (Aalen : Scientia-Verlag, 1970).

von Uexküll, Jakob, *A Foray into the Worlds of Animals and Humans with A Theory of Meaning* (Minneapolis : Minnesota University Press, 2010). [야곱 폰 윅스퀼, 『동물들의 세계와 인간의 세계 : 보이지 않는 세계의 그림책』, 정지은 옮김, 도서출판b, 2012.]

Wakefield, Stephanie and Bruce Braun, "Governing the Resilient City," *Environment and Planning D : Society and Space*, vol. 32, no. 1 (2014) : 4~11.

Walker, Jeremy and Melinda Cooper, "Genealogies of Resilience : From Systems Ecology to the Political Economy of Crisis Adaptation," *Security Dialogue*, vol. 42, no. 2 (2011) : 143~60.

Wallace, Alfred Russel, "On the Tendency of Varieties to Depart Indefinitely from the Original Type," *Journal of Science Education*, vol. 13, no. 3 (2008) : 283~91.

Walters, William, *Governmentality : Critical Encounters* (London : Routledge, 2012).

Washick, Bonnie and Elizabeth Wingrove, "Politics that matter : Thinking about Power and Justice with the New Materialists," *Contemporary Political Theory*, vol. 14, no. 1 (2015) : 63~79.

Watson, Janell, "Eco-sensibilities : An Interview with Jane Bennett," *Minnesota Review*, vol. 81 (2013) : 147~58.

Wessely, Christina and Florian Huber, "Milieu. Zirkulationen und Transformationen eines Begriffs," in *Milieu: Umgebungen des Lebendigen in der Moderne*, eds. Christina Wessley and Florian Huber (Paderborn : Wilhelm Fink, 2017), 7~17.

Whatmore, Sarah, "Hybrid Geographies : Rethinking the 'Human' in Human Geography," in *Human Geography Today*, eds. Doreen Massey, John Allen and Phil Sarre (Cambridge : Polity Press, 1999), 22~39.

_____, *Hybrid Geographies : Natures Cultures Spaces* (London : Sage Publications, 2002).

_____, "Humanism's Excess : Some Thoughts on the 'Post-human/ist' Agenda," *Environment and Planning A*, vol. 36, no. 8 (2004) : 1360~3.

Wiener, Norbert, *Cybernetics : Or Control and Communication in the Animal and the Machine* (Paris : Hermann, 1948). [노버트 위너, 『사이버네틱스 : 동물과 기계의 제어와 커뮤니케이션』, 김재영 옮김, 읻다, 2013.]

Wiley, Stephan, "Spatial Materialism : Grossberg's Deleuzean Cultural Studies," *Cultural Studies*, vol. 19, no. 1 (2005) : 63~99.

Willey, Angela, "A World of Materialisms : Postcolonial Feminist Science Studies and the New Natural," *Science, Technology & Human Values*, vol. 41, no. 6 (2016) : 991~1014.

_____, "Engendering New Materializations : Feminism, Nature, and the Challenge to Disciplinary Proper Objects," in *The New Politics of Materialism : History, Philosophy, Science*, eds. Sarah Ellenzweig and John H. Zammito (London : Routledge, 2017), 131~53.

Williams, Raymond, *Problems of Materialism : Problems in Materialism and Culture* (London : Verso, 1980).

Wilson, Alexander, "Beyond the Neomaterialist Divide : Negotiating Between Eliminative and Vital Materialism with Integrated Information Theory," *Theory, Culture & Society*, vol. 35, no. 7~8 (2018) : 97~116.

Wilson, Elizabeth A., *Gut Feminism* (Durham : Duke University Press, 2015).

Winner, Langdon, "Modern Technology : Problem or Opportunity?" *Daedalus*, vol. 109, no. 1 (1980) : 121~36.

Witmore, Christopher, "Archaeology and the New Materialisms," *Journal of Contemporary Archaeology*, vol. 1, no. 2 (2014) : 203~46.

Wolf, Burkhardt, "Das Schiff, eine Peripetie des Regierens. Nautische Hintergründe von Kybernetik und Gouvernementalität," *MLN*, vol. 123, no. 3 (2008) : 444~68.

Wolfe, Cary, *Before the Law : Humans and Other Animals in a Biopolitical Frame* (Chicago : University of Chicago Press, 2013).

Wolfe, Charles T., *Materialism : A Historico-Philosophical Introduction* (Dordrecht : Springer, 2016).

_____, "Materialism Old and New," *Antropología Experimental*, vol. 17, no. 13 (2017) : 215~24.

Woolgar, Steve and Javier Lezaun, "The Wrong Bin Bag : A Turn to Ontology in Science and Technology Studies?" *Social Studies of Science*, vol. 43, no. 3 (2013) : 321~40.

Woolgar, Steve and Daniel Neyland, *Mundane Governance : Ontology and Accountability* (Oxford : Oxford University Press, 2013).

Woolgar, Steve and Javier Lezaun, "Missing the (Question) Mark? What Is a Turn to Ontology?" *Social Studies of Science*, vol. 45, no. 3 (2015) : 462~7.

Youatt, Rafi, "Counting Species : Biopower and the Global Biodiversity Census," *Environmental Values*, vol. 17, no. 3 (2008) : 393~417.

Zahavi, Dan, "The End of What? Phenomenology vs. Speculative Realism," *International Journal of Philosophical Studies*, vol. 24, no. 3 (2016) : 289~309.

Zalloua, Zahi, "On Meillassoux's 'Transparent Cage' : Speculative Realism and Its Discontents," *symplokē*, vol. 23, no. 1~2 (2015) : 393~409.

Zedler, Johann Heinrich, "Materialismus," in *Grosses vollständiges Universal-Lexicon Aller Wissenschafften und Künste*, Vol. 19, ed. Johann Heinrich Zedler (Halle and Leipzig, 1739), 2025~39.

Ziewitz, Malte, "Governing Algorithms : Myth, Mess, and Methods," *Science, Technology & Human Values*, vol. 41, no. 1 (2016) : 3~16.

Zuiderent-Jerak, Teun, *Situated Intervention : Sociological Experiments in Health Care* (Cambridge : MIT Press, 2015).

100, 114, 118, 131, 147, 164, 166, 169, 170, 173,
191, 193, 196, 203, 206, 210, 220, 221, 225, 239,
247, 251, 260, 264, 269, 304, 316, 318, 320, 322,
324~326, 332, 337